玉堂雜記校箋

[宋] 周必大 撰
楊劍兵 校箋

本書係江西省高校人文社科重點研究基地
招標項目成果（項目編號JD15127）

陝西新華出版傳媒集團
陝西人民出版社

圖書在版編目(CIP)數據

玉堂雜記校箋 / (南宋)周必大著;楊劍兵校注.
—西安:陝西人民出版社,2018
ISBN 978-7-224-13034-8

Ⅰ.①玉… Ⅱ.①周…②楊… Ⅲ.①中國歷史—史料—南宋 Ⅳ.①K245.06

中國版本圖書館 CIP 數據核字(2019)第 002985 號

玉堂雜記校箋

作　　者　[宋]周必大
校　　箋　楊劍兵
出版發行　陝西新華出版傳媒集團　陝西人民出版社
　　　　　(西安北大街 147 號　郵編:710003)
印　　刷　北京虎彩文化傳播有限公司
開　　本　787mm×1092mm　32 開　9.375 印張
字　　數　265 千字
版　　次　2018 年 12 月第 1 版　2018 年 12 月第 1 次印刷
書　　號　ISBN 978-7-224-13034-8
定　　價　68.00 元

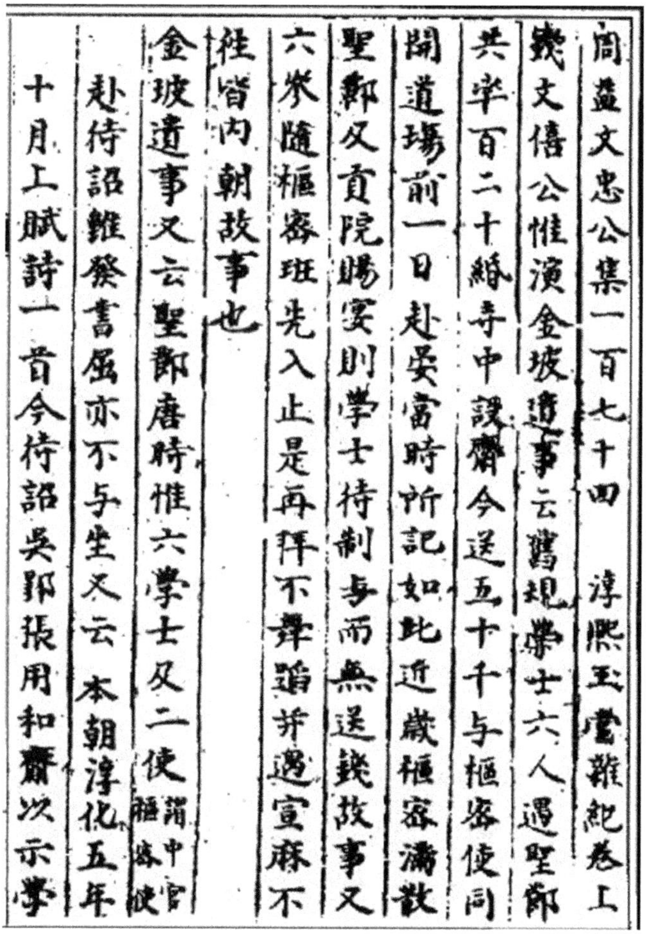
周益文忠公集一百七十四　淳熙玉堂雜紀卷上
錢文僖公惟演金坡遺事云鑾坡學士六人遇聖節
共率百二十緡寺中設齋今送五十千与樞密使同
開道場前一日赴宴當時所記如此近歲樞密滿散
聖節又貢院賜宴則學士待制与而無送錢故事又
六參隨樞密班先入止是再拜不舞蹈并過宣麻不
往皆內朝故事也
金坡遺事又云聖節唐時惟六學士又二使謂中官樞密使
赴侍詔雖發書函亦不与坐又云　本朝淳化五年
十月上賦詩一首令待詔吳郡張用和齎以示學

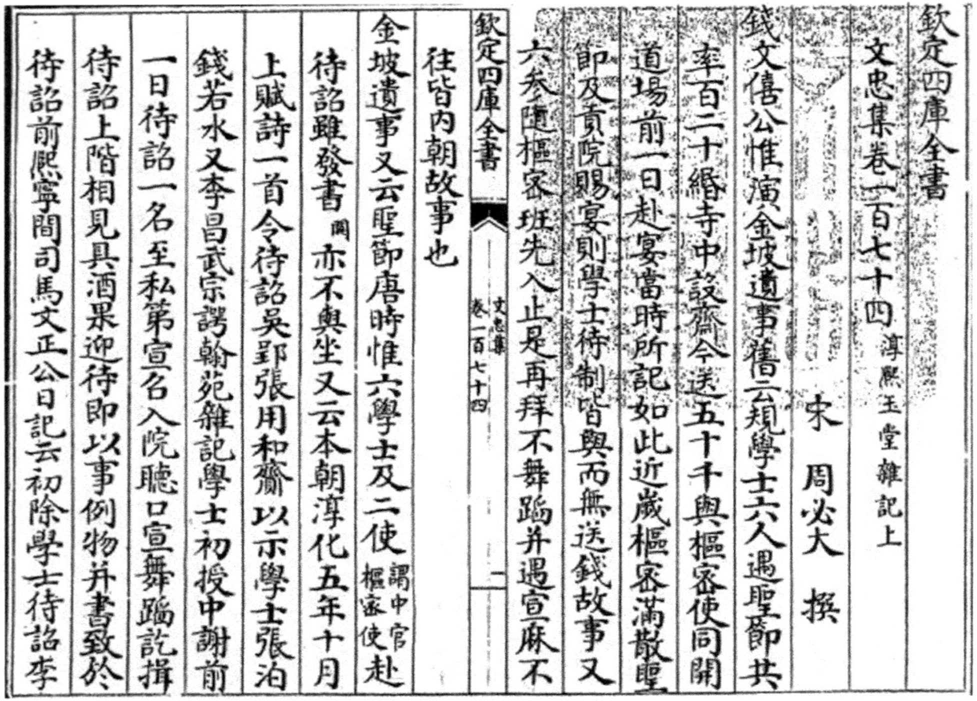
欽定四庫全書
文忠集卷一百七十四 淳熙玉堂雜記上
宋 周必大 撰
錢文僖公惟演金坡遺事舊云規學士六人遇聖節共
率百二十緡寺中設齋今送五十千與樞密使同開
道場前一日赴宴當時所記如此近歲樞密滿散聖
節及貢院賜宴則學士待制皆與而無送錢故事又
六參隨樞密班先入止是再拜不舞蹈并遇宣麻不
欽定四庫全書 文忠集 卷一百七十四 二
往皆內朝故事也
金坡遺事又云聖節唐時惟六學士及二使 謂中官樞密使 赴
待詔雖發書 闕 亦不與坐又云本朝淳化五年十月
上賦詩一首令待詔吳郢張用和齎以示學士張洎
錢若水又李昌武宗諤翰苑雜記學士初授中謝前
一日待詔一名至私第宣名入院聽口宣舞蹈訖揖
待詔上階相見具酒果迎待即以事例物并書致於
待詔前熈寧間司馬文正公日記云初除學士待詔李

書影二：文淵閣四庫全書文忠集本

書影三：文淵閣四庫全書單行本

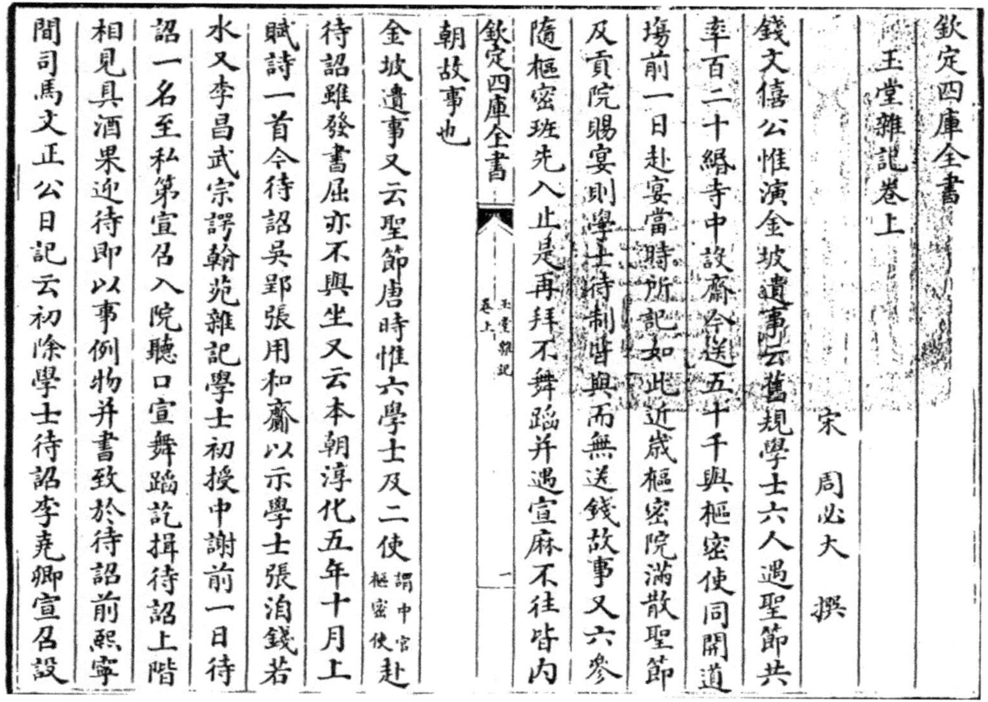
欽定四庫全書

玉堂雜記卷上

宋 周必大 撰

錢文僖公惟演金坡遺事云舊規學士六人遇聖節共
率百二十緡寺中設齋令送五十千與樞密使同開道
場前一日赴宴當時所記如此近歲樞密院滿散聖節
及貢院賜宴則學士待制皆與而無送錢故事又六參
隨樞密班先入止是再拜不舞蹈并遇宣麻不往皆內

欽定四庫全書　　玉堂雜記 卷上　　一

朝故事也
金坡遺事又云聖節唐時惟六學士及二使(謂中官樞密使)赴
待詔雖發書屈亦不與坐又云本朝淳化五年十月上
賦詩一首令待詔吳郢張用和齋以示學士張洎錢若
水又李昌武宗諤翰苑雜記學士初授中謝前一日待
詔一名至私第宣召入院聽口宣舞蹈訖揖待詔上階
相見具酒果迎待即以事例物并書致於待詔前熙寧
間司馬文正公日記云初除學士待詔李堯卿宣召設

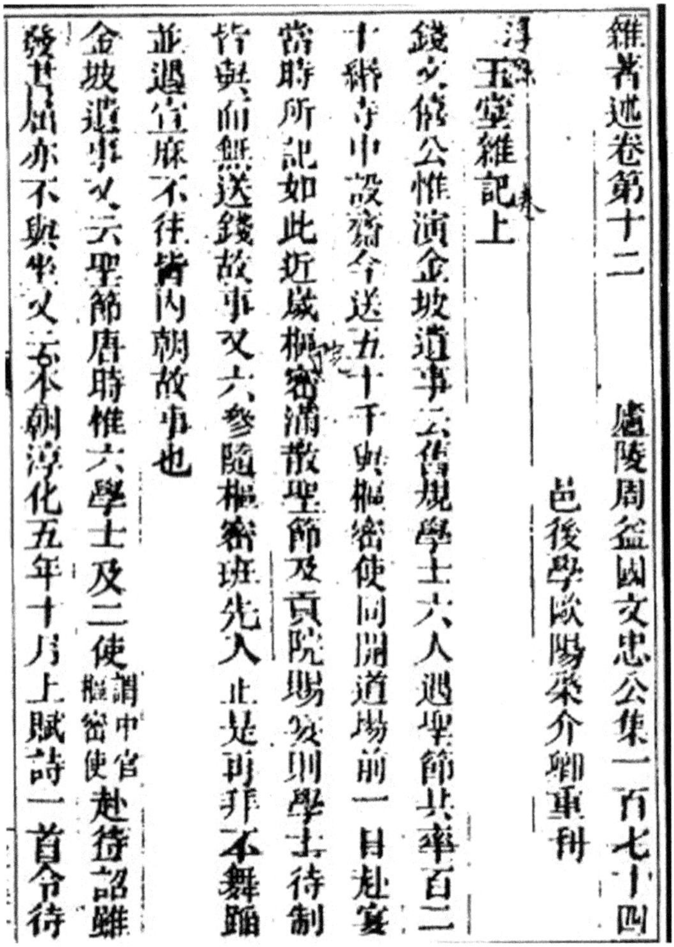
雜著述卷第十二　　廬陵周益國文忠公集一百七十四
邑後學歐陽棨介卿重刊
玉堂雜記上
錢文僖公惟演金坡遺事云舊規學士六人遇聖節共率百二十千於寺中設齋今送五十千與樞密使同開道場前一日赴宴當時所記如此近歲樞密請散聖節及貢院賜發則學士待制皆與而無送錢故事又六參隨樞密班先入止是再拜不舞蹈並過宣麻不待請內朝故事也
金坡遺事又云聖節唐時惟六學士及二使謂中官樞密使赴齋詔雖發其屈亦不與坐又云本朝淳化五年十月上賦詩一首令待

書影四：傅增湘校清歐陽棨刻本

原序

必大試館職時，太①上稱其文，諭宰執陳公康伯、朱公倬云：「他日令掌制。」今上受禪兩月，自六察擢左史。初對玉音，云：「向在王邸，見卿詞科擬制，雅宜代言。」不旋踵遂兼正字，其後兩入翰苑，首尾十年。自權直院至學士承旨，皆徧爲之，其荷兩朝知遇，至矣。歲月既久，凡涉典故及見聞可紀者輒筆之。淳熙庚子，進位二府，蘇易簡玉堂之思，每切於中。因命小子綸裒爲一編，略加訂。其間多涉幾微，非止溫木，或刪或留，僅得五十餘條。前後脞錄，辭無詮次，厘爲三卷。或可附洪氏翰苑群書後云。壬寅八月十二日，周必大題。

【校】

①明鈔本作「大」。

前言

玉堂雜記爲南宋一代名相周必大所撰。周必大（一一二六—一二〇四），字子充，初字洪道。少自號省齋居士，中年號青原野夫，晚自號平園老叟。吉州廬陵（治今江西吉安）永和鎮人，祖籍鄭州管城（治今河南鄭州）。登高宗紹興二十一年（一一五一）進士第，六年後，又中博學宏詞科。累官至吏部尚書、禮部尚書兼翰林學士承旨、左丞相，歷封濟國公、許國公、益國公，爵自管城縣開國男至滎陽郡公。卒贈太師，謚文忠，寧宗御書「忠文耆德之碑」以賜。著述繁多，文忠集計有二百卷。同時，還手校文苑英華一千卷，又與同志取歐陽公集反復正之，遂爲善本。

玉堂雜記，三卷，五十七則，爲周必大於孝宗時兩入翰苑、歷經十載所撰，並由其子周綸裒集編訂。玉堂雜記記載了南宋中興以來的「九重之德美，前輩之典刑，恩數之異同，典故之沿革」（丁朝佐跋語），是一部爲後人時常稱引的重要翰林文獻。玉堂雜記的版本主要因文忠集的版本繁多而繁多，目前筆者所見版本主要有四種：明代祁氏澹生堂鈔本（簡稱「明鈔本」）、文淵閣四庫全書之文忠集本（簡稱「四庫文忠集本」）、文淵閣四庫全書單行本（簡稱「四庫單行本」）、傅增湘校清歐陽棨刻本（簡稱「傅校本」）。其中，傅校本綜合諸多版本之長，是諸版本最佳者，故本書主要以此本爲底本，同時參照其他三版本，進行校勘、箋注。

一、校訂文本訛誤、標明版本差異

校訂訛誤是筆者校箋的第一要務。這種訛誤，主要包括：

1．同音字之訛誤。如第十六則中的「汪澈」，明鈔本、四庫文忠集本、傅校本作「汪徹」，四庫單行本作「汪澈」。「徹」與「澈」孰是孰非，筆者主要借助其他文獻資料來進行佐證。通過查閱，筆者發現南宋梁克家所撰的郡志三山志以及正史宋史等，均作「澈」，故最終校爲「汪澈」。又如第三十三則中的「資淺」，明鈔本、四庫單行本、傅校本均作「資淺」，四庫文忠集本作「資錢」。筆者根據上下文意，當作資歷之淺意，故四庫文忠集本之「資錢」爲誤。

2.形似字之訛誤，如第六則中的「海宇」，「明鈔本」作「德宇」，四庫二本、傅校本均作「海宇」。筆者按，「德宇」作氣度解，如國語・晉語四：「今君之德宇，何不寬裕也？」若文中用此意，則不通，故應作「海宇」，作海內解。

3.刊印之訛誤。如第三則中的「穿束」之「束」字，四庫文忠集本作「闕」字，四庫單行本作「秉」，傅校本與明鈔本均作「束」。「秉」在此文意不通，當爲刊印誤，依據傅校本等版本，校爲「束」。又如第三十四則中的「淳熙六年」，四庫單行本作「淳熙巳亥」。這是非常明顯的刊印錯誤，「巳」爲地支之名，非天干之名，故誤，當作「淳熙己亥」，爲公元一一七九年。

除上述校訂訛誤外，標明諸版本的差異亦是筆者校勘的一個重要方面，同時也是保留諸版本原貌的最好方式。這種差異主要表現在以下幾個方面：

1.書名的差異。明鈔本與四庫文忠集本爲淳熙玉堂雜記，而四庫單行本則爲玉堂雜記，傅校本則是在玉堂雜記之前標上「淳熙」二字。筆者認爲此書本名應爲玉堂雜記，從宋代文獻引用時多用本名可印證，而「淳熙」二字當爲後世所加。筆者在此將各版本的不同書名標出，便於後者研究之用。

2.異體字的差異。使用異體字在古代文獻中是較爲普遍的現象，玉堂雜記亦不例外。筆者在此略舉幾例以觀之。如第三十則中的「特復置侍讀學士以處之」之「處」字，明鈔本作「䖏」，四庫單行本、四庫文忠集本、傅校本均作「處」。筆者按，䖏是處的常用異體字，另一常用異體字爲䖏。再如第三十三則中的「敦詩」，明鈔本作「㒷詩」，四庫文忠集本、四庫單行本、傅校本均作「興詩」。筆者按，㒷爲興的常用異體字。又如第三十四則「糧料院」中的「糧」，明鈔本作「粮」，四庫單行本、四庫文忠集本、傅校本作「糧」。「糧」爲「粮」的異體字。第五十一則「羊酒米麪」中的「麪」，四庫文忠集本作「麵」，明鈔本、四庫單行本、傅校本作「麫」。「麫」、「麵」均爲「面」的異體字。

3.通假字的差異。通假字亦如異體字，在古代文獻中亦普遍運用。如「太」與「大」通假，原序中的「太上稱其文」中的「太」，明鈔本作「大」，四庫二本、傅校本均作「太」；第五十一則中「三大節」中的「大」，明鈔本作「太」，四庫二本、傅校本均作「大」。再如「父」與「甫」通假，第三則中的「李仁父燾」中的「仁父」，四庫文忠集本、傅校本作「仁甫」，明鈔本、四庫單行本作「仁父」。又如「刑」與「形」通假。第六則中的「美化遂刑於海宇」之「刑」字，明鈔本作「形」。又如「敷」與「傅」通假。第七則中的「夜來敷藥」之「敷」字，明鈔本、四庫單行本作「傅」。四庫文忠集本、傅校本作「敷」。

4.闕字的差異。闕字一般是指在古代文獻中的文字脫落、遺漏等而標注「闕」字。如第二則中的「待詔雖發書屈」中的「屈」字，在玉堂雜記諸多版本中均有此字，唯四庫文忠集本作「闕」。再如第三則中的兩「熟狀」，四庫文忠集本在「狀」前均作「闕」字。又如第三則「鎖院」中的「於門塾復謁御廚」之「門」字，四庫文忠集本「門」字下作「闕」字。除上述情況外，還有一種情況並未標注「闕」字而出現的遺漏，如第一則中的「樞密院滿散聖節及貢院賜宴」，明鈔本與四庫文忠集本均作「樞密」，傅校本在「樞密」二字旁加「院」字，這說明上述版本在刊印時，將「院」字遺漏，而四庫單行本作「樞密院」，本書從四庫單行本與傅校本。

5.自稱的差異。在玉堂雜記中周必大的自稱，唯四庫單行本作「必大」，其他諸本作「某」，故本書亦保留包括傅校本在內的其他諸本的周必大自稱。

總之，筆者在校勘玉堂雜記文本時，既在四種主要版本之間進行校勘，還將文本與相關史料進行校勘，從而能真正發現其訛誤，並通過標明不同版本的文字差異，而保留不同版本的文本原貌。這種校勘工作無疑具有重要的文獻意義。

二、裒輯人物之生平史料

玉堂雜記涉及的歷史人物較多，據筆者粗略統計，有九十餘人。這些人物總體上可分爲三類：一類是指帝王及其后妃，如周朝的文王、成王，漢朝的高祖、武帝，唐代的太宗、玄宗，五代時的李後主、宋代的太祖、神宗、高宗、孝宗等，越南黎朝、丁朝、李朝的國君，徽宗的王皇后與鄭皇后、高宗的劉貴妃、寧宗的楊皇后等；一類是王公將相，如賀循、錢惟演、張洎、錢若水、司馬光、李宗諤、虞允文等；一類是下層官吏或其他不見正史傳記者，如中書提點魏孝先、御藥劉有方、趙氏宗室趙士樽、參知政事錢良臣等。前兩類人物的生平資料，因正史及相關史料多有記載，且較爲詳實，筆者一般以稱引爲主。而第三類人物的生平資料，或正史記載缺失，或相關史料記載零散，筆者根據能夠查閱到的史料彙輯這些人物的生平資料，力求勾勒他們的人生軌跡。對於這些零散、稀見的人物生平資料的裒輯，無疑是人物箋注的重要文獻價值所在。筆者在此稍舉數例以說明之。

1. 劉有芳的生平。目前筆者尚未發現有較爲完整地記載劉有芳生平的史料。現僅依據續資治通鑑長編及蘇軾的兩首敕誥。其中，宋李燾續資治通鑑長編記載，劉有芳初奉事英宗，神宗卽位，累遷爲入內東頭供奉官、勾當御藥院。熙寧十年（一〇七七），除東作坊使、嘉州刺史、帶御器械。元豐五年（一〇八二），爲內侍押班。哲宗時，歷任勾當皇城司、內侍右班副都知、入內副都知，累官至雄州防禦使、景福宮使。蘇軾爲神宗撰擬的兩首敕誥，較爲積極地評價了劉有方的個性與能力。劉有方內侍省右班副都知曰：「具官劉有方，溫恭和毅，勤強練官密。進從王事，以法令爲師；退安私室，以圖史爲樂。進領右璫之貳，益親中禁之嚴。……」劉有方可昭宣使依舊嘉州刺史內侍省內侍押班曰：「具官劉有方，少知忠恪，晚益詳練。砥礪廉隅，有縉紳之風；祗畏簡書，無戲怠之色。歷歲滋久，積勞當遷。考之有司，皆曰應法。……」從上述記載，我們知道，劉有芳生活于英宗至哲宗時期，且溫恭和毅，有縉紳之風。

2.趙士樽的生平。趙士樽雖爲宋室成員，但宋史·宗室傳未有其傳記，其生平資料祗是散落在一些史料當中。其中，宋梁克家淳熙三山志卷二五秩官類六·西外宗正司官：「士樽，右監門衛大將軍、英州團練使。紹興三年正月二十日至。子湞，寶文閣直學士，左大中大夫。七年閏十月。……士樽，光山軍承宣使。十五年。士衎，和州防禦使。二十一年。」宋李心傳建炎以來繫年要錄卷一五八：「紹興十有八年秋七月癸酉，皇叔光山軍承宣使、知西外宗正事士樽爲岳陽軍節度使。」建炎以來繫年要錄卷一六五：「（紹興二十三年八月）乙丑，岳陽軍節度使、開府儀同三司、權主奉濮安懿王祠事士樽薨，贈太傅，追封韶王……後諡恭靖。」清徐松輯宋會要輯稿·帝系二之四四至四五：「（紹興）二十三年二月二日，安慶軍承宣使、同知大宗正事士街奏：安德軍（按：應作昭信軍。參見建炎要錄卷一六四）節度使、權主奉濮安懿王祠事士夽（按：原作士大，據建炎要錄卷一四八改）身亡，見闕主奉官。詔差岳陽節度使、開府儀同三司、充萬壽觀使士樽（按：『樽』原作『榑』，據建炎要錄卷一六四改）。」又據姚惠蘭宋南渡詞人群與多元地域文化考證，趙士樽即趙端禮。趙士樽曾任右監門衛大將軍、英州團練使，並兩次任西外宗正司官。通過上述史料的引證，我們大致可以梳理出趙士樽在紹興時期的爲官經歷，以及其確切的卒年時間。

3.錢良臣的生平。錢良臣作爲參知政事，在宋史里並無傳記，其傳記主要存在於地方志當中，其中嘉慶松江府志卷五〇，古今人物二有其簡短的傳記：「錢良臣，字友魏。紹興二十四年進士。淳熙五年，繇給事中除端明殿學士、簽書樞密院。復除參知政事，德望端偉，爲時所重。九年，罷政事，除資政殿學士，奉祠。尋知鎮江府職事修舉。又除端明殿學士，改知建康府，兼行宮留守，拜資政殿大學士。二十五年，請罷，提舉洞霄宮。光宗時，卒。謚文惠。孝宗嘗詢時事，陳合上意。孝宗褒之曰：『如卿，眞所謂通世務之儒。』遂書『通儒』賜之。（通志參顧志・名臣）」其他方志、史書等，如嘉定鎮江志、景定建康志、宋史卷一六五職官志五、宋會要輯稿之職官六祇有一些零散記載。

總之，本書在箋注人物時，注意將那些較爲分散的、稀見的人物生平史料彙輯起來，從而形成對該人物相對完整的人生記錄。

三、梳理職官、禮儀、宮闈等之變遷

筆者在箋注玉堂雜記涉及的職官、禮儀、宮闈時，更多傾向於梳理它們在歷史上的變遷。筆者在此分別舉其一例以說明之。

玉堂雜記涉及的職官較爲繁多。這些職官多爲前代設置，宋代沿襲之，如太常寺、僕射等，亦有宋代始置者，如提點、知事院等。其中，僕射一官設置在我國源遠流長。據龔延明歷代職官別名大辭典「僕射」條考證，僕射在周朝即已設置，爲夷僕、小射之連稱；秦、漢時，爲諸官僕射通稱，如博士僕射、侍中僕射、期門僕射、尚書僕射等，凡號「僕射」，爲「領某事」之意；三國、晉時，爲尚書僕射或尚書左、右僕射省稱，秩六百石，第三品，主開、封奏書；南北朝時，爲尚書左僕射、尚書右僕射通稱；唐時，爲尚書左、右僕射省稱。唐高祖、太宗時，爲宰相之職。高宗朝至武后長安四年（七〇四），加「同中書門下三品」爲相職，玄宗朝以後爲相職，或爲加官，或判省事；宋時，爲尚書省左僕射、右僕射省稱。宋初爲文臣遷轉官階，不治事，元豐新制，復三省制，爲尚書省長官，實爲宰相官。宋史卷一六一職官一：「神宗新官制，於三省置侍中、中書令、尚書令，以官高不除人，而以尚書令之貳左、右僕射爲宰相。」南宋時又改左右僕射作左右丞相。

宋代置有諸殿、閣學士。他們也經歷一定的變遷，如端明殿學士的變遷即較爲繁雜。宋薛居正舊五代史卷三六唐書·明宗本紀：「（天成元年五月）乙亥，翰林學士、戶部侍郎、知制誥馮道，翰林學士、中書舍人趙鳳，俱以本官充端明殿學士。端明之職，自此始也。」宋范鎮東齋記事卷一：「後唐明宗置端明殿學士。太平興國中，改端明爲文明，以程羽爲文明殿學士，位在樞密副使之下。明道元年，改承明爲端明，二年，除宋宣獻公爲學士，與文明之職並存，而降其班序。是歲，又改殿曰延和。慶曆七年，以眞宗謚號，改文明爲紫宸，而丁文簡公度爲紫宸殿學士。既而言者以爲紫宸非臣下所稱，乃以延恩爲觀文殿，而以丁爲觀文殿學士相繼、以賈文元公昌朝爲大學士，仍詔自今非嘗爲宰相者勿除。」宋宋敏求春明退朝錄卷上：「後唐明宗以樞密使安重誨不通文義，置端明殿學士，以翰林學士馮道、趙鳳爲之，班樞密使之後，食於其院。端明殿即西京正衙殿也。本朝程侍郎羽爲之，後隨殿名改爲文明殿學士，李司空昉嘗爲之。慶曆中，以同永定謚號，改爲紫宸殿學士，丁文簡罷參知政事爲之，何右丞郯時爲御史，言『紫宸』非人臣所稱，又改爲觀文殿學士，未幾賈魏公以使相換僕射，因置大學士處之。仍詔非曆宰相不除。明道中，改承明殿爲端明殿。會先公自南都召歸，特置學士，班翰林、資政之下，與舊職名同，而立位異矣。」

玉堂雜記涉及的禮儀主要包括明堂之禮、聖節之禮、初除學士之禮等。其中，明堂之禮在所有禮制中是最爲重要的。明堂是古代天子舉行大典的地方。十三經注疏之禮記正義卷三一明堂位：「昔者周公朝諸侯於明堂之位，天子負斧依南鄉而立。……此周公明堂之位也。明堂也者，明諸侯之尊卑也。」孔穎達疏：「明堂者，古有之也。凡九室，室四戶、八牖，共三十六戶、七十二牖。以茅蓋屋，上圓下方，所以朝諸侯。」宋史卷一二仁宗本紀四：「（皇祐二年）三月戊子朔，詔季秋有事於明堂。己丑，以大慶殿爲明堂。……戊戌，詔明堂禮成，群臣毋上尊號。……夏五月丁亥朔，新作明堂禮神玉。……六月己未，出新制明堂樂八曲。……九月……辛亥，大饗天地於明堂，以太祖、太宗、眞宗配，如圜丘。」據上述記載，「明堂」在有宋一代已然是祭祀祖先的聖地。

德壽宮是高宗、孝宗退位後居住的宮殿。史料記載了其名的演變過程。據宋周淙乾道臨安志卷一行在所·宮闕記載：「德壽宮，在望仙橋之東。紹興三十二年六月四日，奉聖旨，以德壽宮爲名。是月十一日，光堯壽聖太上皇帝降詔，退處是宮。其日今上皇帝登寶位。」又據宋潛說友纂修咸淳臨安志卷二行在所錄·宮闕二記載，德壽宮曾于孝宗淳熙十六年（一一八九）正月，詔改名爲重華宮。孝宗禪位於光宗後御之。「重華宮、重華殿二扁皆光宗皇帝用，隆興故事恭書。」宋吳自牧夢粱錄卷八之德壽宮載：「德壽宮在望仙橋東，元系秦太師賜第，於紹興三十二年六月戊辰，高廟倦勤，不治國事，別創宮庭御之，遂命工建宮，殿扁『德壽』爲名。後生金芝于左棟，改殿扁曰『康壽』。其宮中有森然樓閣，扁曰『聚遠』，屏風大書蘇東坡詩『賴有高樓能聚遠，一時收拾付閒人』之句。其宮四面遊玩庭館，皆有名扁。……後孝廟受禪，議德壽宮改扁曰『重華』御之。次憲明太皇后欲御，又改爲慈福宮。壽成皇太后亦改宮扁曰『壽慈』御之。繼後宮室空閒，因而遂廢。咸淳年間，度廟臨政，以地一半營建道宮，扁曰『宗陽』，以祀感生帝。其時重建，殿廡雄麗，聖眞威嚴，宮囿花木，靡不榮茂，裝點景界，又一新耳目；一半改爲民居，圃地改路，自清河坊一直築橋，號爲宗陽宮橋，每遇孟享，車駕臨幸，行燒香典行，橋之左右，設帥漕二司，起居亭存焉。」

總之，職官變遷的梳理有利於我們清晰地看到同一職官在不同朝代的職責、地位、員額配置等情況；禮儀變遷的梳理有利於我們管窺禮儀制度在古代政治制度中的重要性；宮閣變遷的梳理有利於我們認識宋王朝帝王后妃的生活狀態。

四、考證典故之源流

典故的主要內涵包括典制、掌故、詩文中的用典等。典故在玉堂雜記中較爲普遍地存在，筆者在箋注它們時注重其源流的考證，以下略舉數例以説明之。

1. 視草。視草在唐代以前是指「復視草稿」，即看稿之意；唐代以後則指起草稿本，與代言同義。清趙翼在陔餘叢考卷二一之視草中對視草的起源、演變作了較爲詳細的考證，曰：「翰林草制書輒曰視草。明史・陳仁錫傳：魏忠賢進爵上公，仁錫當視草，持不可，曰：『世自有視草者。』是竟以代言爲視草，其實非也。漢書・淮南王安傳：安善爲文詞，武帝每爲報書，常召司馬相如等視草乃遣。視草二字始見此，言作書已就，令相如等復視草稿，始遣去，非令相如等作書也。溫革隱窟雜誌引光武詔鄧禹曰：『司徒，堯也；赤眉，桀也。』謂此等語必非臣下代言所敢出。南史：魏孝文帝有大文筆，馬上口授，及其成也，不改一字。自太和十年已後，詔策皆帝文也。則古帝王固嘗多自作詔令。新唐書・上官儀傳：太宗每屬文，遣儀視稿。張説傳：玄宗好文詞，有所爲，必使視草。徐楚璧傳：開元時爲集賢院學士，帝屬文，多令視草。此皆視草故事，非以代言爲視草也。（舊唐書・百官志：翰林供奉，或宸翰所揮，亦資其檢討，謂之視草。此尤明證。）」今人楊果中國翰林制度研究又對趙翼考證進行了辨析，認爲：「就唐代以前的情況看，趙翼的説法是有道理的，當時的『視草』大約相當於後世的『看稿』。但是，趙翼據此批評明史以『視草』爲『代言』『其實非也』，這就是趙翼的失誤了。實際上，從宋代起，『視草』就一直是草詞、代言的別稱，而不是『看稿』的意思。」並舉夢溪筆談卷一、朝野雜記乙集卷一一和一二、岳珂桯史卷一二的記載爲證。

2. 雞竿。亦稱「金雞」。古代頒佈赦令之處特樹長竿，上附雞形，金飾其首。相傳起於六朝，後因之，形制稍有異。新唐書卷四八百官志三：「赦日，樹金雞于仗南，竿長七丈，有雞高四尺，黄金飾首，銜絳幡長七尺，承以彩盤，維以絳繩，將作監供焉。」宋孟元老東京夢華録卷之一〇下赦：「……旋立雞竿，約高十數丈，竿尖有一大木盤，上有金雞，口銜紅幡子，書皇帝萬歲字。」宋史卷一四八儀衛志六：「雞竿，附竿爲雞形，金飾，首銜絳旛，承以采盤，維以絳索，揭以長竿。募衛士先登，爭得雞者，官給以纈襖子，或取絳旛而已。大禮畢，麗正門肆赦則設之。其義則雞爲巽神，巽主號令，故宣號令則象之。陽用事則雞鳴，故布宣陽澤則象之。一曰『天雞星動爲有赦』，故王者以天雞爲度。金雞事，六朝已有之。或謂起於西京。南渡後，則自紹興十三年始也。」

3.蓮燭。金蓮花燭省稱，指宮中蠟燭。語出唐裴廷裕東觀奏記上卷：「上將命令狐綯爲相，夜半，幸含春亭召見，盡蠟燭一炬，方許歸學士院，乃賜金蓮花燭送之。院吏忽見，驚報院中曰：『駕來。』俄而趙公至。吏謂趙公曰：『金蓮花乃引駕燭，學士用之，莫折事否？』頃刻而聞傳說之命。」宋毛滂天香・宴錢塘太守內翰張公作詞：「對罷宵分，又是金蓮，燭引歸院。」宋葉寘愛日齋叢抄卷一有詳細記載：「唐令狐綯爲翰林承旨，夜對禁中，燭盡，宣宗命以金蓮花炬送還。此蓮炬故事之始。治平末，神宗召知制誥鄭毅夫對內東門小殿，命草吳文肅出守青州、張文定參政制，賜雙炬送歸舍人院。熙寧間，王岐公以翰林承旨亦召對內東門小殿。夜深，賜銀台燭雙引歸院。元祐間，東坡爲學士，草呂申公平章、呂汲公、范忠宣左右僕射制，夜對內東門小殿，撤御前金蓮炬送歸院。乾道間，周益公權直學士院，草虞雍公（按：虞允文）、梁鄭（按：梁克家）二公相制，晚對選德殿。退，御藥司自復道秉燭鎖院。益公記之，自謂庶幾金蓮故事，極儒生之榮遇。淳熙間，史忠定入侍經幄，賜宴澄碧殿。抵暮，送以金蓮燭，宿玉堂直廬，進詩以謝，有『金蓮引雙燭』之句，寵待詞臣，而優禮舊弼，尤前此稀有。」

總之，典故源流的考證，有利於我們了解典制的演變過程、掌故的時代特色，以及用典的獨特意義。

綜上所述，筆者在箋注玉堂雜記時，既力圖保留四種主要版本的原貌，又校訂其中明顯的訛誤；既稱引歷史人物的既有生平史料，又裒輯其零散、稀見生平史料；既梳理職官、禮儀、宮閣等制度、名物的變遷，又考證典故的源流，從而實現本書校箋二字的應有之義。

玉堂雜記目錄

卷上……………………………………一
一　學士遇聖節……………………………一
二　學士初除……………………………七
三　鎖院……………………………一六
四　太上皇帝上尊號……………………………二五
五　禮部太常寺欲將國朝加上尊號並上壽典禮參酌比附……………………………三三
六　大禮降御劄……………………………三五
七　議明堂大禮……………………………三七
八　當議將上取旨……………………………五八
九　孝宗乘玉輅……………………………五九
一〇　揭雞竿……………………………六〇
一一　皇太子判臨安府……………………………六一
一二　答皇子詔用「卿」字……………………………六五
一三　春端帖子……………………………六六
一四　玉堂集載皇太子府春端帖子……………………………七二

卷中……七四

一五　左右僕射改作左右丞相……七四
一六　王炎除樞密使……八〇
一七　表紙與詔紙……八五
一八　宰執及親王、使相、太尉生日……八七
一九　立翟貴妃爲皇后……八九
二〇　都堂召議賜交趾來年曆日詔書……九五
二一　趙伯圭除宮觀使……一〇〇
二二　錢良臣辭免監修國史日曆所……一〇四
二三　澄碧殿錫宴……一〇七
二四　魏王趙愷職位變更……一二九
二五　封侯用郡名……一三一
二六　通稱侍從非兩制……一三四
二七　王綸掌內外制……一三五
二八　降詔不允循故事……一三八

卷下 …… 一四二

二九　諮報 …… 一四二
三〇　內制多避兩府親嫌 …… 一四三
三一　兼權學士院 …… 一四七
三二　正除翰苑多登二府 …… 一五七
三三　崔大雅權直學士院 …… 一五七
三四　崔大雅月俸爲學士三分之二 …… 一六〇
三五　試館職 …… 一六二
三六　輪講筵學士院官直宿禁林 …… 一七五
三七　明堂禮復舊制 …… 一七七
三八　屏風兒 …… 一七九
三九　文德殿聽麻 …… 一八一
四〇　禁中以鎖院爲重 …… 一八三
四一　非時宣召院官 …… 一八六
四二　除拜節鉞以上多由中書進熟狀 …… 一八九
四三　官在都下者除拜加恩 …… 一九一

四四　獎諭臣僚自有定式……一九一
四五　翰林學士院印……一九二
四六　以學士院爲欽宗几筵殿……一九三
四七　學士院舊號北門……一九四
四八　學士院記……一九七
四九　朝殿日……二〇一
五〇　車駕將出孟享或過宮……二〇二
五一　朝臣遇節序賜予多權停……二〇三
五二　十月旦賜襖子錦……二〇五
五三　寓直敢同東道主……二〇六
五四　翰林學士初上，舊制敕設甚盛……二〇八
五五　學士院爲館閣官具食……二〇八
五六　在翰苑，獨員之日常多……二一二
五七　上數令薦詞臣爲代……二一二

附錄一：跋語與提要

……二一七
丁朝佐跋語……二一七

蘇森跋語……二一七
毛晉識語……二一七
四庫全書總目提要……二一八

附錄二：周必大主要傳記資料……二一九

宋史本傳……二一九
少傅觀文殿大學士致仕益國公贈太師謚文忠周公神道碑……二二四
周文忠公行狀（開禧元年十二月）……二三七
忠文耆德之碑（奉敕撰）……二五〇
祭周益公丞相文……二五七
祭周益公文……二五八
祭周子充丞相文……二五八

主要參考文獻……二六〇

卷上

一　學士遇聖節

錢文僖公惟演〔一〕金坡遺事〔二〕云：「舊規，學士〔三〕六人遇聖節〔四〕，共率百二十緡〔五〕寺中設齋。今送五十千，與樞密使〔六〕同開道場，前一日赴宴。」當時所記如此。近歲，樞密院①滿散〔七〕聖節及貢院賜宴，則學士、待制〔八〕皆與，而無送錢故事〔九〕。又六參〔一〇〕隨樞密班先入，止是再拜，不舞蹈〔一一〕，並遇宣麻〔一二〕不往，皆內朝〔一三〕故事也。

【校】

①樞密院：明鈔本與四庫文忠集本均作「樞密」，四庫單行本作「樞密院」，傅校本在「樞密」二字旁加「院」字。本文從四庫單行本與傅校本。關於樞密院的演變參見「樞密使」條。

【箋】

〔一〕錢惟演：元脫脫等宋史卷三一七本傳：「錢惟演字希聖，吳越王俶之子也。少補牙門將，從俶歸朝，爲右屯衛將軍。歷右神武軍將軍。博學能文辭，召試學士院，以笏起草立就，眞宗稱善。改太僕少卿，獻咸平聖政錄。命直秘閣，預修冊府元龜，詔與楊億分爲之序。除尚書司封郎中、知制誥，再遷給事中、知審官院。大中祥符八年，爲翰林學士，坐私謁事罷之。尋遷尚書工部侍郎，再爲學士、會靈觀副使。又坐貢舉失實，降給事中。復工部侍郎，擢樞密副使、會靈觀使兼太子賓客，更領祥源觀。累遷工部尚書。仁宗卽位，進兵部。王曾爲相，以惟演嘗位曾上，因拜樞密使。……宰相馮拯惡其爲人，……乃罷爲鎭國軍節度觀察留後，卽日改保大軍節度使，知河陽。逾年，請入朝，加同中書門下平章事、判許州。未卽行，冀復用，侍御史鞠詠奏劾之，惟演乃亟去。天聖七年，改武勝軍節度使。明年來朝，上言先壠在洛陽，願守宮鑰。卽以判河南府，再改泰寧軍節度使。惟演雅意柄用，抑鬱不得志。及帝耕籍田，求侍祠，因留爲景靈宮使。太后崩，詔還河南。……惟演既與劉美親，又爲其子曖娶郭后妹，至是，又欲與莊懿太后族爲婚。御史中丞范諷劾惟演擅議宗廟，且與后家通婚姻。落平章事，爲崇信軍節度使，歸本鎮。未幾，卒，特贈侍中。太常張瓌按，謚法敏而好學曰『文』，貪而敗官曰『墨』，請謚文墨。其家訴於朝，詔章得象等覆議，以惟演無貪黷狀，而晚節率職自新，有惶懼可憐之意，取謚法追悔前過曰『思』，改謚曰思。慶曆間，二太后始升祔眞宗廟室，子曖復訴前議，乃改謚曰文僖。惟演出于勳貴，文辭清麗，名與楊億、劉筠相上下。於書無所不讀，家儲文籍侔秘府。尤喜獎厲後進。……所著典懿集三十卷，又著金坡遺事、飛白書叙錄、逢辰錄、奉藩書事。」（中華書局一九七七年版，頁一〇三四〇—一〇三四二）

〔二〕金坡遺事：金坡又稱金鑾坡，卽古代皇帝正殿金鑾殿之旁坡，此坡與翰林院相連，故翰林院又稱金坡。宋程大昌雍錄卷第四之金鑾坡：「金鑾坡者，龍首山之支隴，隱起平地而坡陀靡迤者也。其上有殿，既名之爲金鑾殿矣，故殿旁之坡亦遂名曰金鑾坡也。此在唐雖無記載，而其形勢可推也。大明宮自南而北爲含元殿，又北爲宣政，又北而爲紫宸，前後相還，皆在山脊。至紫宸又北而爲蓬萊殿，則殿有大池，宗楚客之詩曰：『太液天爲水。』則可見其廣矣。若此殿地勢猶高，與含元、紫宸同在山上，則接天之水，從何激導而能如此逆上也，以此推之，則龍首山勢至蓬萊而夷於平地，無可疑也。（詳見前螭頭下）金鑾殿者，在蓬萊山正西微南也。龍首山坡隴之北至此餘勢猶高，故殿西有坡，德宗卽之以造東學士院而明命，其實爲金鑾坡也。韋執誼故事曰：『置學士院後，又置東學士院于金鑾殿之西。』李肇志亦曰『德宗移院于金鑾坡西』也。石林葉氏曰：『俗稱翰林學士爲坡，蓋德宗時嘗移學士院于金鑾坡，故亦稱坡。』此其說是也。而不言金鑾何以名坡，于事未白，予故詳言也。若夫諸家謂爲移院者，則亦失實，蓋德宗造院于金鑾坡上，是卽此之坡而別建一院耳，以其在開元學士院之東，故命爲東翰林院，而夫開元創立之院在右銀臺門內者元不曾廢也，卽諸家謂移院者皆誤也。」（中華書局二〇〇二年版，頁七七—七八）

宋陳振孫直齋書錄解題卷六：「金坡遺事，三卷。學士吳越錢惟演希聖撰。題名自建隆至天聖四年，凡四十七人；自開元而下合三百一十五人。其他典故，視前記詳矣。」（上海古籍出版社一九八七年版，頁一七五）宋晁公武郡齋讀書志卷七：「金坡遺事，三卷。右皇朝錢惟演撰。載國朝禁林雜儀式事蹟並學士名氏。文元公述眞宗禮待儒臣三事，附於卷末。」（上海古籍出版社一九九〇年版，頁三一三）此書後來佚亡，有些記載散落于宋王明清揮麈錄、宋江少虞事實類苑、元陶宗儀説郛等。目前收録金坡遺事佚文較全的是浙江古籍出版社二〇一四年版錢惟演集，共有三卷，卽卷五、卷六、卷七。

〔三〕學士：「學士」一詞最早出現在周朝，是指在學校讀書的人。作爲職官，始設于三國魏。魏、晉、六朝徵召文學之士掌管典禮、編撰、撰述等事，通稱爲學士，無定員，無品秩。北齊有文林館學士，北周有麟趾殿學士，隋朝諸王及節帥亦置學士，以師友待之。唐太宗時置弘文館，引學士輪流入值，參與議政，學士地位始重，後另建學士院，故有翰林學士官名，專掌制誥，號稱「内相」。唐肅宗至德年間以後，又於學士中選年深望重者一人爲承旨，往往爲宰相，但仍無一定官品。宋代沿襲唐制，設翰林學士院，學士職掌制、誥、詔、令撰寫之事及侍從皇帝備顧問。有翰林學士承旨，不常置，以久任翰林學士者充任；定制資淺者爲直學士院（簡稱直院），他官暫代者爲翰林權直或學士院權直；還以學士侍從有學術者爲翰林侍講學士、侍讀學士，其官秩低而可備講説者爲崇政殿説書；此外又以觀文殿、資政殿、端明殿學士及龍圖、天章、寶文閣學士與大學士爲優禮大臣與文學之士的兼銜或贈銜。明、清時的殿、閣大學士卽宰相。此處應指翰林院學士。

〔四〕聖節：皇帝、皇后生辰。宋趙昇朝野類要卷第一之故事·聖節：「國朝故事，帝、后生辰，皆有聖節名。后免之，祇名生辰，惟帝立節名。蓋自唐明皇千秋節始也。」（中華書局二〇〇七年版，頁三二）清顧炎武日知録卷之一四「聖節」條引舊唐書載：「此禮創于玄（按：唐玄宗）、文（按：唐文宗）二宗，成於張説、源乾曜、路隨三人之奏，而後遂編於令甲，傳之百代矣。」又引明實録·太祖實録云：「自是每聖節之日，齋居素食，不受朝賀。十三年七月，韓國公李善長等累表上請，然後許之。其年九月乙巳，上御奉先殿受朝賀，宴群臣於謹身殿，歲以爲常。然而不受獻，不賦詩，不賜宴，不齋醮，則聖諭所云『勉從中制』者也。」（清顧炎武著、陳垣校注日知録校注，安徽大學出版社二〇〇七年版，頁八〇四—八〇九）

〔五〕緡：原爲古代穿銅錢的繩子，又引申爲量詞，一千文爲一緡。清张玉书、陈廷敬等康熙字典未集中「糸」部：「緡，廣韻武巾切，集韻眉貧切，音瑉。正韻彌鄰切，音民。說文鈞魚也。詩・召南其釣維何，維絲伊緡。爾雅・釋詁緡，綸也。註繩也。江東謂之緡。又說文吳人解衣相被謂之緡。詩・大雅言緡之絲。註緡，被也。又錢貫也。前漢・武帝紀初筭緡錢。註緡，絲也，以貫錢也。」（中華書局一九五八年影印同文書局原版）

〔六〕樞密使：樞密院長官。據元馬端臨文獻通考卷五八職官考十二載，唐代宗永泰（七六五—七六六）時始置內樞密使，以宦官爲之，掌承受表奏，於內中進呈，若皇帝有所處分，則宣付中書門下。僖宗時，樞密使始指揮公事，地位極重，與兩軍中尉合稱「四貴」。據宋王溥編五代會要卷二四載，後梁太祖開平元年（九〇七）五月改崇政院使，後唐莊宗同光元年（九二三）復舊名，以宰相兼任，後晉高祖天福四年（九三九）四月罷，出帝開運元年（九四四）六月復置。（上海古籍出版社一九七八年版，頁三七七）又據文獻通考卷五八職官考十二載，宋初沿五代置，始以樞密與中書對持文武二柄，號稱「二府」。太祖建隆三年（九六二）罷宰相兼任。仁宗慶曆二年（一〇四二），復宰相兼領，四年（一〇四四）又罷之。自慶曆後宰相不兼樞密者八十餘年。南宋復置，從品，高宗紹興七年（一一三七），宰相兼樞密使，紹興二十五年（一一五五），復不兼領，其後或兼或否，至寧宗開禧時，而宰臣兼樞密使方爲永制。遼、西夏皆置。金爲從一品，掌武備機密事。元世祖、武宗、仁宗、順帝時，皆令皇太子兼領。

〔七〕滿散：祝禱、祈福等開設道場，期滿結束，謂之「滿散」。宋趙昇朝野類要卷第一之故事・滿散：「滿散者，終徹也。每遇聖節生辰，宰執赴明慶寺預先開啟祝壽道場，至期滿散畢，賜宴。」（中華書局二〇〇七年版，頁三二）宋吳自牧夢粱錄卷三之皇帝初九日聖節：「四月初九日，度宗生日，尚書省、樞密院官僚，詣明慶寺如前開建滿散。」（叢書集成初編第三二二一冊，商務印書館一九三七年版，頁一八）

〔八〕待制：職官名，唐始設，本爲輪番值日以備皇帝顧問之意，多爲六品以上官員擔任。文獻通考卷五四職官八・總待制：「唐永徽中，命弘文館學士一人，日待制于武德殿西門。文明元年，詔京官五品以上清官，日一人待制于章善、明福門。先天末，又命朝集使六品以上二人，隨仗待制。永泰時，勳臣罷節制，無職事，皆待制於集賢門，凡十三人，特給餐錢，以優其禮。崔佑甫爲相，建議文官六品以上更直待制。其後著令，正待制官日二人，備顧問，仍有公廨。永泰元年，敕裴冕等並集賢待制，此始有待制之所，然則蓋唐設官也。」（中華書局一九八六年影印本，考四九四上）至宋代始成爲官稱。宋制，文臣於本官之外，加給殿閣學士、直學士、待制等兼官頭銜，以爲恩榮，如龍圖閣待制、天章閣待制、寶文閣待制、顯謨閣待制、徽猷閣待制、敷文閣待制等，爲從四品。文獻通考卷五四職官八・總待制：「宋朝景德元年，置龍圖閣待制，以杜鎬、戚綸充，並依舊充職。祥符二年，詔班視知制誥，列其下。元祐令，從四品。掌侍從，備顧問，有所獻納則請到或奏對。劉摯言待制、學士之選太濫（見學士門）。王岩叟亦言：『待制，祖宗之時，其選最精，出入朝廷纔一、二人。今立法無定員，將一年，待制滿朝，必有車載鬥量之謠。』」（中華書局一九八六年影印本，考四九四上）又據清张廷玉等明史卷七三職官志二載：「明洪武二年……增設待制，從五品。」（中華書局一九七四年版，頁一七八七）

〔九〕故事：舊例。宋葉寘愛日齋叢抄卷一：「唐令狐綯爲翰林承旨，夜對禁中，燭盡，宣宗命以金蓮花炬送還，此蓮炬故事之始。」（中華書局二〇一〇年版，頁一八）

〔一〇〕六參：唐制，武官五品以上及折衝當番者，每五日朝參一次，一月計六次，故謂六參。宋欧阳修、宋祁新唐書卷四八百官志三：「（武官）五品以上及折衝當番者五日一朝，號六參官。」（中華書局一九七五年版，頁一二三六）宋沿唐制，在京大小職事及不理政務官員，均需六參，且不能連續三次請假。宋趙昇朝野類要卷第一之班朝・六參：「又名望參，謂十五日之常禮也。在京大小職事及不釐務官，趁赴望參，不得連三次請假。」（中華書局二〇〇七年版，頁二二）此處的六參應指六參官。宋葉夢得石林燕語卷二：「元豐官制行，始詔侍從官而上，日朝垂拱，謂之『常參官』；百司朝官以上，每五日一朝紫宸，爲『六參官』；在京朝官以上，朔望一朝紫宸，爲『朔參官』。遂爲定制。」（中華書局一九八四年版，頁二〇）

〔一一〕舞蹈：古代臣子朝拜帝王時做出特定的姿勢，是一種禮節。宋趙昇朝野類要卷第一之班朝・舞蹈：「謂舞蹈有七拜大起居。」（中華書局二〇〇七年版，頁二三）宋陳世崇隨隱漫錄卷一載：「紫宸殿上壽，三十三拜，三舞蹈。初面西立，合門進班齊牌，上升座，鳴鞭，禁衛起居，移班，北面，躬身聽贊，兩拜。起，直身，搢笏，三舞蹈，跪左膝，三叩頭，出笏，就一拜。又兩拜。躬身，俟班首奏聖躬萬福，再聽贊，拜兩拜，移班如初。殿中監升殿，詣酒尊所，教坊起居、殿侍進御茶床，又北面，躬身聽贊，拜兩拜，直身，立。上公升殿，注酒，詣御座前躬進，俯伏致詞，並躬身。俟上公降階，復位，聽贊，拜兩拜。起，躬身，俟樞密宣答，聽贊，拜兩拜，移班如初。上公升殿，立御座東，樂作，上飲畢，上公受盞，降階，復位，北面，躬身聽贊，拜兩拜，舞蹈如初。不該赴座官先退，赴座官躬身，聽樞密詣折檻東宣答訖，聽贊，拜兩拜，升階，立席後。俟進酒，樂作，上飲畢，舍人贊，各賜酒，躬身，聽贊，拜兩拜，起贊，各就坐，立如故；復贊，乃坐。酒行，先上公，次百官，搢笏，執盞立席後，躬身，飲訖，聽贊，拜兩拜，復坐，食至，搢笏，執碟，出笏。再進酒，如上禮。三行，舍人曰：『可起。』立席後，俟上公御座前，俯伏跪奏，復位，降階，北面聽贊，拜兩拜，舞蹈如初。鳴鞭，卷班。」（中華書局二〇一〇年版，頁二一—三）

〔一二〕宣麻：唐代任命大臣，用黃、白麻紙寫詔書，在朝廷上宣告，稱爲「宣麻」。新唐書卷四六百官志：「凡拜免將相，號令征伐，皆用白麻。」翰林志：「唐中書用黃白二麻爲綸命，其後翰林專掌白麻，中書獨得用黃麻。」紙張質地的不同反映了制書禮儀的輕重與高下。「紙以麻爲上，藤次之，用此爲重輕之辨」（葉夢得石林燕語卷三，中華書局一九八四年版，頁三七）。麻紙根據顔色的不同，又有黃、白之分，白麻重於黃麻。「惟除拜王公將相則用白麻紙書……自製書已下至發口敕，則用黃麻紙書之……若降救旨論事及救碟，則用黃藤紙，其禮又降於黃麻矣。」（程大昌演繁露卷四黃麻白麻，景印文淵閣四庫全書第八五二冊，臺灣商務印書館二〇〇八年影印本，頁一〇一）宋代任命宰相亦稱「宣麻」，但僅宣詔命給宰相本人，不復宣告於廷。

〔一三〕內朝：據文獻通考卷一〇六王禮考一・朝儀：「周制：天子有四朝。一曰外朝，秋官朝士掌之。左九棘，孤卿大夫位焉，群士在其後。右九棘，公卿伯子男位焉，群吏在其後。面三槐，三公位焉，州長衆庶在其後。左嘉石，平罷人焉。右肺石，達窮人焉。二曰中朝，夏官司士正其位，辨其貴賤之等。朝夕視政，公卿大夫辨色而入應門，北面而立，東上。王揖，孤卿以上特揖，大夫旅揖，士傍三揖，各就位。王南向，三公北面東上，孤東面北上，卿大夫西面北上。王族故士、武士，在路門之右，南面東上，太僕、太右、太僕從者在路門之左，南面西上。三曰內朝，亦謂路寢之朝。人君既從正朝視事畢，退適路寢聽政。使視大夫，大夫退，然後適燕寢釋服。四曰詢事之朝，……」（中華書局一九八六年版，考九五五上）據漢班固漢書卷七七劉輔傳注：「孟康曰：『中朝，內朝也。大司馬左右前後將軍，侍中、常侍、散騎、諸吏爲中朝。丞相以下至六百石爲外朝也。』」（中華書局一九六二年版，頁三二五三）辭海「中朝官」條：「也叫『內朝官』。漢代朝官從武帝以後分（中）內朝和外朝。中朝官由皇帝的近臣所組成，如侍中、常侍、給事中、尚書等，成爲當時的決策機關。皇帝借此以抑制丞相權力。此後沿稱不改。」又據「外朝官」條：「漢代朝官從武帝以後分爲中朝和外朝。由丞相領導的正式機構各官爲外朝官，此爲法定的行政機構，詔令由此而出。此後沿稱不改。」（辭海第八分冊中國歷史，中華書局一九六一年版，頁七五）

二　學士初除

金坡遺事又云：「聖節，唐時惟六學士及二使（謂中官〔一〕、樞密使）赴，待詔〔二〕雖發書屈①，亦不與坐」。又云：「本朝淳化〔三〕五年十月，上賦詩一首，令待詔吳郢〔四〕、張用和，齎以示學士張洎〔五〕、錢若水〔六〕。」又李昌武宗諤〔七〕翰苑雜記〔八〕：「學士初授中謝〔九〕。前一日，待詔一名至私第宣召，入院聽口宣。舞蹈訖，揖，待詔上階相見，具酒果迎待，即以事例物〔一〇〕並書致於待詔前。」熙寧〔一一〕間，司馬文正公〔一二〕日記〔一三〕云：「初除學士〔一四〕，待詔李堯卿宣召，設香案褥位於庭。望闕，堯卿稱有敕，光再拜，堯卿口宣云云。光每句應喏，畢，再拜舞蹈。又再拜，升階，與待詔坐啜茶。」蓋中朝舊典也。今學士院有待詔四人，或右選〔一五〕或白身〔一六〕。予爲學士，忠翊郎〔一七〕錢滋來宣召，大略如李、馬二公所記，而無對揖茶酒之禮。例支十千，辭云：「自來虛喝不敢受。」予強予之。常日學士入院，坐堂上，朱衣吏〔一八〕初贊喝〔一九〕，東院〔二〇〕錄事〔二一〕某人以下躬喏，訖，又喝云「各祗候〔二二〕」，次贊喝。西院某人以下亦如之。最後平贊云。待詔既不名，亦不喝「各祗候」，則待詔與院吏固亦有間，若平居則視之全與吏等，無由待以茶酒，豈將命時不欲吏之邪？抑祖宗時所遺，或翰林他局之待詔邪？然唐制發書屈赴聖節禮已厚矣。

【校】

①屈：在玉堂雜記諸多版本中均有此字，唯四庫文忠集卷一七四收錄的玉堂雜記作「闕」。

【箋】

〔一〕中官：在古代主要指三個方面：一是指掌管天象的五官之一。據文獻通考卷四七職官考一・官制總序載：「五行之官，是謂五官。社稷五祀，是尊是奉。春官木正曰句芒，夏官火正曰祝融，秋官金正曰蓐收，冬官水正曰元冥，中官土正曰後土。」（中華書局一九八六年影印本，考四三五上）二是指宦官。漢書卷三高后紀第三：「諸中官、宦者令丞皆賜爵關内侯，食邑。」顏師古注曰：「諸中官，凡閹人給事於中者皆是也。宦者令丞，宦者署之令丞。」（中華書局一九六二年版，頁一〇〇）南朝宋范曄後漢書卷七八：「中興之初，宦官悉用閹人，不復雜調它士。至永平中，始置員數，中常侍四人，小黄門十人。和帝即祚幼弱，而竇憲兄弟專總權威，内外臣僚，莫由親接，所與居者，唯閹宦而已。故鄭衆得專謀禁中，終除大憝，遂享分土之封，超登宮卿之位。於是中官始盛焉。」（中華書局一九六五年版，頁二五〇九）三是指京官的通稱。據宋史卷八眞宗本紀三：「天禧二年……二月……戊寅，王旦加太保、中書侍郎、平章事，向敏中加吏部尚書。楚王元佐領雍州牧；相王元偓加尚書令兼中書令，進封徐王；彭王元儼加太保；壽春郡王禎兼中書令。王欽若加右僕射，趙德明加太傅，中外官並加恩。」（中華書局一九七七年版，頁一六二）此處的中官應指宦官。

〔二〕待詔：官名。漢書卷一一哀帝紀：「待詔夏賀良等言赤精子讖。」應劭注曰：「諸以材技徵召，未有正官，故曰待詔。」（中華書局一九六二年版，頁三四〇）漢代待詔中有待詔射、待詔公車、待詔金馬門等。而在唐初即設有翰林待詔。新唐書卷四六百官志一：「學士之職，本以文學言語被顧問，出入侍從，因得參謀議、納諫諍，其禮尤寵。而翰林院者，待詔之所也。唐制，乘輿所在，必有文詞、經學之士，下至蔔、醫、伎術之流，皆直於別院，以備宴見；而文書詔令，則中書舍人掌之。自太宗時，名儒學士時時召以草制，然猶未有名號。乾封以後，始號『北門學士』。玄宗初，置『翰林待詔』，以張說、陸堅、張九齡等爲之，掌四方表疏批答、應和文章。」（中華書局一九七五年版，頁一一八三）宋代基本沿襲唐制，仍置翰林待詔。遼代還有翰林畫待詔一職。明代翰林院設「待詔六人」（明史卷七三）注曰：「從九品，不常設。」另外，「洪武初，又有承天門待詔一人，閤門使四人，觀察使十人，後俱革」（明史卷七四）。清代翰林院置待詔廳待詔，「從九品。滿、漢各二人」（清趙爾巽等清史稿卷一一五）。另，對手藝人的尊稱。

〔三〕淳化：宋太宗趙光義（九三九—九九七）共有五個年號，淳化是其第四個年號，取「淳德教化」之意，共使用五年，即九九〇—九九四年。前三個年號分別爲太平興國、雍熙、端拱，最後一個年號爲至道。

〔四〕吳郢：生卒年、字号不詳。江東人。宋太宗時翰林待詔，善於書法與篆刻，其他事蹟不詳。宋史卷二六七張洎傳：「翰林待詔尹熙古、吳郢皆江東人，（張）洎嘗善待之。」（中華書局一九七七年版，頁九二二四）宋孟元老撰、鄧之誠注東京夢華錄注卷之三「相國寺内萬姓交易」條，鄧之誠注相國寺引如夢錄作按語稱：「案弇州山人四部稿一百三十八，略謂大相國寺碑翰林承旨宋白撰，待詔吳郢書。白亦有文學名，而辭蕪雜不工；郢書頗遒勁，類柳誠懸。」（中華書局一九八二年版，頁九〇）筆者按，大相國寺碑在當時東京東丹墀，高二丈餘，碑文由翰林承旨宋白於至道二年（九九六）撰寫。

〔五〕張洎：舊字師黯，後改字偕仁。滁州全椒（今屬安徽）人。生於後唐末帝清泰元年（九三四），卒於宋太宗至道三年（九九七）。南唐舉進士，起家上元尉，後歸宋。太祖時拜太子中允。太宗時，因其文雅，頗爲受寵，先後選直舍人院，歷戶部員外郎、知相州、貝州，遷兵部員外郎、禮部二部郎中，又選爲太僕少卿、同知京朝官考課，拜右諫議大夫、判大理寺，又充史館修撰、判集賢院事。洎還因順帝意，被太宗稱之爲「翰長老儒臣」。蘇易簡罷參知政事後，太宗即以洎爲給事中、參知政事，與寇准同列。有文集五十卷行於世。宋史卷二六七有其本傳。

近人丁傳靖輯宋人軼事彙編卷四「張洎」條載有六則軼事，其中涑水紀聞載：「張洎爲舉人時，張佖在江南，已通貴。洎每奉謁求見，稱從表侄孫。既及第，稱弟。及秉政不復稱表，以庶僚遇之。」十國春秋載：「後主歸宋貧甚，張洎猶丐索之，後主以白金頮面器與洎，洎猶不滿意。」涑水紀聞又載：「張洎與陳喬皆爲江南相，金陵破，二人約效死于李煜之前，喬即死，洎白煜曰：『若俱死，或責陛下久不歸命之罪，誰爲陛下辨之，臣請從陛下入朝。』遂不死。太宗時，洎爲員外郎，寇萊公年少倨貴，每入省，洎常立於省門，磬折候之。萊公悅，引與語，遂薦于太宗。洎女嫁楊文僖公，倨不事姑，或效其姑語以爲戲笑，後終出之。由是兩家不相能。文僖公脩國史，爲洎傳，極言其短。」玉壺清話載：「寇萊公知吏部選時，張洎亦掌考功，官序雖齊，視洎乃屬曹。寇少年進用，才鋭氣勇，復爲首曹，嫌洎不以本司官長奉己，洎又以老儒宿德聞望自持，不肯委節事寇。寇視事罷，則整巾對書，終日危坐。洎候於省門，一揖而退，不交一談。寇一日忽作庭雀詩示洎，略曰：「少年挾彈多狂逸，不用金圓用蠟圓。」蓋譏洎頃在江南圍城，爲李煜草詔於蠟圓追上江救兵事也。洎不免強顏附之。後稍親昵，其辨誦談笑，横飛于席間。寇素蘊未發者盡爲洎藉而取之，因是大服。」事實類苑：「張洎文章清贍，博學多聞。在江南已居要近，曾將命入貢，還作詩十篇。多訾詆京師風物，有一灰堆之句，以悦其主。蘇易簡得其親書本。後洎入爲學士，與蘇不協，上前談議，往往異同。蘇忿之，謂同列曰：『清河公若更相矛盾，卽將灰堆詩呈進矣。』張聞之甚懼，稍爲屈服焉。」又載：「至道二年四月，丞相暮歸。將至西掖門，參政張洎、李昌齡馬相踶，斷轡，二人皆墜地。寇准馬驚躍幾墮。六月大雨泥濘，洎晚歸，馬渡橋，墜前足，洎沒泥內，折巾一角。是秋洎被病，明年罷政卒。其年七月准罷，來年昌齡貶。」（中華書局一九八一年版，頁一四一—一四二）

〔六〕錢若水：字澹成，一字長卿。河南新安人。生於太祖建隆元年（九六〇），卒於眞宗咸平六年（一〇〇三）。宋史卷二六六錢若水傳稱其「幼聰悟，十歲能屬文」（中華書局一九七七年版，頁九一六五）。雍熙中，舉進士。淳化初，寇准掌選，召試翰林，若水最優，擢秘書丞、直史館。歲餘，遷右正言、知制誥。不久，同知貢舉，加屯田員外郎。改職方員外郎、翰林學士，與張洎並命。至道初，以右諫議大夫同知樞密院事。眞宗卽位，加工部侍郎。詔修太宗實録，若水引柴成務、宗度、吳淑、楊億同修，成八十卷。眞宗覽書流涕，錫賚有差。既又重修太祖實録，參以王禹偁、李宗諤、梁顥、趙安仁，未周歲畢。後又知開封府。未幾，出知天雄軍兼兵馬部署，還拜鄧州觀察使、並代經略使、知并州事。咸平六年（一〇〇三）因病而卒。年僅四十四歲。卒後贈戶部尚書。宋史本傳最後評曰：「若水美風神，有器識，能斷大事，事繼母以孝聞。雅善談論，尤輕財好施。所至推誠待物，委任僚佐，總其綱領，無不稱治。汲引後進，推賢重士，襟度豁如也。精術數，知年壽不永，故懇避權位。其死也，士君子尤惜之。」（中華書局一九七七年版，頁九一七〇—九一七一）

〔七〕李宗諤：字昌武。深州饒陽（今屬河北）人。生於太祖乾德二年（九六四），卒於眞宗大中祥符五年（一〇一二）。李昉之子。

宋史卷二六五李昉附李宗諤傳：「七歲能屬文，恥以父任得官，獨由鄉舉，第進士，授校書郎。明年，獻文自薦，遷秘書郎、集賢校理、同修起居注。先是，後苑陪宴，校理官不與，京官乘馬不得入禁門。至是，皆因宗諤之請復之，遂爲故事。眞宗卽位，拜起居舍人，預重修太祖實錄。……遷知制誥，判集賢院，纂西垣集制，刻石記名氏。……景德二年，召爲翰林學士。是秋，將郊，命判太常大樂、鼓吹二署。……大中祥符初，從封泰山，改工部郎中。二年，始建昭應宮，命副丁謂爲同修宮使。三年，知審官院。屬祀汾陰後土，命爲經度制置副使，同權河中府事。禮成，優拜右諫議大夫。……宗諤嘗著翰林雜記，以紀國朝制度，明日上之。宗諤究心典禮，凡創制損益，靡不與聞。修定皇親故事、武舉武選入官資敘、閤門儀制、臣僚導從、貢院條貫，餘多裁正。……宗諤工隸書。有文集六十卷，內外制三十卷。嘗預修續通典、大中祥符封禪汾陰記、諸路圖經，又作家傳、談錄，並行於世。」（中華書局一九七七年版，頁九一四〇—九一四三）

〔八〕翰苑雜記：宋李宗諤著，「紀國朝制度」（宋史卷二六五李昉附李宗諤傳）。宋陳振孫直齋書錄解題卷六著錄其爲一卷。文獻通考卷二〇二經籍考二九亦引自南齋書錄解題，題爲：「翰苑雜記一卷。陳氏曰：學士饒陽李宗諤昌武撰。」（中華書局一九八六年影印本，考一六八八）另據傅璇琮翰學三書編纂小記考證，翰苑雜記與錢惟演的金坡遺事、晁迥的別書金坡遺事等三書，「約至清初則皆已不存」。

〔九〕中謝：官名，佐王制法制也。最早當出現於戰國時期的楚國，爲中射士。呂氏春秋卷一六之去宥：有中謝佐制者，爲昭釐謂威王曰：「國人皆曰：『王乃沈尹華之弟子也。』王不悅。因疏沈尹華。中謝，細人也。」畢沅注曰：梁仲子云：「楚官有中射士，見韓非・十過篇。」此作中謝，亦通用。盧云：「史記・張儀傳：後陳軫舉中謝，對楚王」云云。（許維遹著呂氏春秋集釋，中國書店一九八五年據一九三五年清華大學版影印，頁二六下）韓非子卷第三十過：昔者楚靈王爲申之會，宋太子後至，執而囚之，狎徐君，拘齊慶封。中射士諫曰：「合諸侯不可無禮，此存亡之機也。……」顧廣圻注曰：本書說林上、下篇皆有「中射之士」，「射」，他書又作「謝」。呂氏春秋・去宥篇云：「中謝，細人也」，史記・張儀傳「索隱」云：「蓋侍御之官」，此與左昭四年傳言「椒舉」不同。孫詒讓注曰：呂覽高注云：「中謝，官名也。」「謝」與「射」通，字當以「射」爲正，蓋卽周禮・夏官之「射人」也。（楚策亦有「中射之士」，鮑彪注云：「射人之在中者。」鮑不引周禮，則似謂能射之人在中者，與餘說不同。）「中射」者，射人之給事宮內者，猶涓人之在內者謂之中涓，庶子這在內者謂之中庶子矣。周禮射人與大僕並掌朝位，又大喪與僕人遷屍，禮記・檀弓云「扶者，蔔人師扶右，射人師扶左」，鄭注云：「蔔，當爲僕，聲之誤也。」僕人、射人皆平生時贊正君服位者，是射人與僕人爲官聯，故後世合二官以爲侍御近臣之名僕射。史記・韓信傳「連敖」，集解如淳云「楚有連尹、莫敖，其後合爲一官」，亦合二官爲名之證。漢書・百官公卿表云：「僕射，秦官，古者重武，官有主射以督課之。」此義尚與古合。李涪刊誤引孔衍則云：「僕射，小官，扶掖左右者也。」此因後世僕射字音夜而爲之說，不足據也。王先慎注曰：孫說是，舊注謂「官有上中下」，誤。（韓非子集解卷第三十過，新編諸子集成，中華書局一九九八年版，頁六一—六二）

〔一〇〕例物：按規定發給的錢物。宋史卷一九三兵志七：「哲宗元祐元年三月，詔河北保甲願投軍人及得上四軍等杖事藝者，特許招填，合給例物外，更增錢五千，中軍以下三千。」（中華書局一九七七年版，頁四八〇四）

〔一一〕熙寧：宋神宗趙頊的第一個年號，共十年，即一〇六八—一〇七七年。宋神宗還有另外一個年號元豐，共八年，即一〇七八—一〇八五年。

〔一二〕司馬文正公：字君實。陝州夏縣（今山西夏縣）人。生於眞宗天禧三年（一〇一九），卒於哲宗元祐元年（一〇八六）。幼時破甕救人的故事爲世人所知。宋仁宗寶元元年（一〇三八），中進士甲科。仁宗時，除奉禮郎，簽書武成軍判官事，改大理評事，補國子直講，加集賢校理，通判并州，改直秘閣、開封府推官，修起居注，判禮部，同知諫院；英宗時，進龍圖閣直學士；神宗即位，擢爲翰林學士。王安石得政，行新法，逆疏其利害，後請求去，以端明殿學士知永興軍；哲宗立，知陳州，過闕，留爲門下侍郎，拜尚書左僕射兼門下侍郎。哲宗元祐元年（一〇八六）九月薨，年六十八。贈太師、溫國公，諡曰文正，賜碑曰忠清粹德。紹聖初年，奪贈諡，僕所立碑；徽宗立，復太子太保，蔡京擅政，復降正議大夫；欽宗靖康元年（一一二六），還贈諡；高宗建炎中，配饗哲宗廟庭。宋史卷三三六司馬光傳論曰：「熙寧新法病民，海內騷動，忠言讜論，沮抑不行；正人端士，擯棄不用。聚斂之臣日進，民被其虐者將二十年。方是時，光退居於洛，若將終身焉。而世之賢人君子，以及庸夫愚婦，日夕引領望其爲相，至或號呼道路，願其毋去朝廷，是豈以區區材智所能得此于人人哉？德之盛而誠之著也。」（中華書局一九七七年版，頁一〇七七一）司馬光著有資治通鑑，宋史本傳載：「光常患歷代史繁，人主不能遍鑑，遂爲通志八卷以獻。英宗悅之，命置局秘閣，續其書。至是，神宗名之曰資治通鑑，自製序授之，俾日進讀。」（中華書局一九七七年版，頁一〇七六二—一〇七六三）

〔一三〕司馬文正公日記：亦稱溫公日記（溫公日錄）。關於司馬光日記的卷數，文獻著錄頗不一致，宋陳振孫直齋書錄題解載溫公日記爲一卷，宋史・藝文志載司馬光日錄爲三卷，元吳澄吳文正集載有「溫公日曆稿二卷」。宋李燾續資治通鑑長編亦多引司馬光日記。此書在當時已散佚，明以後書目不見著錄。究其原因，可能是黨爭的結果。宋陳振孫直齋書錄解題卷七「傳記類」之「溫公日記一卷」條載：「司馬光熙寧在朝所記。凡朝廷政事、臣僚差除及前後奏對、上所宣諭之語，以及聞見雜事皆記之。起熙寧元年正月，至三年十月知永興軍而止。」（上海古籍出版社一九八七年版，頁二一一）文獻通考卷一九七經籍考二四之「溫公日記一卷」條載：「巽岩李氏曰：文正公初與劉道原共議，取實錄、正史，旁采異聞，作資治通鑑後紀。屬道原早死，文正起相，元祐後終，卒不果成。今世所傳記聞及日記並朔記，皆後紀之具也。自嘉祐以前，甲子不詳，則號記聞；嘉祐以後，乃名日記；若朔記，則書略成編矣。始文正子孫藏其書祖廟，謹甚，黨禍既解，乃稍出之。旋經離亂，多所亡逸。此八九紙草稿，或非全幅，閑用故牘，又十數行別書，牘背往往翦開黏綴，事亦有與正史、實錄不同者。蓋所見所聞所傳聞之異，必兼存以求是，此文正長編法。」（中華書局一九八六年影印本，考一六五七）據今人安國樓宋論司馬光日記諸說質疑（文獻一九九二年第二期）考證，宋陳振孫及文獻通考引用李燾（號巽岩）語，均有不確之處，如司馬光日記卷數，記載的時間，以及記聞與日記所載的內容等。今人顧宏義、李文根據二十世紀九十年代初李裕民先生在日本發現的內閣文庫藏增廣司馬溫公全集（南宋紹興年間刻本，宋元之際流入日本）中收有日錄三卷（卷一〇三至一〇五），整理成溫公日錄三卷，並附錄李燾續資治通鑑長編、朱熹三朝名臣言行錄等引用司馬光日錄者，收入宋人日記叢編第一冊。

〔一四〕初除學士：宋洪邁容齋隨筆卷九之翰林故事：「翰苑故事，今廢棄無餘。唯學士入朝，猶有朱衣院吏雙引至朝堂而止，及景靈宮行香，則引至立班處。公文至三省不用申狀，但尺紙直書其事，右語云：『諮報尚書省，伏候裁旨，月日押。』謂之諮報。此兩事僅存。」（中華書局二〇〇五年版，頁一二三）

〔一五〕右選：宋代官名，有尚書右選、侍郎右選之分。據宋史卷一五八選舉志四記載，宋初吏部銓選官員的職位有四個，文選曰審官東院，曰流内銓，武選曰審官西院，曰三班院。神宗元豐改制後，銓注之法，悉歸選部；以審官東院爲尚書左選，流内銓爲侍郎左選，審官西院爲尚書右選，三班院爲侍郎右選，於是吏部有四選之法。其中，武臣升朝官自皇城使、職事官自金吾衛仗司以下，非樞密院宣授者，歸尚書右選，自借差、監當至供奉官、軍使，歸侍郎右選。周必大此處記載，表明翰林待詔來源之一或尚書右選，或侍郎右選。

〔一六〕白身：即無官職、無爵位。文獻通考卷三三選舉考六：「高宗紹興元年，下詔復賢良方正能直言極諫科。有司講求舊制，每科場年，命中丞、給、舍、諫議大夫、學士、待制三人舉一人，不拘已仕未仕（命官仍以不曾犯贓私罪人充）。先具詞業（策、論共五十篇），繳送兩省，侍從參考之，分三等，文理優長爲上，次優爲中，常平爲下。次優已上並召赴閣試。歲九月，命學士、兩省官考試于秘閣，御史監之，試六論（每首五百字以上），於九經、十七史、七書、國語、荀、揚、管子、文中子正文内出題，差楷書祗應，四通以上爲合格。仍分五等，以試卷繳奏御前拆號，入四等以上者，召赴殿試。其日，上臨軒親策（限三千字以上），宰相撰題，差初覆考、詳定官。赴試人引見賜坐，殿廊兩廂設垂簾、幃幕、青褥、紫案，差楷書祗應，内侍賜茶果。對策先引出處，然後言事。第三等爲上，恩數視廷試第一人；第四等爲中，視廷試第三人，皆賜制科出身；第五等爲下，視廷試第四人，賜進士出身；不入等，與簿、尉差遣。以上並謂白身者，若有官人，則進一官與升擢。」（中華書局一九八六年影印本，考三一五）

〔一七〕忠翊郎：武散官名。宋代置。宋史卷一六九職官志九：「忠翊郎，右侍禁。」（中華書局一九七七年版，頁四〇五八）右侍禁改爲忠翊郎，當在徽宗政和二年（一一一二）。文獻通考卷六四職官考一八：「政和二年，乃詔易以新名，正使爲大夫，副使爲郎，……自太尉至下班祗應，凡五十三階。」（中華書局一九八六年影印本，考五七九）其中，忠翊郎位列第四十八階。周益國文忠公年譜「淳熙四年丁酉」條載：「六月辛巳忠翊郎學士院待詔錢滋宣召入院。」據此，錢滋宣召周必大入學士院的確切時間，當爲孝宗淳熙四年（一一七七）六月十三日。

〔一八〕朱衣吏：古代貴戚、大臣外出時，有著朱衣的小吏在前引路或傳告，故以「朱衣吏」代稱在前引路或傳告的小吏。唐制，兩省官出使，得朱衣吏前導。宋歐陽修等新唐書卷一七九賈餗傳：「舊制，兩省官出使，得朱衣吏前導。」（中華書局一九七五年版，頁五三二〇）宋制，朝殿日皇太子、親王、使相參政、翰林學士，各有朱衣吏二人，自下馬處導至殿門。宋人軼事彙編卷二〇之故事引説苑載：「宋制，翰林學士佩金帶，朱衣吏一人前引。」（中華書局一九八一年版，頁一〇八七）宋趙彥衛雲麓漫鈔卷第三：「直省官，舊制補諸州別駕司馬。故事：上佐借緋，當時號爲朱衣。自改官制，不復補別駕司馬，而仍舊衣緋。軍人之衣緋紫，亦是別其軍號；今廂、禁軍皆衣紫，惟浙漕司兵士獨衣緋衲，頗存往制。」（中華書局一九九六年版，頁四一）朱衣吏在文學作品中亦常見。唐鄭穀獻制誥楊舍人詩：「隨行已有朱衣吏，伴直多招紫閣僧。」宋歐陽修毬場看山：「自嫌前引朱衣吏，不稱閑行白髮翁。」

〔一九〕贊喝：贊唱傳呼，或指贊唱傳呼者。宋沈括夢溪筆談卷第一故事一：「百官於中書見宰相，九卿而下，即省吏高聲唱一聲『屈』，則趨而入。宰相揖及進茶，皆抗聲贊喝，謂之『屈揖』。待制以上見，則言『請某官』，更不屈揖，臨退仍進湯，皆于席南橫設百官之位，升朝則坐，京官已下皆立。」（叢書集成初編第二八一冊，商務印書館一九三七年版，頁四）宋張端儀貴耳集卷下：「德壽、孝宗在御時，閤門多取北人充贊喝，聲雄如鐘，殿陛間頗有京洛氣象。自嘉定以來，多是明、台、溫、越人在閤門，其聲皆鮑魚音矣。」（叢書集成初編第二七八三冊，商務印書館一九三八年版，頁四七）

〔二〇〕東院：即審官東院，爲文官職選之一。下文的西院，即審官西院，爲武官職選之一。參見上文的「右選」條。

〔二一〕錄事：南朝宋時稱錄事參軍。唐杜佑通典卷三三職官一五・總論郡佐：「錄事參軍：晉置。本爲公府官，非州郡職也。掌總錄衆曹文簿，舉彈善惡。後代刺史有軍而開府者，並置之。」（中華書局一九八八年版，頁九一二）唐時爲州屬官，爲州錄事參軍事之省稱。宋時爲錄事參軍事簡稱。宋孫逢吉職官分紀卷三八之「司錄參軍條」注曰：「諸府爲司錄，諸州爲錄事。」（景印文淵閣四庫全書第九二三冊，臺灣商務印書館二〇〇八年影印本，頁七〇四）

〔二二〕祗候：恭候、敬候。北齊魏收魏書卷四三劉休賓傳：「文達詣白曜，詐言聞王臨境，故來祗候。」（中華書局一九七四年版，頁九六四）「各祗候」意即「各位請恭候」。另，職官名。宋朝掌朝會、宴幸、供奉引贊等事的官吏。

三　鎖院

李仁甫①燾〔一〕續通鑒長編〔二〕：「開寶〔三〕二年，太祖命李昉〔四〕、盧多遜〔五〕分直學士院。昉前在翰林，堂吏〔六〕因事至者，每拜堂下，事已即遣，未嘗與坐。至是拜堂上，更展敘〔七〕中外，無復曩日之禮。昉愕然詢同列，則云數年矣。」司馬文正公日記云：「熙寧二年五月癸巳〔八〕，鎖院〔九〕，以奉安二御容禮成。德音〔一〇〕降西京〔一一〕，囚杖〔一二〕以下放。是日丞相出中書提點〔一三〕魏孝先〔一四〕以下入院，授以參政〔一五〕趙抃〔一六〕所封御前劄子。茶湯館於虛閣〔一七〕，御藥劉有方〔一八〕來茶湯館，於門②塾〔一九〕復謁御廚。翰林設食致酒果，黃昏，進首尾詞，內批『依此修寫』。四鼓〔二〇〕起，讀點句，攢點進入。明日，丞相退朝，宣訖開院。」淳熙〔二一〕三年十一月八日，某③被宣草十二日冬祀赦，黃昏方至院。御藥〔二二〕持御封中書④門下省熟狀⑤〔二三〕來，系鞋迎於中門，同監門〔二四〕內侍一員俱升廳。御藥先以熟狀授監門，共茶湯訖，先送御藥出院。復與監門升廳受熟狀，付吏又點湯，送監門下階館之門塾而不報謁。既熟狀自內出，非參政所封，故提點官不來，惟中書門下省刑房錄事〔二五〕、尚書省刑房主事〔二六〕各一人穿束⑥同至，仍舊系鞋見之。不迎不送，不設茶湯而退，守當官〔二七〕四人、貼房〔二八〕十數人旅揖〔二九〕階下。與文正公所記多不同。至六年九月十二日，復被宣草明堂〔三〇〕赦，御藥張安中、監門梁襄相見如儀，惟錄事沈柍、主事李師文茶而不湯。院吏云：「前不設茶，誤也。」守當官等不復廷揖，所謂酒饌之賜，今皆無之。詰朝奏知先出，而吏卒輩皆俟三日後宣敕訖，乃得歸。

【校】

①仁甫：四庫文忠集本、傅校本作「仁甫」，明鈔本、四庫單行本作「仁父」。

②門：四庫文忠集本「門」字下作「闕」字。

③某：周必大自稱，唯四庫單行本作「必大」，其它諸本作「某」。本書以傅校本爲底本，參校其它版本，作「某」。

④中書：明鈔本作「中書舍人」。

⑤熟狀：四庫文忠集本的「狀」前作「闕」字，下文「御藥先以熟狀授監門」中的「狀」前亦作「闕」字。

⑥束：四庫文忠集本作「闕」字，四庫單行本作「秉」。傅校本與明鈔本均作「束」。

【箋】

〔一〕李燾：字仁甫，或作仁父。眉州丹稜（今四川丹稜）人。生於徽宗政和五年（一一一五），卒於孝宗淳熙十一年（一一八四）。唐宗室曹王李明之後。高宗紹興八年（一一三八），擢進士第。調華陽簿，再調雅州推官，改秩，知雙流縣。知榮州，除兵部員外郎兼禮部郎中。孝宗乾道四年（一一六八），上續通鑑長編，自建隆至治平，凡一百八卷。乾道五年（一一六九），遷秘書少監兼權起居舍人，尋兼實錄院檢討官。乾道八年（一一七二），直寶文閣，帥潼川兼知瀘州。淳熙改元，進秘閣撰、權同修國史、權實錄院同修撰。淳熙四年（一一七七），爲秘書省少正字，尋遷著作郎兼國史實錄院編修檢討官。淳熙七年（一一八〇），續通鑑長編全書成，上之，詔藏秘閣。淳熙十一年（一一八四），乞致仕，病卒，年七十。謚文簡，累贈太師、溫國公。宋史卷三八八李燾傳稱：「燾性剛大，特立獨行。早著書，檜尚當路，檜死始聞於朝。既在從列，每正色以訂國論。張栻嘗曰：『李仁甫如霜松雪柏。』無嗜好，無姬侍，不殖產。平生生死文字間，長編一書用力四十年，葉適以爲春秋以後纔有此書。」（中華書局一九七七年版，頁一一九一九）

〔二〕續通鑑長編：全稱爲續資治通鑑長編（下文簡稱長編），李燾撰。長編，今本定爲五百二十卷，是繼司馬光資治通鑑之後撰寫的一部著名編年史。關於李燾撰寫長編的原由，宋史本傳載：「燾恥讀王氏書，獨博極載籍，搜羅百氏，慨然以史自任，本朝典故尤悉力研核。仿司馬光資治通鑑例，斷自建隆，迄于靖康，爲編年一書，名曰長編，浩大未畢，仍效光體爲百官公卿表。」（中華書局一九七七年版，頁一一九一四）長編仿資治通鑑體例，上起宋太祖建隆元年（九六〇），下迄欽宗靖康元年（一一二六）北宋亡國爲止，搜羅一百六十八年的史事，撰成九百八十卷，外有目錄十卷、舉要六十八卷、總目五卷，共一千零六十三卷。據李燾進書奏狀，李燾撰長編的精神是「旁采異聞，補實錄正史之闕略；參求眞是，破巧說僞辨之紛紜。」清紀昀等欽定四庫全書總目卷四七史部三・編年類「續資治通鑑長編」條也指出其不足：「燾作此書，經四十載乃成，無不遍相稽審，質驗異同。雖采摭浩博，或不免虛實並存，疑信互見，未必一一皆衷於至當。」（中華書局一九九七年版，頁六五五）

〔三〕開寶：爲太祖趙匡胤第三個年號，也是最後一個年號，共九年（九六九—九七六）。太祖前兩個年號分別是建隆（九六〇—九六三）和乾德（九六四—九六八）。

〔四〕李昉：字明遠。深州饒陽（今河北饒陽）人。生於後唐莊宗同光三年（九二五），卒於太宗至道二年（九九六）。父李超，曾爲後晉工部郎中、集賢殿直學士。大父右資大夫李沼無子，以李昉繼之，蔭補齋郎。後漢高祖劉暠乾祐年間舉進士，爲秘書郎，與呂端同直弘文館，改右拾遺、集賢殿修撰。後周太祖郭威顯德二年（九五五），宰相李谷征淮南，李昉爲記室。師還，擢爲主客員外郎、知制誥、集賢殿直學士。四年（九五七），加中館修撰、判館事。是年冬，命爲屯田郎中、翰林學士。宋初，加中書舍人。太祖建隆三年（九六二），罷爲給事中。四年（九六三），知衡州。因陶穀所誣，爲彰武軍行軍司馬，居延州爲生業以老。開寶二年（九六九），復拜中書舍人。未幾，直學士院。開寶三年（九七〇），知貢舉。開寶五年（九七二），復知貢舉，又遷太常少卿，判國子監。開寶六年（九七三），復拜中書舍人、翰林學士。太宗卽位，加戶部侍郎，受詔與扈蒙、李穆、郭贄、宋白同修太祖實錄。拜工部尚書兼承旨。太平興國中，改文明殿學士。同年十一月，與宋琪俱拜平章事。雍熙元年（九八四），加中書侍郎。淳化二年（九九一），復以本官兼中書侍郎、平章事，監修國史。至道二年（九九六），病卒，年七十二。贈司徒，謚文正。宋史卷二六五李昉傳稱：「昉和厚多恕，不念舊惡，在位小心循謹，無赫赫稱。爲文章慕白居易，尤淺近易曉。好接賓客，江南平，士大夫歸朝者多從之遊。……昉所居有園亭別墅之勝，多召故人親友宴樂其中。……昉居中書日，有求進用者，雖知其材可取，必正色拒絕之，已而擢用；或不足用，必和顏溫語待之。」（中華書局一九七七年版，頁九一三八—九一三九）李昉參與編寫宋代四大類書中的三部，卽太平御覽、文苑英華、太平廣記。

〔五〕盧多遜：懷州河內（今河南沁陽）人。生於後唐潞王清泰元年（九三四），卒於太宗雍熙二年（九八五）。後周太祖郭威顯德初年，舉進士。解褐秘書郎、集賢校理，遷左拾遺、集賢殿修撰。宋太祖建隆三年（九六二），知制誥，歷祠部員外郎。乾德二年（九六四），權知貢舉。三年（九六五），加兵部郎中。四年（九六六），復權知貢舉。六年（九六八），加史館修撰、判館事。開寶二年（九六九），權知鎮州，直學士院。三年（九七〇）春，復知貢舉。四年（九七一）冬，命爲翰林學士。受詔同修五代史，遷中書舍人、參知政事。金陵平，加吏部侍郎。太平興國初，拜中書侍郎、平章事。四年（九七九），從平太原還，加兵部尚書。因與趙普有間，並有遣堂吏趙白交通秦王趙廷美事，配流崖州。雍熙二年（九八五），卒於流所，年五十二。宋史卷二六四盧多遜傳稱：「多遜博涉經史，聰明強力，文辭敏給，好任數，有謀略，發多奇中。」（中華書局一九七七年版，頁九一一八）

〔六〕堂吏：宋代中書堂（即政事堂）吏省稱，即堂後官，指執事于宰相辦公廳的吏員。堂後官在北宋、南宋時有別。宋初時，是中書五房堂後官省稱。宋太祖時即重堂後官的選拔，五代時堂後官爲吏人充任，事權頗重。堂後官因在政事堂之後治事而得名。元豐改制，罷堂後官名。宋王栐宋朝燕翼詒謀錄卷四：「祖宗重堂後官，更用士人。」（叢書集成初編第三八八八冊，商務印書館一九三九年版，頁二九）清徐松輯宋會要輯稿・職官三之二二：「五房五院，舊制每房置堂後官三人，並自京諸司選人。國初，使同正官，其後稍授檢校郎中、員外郎，並五品階，而長任。逐房，堂後官一人主承受批鑿聖語，定押敕草；一人主點檢書寫熟狀呈押進入；一人主對讀印押、發放、錄事二人，守當官三人。太祖開寶六年四月，詔堂後官十五人，從來不曾替換，宜令吏部流內銓於前資、見任令錄判司簿尉內，揀選諳會公事、有行止、無遺闕者，具姓名申奏，當議差補。」「太祖知堂吏擅中書事權，多爲奸贓，故令吏部選授。堂吏用士人，自此始也。」（中華書局一九五七年影印本，頁二四〇八）三之二七：「是年，行官制，除堂後官之名，於門下省、中書（省）置錄事而已。」（頁二四一一）南宋時，復有堂後官之名，即以中書省錄事、門下省錄事、尚書省都事爲堂後官，其制與北宋初已有不同。三之三九：「紹興令：中書、門下省錄事，尚書省都事爲正八品，宣教郎爲從八品，看詳，自入省遷補至堂後官，已是年深，其補職及一年，與改宣教郎，以官品較之，亦是相當。」（頁二四一七）宋李心傳建炎以來朝野雜記甲集卷一二堂後官：「堂後官，謂三省諸房都、錄事也。補職及一年，改宣教郎。滿五年願出職者與通判，十年以上與郡。建炎初……堂吏出職止通判。」（中華書局二〇〇〇年版，頁二五〇）

〔七〕展敍：陳述，暢敍。宋李昉等太平廣記卷第四三九李汾：「女乃升階展敍，言笑談謔，汾莫能及。」（中華書局一九六一年版，頁三五八二）

〔八〕熙寧二年五月癸巳：公元爲一〇六九年六月十九日，即宋神宗熙寧二年五月十八日。

〔九〕鎖院：宋趙昇朝野類要卷第一之故事·鎖院：「凡言鎖院者，機密之謂也。故試士、撰麻皆如此也。試士則所差官預先入院議題，有司排辦。撰麻則全番或半番快行，節次往學士宅第傳宣。俟傳宣快行來足，學士上馬，朝服修帽，隨簇入院。造赦頭尾則亦然。若別有直宿學士或直院，則出避之。當夜依宣撰述。如不可行者，繳奏之，謂之封還詞頭。若可行，則撰畢進呈，關報合門宣詞令舍人。今同合門宣詞令舍人鎖宿。且當晚御史台、閤門報明日宣麻，則文武百寮赴文德殿聽之。如不可行，則又有執政不押麻之例，即台諫得以執奏矣。除拜大臣則上旬，后妃中旬，餘官下旬。俗謂下旬剝麻，非也，或偶置之耳。」（中華書局二〇〇七年版，頁二九）

〔一〇〕德音：美言、善言。此處當指皇帝的赦免聖旨。宋史卷九仁宗本紀一：「（天聖元年八月）丙申，下德音，減天下囚罪一等，杖以下釋之。」宋史卷一〇仁宗本紀二：「（明道二年冬十月）癸丑，下德音，降東、西京囚罪一等，徒以下釋之。」

〔一一〕西京：漢朝指長安，北宋指洛陽。宋史卷八五地理志一之京西路：「西京。唐顯慶間爲東都，開元改河南府，宋爲西京，山陵在焉。」（中華書局一九七七年版，頁二一〇三）

〔一二〕囚杖：指古代五刑之一的杖刑。杖刑在我國古代起源甚早，尚書·舜典即有「鞭作官刑」。漢、魏、晉都設有鞭刑。南朝梁武帝時，杖刑正式列入刑書，並規定杖用生荊製作。北魏開始有五刑：杖刑、鞭刑、徒刑、流刑、死刑。北齊、北周沿襲魏制，北齊杖刑分爲三等：三十、二十、十；北周杖刑分爲五等：十、二十、三十、四十、五十。隋代廢止鞭刑，以杖刑代之，另立笞刑，以代替原來的杖刑。隋杖刑分五等：六十、七十、八十、九十、一百，凡所犯重於五十笞者，則入于杖刑。唐代杖刑基本沿襲隋制，亦分爲五等。不過，舊唐書卷五〇刑法志具體記載了用杖的規格：「其杖皆削去節目，長三尺五寸。訊囚杖，大頭徑三分二厘，小頭二分二厘。常行杖，大頭二分七厘，小頭一分七厘。笞杖，大頭二分，小頭一分半。其決笞者，腿分受。決杖者，背、腿、臀分受。及須數等拷訊者，亦同。其拷囚不過三度，總數不得過二百。杖罪已下，不得過所犯之數。」（中華書局一九七五年版，頁二一三九）宋代沿襲唐制，將杖刑亦分爲五等。不過，宋代杖刑有一個明顯特點，那就是它被廣泛地用爲附加刑，如流刑、徒刑都加杖。後代的杖刑在唐宋杖刑的基礎上，有所沿襲，也有所更變。在宋代，杖罪相對於其他刑罰，是一種較輕的罪刑。

〔一三〕提點：官名。宋始置，掌司法、刑獄及河渠等事。文獻通考卷六一職官考一五：「景德間，遂建提點刑獄一司，實分轉運使之權，又以武臣帶合職者副之。熙寧中，議罷武臣提刑。或謂眞宗時以武臣提刑，令機察漕司也。」（中華書局一九八六年影印本，考五五七）文獻通考卷五七職官考一一：「元祐時，詔南、北外都水丞並以三年爲任。七年，方議回河流，乃詔河北、京西漕臣及開封府界提點，各兼南、北外都水事。」（考五一八）中書省五房均有提點，官階在各房都檢正之下。文獻通考卷四九職官考三：「宋熙寧時，詔中書五房各置檢正二員（在堂後官之上），都檢正一員。（在五房提點之上，皆士人爲。）」（考四五二）另，有提醒指點之意。宋史卷一一四禮志一七：「知閤門官二員自御坐前導皇帝起詣三朝諸書香案前褥位，東向立。閤門提點奏請上香，三上香訖，又奏請皇帝再拜訖，知閤門官前導皇帝復歸御坐。」（中華書局一九七七年版，頁二七一六）

〔一四〕魏孝先：生卒年、籍貫不詳。從目前已有文獻來看，其官階較低，多稱之爲堂後吏、堂吏等。宋蘇轍著、陳宏天、高秀芳點校蘇轍集卷一三詩八十六首・次韻答人檻竹題注云：「此題宋刻大字本作次韻答魏孝先檻竹。三蘇文集本『魏孝先』作『魏孝仙』。」（中華書局一九九〇年版，頁二六一）宋曾鞏曾南豐全集卷下劄子：「治平元年，修仁宗皇帝實錄院，亦奏合於中書樞密院檢尋，合要照證事件，乞依天聖初體例施行，並乞差中書應奉國史文字堂後官魏孝先、樞密院修時政記主事劉孝先，候見當院書庫官等，將到合要檢尋事件，立便收接檢尋應副。」（廣益書局一九三六年版，頁五七）宋會要輯稿・職官五之九：「（神宗熙寧）三年六月，中書門下言：『見編修五房條例，以堂吏魏孝先等一十二人充逐房，管勾其事。……』」（頁二四六七）

〔一五〕參政：參知政事省稱。宋史卷一六一職官志一：「參知政事，掌副宰相，毗大政，參庶務。乾德二年置，以樞密直學士薛居正、兵部侍郎呂餘慶並本官參知政事。先是，已命趙普爲相，欲置之副，而難其名稱。以問翰林學士陶穀曰：『下宰相一等有何官？』對曰：『唐有參知機務、參知政事。』故以命之。仍令不押班，不知印，不升政事堂，殿廷別設磚位，敕尾著銜降宰相，月奉雜給半之，未欲與普齊也。開寶六年，始詔居正、餘慶於都堂與宰相同議政事。至道元年，詔宰相與參政輪班知印，同升政事堂。押敕齊銜，行則並馬，自寇准始，以後不易。元豐新官制，廢參知政事，置門下、中書二侍郎，尚書左、右丞以代其任。建炎三年，復以門下、中書侍郎爲參知政事，而省左、右丞。乾道八年，改左、右僕射爲左、右丞相，其參知政事如故，以中大夫以上充，常除二員或一員。嘉泰三年，始除三員。故事，丞相謁告，參預不得進擬。惟丞相未除，則輪日當筆，然多不逾年，少僅旬月。淳熙初，葉衡罷相，龔茂良行相事近三年，亦創見也。」（中華書局一九七七年版，頁三七七五）

〔一六〕趙抃：字閲道。衢州西安（今浙江衢州）人。生於眞宗大中祥符元年（一〇〇八），卒於神宗元豐七年（一〇八四）。宋仁宗景祐元年（一〇三四），進士及第，爲武安軍節度推官。知崇安、海陵、江原三縣，通判泗州。翰林學士曾公亮薦爲殿中侍御史，彈劾不避權幸，聲稱凜然，京師目爲「鐵面御史」。又知睦州，移梓州路轉運使，改益州。帥蜀地，蜀風爲變。召爲右司諫。又召爲侍御史知雜事，改度支副使，進天章閣待制、河北都轉運使。加龍圖閣直學士、知成都，以寬爲治。神宗立，召知諫院，拜資政殿學士、知杭州，改青州，又以大學士復知成都。乞歸，知越州。神宗元豐七年（一〇八四）薨，年七十七。贈太子少師，謚曰清獻。宋史卷三一六趙抃傳評曰：「抃長厚清修，人不見其喜愠。平生不治貲業，不畜聲伎，嫁兄弟之女十數、他孤女二十餘人，施德惸貧，蓋不可勝數。日所爲事，入夜必衣冠露香以告於天，不可告，則不敢爲也。其爲政，善因俗施設，猛寬不同，在虔與成都，尤爲世所稱道。神宗每詔二郡守，必以抃爲言。要之，以惠利爲本。晚學道有得，將終，與屼（按：趙抃子）訣，詞氣不亂，安坐而沒。宰相韓琦嘗稱抃眞世人標表，蓋以爲不可及云。」（中華書局一九七七年版，頁一〇三二五）

〔一七〕虚閣：樓閣的雅稱。如宋姜夔法曲獻仙音云：「虚閣籠寒，小簾通月，暮色偏憐高處。」

〔一八〕劉有方：生卒年與籍貫不詳。北宋時宦官。據宋李燾續資治通鑑長編記載，其初奉事英宗，神宗即位，累遷爲入內東頭供奉官、勾當御藥院。熙寧十年（一〇七七），除東作坊使、嘉州刺史、帶御器械。元豐五年（一〇八二），爲內侍押班。哲宗時，歷任勾當皇城司、內侍右班副都知、入內副都知，累官至雄州防御使、景福宮使。蘇軾爲神宗撰擬的兩首敕誥，較爲積極地評價了劉有方的個性與能力。其中，劉有方內侍省右班副都知曰：「具官劉有方，溫恭和毅，勤強練官密。進從王事，以法令爲師；退安私室，以圖史爲樂。進領右璫之貳，益親中禁之嚴。……」劉有方可昭宣使依舊嘉州刺史內侍省內侍押班曰：「具官劉有方，少知忠恪，晚益詳練。砥礪廉隅，有縉紳之風；祇畏簡書，無戲怠之色。歷歲滋久，積勞當遷。考之有司，皆曰應法。……」

〔一九〕門塾：爾雅・釋宮：「門側之堂，謂之塾。」（十三經注疏之爾雅注疏，上海古籍出版社一九九七年影印本，頁二五九八上）此其本意。後來門塾制度成爲一種教育制度。禮記・學記：「古之教者，家有塾，黨有庠，術有序，國有學。」（十三經注疏之禮記正義，上海古籍出版社一九九七年影印本，頁一五二一）漢書卷二四上食貨志上曰：「春，將出民，里胥平旦坐於右塾，鄰長坐于左塾，……」（中華書局一九六二年版，頁一一二一）孟康注曰：「里胥，如今里吏也。」顏師古注曰：「門側之堂曰塾。坐於門側者，督促勸之，知其早晏，防怠惰也。塾，音孰。」（頁一一二二）文中用其本意。

〔二〇〕四鼓：古人將一夜分爲五更（亦名五夜），每更大約兩個小時，用鼓報更，一更爲一鼓，四鼓即爲四更，又名雞鳴，即淩晨一點至三點。其他四更分爲是一更（亦名一鼓、一夜、黄昏）、二更（亦名二鼓、二夜、人定）、三更（亦三鼓、三夜、夜半）、五更（亦名五鼓、五夜、平旦），它們對應的時間分別爲：晚上七點至九點、晚上九點至十一點、晚上十一點至淩晨一點、淩晨三點至五點。

〔二一〕淳熙：孝宗趙昚的第三個年號，也是最後一個年號，共有十六年，即一一七四—一一八九。孝宗第一個年號爲隆興，共有二年，即一一六三—一一六四。第二個年號爲乾道，共有九年，即一一六五—一一七三。

〔二二〕御藥：當指御藥院勾當官。宋史卷一六四職官志四：「御藥院勾當官無常員，以入内内侍充。掌按驗秘方、以時劑和藥品，以進御及供奉禁中之用。」注云：「舊制，勾當御藥院遷官至遙領團練、防御者謂之暗轉，幹冒恩澤，浸不可止。嘉祐五年，詔御藥院内臣如當轉出而特留者，俟其出，計所留歲月優遷之，更不許累計所遷資序。非勾當御藥院而留者，其出更不推恩。」「崇寧二年，併入殿中省。」（中華書局一九七七年版，頁三八八一）宋會要輯稿・職官一九之一三：「御藥院，在崇政殿后，至道三年置。大中祥符八年，移於崇政殿門外東華門南。寶元二年九月，復移於殿后東廡，皆按局秘方合和御藥，專奉禁中之用，及別供御膳。若御試舉人，別（長）〔掌〕頒示考官等條貫，監彌（政）〔封〕之事。初以入内内侍三人勾當，（政）〔後〕參有十人。」（中華書局一九五七年影印本，頁二八一七）由此可見，御藥院的主要職責是合和湯藥，以供奉禁中。同時還供職奉行禮儀、御試舉人等事。御藥多由内侍充，實爲皇帝親信。這里御藥院勾當官給翰林院送達熟狀，即爲明證。

〔二三〕熟狀：宋代的一種政務文書，主要用於宰輔向皇帝稟報細務，以及覆奏殿上所得之聖旨。它出現于唐代，廣泛使用于宋代。夢溪筆談卷一故事一：「本朝要事對稟，常事擬進入，畫可然後施行，謂之『熟狀』。……熟狀白紙書，宰相押字，他執政具姓名。」（叢書集成初編第二八一冊，商務印書館一九三七年版，頁七）宋王明清揮麈後錄卷一：「明清嘗得英宗批可進狀一紙于梁才甫家，治平元年，宰執書臣而不姓，且花押而不書名。以歲月考之，則韓魏公、曾魯公、歐陽文忠公、趙康靖作相、參時也。但不曉不名之義。後閱沈存中筆談云：『本朝要事對稟，常事擬進，入畫可，然後施行，謂之熟狀。……熟狀白紙書，宰相押字。』始悟其理。」（中華書局一九六一年版，頁六九—七〇）由此可知，宋初時期，熟狀上必須要有中書門下全體宰輔的押字。元豐改制後，熟狀撰擬由中書省獨掌。南渡之後，中書、門下兩省於建炎四年（一一三〇）合而爲一。此後熟狀皆以「中書門下省」的名義擬進。關於兩宋熟狀的具體演變過程，可參見王化雨的兩宋熟狀考述（首都師范大學學報社會科學版二〇一五年第六期）。

〔二四〕監門：本意爲司門之卒。周禮·地官·司門：「祭祀之牛牲繫焉，監門養之。」鄭玄注：「監門，門徒。」（上海古籍出版社一九九七年影印本，頁七三九上）宋代三省、諸院、所，亦置，一般由使臣充任。北宋時用內侍官充任，南宋初參用小使臣，至嘉定六年（一二一三）增用京朝官，地位有所提高。宋會要輯稿·職官一之六十二：「應六部等處知雜司如敢輒入三省、樞密院都門，仰監門官並密院使臣密切檢察，具姓名申取朝廷指揮。」（中華書局一九五七年影印本，頁二三六〇）宋潛說友咸淳臨安志卷四三省樞密院監門：「嘉定六年秋，始用諫議大夫議，增置監門官一員，以京朝官宰邑有治理效者爲之。」（宋元方志叢刊，中華書局一九九〇年影印本，頁三三九七）

〔二五〕中書門下省刑房錄事：據宋史卷一六一職官志一記載，北宋分置中書省、門下省，南宋高宗建炎三年合二爲一。門下省人吏先是分掌五房：孔目房、吏房、戶房、兵禮房、刑房，又有主事、勾銷二房，後又分十房：吏房、戶房、禮房、兵房、刑房、工房、開拆房、章奏房、制敕庫房。（按：此處當缺一房。中華書局一九七七年版，頁三七七六）官有侍中、侍郎、左散騎常侍、給事中、左諫議大夫、起居郎、左司諫、左正言。吏有錄事、主事、令史、書令史、守當官。中書省分房十一：吏房、戶房、禮房、兵房、刑房、工房、主事房（後改爲開拆房）、班簿房、制敕庫房、催驅房、點檢房。官有令、侍郎、右散騎常侍、舍人、右諫議大夫、起居舍人、右司諫、右正言。吏有錄事、主事、令史、書令史、守當官。

〔二六〕尚書省刑房主事：據宋史卷一六一職官志一記載，宋代尚書省分十房：吏房、戶房、禮房、兵房、刑房、工房、開拆房、都知雜房、催驅房、制敕庫房。官有令、左右僕射、左右丞、左右司郎中、員外郎。吏有：都事、主事、令史、書令史、守當官。

〔二七〕守當官：宋代中央機構胥吏，並有一定員額，如門下省守當官爲十九人，中書省守當官爲七人，尚書省守當官爲六人等。

〔二八〕貼房：正名貼房（樞密院吏）十八人，宣徽院貼房至都勾押官。

〔二九〕旅揖：衆人一起作揖。周禮注疏卷三一夏官司馬・司士：「孤卿特揖大夫，以其等旅揖，士旁三揖，王還揖門左，揖門右。」鄭玄注曰：「旅，衆也。」（十三經注疏，上海古籍出版社一九九七年影印本，頁八四九）晉荀勖食舉樂東西廂歌十二首之隆化一章二十八句：「旅揖在庭，嘉客在堂。」（宋郭茂倩樂府詩集卷一三燕射歌辭，上海古籍出版社一九九八年版，頁一六七）宋陸遊老學庵筆記卷第七：「晏元獻爲藩郡，率十許日乃一出廳，僚吏旅揖而已。」（中華書局一九七九年版，頁八九）

〔三〇〕明堂：古代天子舉行大典的地方。禮記正義卷三一明堂位：「昔者周公朝諸侯於明堂之位，天子負斧依南鄉而立。……此周公明堂之位也。明堂也者，明諸侯之尊卑也。」（十三經注疏，上海古籍出版社一九九七年影印，頁一四八七—一四八八）孔穎達疏：「明堂者，古有之也。凡九室，室四戶、八牖，共三十六戶、七十二牖。以茅蓋屋，上圓下方，所以朝諸侯。」（頁一四八七）宋史卷一二仁宗本紀四：「（皇祐二年）三月戊子朔，詔季秋有事於明堂。己丑，以大慶殿爲明堂。……戊戌，詔明堂禮成，群臣毋上尊號。……夏五月丁亥朔，新作明堂禮神玉。……六月己未，出新制明堂樂八曲。……九月……辛亥，大饗天地於明堂，以太祖、太宗、眞宗配，如圜丘。」（中華書局一九七七年版，頁二二九）據上述記載，「明堂」在有宋一代已然是祭祀祖先的聖地。另外，「明堂」亦作星宿之名。宋史卷五〇天文志三：「房宿四星，爲明堂，天子布政之官也，亦四輔也。」（中華書局一九七七年版，頁一〇〇三）

四　太上皇帝上尊號

太上初遜位〔一〕，上尊號〔二〕。時陳丞相康伯〔三〕當國，集議定，命學士洪景岩遵〔四〕撰議文，然後降詔。某時任察官〔五〕，心知其非而無由改。乾道六年，郊祀禮成，加上尊號。某在翰苑〔六〕，始引唐故事，乞上帥〔七〕群臣過宮。表請，既允，然後降詔。國朝止有人主上母后尊號，故冊文〔八〕稱嗣皇帝靖康上教主道君〔九〕之號。徐丞相處仁〔一〇〕已命汪彥章藻〔一一〕代作冊文，會有疆事不及行禮。紹興三十二年初，上德壽尊號，乃承例用嗣皇帝。乾道六年，既上表乞加尊號，而院吏寫表亦稱嗣皇帝，私謂未安。謹按唐明皇傳位後，顏真卿〔一二〕議肅宗不當於宗廟稱嗣皇帝〔一三〕，況親奉表德壽乎？以白虞丞相允文〔一四〕，丞相難之，必令尋例。某思建炎以後，遇節朔〔一五〕遙拜徽宗表，是時翰苑多名士，必不誤用，乃督吏搜舊牘。明日果得表本一冊，止稱「皇帝」。又按韓文順宗實錄〔一六〕載：「憲宗上順宗尊號，冊文亦稱皇帝，臣某。」此最可據。其議遂定。是歲初議于太上皇帝尊號中加憲天體道四字，皇后加慈明二字。某草詔云：「太上皇帝與天同大，體道之宗；太上皇后如月之明，以慈爲寶。」蓋取文意之順耳。將宣佈，而議者謂天聖〔一七〕二年，賜太宗女申國大長公主〔一八〕謚曰慈明，當避，於是改用明慈二字。宰執云：「詔書先明而後慈。」殆默定也。某與同直院鄭仲益聞〔一九〕既分草皇帝請加上太上皇帝、皇后尊號箋表〔二〇〕，諸公謂太上皇帝自當答詔〔二一〕，頗疑皇后難於措辭。某請以意共爲答誥〔二二〕，文意所及，總言父母以該〔二三〕之，而不稱予吾之類。遂草以進，上甚以爲然。凡兩答誥，皆某所草也。上于文字尤欲得體，一覽便見是非。某草太上辭尊號第一誥，其末云：「怡神閑燕，何力之有？」上曰：「此雖道太上語，畢竟自此起草送去，『何力』之句不能無嫌。」某遂改作「無累於物」。蓋上用意至到如此。

【箋】

〔一〕太上初遜位：指宋高宗趙構於紹興三十二年（一一六二）五月，遜位於孝宗趙昚。趙昚爲趙構養子，太祖趙匡胤七世孫。宋史卷三三孝宗本紀一記載趙構遜位的大致過程：「（紹興）三十二年五月甲子，立（帝）爲皇太子，改名眘。初，高宗久有禪位之意，嘗以諭帝，帝流涕固辭，會有邊事不果。及歸自金陵，陳康伯求去，高宗復以倦勤諭之。中書舍人唐文若聞而請對，言不宜急遽，故先下建儲之詔，賜名瑋。監察御史周必大密與唐伯言，與唐昭宗名同音，不可。詔別擬進，乃定今名。既又命學士承旨洪遵爲太子擇字，遵擬四字以進，皆不稱旨。甲戌，御筆賜字元永。乙亥，內降御劄：『皇太子可即皇帝位。朕稱太上皇帝，退處德壽宮，皇后稱太上皇后。』丙子，遣中使召帝入禁中而諭之，帝又推遜不受，即趨側殿門，欲還東宮，高宗勉諭再三，乃止。於是高宗出御紫宸殿，輔臣奏事畢，高宗還宮。百官移班殿門外，拜詔畢，復入班殿庭。頃之，內侍掖帝至御榻前，側立不坐，內侍扶掖至七八，乃略就坐。宰相率百僚稱賀，帝遽興。輔臣升殿固請，帝愀然曰：『君父之命，出於獨斷。然此大位，懼不克當。』班退，太上皇帝即駕之德壽宮，帝服袍履，步出祥曦殿門，冒雨掖輦以行，及宮門弗止。上皇麾謝再三，且令左右扶掖以還，曰：『吾付託得人，吾無憾矣。』左右皆呼萬歲。是日，詔有司議太上皇帝、太上皇后尊號以聞……」（中華書局一九七七年版，頁六一七—六一八）

〔二〕上尊號：宋史卷一一〇卷禮志一三・嘉禮一：「尊號之典，唐始載於禮官。宋每大祀，群臣詣東上閤門，拜表請上尊號，或三上，或五上，多謙抑弗許；如允所請，即奏命大臣撰冊文及書冊寶。其受冊多用祀禮畢日，御正殿行禮，禮畢，有司以冊寶詣閤門奉進入內。建隆四年，群臣三上表上尊號，詔俟郊畢受冊。前三日，遣官奏告天地、宗廟、社稷，遂爲定制。」（中華書局一九七七年版，頁二六三九—二六四〇）

〔三〕陳康伯：字長卿。信州弋陽（今江西弋陽）人。生於哲宗紹聖四年（一〇九七），卒於孝宗乾道元年（一一六五）。徽宗宣和三年（一一二一），中上舍丙科。累遷太學正。建炎末，爲敕令刪定官，預修紹興敕令。尋通判衢州。除太常博士，改提舉江東常平茶鹽。秦檜死，起知漢州，將出峽，召對，除吏部侍郎。尋拜參知政事，後遷同中書門下平章事，兼史院。拜光祿大夫、尚書左僕射。因高宗有意禪位於孝宗，其密贊大議。孝宗即位，命兼樞密使，進封信國公，以太保、觀文殿大學士、福國公判信州。隆興二年（一一六四）八月，起判紹興府，且令赴闕奏事，復辭。拜尚書左僕射、同中書平章事兼樞密使，進封魯國公。乾道元年（一一六五）正月卒，年六十有九。贈太師，謚文恭。宋史卷三八四本傳稱其「以經濟自任，臨事明斷」（中華書局一九七七年版，頁一一八二五）。

〔四〕洪遵：字景嚴。饒州樂平（今江西樂平）人。生於徽宗宣和二年（一一二〇），卒於孝宗淳熙元年（一一七四）。洪皓次子。自幼勤學，端重如成人。宋高宗時，中博學宏詞科，賜進士出身，擢秘書省正字。此亦開了詞科中選即入館的先例。因與朝論異，先後外出通判常州、婺州、越州。紹興二十五年（一一五五），復爲正字，兼權直學士院。三年後，拜起居舍人。紹興二十九年（一一五九），拜中書舍人。次年，試吏部侍郎。孝宗即位，拜翰林學士承旨兼侍讀。知隆興元年（一一六三）貢舉，拜同知樞密院事。是年，以端明殿學士提舉太平興國宮。乾道六年（一一七〇），起知信州，徙知太平州，又徙知建康府、江東安撫使兼行宮留守。後拜資政殿學士。淳熙元年（一一七四），提舉洞霄宮。是年底，卒。謚文安。宋史卷三七三有其本傳。

〔五〕某任察官：當指周必大時任監察御史一職。據周綸周益國文忠公年譜「紹興三十二年壬午公年三十七」條載：「五月庚子除監察御史。八月戊寅，皇帝詣德壽宮，奏上太上皇帝、太上皇后尊號冊寶，奉敕舉太上皇后尊號寶行事。」（宋集珍本叢刊第五一冊，頁一〇五）

〔六〕某在翰苑：當指周必大於孝宗乾道六年（一一七〇）在翰林苑任權直學士院期間。據宋周綸周益國文忠公年譜「乾道六年庚寅公年四十五」條載：「七月……丙申，除秘書省少監，兼權直學士院。」（傅校本，宋集珍本叢刊第五一冊，線裝書局二〇〇四年影印本，頁一〇六）筆者按：直學士院是指「凡他官入院未除學士」者，權直學士院是指「學士俱缺，他官暫行院中文書」（宋史卷一六二職官志二，中華書局一九七七年版，頁三八一二）者。另外，周益國文忠公年譜還載有周必大在翰林院任職的經歷，如「乾道七年辛卯公年四十六」條載：「七月壬辰，除權禮部侍郎。丁酉，有旨仍兼直學士院。升同修國史、實錄院同修撰。」（宋集珍本叢刊第五一冊，頁一〇六）「淳熙二年乙未公年五十」條載：「八月丁卯，兼直學士院。閏九月癸丑，除兵部侍郎，丁巳兼侍講。」（宋集珍本叢刊第五一冊，頁一〇七）「淳熙四年丁酉公五十二」條載：「五月乙丑轉朝請大夫，丁卯除翰林學士。」（宋集珍本叢刊第五一冊，頁一〇九）

〔七〕帥：同「率」，帶領。愛日齋叢抄卷五：「按唐開元十七年八月，上合生日，宴百官於花萼樓下，左丞相（原）乾曜、右丞相（張）說帥百官上表，請以每歲八月初五日為千秋節，布於天下，咸甯宴樂，休暇三日，此置節之始。」（叢書集成初編第三二五冊，商務印書館一九三六年版，頁二〇八）

〔八〕冊文：簡稱冊，文體名，爲冊命、冊書等誥命文字的一種。本來衹用于帝王封贈臣下，後世應用漸繁。明徐師曾文體明辨序說云：「古者冊書，施之臣下而已，後世而郊祀、祭享、稱尊、加謚、寓哀之屬亦皆用之，故其文漸繁。今彙而辨之，其目凡十有一：一曰祝冊，郊祀祭享用之；二曰玉冊，上尊號用之；三曰立冊，立帝、立后、立太子用之；四曰封冊，封諸侯用之；五曰哀冊，遷梓宮及太子、諸王、大臣薨逝用之；六曰贈冊，贈號、贈官用之；七曰謚冊，上謚、賜謚用之；八曰贈謚冊，贈官並賜謚用之；九曰祭冊，賜大臣祭用之；十曰賜冊，報賜臣下用之；十一曰免冊，罷免大臣用之。」（人民文學出版社一九六二年版，頁一一六）宋徐鉉徐騎省集、宋呂祖謙輯皇朝文鑑等稱冊，宋眞德秀眞西山集、清莊仲方編南宋文范等稱冊文。

〔九〕教主道君：指宋徽宗趙佶的自封號，亦是宋欽宗趙桓給其的上尊號。宋史卷二一徽宗本紀三載：「（政和七年）夏四月庚申，帝諷道錄院上章，冊己爲教主道君皇帝，止于教門章疏内用。」（中華書局一九七七年版，頁三九八）宋史卷二二徽宗本紀四載：「（宣和七年）十二月……庚申，詔内禪，皇太子卽皇帝位。尊帝爲教主道君太上皇帝，居於龍德宮。」（中華書局一九七七年版，頁四一七）宋史卷二三欽宗本紀載：「（宣和七年十二月）丙寅，上道君皇帝尊號曰教主道君太上皇帝，皇后曰道君太上皇后。詔改元。」（中華書局一九七七年版，頁四二二）

〔一〇〕徐處仁：字擇之。應天府穀熟縣（今屬河南商丘）人。生於仁宗嘉祐七年（一〇六二），卒於高宗建炎元年（一一二七）。宋神宗元豐年間中進士甲科。爲永州東安縣令，知濟州金鄉縣，擢監察御史，遷殿中、右正言、給事中，攝開封府，進戶部尚書，繼拜中大夫、尚書右丞。丁母憂，免喪，以資政殿學士知青州，徙知永興軍。與童貫因是否平物價相忤，改知河陽，落職知蘄州。久之，以顯謨閣直學士知潁昌府。後又被童貫奪職，提舉鴻慶宮。復延康殿學士、知汝州，再奉鴻慶祠、知徐州，召爲醴泉觀使。徽宗訪以天下事，得以除侍讀。又上徽宗備邊御戎十策，進觀文殿學士，召爲寶籙宮使，特升大學士。欽宗卽位，召爲中書侍郎，拜太宰兼門下侍郎。高宗卽位，起爲大名尹、北道都總管，卒於郡。宋史卷三七一有其本傳。

〔一一〕汪藻：字彥章。饒州德興（今江西德興）人。生於神宗元豐二年（一〇七九），卒於仁宗至和元年（一一五四）。宋徽宗崇寧二年（一一〇三）進士及第。調婺州觀察推官，改宣州教授，稍遷江西提舉學事司幹當公事。欽宗卽位，召爲屯田員外郎，再遷太常少卿、起居舍人。高宗踐祚，召試中書舍人，提舉太平觀，復召爲中書舍人兼直學士院，擢給事中，遷兵部侍郎兼侍講，拜翰林學士。紹興元年，除龍圖閣直學士、知湖州。升顯謨閣學士，尋知徽州，逾年，徙宣州。言者論其嘗爲蔡京、王黼之客，奪職居永州，累赦不宥，並卒於是地。卒後詔贈端明殿學士。宋史卷四四五本傳評曰：「藻通顯三十年，無屋廬以居。博極群書，老不釋卷，尤喜讀春秋左氏傳及西漢書。工儷語，多著述，所爲制詞，人多傳誦。」（中華書局一九七七年版，頁一三一三二）

〔一二〕顔眞卿：字清臣。琅邪臨沂（今山東臨沂）人。生於唐中宗景龍三年（七〇九），卒於德宗興元元年（七八四）。唐玄宗開元二十二年（七三四），舉進士，登甲科。爲監察御史，充河西隴右軍試覆屯交兵使，又充河東朔方試覆屯交兵使，遷殿中御史、東都畿採訪判官，轉侍御史、武部員外郎，出爲平原太守。與從兄常山太守顔杲卿殺安祿山三將，詔爲戶部侍郎，依前平原太守。爲宰相所忌，出爲同州刺史，轉蒲州刺史。爲御史唐旻所構，貶饒州刺史。旋拜升州刺史、浙江西道節度使，征爲刑部尚書。爲李輔國所惡，貶蓬州長史。代宗立，拜利州刺史，遷戶部侍郎，除荊南節度使，未行而罷，除尚書左丞。旋改檢校刑部尚書知省事，累進封魯郡公。後又有謗，貶硤州別駕、撫州、湖州刺史。帝遣其往汝州詔撫叛亂者李希烈，被執，不屈，被縊殺。贈司徒，謚文忠。其與段秀實被舊唐書卷一二八贊曰：「自古皆死，得正爲順。二公云亡，萬代垂訓。」（中華書局一九七五年版，頁三五九八）舊唐書卷一二八，新唐書卷一五三有其本傳。顔眞卿在文學與書法上均有建樹，宋人輯有顔魯公集，其顔體楷書對後世影響頗大。

〔一三〕顔眞卿議肅宗不當於宗廟稱嗣皇帝：此事于舊唐書與新唐書之顔眞卿本傳均有記載。其中，舊唐書卷一二八載：「雖天子蒙塵，典法不廢。洎鑾輿將復宮闕，遣左司郎中李巽先行，陳告宗廟之禮，有司署祝文，稱『嗣皇帝』。眞卿謂禮儀使崔器曰：『上皇在蜀，可乎？』器遽奏改之。中旨宣勞，以爲名儒深達禮體。」（中華書局一九七五年版，頁三五九二）新唐書卷一五三載：「兩京復，帝遣左司郎中李選告宗廟，祝署『嗣皇帝』，眞卿謂禮儀使崔器曰：『上皇在蜀，可乎？』器遽奏改之，帝以爲達識。」（中華書局一九七五年版，頁四八五六）

〔一四〕虞允文：字彬父，一作彬甫。隆州仁壽（今四川仁壽）人。生於徽宗大觀四年（一一一〇），卒於孝宗淳熙元年（一一七四）。幼聰慧，至孝。宋高宗紹興二十三年（一一五三）進士及第，通判彭州，權知黎州、渠州。秦檜死後，經中書舍人趙逵首薦，爲高宗重用。除秘書丞，累遷禮部郎官。又除中書舍人、直學士院。孝宗受禪，以敷文閣待制知太平州，尋除兵部尚書，湖北、京西宣撫使，改制置使。乾道元年（一一六五），拜參知政事兼知樞密院事。後拜右僕射、同中書門下平章事兼樞密使。乾道八年（一一七二）二月，受特進少保、左丞相兼樞密使。淳熙元年（一一七四）薨。詔贈太傅，賜謚忠肅。宋史卷三八三虞允文傳稱其「姿雄偉，長六尺四寸，慷慨磊落有大志，而言動有則度，人望而知爲任重之器。早以文學致台閣，晚際時艱，出入將相垂二十年，孜孜忠勤無二焉」（中華書局一九七七年版，頁一一八〇〇）。嘗注唐書、五代史，藏於家。有詩文十卷，經筵春秋講義三卷，奏議二十二卷，內外志十五卷，行於世。

〔一五〕節朔：節日和朔日，亦泛指節日。佚名冥音錄：「每至節朔，輒舉觴酹地，哀咽流涕。」（魯迅輯唐宋傳奇集卷五）宋史卷一六二職官志二「太子侍讀侍講」條載：「乾道七年，禮部太常寺言：『討論東宮開講並節朔賀慶、辭謝禮儀。……皇太子正席，講讀官迭起如延英儀，講罷復位。節朔不受宮僚參賀；元日、冬至，詹事以下牋賀。……』」

〔一六〕韓文順宗實錄：指韓愈、沈傳師、宇文籍撰，李吉甫監修順宗實錄。宋歐陽修、宋祁撰新唐書卷五八藝文志二：「順宗實錄五卷，韓愈、沈傳師、宇文籍撰，李吉甫監修。」（中華書局一九七五年版，頁一四七二）宋晁公武郡齋讀書志卷六「實錄類」之「唐順宗實錄」條記載：「右唐韓愈撰。起貞元二十一年乙酉正月，止永貞元年丙戌八月。初，韓愈撰錄禁中事爲切直，閹宦不喜，訾其非實，文宗時，詔路隋刊正。隋建言『衆議以刊修非是。李宗閔、牛僧孺謂史官李漢、蔣系皆愈之婿，不可參撰，俾臣下筆。臣謂不然，且愈之所書，非己自出，元和以來，相循逮今。漢等以嫌，無害公議。請條其甚謬誤者，付史官刊定。』詔摘去元和、永貞間數事爲失實，錄不復改。」（上海古籍出版社一九九〇年版，頁二二〇）

〔一七〕天聖：宋仁宗趙禎的第一個年號，即一〇二三—一〇三二年。宋仁宗還有其它八個年號，即明道（一〇三二—一〇三三）、景祐（一〇三四—一〇三八）、寶元（一〇三八—一〇四〇）、康定（一〇四〇—一〇四一）、慶曆（一〇四一—一〇四八）、皇祐（一〇四九—一〇五四）、至和（一〇五四—一〇五六）、嘉祐（一〇五六—一〇六三）。

〔一八〕申國大長公主：宋太宗共有七個女兒，申國大長公主是其第六女。宋史卷二四八公主傳：「衛國大長公主，至道三年

（按：九九七年），封壽昌長公主。大中祥符二年（按：一〇〇九年），進封陳國，改吳國，號報慈正覺大師。改楚國，又改邠國。天禧二年（一〇一八），改建國。乾興元年（一〇二二），封申國大長公主。天聖二年（一〇二四）薨，賜謚慈明。徽宗改衛國。政和改慈明大長帝姬。」（中華書局一九七七年版，頁八七七四）太宗其他六女分別爲：長女滕國大長公主、次徐國大長公主、三女邠國大長公主、四女楊國大長公主、五女雍國大長公主、七女荊國大長公主。

〔一九〕鄭聞：字仲益。開封（今河南開封）人。生年不詳，卒於孝宗淳熙元年（一一七四）。高宗紹興二十一年（一一五一）進士及第。歷中書舍人、兼直學士院、刑部尚書。孝宗乾道九年（一一七三），參知政事。淳熙元年（一一七四）三月爲資政殿大學士、四川宣撫使。是年秋七月，爲參知政事，罷四川宣撫司。是年冬十月卒，贈正獻。

〔二〇〕箋表：亦作牋表。箋爲大臣向皇太子遞交的文書，表爲大臣向皇帝遞交的文書。宋王溥唐會要卷二六之牋表例載：「舊例，上所及下。其制六：天子曰制、曰敕、曰冊；皇太子曰令；親王公主曰教；尚書省下州、州下縣、縣下鄉，皆曰符也。下之達上，其制有六：上天子曰表，其近臣亦爲狀；上皇太子曰箋、啟；於其長上公文皆爲牒；庶人之言曰辭。諸司相質問有三：曰關（關通其事）、曰刺（刺舉）、曰移（移其事于他司。移則通判之官。皆曰連署）。」（叢書集成初編第八一七冊，商務印書館一九三六年版，頁五〇四）

〔二一〕答詔：皇帝回答臣下奏疏的詔書。文獻通考卷一〇七王禮考二：「宋因唐開元之制，每正、冬不受朝，及邦國大慶瑞、奉上尊號，則宰相率文武群臣並諸軍校、蕃夷酋長、道釋耆老等詣東上閤門拜表，進表官跪授表于宰相，宰相又跪授閤門使，乃以奉御。凡有答詔，亦拜受於閤門，獲可，奏者奉表稱謝。」（中華書局一九八六年影印本，考九七〇）

〔二二〕誥：誥者爲帝王任命或封贈的文書。古者上下有誥，秦廢古制稱制、詔。唐稱制不稱誥。宋始以誥命庶官，凡追贈大臣、貶謫有罪、贈封其祖父妻室，不宜於廷者，皆用誥，通謂之制。

〔二三〕該：說文解字解釋該字云：「軍中約也。从言，亥聲。讀若心中滿該。」段注曰：「凡俗云當該者皆本此。」（上海古籍出版社一九八一年影印本，頁一〇一下）後來又引申爲完備、詳盡之意，通「賅」。此處應作動詞用，有包含、相容之意。

五　禮部太常寺欲將國朝加上尊號並上壽典禮參酌比附

淳熙二年六月，禮部太常寺〔一〕申來年太上皇帝當慶七十，欲將國朝加上尊號並上壽典禮參酌比附。先決討論，壬申有旨恭依。七月乙酉〔二〕，侍從禮官等就都堂〔三〕議，加性仁立德至神無爲八字，而皇后再加二字爲齊明廣慈。後兩日，禮部趙侍郎雄〔四〕謂「無爲」二字與「太上」字相連，頗涉語忌，請改爲明武煥文。其後又嘗作至神無爲，又作成武煥文，逮癸卯〔五〕乃定，用性仁立德無爲全美。參政龔實之茂良〔六〕而下尚不以爲然，葉丞相衡〔七〕既主之，衆莫能奪。八月，直院胡長文元質〔八〕罷，丁卯〔九〕上自用某再直，已擬詔草。會九月乙未〔一〇〕，葉丞相罷，龔參首招予及學士王季海〔一一〕共議，然後定爲性仁誠德經武緯文，遂草宣佈詔，其頌太上皇帝云：「以德行仁，本性誠之固有；修文偃武，合經緯之自然。」太上皇后云：「月齊日以得天，而能久照；坤順乾而配地，是以廣生。」上再三稱獎，謂數句用經語，該括明備，非卿不能爲，眞大手筆也。

【箋】

〔一〕太常寺：太常寺是我國古代掌管禮樂的最高行政機關。秦時稱奉常，漢以後改稱太常寺等。唐魏徵等隋書卷二七百官志中：「太常，掌陵廟群祀，禮樂儀制，天文術數衣冠之屬。其屬官有博士、協律郎、八書博士等員。」（中華書局一九七三年版，頁七五五）宋代太常寺隸屬禮部，置卿、少卿、丞各一人，博士四人，主簿、協律郎、太祝各一人。其中，「卿掌禮樂、郊廟、社稷、壇壝、陵寢之事，少卿爲之貳，丞參領之。……博士，掌講定五禮儀式，有改革則據經審議。……主簿，掌稽考簿書。協律郎，掌律、呂以和陰陽之聲，正宮架、特架樂舞之位。……奉禮郎，掌奉幣帛授初獻官，大禮則設親祠板位。太祝，掌讀冊辭，授搏黍以嘏告，飲福則進爵，酌

酒受其虚爵。」（宋史卷一六四職官志四，中華書局一九七七年版，頁三八八三—三八八五）

〔二〕七月乙酉：此日爲淳熙二年七月初六日，公元爲一一七五年七月二十五日。

〔三〕都堂：尚書省總辦公處的稱呼。唐代尚書省的總辦公處居中，東有吏、户、禮三部辦公處，西有兵、刑、工三部辦公處，尚書省的左右僕射、左右丞、左右司郎中、員外郎等官總轄各部，稱爲都省，故辦公處爲都堂。宋、金尚書省的辦公處，亦沿用此稱。另外，明代稱各衙署長官爲堂官，都察院長官都御史、副都御史、僉都御史，以及被派遣到外省帶有這些兼銜的總督、巡撫，均通稱都堂。清代則稱部堂。

〔四〕趙雄：字温叔。資州（治今四川資中）人。生於高宗建炎三年（一一二九），卒於光宗紹熙四年（一一九三）。孝宗隆興元年（一一六三）類省試第一。時虞允文宣撫四川，辟爲幕僚，後薦於朝，得孝宗賞識，除秘書省正字。趙雄極力抗金的宏論，頗合孝宗之意，除中書舍人。淳熙二年（一一七五），召爲禮部侍郎，除端明殿學士、簽書樞密院事。同年十一月，同知樞密院事。淳熙五年（一一七八），遷參知政事，拜右丞相。因其重用蜀人，頗有結黨營私之嫌，孝宗疑之。除觀文殿大學士、四川制置使。改知瀘南安撫使，又改知江陵府。光宗即位，詔授寧武軍節度使、開府儀同三司，進衛國公，改帥湖北。疾甚，改判資州，又除潼川府，改隆興府。紹熙四年（一一九三）卒。卒贈少師，寧宗嘉定年間，謚文定。宋史卷三九六有其本傳。

〔五〕癸卯：指淳熙二年六月二十四日，公元爲一一七五年八月十二日。

〔六〕龔茂良：字實之。莆田龔屯（今福建莆田）人。生於徽宗宣和三年（一一二一），卒於孝宗淳熙五年（一一七八）。高宗紹興十八年（一一四八）進士及第。爲南安簿、邵武司法。調泉州察推，改宣教郎，以同知樞密院事黄祖舜薦，召試館職，除秘書省正字，累遷吏部郎官。除監察御史。遷右正言。任廣東提刑，就知信州。除直顯謨閣、江西運判兼知隆興府。以右文殿修撰再任，進待制敷文閣，除禮部侍郎。尋拜參知政事。葉衡罷相，龔茂良以首參行相事。宋史卷三八五有其本傳。

〔七〕葉衡：字夢錫。婺州金華（今浙江金華）人。生於徽宗政和四年（一一一四），卒於孝宗淳熙二年（一一七五）。高宗紹興十八年（一一四八）進士，調福州寧德簿，攝尉，知於潛縣，擢知常州。入爲太府少卿，遷户部侍郎。丁母憂。起復，知廬州，未行，除樞密都承旨。孝宗乾道二年（一一六六）爲淮西江東總領。歷知荊南、成都。乾道九年（一一七三）知建康府。淳熙元年（一一七四），召爲戶部尚書，除簽書樞密院事，拜參知政事。累遷右丞相兼樞密使。又次年九月，爲湯邦彥所譖，罷相，責授安德軍節度副使，郴州安置。淳熙二年（一一七五）卒，年六十二。卒後贈資政殿學士。宋史卷三八四有其本傳。

〔八〕胡元質：字長文，小名慶孫，小字季華。平江府長洲（治今江蘇蘇州）人。生於高宗建炎元年（一一二七），卒於孝宗淳熙十六年（一一八九）。高宗紹興十八年（一一四八）進士及第。乾道元年（一一六五），累官至秘書省正字。歷任校書郎兼國史院編修官、禮部員外郎兼實錄院檢討官、右司諫、起居舍人、中書舍人兼同修國史等職。出知和州、太平州，還知建康府兼江東安撫使。淳熙四年（一一七七），爲四川安撫制置使兼知成都府。淳熙七年（一一八〇），因督兵鎮壓黎州蕃部失利，奪兩官奉祠。後以敷文閣學士致仕。卒謚獻惠。著有西漢字類、左氏摘奇等，已佚。事見吳郡志卷二七。

〔九〕丁卯：指淳熙二年八月十九日，即公元一一七五年九月五日。

〔一〇〕九月乙未：指淳熙二年九月十七日，即公元一一七五年十月三日。

〔一一〕王季海：名淮。婺州金華（治今浙江金華）人。生于欽宗靖康元年（一一二六），卒於孝宗淳熙十六年（一一八九）。高宗紹興十五年（一一四五），進士及第，爲台州監海尉，得郡守蕭振器識，後還校書郎。得朱倬舉薦，除監察御史，尋遷右正言。上奏章，甚合高宗意，除秘書少監兼恭王府直講。出知建寧府，改浙西提刑。尋召，除太常少卿，除中書舍人兼直學士院。又除翰林學士、知制誥。淳熙二年（一一七五），除端明殿學士、簽書樞密院事。淳熙八年（一一八一），拜右丞相兼樞密事，又拜左丞相。淳熙十五年（一一八八），以觀文殿大學士判衢州。力辭，提舉洞霄宮。淳熙十六年（一一八九）卒。卒後追贈少師，謚文定。宋史卷三九六有其本傳。

六　大禮降御劄

大禮降御劄，既云劄示，則當親筆付外。近歲同常詔從院吏寫本行出，未知中朝舊事如何。乾道九年六月七日，宣當直學士草南郊御劄，三更進草，其間云：「乾清坤夷，振四方之綱紀；星暉〔一〕海潤，兆百世之本支〔二〕。玉卮〔三〕每奉於親闈〔四〕，瑞節歲交於鄰境。」上改作「農扈〔五〕屢豐，戎軒〔六〕載戢〔七〕。崇禮樂而四達，嘉風俗而再淳。玉卮每奉於親闈，美化遂刑①〔八〕於海宇②」。仍批云：「可改簽抹者五句，意不近於郊祀。」其欲得體大率如此。

【校】

①刑：明鈔本作「形」。

②海宇：「明鈔本」作「德宇」，誤，應作「海宇」。作海內解。

【箋】

〔一〕星暉：星光燦爛，多喻指天下太平、人才濟濟。南朝齊王融三月三日曲水詩序：「雲潤星暉，風揚月至。」（南朝梁蕭統文選卷四六序下）宋郭茂倩輯樂府詩集・郊廟歌辭十・唐享太廟樂章：「海溓星暉，遠安邇肅。」

〔二〕百世之本支：指子孫昌隆，百代相傳不絕。語出詩經・大雅・文王：「文王孫子，本支百世」。毛詩正義解釋云：「本，本宗也。支，支子也。……其子孫，適爲天子，庶爲諸侯，皆百世也。」（十三經注疏，上海古籍出版社一九九七年影印本，頁五〇四）

〔三〕玉卮：玉質酒杯。唐張籍短歌行云：「玉卮盛酒置君前，再拜願君千萬年。」宋歐陽修採桑子・何人解賞西湖好詞云：「飛蓋相追，貪向花間醉玉卮。」

〔四〕親闈：說文解字解釋「親」曰「至也」。段注云：「至部曰：『到者，至也。』到其地曰至。情意懇到曰至。父母者、情之冣至者也。故謂之親。」（上海古籍出版社一九八一年影印本，頁四〇九下）說文解字解釋「闈」曰「宮中之門也」。親闈引申爲父母居室，進而又引申爲父母。

〔五〕農扈：扈，亦作「鳸」。本作「雇」，一作「鴈」。鳥名。相傳古帝少皞氏以鳥名官，置九農之官，稱農扈，亦號「九農」。春秋左傳集解卷第二三昭公四・昭公十九年記郯子語云：「九扈，爲九農正，扈民無淫者也。」（上海人民出版社一九七七年版，頁一四二一）晉杜預注曰：「扈有九種也。春扈鳻鶞，夏扈竊玄，秋扈竊藍，冬扈竊黃，棘扈竊丹，行扈唶唶，宵扈嘖嘖，桑扈竊脂，老扈鷃鷃。以九扈爲九農之號，各隨其宜以教民事。」（頁一四二三）宋代置司農寺，別號農扈。據宋史卷一六五職官志五記載：「司農寺舊置判寺事二人，以兩制、朝官以上充；主簿一人，以選人充。掌供籍田九種，大中小祀供豕及蔬果、明房油，與平糴、利農之事。」（中華書局一九七七年版，頁三九〇四）宋樓鑰攻媿集卷三五御史台檢法官李謙太常丞、主簿彭龜年司農寺丞：「容臺農扈，分以命汝。」後來農扈又借指農事。這里農扈當指莊稼。

〔六〕戎軒：戰車。代指軍隊。後漢書卷二二朱景王杜馬劉傅堅馬傳贊曰：「帝績思乂，庸功是存。有來群後，捷我戎軒。」（中華書局一九六五年版，頁七九一）唐太宗李世民于北平作詩：「翠野駐戎軒，盧龍轉征旆。」（全唐詩第一卷）宋史卷一三四樂志九：「煌煌神武，再御戎軒。時惠南土，旋定太原。」（中華書局一九七七年版，頁三一五四）亦指軍事征戰或軍隊事務。唐魏徵述懷・出關：「中原初逐鹿，投筆事戎軒。縱橫計不就，慷慨戀猶存。」（全唐詩第三一卷）唐張籍三原李氏園宴集：「借問主人翁，北州佐戎軒。僕夫守舊宅，爲客侍華筵。」（全唐詩第三八三卷）

〔七〕載戢：說文解字十四篇車部：「載，乘也。从車𢦔聲。」段注曰：「乘者，覆也。上覆之則下載之，故其義相成。引申之謂所載之物曰載，……引申爲凡載物之稱，……又假借之爲始，才之假借也。才者，艸木之初也。夏曰載，亦謂四時終始也。又假借爲事。……又假爲語。……」（上海古籍出版社一九八一年影印本，頁七二七）「戢，藏兵也。從戈咠聲。」故此，載戢在此有裝運收藏之意。與前文「戎軒」相連，意卽爲將武器收藏起來，指不再訴諸武力。意同「載戢干戈」。詩經・周頌・時邁：「載戢干戈，載櫜弓矢。」

〔八〕通「型」。說文解字曰：「型，鑄器之法也。」段注曰：「以木爲之曰模，以竹曰笵，以土曰型。引申爲之典型。」（說文解字注十三篇「土部」，上海古籍出版社一九八一年版，頁六八八頁下）這里當作楷模解。

七　議明堂大禮

淳熙六年三月丁卯〔一〕，詔今歲郊祀，以例約束省費。旋有旨未令行出，下禮部太常寺議明堂大禮。初李仁父主此說於前郊，嘗經集議，會近習揚言壽博極群書，卻不曾讀孝經〔二〕，乃不果行。至是，予以禮部尚書兼翰林學士與諸儒議曰：「周公雖攝政，而主祭則成王。王方幼沖〔三〕，故周公參稽古制，蕆事〔四〕於明堂。其曰嚴父者，指周公能推本〔五〕武王之志，追尊文王之功，非謂自主其祭祀也。」衆以爲然，遂奏：「臣等竊觀傳載〔六〕黃帝拜祀上帝〔七〕于明堂，唐、虞祀五帝〔八〕於五府〔九〕。歷時既久，其詳莫得而聞。至禮記始載明堂位一篇，言天子負斧依南鄉而立，內之公侯伯子男，外之蠻夷戎狄，以序而立。故曰明堂也者，明諸侯之尊卑也。〔一〇〕孟子亦曰：『明堂者，王者之堂也。』〔一一〕周禮・大司樂有冬至圜丘之樂，夏至方丘之樂，宗廟九變之樂。〔一二〕三者皆大祭祀，惟不及明堂，豈非明堂者布政會朝之地，成王時嘗於此歌我將〔一三〕之頌，宗祀其祖文王乎？後暨漢唐雖有沿革，至於祀帝而配以祖宗，多由義起，未始執一。〔一四〕本朝仁宗皇祐中，破諸儒異同之論，即大慶殿行親享之禮，並侑祖宗，從以百神。〔一五〕前期朝獻景靈宮〔一六〕，享太廟，一如郊祀之制。太上皇帝中興，斟酌家法，舉行於紹興之初，亦在殿庭，蓋得聖經之遺意。且國家大祀有四，春祈穀〔一七〕，夏雩祀〔一八〕，秋明堂，冬郊祀〔一九〕是也。陛下即位以來，固嘗一講祀穀，四躬冬祀，惟合宮〔二〇〕、雩壇之禮，猶未親行。今若特舉秋享，於義爲允。臣等謹據已行典禮，及將前代賀循〔二一〕、本朝名儒李泰伯〔二二〕、范鎮〔二三〕明堂嚴祖說，並治平中呂誨〔二四〕、司馬光等集議，近歲李燾奏劄，具錄以聞。」〔二五〕乙亥〔二六〕有旨，從之。九月上辛〔二七〕，以顯肅后〔二八〕忌前，改用仲辛〔二九〕行禮，辛酉當受誓戒〔三〇〕。前一日，上語宰執〔三一〕：「足指瘡腫，恐妨拜跪，欲展季辛〔三二〕，又值顯恭后〔三三〕忌。如何？」宰執奏：「天地尊，后忌卑。」遂降旨，用二十六日。某按：漢武太初〔三四〕、太始、征和中，屢祀明堂，不專用辛。方請別蔔日，詰朝，上忽遣中使諭旨都堂：「夜來敷①藥，足瘡良愈，不必改日。但已展誓戒之期，若再降旨，不張惶否？」趙相〔三五〕奏此卻無妨，遂以是日午時〔三六〕集官受誓戒。丙寅〔三七〕，大雨。丁卯〔三八〕，鎖院，草敕。戊辰〔三九〕，百執事〔四〇〕冒雨入麗正門〔四一〕，過後殿〔四二〕，請皇帝致齋。己巳〔四三〕，上乘逍遙車〔四四〕，朝獻景靈宮，入太廟〔四五〕宿齋。四日之間，雨晝夜傾注，通衢殆如溪澗，有旨來早不乘玉輅〔四六〕，止用逍遙車，徑入北門，趨文德殿〔四七〕。致齋朝服，導駕官皆改常服，應儀仗排立，人並放。趙相爲大禮使，密諭有司未得放散。黄昏後，雨驟止。夜分，内侍李思恭傳旨御史台〔四八〕、閤門〔四九〕、太常寺，仍舊乘玉輅，應合行事件疾速施行。庚午〔五〇〕昧爽〔五一〕，駕來登輅，某執綏。上喜曰：「且得晴霽。」辛未，行禮，月色如晝，上拜起不倦，以迄于成。黎明登樓，肆赦，簪花〔五二〕，過德壽宮〔五三〕，人情熙然〔五四〕。赦書乃某視草〔五五〕，其間云：「惟周成〔五六〕宗祀洛中〔五七〕，陟配〔五八〕于文王〔五九〕。惟漢武〔六〇〕合祠汶上〔六一〕，推嚴于高帝〔六二〕。皆用親郊〔六三〕之禮，具殫尊祖之誠。於鑠〔六四〕本朝，若稽前代。做經路寢〔六五〕，有皇祐之彝儀〔六六〕；遍秩群神，有紹興之近制。不愆〔六七〕於素，可舉而行。蓋欲明著古禮，以示來世也。」後數日，加恩群臣，某復草。趙相制云：「裸將〔六八〕太宫〔六九〕，霖潦〔七〇〕驟霽。陟恪〔七一〕大寢，月華正中。」又云：「鎮定大事，如彥博〔七二〕之恢宏；貫通群經，如宋庠〔七三〕之博洽。」皆紀一時之事，且以仁宗初行明堂，二公實爲相也。

【校】

①敷：明鈔本（周益公文集卷一七四，宋集珍本叢刊第五〇冊，頁五七六下）、四庫单行本（景印文淵閣四庫全書第五九五冊，頁五五五下）作「傅」。四庫文忠集本（景印文淵閣四庫全書第一一四九冊，頁五頁下）、傅校本（宋集珍本叢刊第五二冊，頁七四〇頁下）作「敷」。

【箋】

〔一〕己亥三月丁卯：己亥爲孝宗淳熙六年（一一七九），三月丁卯，是指三月初九（公元四月十七日）。

〔二〕孝經：儒家十三經之一。相傳爲孔子所作，後人疑之。注家多達百家，流行者爲唐李隆基注與宋邢昺疏。文獻通考卷一八五經籍考一二考證了孝經的撰者、著錄、注本、流傳等一般情況。其中，引漢書・藝文志曰：「孝經者，孔子爲曾子陳孝道也。夫孝，天之經，地之義，民之行也。舉大者言，故曰孝經。漢興，長孫氏、博士江翁、少府後倉、諫大夫翼奉、安昌侯張禹傳之，各自名家。經文皆同，唯孔氏壁中古文爲異。」又引隋書・經籍志曰：「漢初，芝子貞出之，凡十八章，而長孫氏、博士江翁、少府後倉、諫議大夫翼奉、安昌侯張禹，皆名其學。又有古文孝經，與古文尚書同出，而長孫有閨門一章，其餘經文，大較相似，篇簡闕解，又有衍出三章，並前合爲二十二章，孔安國爲之傳。至劉向典校經籍，以顔本比古文，除其繁惑，以十八章爲定。鄭衆、馬融並爲之注。又有鄭氏注，相傳或云鄭元，其立義與元所注餘書不同，故疑之。梁代，安國及鄭氏二家，並立國學，安國之本亡于梁亂，陳及周、齊，唯傳鄭氏。至隋，秘書監王劭於京師訪得孔傳，遂至河間劉炫，炫因序其得喪，述其議疏，講於人間，漸聞朝廷。後遂著令，與鄭氏並立。」又引宋三朝藝文志曰：「古文孝經世不傳，歷晉至唐，所行唯鄭氏者，世以爲鄭元。唐開元中，史官劉子元證其非鄭元者十有二，諸儒非子元之説。天寶中，元宗自注，元行沖造疏，授學官，凡今儒者傳習焉。五代以來，孔、鄭二注皆亡，周顯德末，新羅獻別序孝經，即鄭注者。皇朝咸平中，令祭酒邢昺取行沖疏删定，正義行焉。」（中華書局一九八六年影印本，考一五八五）

〔三〕幼沖：年齡幼小。語出尚書・周書・大誥：「延洪惟我幼沖人，嗣無疆大曆服。」唐人孔穎達疏云：「凶害延大，惟累我幼童人。成王言其不可不誅之意。」（十三經注疏，上海古籍出版社一九九七年影印本，頁一九八頁上）

〔四〕蕆事：事情完全得到解決。語出春秋左傳・文公十七年：「十四年七月，寡君又朝，以蕆陳事。」楊伯峻注：「蕆，音產，杜注：『敕也。』方言：『備也。』蕆有完成之義，蕆陳事者，完成陳國從服於晉之工作也。故下云『陳侯自敝邑往朝於君』。杜注以『敕成前好』解之，恐不確。」（春秋左傳注，中華書局一九八一年版，頁六二五）

〔五〕推本：探究，尋究根源。漢班固漢書卷三六楚元王傳：「劉氏鴻范論發明大傳，著天人之應；七略剖判藝文，總百家之緒；三統曆譜考步日月五星之度。有意其推本之也。」唐人顔師古注曰：「言其究極根本，深有意也。」（中華書局一九六二年版，頁一九七二一一九七三）

〔六〕傳載：指唐杜佑通典卷四四大享明堂所載：「黃帝拜祀上帝於明堂。其堂之制，中有一殿，四面無壁，以茅蓋，通水，水圜宮垣，爲復道，上有樓，從西南入，名昆侖，天子從之入，以拜祀。唐虞祀五帝於五府。蒼曰靈府，赤曰文祖，黃曰神計，白曰明紀，黑曰玄矩。五府之制，未詳。」（中華書局一九八八年版，頁一二一四）

〔七〕上帝：天帝。語出周易卷二豫：「先王以作樂崇德，殷薦之上帝，以配祖考。」唐孔穎達疏曰：「殷薦之上帝者，用此殷盛之樂，薦祭上帝也，象雷出地而向天也。」（十三經注疏，上海古籍出版社一九九七年影印本，頁三二上）

〔八〕五帝：指東西南北中五方位的天神，即太昊、炎帝、少昊、顓頊、黃帝。語出周禮・春官宗伯・小宗伯：「小宗伯之職，掌建國之神位，右社稷，左宗廟，兆五帝於四郊，四望四類亦如之。」鄭注曰：「五帝：蒼曰靈威仰，太昊食焉；赤曰赤熛怒，炎帝食焉；黃曰含樞紐，黃帝食焉；白曰白招拒，少昊食焉；黑曰汁光紀，顓頊食焉。」（十三經注疏，上海古籍出版社一九九七年影印本，頁七六六上）楚辭章句卷第四九章・惜誦：「令五帝以折中兮，戒六神與向服。」漢王逸注曰：「五帝，謂五方神也。東方爲太皞，南方爲炎帝，西方爲少昊，北方爲顓頊，中央爲黃帝。」（景印文淵閣四庫全書第一〇六二冊，臺灣商務印書館二〇〇八年版，頁三四）

〔九〕五府：唐杜佑通典卷四四大享明堂注云：「府者，聚也。言五帝之神聚而祭於此堂。」（中華書局一九八八年版，頁一二一四）

〔一〇〕至禮記始載句：語出禮記卷三一明堂位：「昔者周公，朝諸侯於明堂之位。天子負斧依南鄉而立。三公，中階之前，北面東上。諸侯之位，阼階之東，西面北上。諸伯之國，西階之西，東面北上。諸子之國，門東，北面東上。諸男之國，門西，北面東上，九夷之國，東門之外，西面北上。八蠻之國，南門之外，北面東上。六戎之國，西門之外，東面南上。五狄之國，北門之外，南面東上。九采之國，應門之外，北面東上。四塞，世告至。此周公明堂之位也。明堂也者，明諸侯之尊卑也。」（十三經注疏，上海古籍出版社一九九七年影印本，頁一四八七下—一四八八上）

〔一一〕孟子亦曰句：語出孟子卷二梁惠王章句下：「齊宣王問曰：『人皆謂我毀明堂。毀諸？已乎？』孟子對曰：『夫明堂者，王者之堂也。王欲行王政，則勿毀之矣。』」（十三經注疏，上海古籍出版社一九九七年影印本，頁二六七六下）

〔一二〕周禮・大司樂句：語出周禮卷二二春官宗伯・大司樂：「冬日至，於地上之圜丘奏之。若樂六變，則天神皆降，可得而禮矣。……夏日至，於澤中之方丘奏之。若樂八變，則地示皆出，可得而禮矣。……於宗廟之中奏之，若樂九變，則人鬼可得而禮矣。」（十三經注疏，上海古籍出版社一九九七年影印本，頁七八九下—七九〇上）鄭注曰：「此三者，皆禘大祭也。天神則主北辰，地祇則主昆侖，人鬼則主后稷。」（十三經注疏，上海古籍出版社一九九七年影印本，頁七九〇上）

〔一三〕我將：出自詩經·周頌，原文曰：「我將我享，維羊維牛，維天其右之。儀式刑文王之典，日靖四方。伊嘏文王，既右饗之。我其夙夜，畏天之威，於時保之。」其序曰：「我將，祀文王於明堂也。」唐孔穎達正義曰：「我將詩者，祀文王於明堂之樂歌也。謂祭五帝之於明堂，以文王配而祀之，以今之大平，由此明堂所配之文王，故詩人因其配祭述其事而爲此歌焉。經陳周公、成王法文王之道，爲神祐而保之，皆是述文王之事也。此言祀文王於明堂，即孝經所謂『宗祀文王於明堂，以配上帝』是也。文王之配明堂，其祀非一。此言祀文王於明堂，謂大享五帝於明堂也。」（十三經注疏，上海古籍出版社一九九七年影印本，頁五八八）

〔一四〕參見文獻通考卷七三郊社考六至卷七五郊社考八關於明堂制度（自黃帝至南宋時期）的考證。馬端臨考證曰：「黃帝拜祀上帝於明堂；唐、虞祀五帝於五府；夏後氏世室，堂修二七，廣四修；殷人重屋，堂修七尋，堂崇三尺，四阿，重屋；周人明堂，度九尺之筵；漢代祀上帝或五帝於明堂，多配漢高祖、漢景帝等；魏、晉、六朝，多以祭五帝位於明堂，並配以有功德之君；終隋代，季秋祀五方上帝於雩壇上，其用幣各依其方；唐代多依隋制，祇是配以有功德之君；宋初，因唐舊制，每歲冬至圜丘，正月上辛祈穀，孟夏雩祀，季秋大享，凡四祭昊天上帝。中興後，昊天上帝四祀：春祈、夏雩、秋享、冬報。作明堂之禮，亦配享太祖、太宗等。

〔一五〕本朝仁宗皇祐中句：元馬端臨在文獻通考卷七四郊社考七中作按語稱：「宋初雖有季秋大享明堂之禮，然未嘗親祠，祇命有司攝事，沿隋唐舊制，寓祭南郊壇。至仁宗皇祐二年，始以大慶殿爲明堂，合祭天地，三聖並侑，百神從事，一如圜丘南郊之儀。蓋當舉郊祀之歲，而移其禮用之於明堂，故不容不重其事也。」（中華書局一九八六年影印本，考六七五）周必大此處的文獻記載與馬端臨的按語可以相互印證。

〔一六〕景靈宮：據宋潛說友咸淳臨安志卷三行在所録記載：「景靈宮，在新莊橋之西。中興初，四孟朝獻，皆於禁中行禮。紹興十三年臣僚言：景靈宮以奉祖宗衣冠之遊，即漢原廟也。（按景靈宮本大中祥符五年，以聖祖臨降而建，神宗皇帝始廣其制）今就便朝設位以饗，未副廣孝之意，遂詔臨安府同修內司，相度修蓋，卽劉光世家所獻賜第基爲之，門曰思成。」（宋元方志叢刊，中華書局一九九〇年影印本，頁三三七六）宋史卷一〇九禮志一二又載：「（紹興）十八年，增建道院，初本劉光世賜第，後以韓世忠第增築之。」（中華書局一九七七年版，頁二六二四）

〔一七〕春祈穀：禮記·月令：「（孟春之月）天子乃以元日，祈穀於上帝。乃擇元辰，天子親載耒耜，措之於參保介之御間，帥三公、九卿、諸侯、大夫，躬耕帝藉。天子三推，三公五推，卿諸侯九推，反執爵於大寢。三公、九卿、諸侯、大夫，皆御，命曰勞酒。」（十三經注疏之禮記正義，上海古籍出版社一九九七年影印本，頁一三五六）

〔一八〕雩祀：禮記·月令：「仲夏之月，……命有司爲民祈祀山川百源。大雩帝，用盛樂，乃命百縣雩祀百辟卿士有益於民者，以祈穀實。」鄭注曰：「陽氣盛而常旱，山川百源，能興雲雨者也。衆水始所出爲百源，必先祭其本，乃雩。雩，籲嗟求雨之祭也。雩帝，謂爲壇南郊之旁，雩五精之帝，配以先帝也。」（十三經注疏之禮記正義，上海古籍出版社一九九七年影印本，頁一三六九）

〔一九〕郊祀：文獻通考卷六八郊社考一：鄭氏注祭法曰：「禘、郊、祖、宗，謂祭祀以配食也。此『禘』，謂祭昊天於圜丘也。祭上帝於南郊曰『郊』，祭五帝、五神於明堂曰『祖、宗』。『祖、宗』通言耳。……」正義曰：「……（王）肅意以爲唯郊是祭天，禘者宗廟之殷祭，郊卽圜丘，圜丘卽郊，以所在言之謂之郊，以所祭言之謂之圜丘，於郊築泰壇，以丘言之，本諸天地之性也。祭法所謂『燔柴於泰壇』，則圜丘也。郊特牲曰：『周之始郊，日以至。』此言冬至祭圜丘，而謂之郊者，以圜丘在郊故也。」（中華書局一九八六年影印本，考六一一）

〔二〇〕合宮：卽明堂。文獻通考卷七三郊社考六：「黄帝拜祀上帝於明堂。」注曰：「或謂之『合宮』。」（中華書局一九八六年影印本，考六六五）

〔二一〕賀循：字彦先。會稽山陰（今浙江紹興）人。生於三國魏元帝景元元年（二六〇），卒於晉元帝大興二年（三一九）。曾祖賀齊爲東吳名將，祖父賀景爲滅賊校尉，父親賀邵爲中書令，爲孫皓所殺。賀循自幼操尚高厲，言行進止，必以禮讓，先後被舉薦爲五官掾、陽羨令、武康令。其任武康令時，政聲頗佳，著作郎陸機上疏推薦，被召補爲太子舍人。趙王倫篡位，轉侍御史，辭疾去職。後除南中郎長史，不就。陳敏之亂時，以其爲丹楊内史，辭以脚疾。平亂後，公車征賢良，皆不就。晉元帝爲安東將軍，舉其爲吴國内史。晉元帝爲鎮東大將軍，以其代軍司顧榮之職，稱疾不就。湣帝即位，征爲宗正。及元帝即帝位，復以其爲軍諮祭酒。以疾篤上表乞骸骨，受左光禄大夫、開府儀同三司。太興（一作大興）二年（三一九）卒，年六十。卒後贈司空，謚曰穆。唐房玄齡等晉書本傳稱其「少玩篇籍，善屬文，博覽衆書，尤精禮傳。雅有知人之鑑，拔同郡楊方於卑陋，卒成名於世」（中華書局一九七四年版，頁一八三〇）。

〔二二〕李覯：字泰伯，號盱江先生。建昌軍南城（今撫州南城）人。生于眞宗大中祥符二年（一〇〇九），卒於仁宗嘉祐四年（一〇五九）。其俊辯能文，舉茂才異等不中，創辦盱江書院，講學自給，來學者常數十百人。曾鞏、鄧潤甫等爲其高足。仁宗皇祐初，被范仲淹薦爲試太學助教。嘉祐中，用國子監奏，召爲海門主簿、太學說書而卒。今存直講李先生文集三七卷，有外集三卷附後，今人輯有李覯集（中華書局一九八一年版）。宋史卷四三二有其本傳。

〔二三〕范鎮：字景仁。人稱「長嘯公」。成都華陽（今四川成都）人。生於眞宗景德四年（一〇〇七），卒於哲宗元祐三年（一〇八八）。仁宗寶元元年（一〇三八）舉進士第一。調新安主簿，延置國子監，薦爲東監直講，召試學士院，當得館閣校理，超授直秘閣，判吏部南曹、開封會推官，擢起居舍人，知諫院。作爲言官，嘗爲仁宗立太子事，先後上疏十九次，待命百餘日，鬚髮爲白。罷知諫院，改集賢殿修撰，糾察在京刑獄，同修起居注，遂知制誥。後還翰林學士，判太常寺，改侍讀學士。次年，還翰林，出知陳州。神宗即位，復爲翰林學士兼侍讀、知通進銀台司。不滿王安石青苗法，又指謫王安石在用人方面用喜怒爲賞罰。尋以戶部侍郎致仕，所得恩典，悉不與。哲宗立，拜端明殿學士，起提舉中太一宮兼侍讀，且欲以爲門下侍郎，因固辭，改提舉崇福宫。終以銀青光禄大夫再致仕，累封蜀郡公。宋史卷三三七范鎮傳稱其「清白坦夷，遇人必以誠，恭儉慎默，口不言人過。臨大節，決大議，色和而語壯，常欲繼之以死，雖在萬乘前，無所屈。篤於行義，奏補先族人而後子孫，鄉人有不克婚葬者，輒爲主之」（中華書局一九七七年版，頁一〇七九〇）。

〔二四〕呂誨：字獻可。開封（今河南開封）人，祖籍幽州安次（今河北廊坊）。生於眞宗大中祥符七年（一〇一四），卒於神宗熙寧四年（一〇七一）。曾祖呂琦爲後晉兵部侍郎，祖父呂端爲太宗、眞宗相，父呂荀，國子監博士、大理評事。仁宗時，進士登第，由屯田員外郎爲殿中侍御史。嘉祐六年（一〇六一），出知江州。上疏請早建皇嗣，仁宗由此議定。英宗立，改起居舍人，同知諫院。治平二年（一〇六五），遷兵部員外郎，兼侍御史知雜事。因爭濮儀事，下遷工部員外郎、知蘄州。神宗立，徙晉州，加集賢殿修撰，知河中府。召爲鹽鐵副使，擢天章閣待制，復知諫院，拜御史中丞。又因彈擊王安石，出知鄭州。明年，改知河南，命未下而寢疾矣。旋提舉崇福宮，以疾表求致仕。卒年五十八歲。宋史卷三二一呂誨傳稱其「三居言責，皆以彈奏大臣而去，一時推其鯁直。居病困，猶旦夕憤歎，以天下事爲憂」（中華書局一九七七年版，頁一〇四三〇）。

〔二五〕周必大的奏疏：據文獻通考卷七五郊社考八記載，「淳熙六年秋九月，大享明堂，合祭天地，復奉太祖、太宗配」，而且在這次明堂之禮之前，令禮部、太常寺詳議。宰執所進呈禮部、太常寺的議狀，與周必大奏疏內容大致相同。

〔二六〕乙亥：指孝宗淳熙六年三月十七日，公元爲一一七九年四月二五日。

〔二七〕九月上辛：指孝宗淳熙六年九月初六（辛酉日），公元爲一一七九年十月八日。

〔二八〕顯肅后：即鄭皇后，徽宗的第二任皇后。據宋史卷二四三后妃傳下記載：「鄭皇后，開封人也。父紳，始爲直省官，以后貴，累封太師、樂平郡王。后本欽聖殿押班，徽宗爲端王，每日朝慈德宮，欽聖命鄭、王二押班供侍。及即位，遂以二人賜之。后自入宮，好觀書，章奏能自製，帝愛其才。崇寧初，封賢妃，遷貴妃，有異寵。徽宗多賚以詞章，天下歌之。王皇后崩，政和元年，立爲皇后。將受冊，有司創制冠服，后言國用未足，冠珍費多，請命工改制妃時舊冠。又乞罷黃麾仗、小駕鹵簿等儀，從之。恩澤皆弗陳請。……后性端謹，善順承帝意。劉貴妃薨，帝思之不已，將追冊爲后，后即奏妃乃其養子，乞別議褒崇之禮，帝大喜。欽宗受禪，尊爲太上皇后，遷居寧德宮，稱寧德太后。從上皇幸南京，金師退，先歸。時用事者言，上皇將復辟於鎮江，人情危駭。或謂后將由端門直入禁中，內侍輩頗勸欽宗嚴備。帝不從，出郊迎后，於是兩宮歡甚洽。上皇聞之，即罷如洛之議。汴京破，從上皇幸青城。北遷，留五年，崩於五國城，年五十二。紹興七年，何蘇等使還，始知上皇及后崩，高宗大慟。詔立重成服，謚顯肅。后親族各遷官有差。祔主徽宗室，以聞哀日爲大忌。梓宮歸，入境，承之以櫬，納翬衣其中，與徽宗合攢於會稽永祐陵。……」（中華書局一九七七年版，頁八六三九—八六四〇）

〔二九〕仲辛：指孝宗淳熙六年九月十六日（辛未日），公元爲一一七九年十月十八日。

〔三〇〕誓戒：約束訓戒。語出周禮・天官・大宰：「祀五帝，則掌百官之誓戒。」鄭注：「誓戒，要之以刑，重失禮也。」（十三經注疏之周禮注疏，上海古籍出版社一九九七年影印本，頁六四九下）林尹今注：「誓戒，約束警戒之也。祭祀大事，恐其失禮，先告之以失禮之刑而誓戒之也。」（林尹周禮今注今譯卷一天官塚宰第一，臺灣商務印書館一九七九年版，頁一五）

〔三一〕宰執：宰相與執政的合稱。在宋代，宰相主要是指正宰相同平章事（全稱同中書門下平章事），執政主要是指副宰相參知政事。據宋史卷一六一職官志一・宰執記載：「宰相之職佐天子，總百官，平庶政，事無不統。宋承唐制，以同平章事爲眞相之任，無常員；有二人，則分日知印。以丞、郎以上至三師爲之。其上相爲昭文館大學士、監修國史，其次爲集賢殿大學士。或置三相，則昭文、集賢二學士並監修國史，各除。唐以來，三大館皆宰臣兼，故仍其制。……神宗新官制，於三省置侍中、中書令、尚書令，以官高不除人，而以尚書令之貳左、右僕射爲宰相。左僕射兼門下侍郎，以行侍中之職；右僕射兼中書侍郎，以行中書令之職。政和中，改左、右僕射爲太宰、少宰，仍兼兩省侍郎。靖康中，復改爲左、右僕射。建炎三年，呂頤浩請參酌三省之制，左、右僕射並加同中書門下平章事，門下、中書二侍郎並改爲參知政事，廢尚書左、右丞。從之。乾道八年，詔尚書左、右僕射可依漢制改爲左、右丞相。」（中華書局一九七七年版，頁三七七三）「參知政事掌副宰相，毗大政，參庶務。乾德二年置，以樞密直學士薛居正、兵部侍郎呂餘慶並本官參知政事。先是，已命趙普爲相，欲置之副，而難其名稱。以問翰林學士陶穀曰：『下宰相一等有何官？』對曰：『唐有參知機務、參知政事。』故以命之。仍令不押班，不知印，不升政事堂，殿廷別設磚位，敕尾著銜降宰相，月奉雜給半之，未欲與普齊也。開寶六年，始詔居正、餘慶於都堂與宰相同議政事。至道元年，詔宰相與參政輪班知印，同升政事堂。押敕齊銜，行則並馬，自寇准始，以后不易。元豐新官制，廢參知政事，置門下、中書二侍郎，尚書左、右丞以代其任。建炎三年，復以門下、中書侍郎爲參知政事，而省左、右丞。乾道八年，改左、右僕射爲左、右丞相，其參知政事如故，以中大夫以上充，常除二員或一員。嘉泰三年，始除三員。故事，丞相謁告，參預不得進擬。惟丞相未除，則輪日當筆，然多不逾年，少僅旬月。淳熙初，葉衡罷相，龔茂良行相事近三年，亦創見也。」（中華書局一九七七年版，頁三七七五）

〔三二〕季辛：指孝宗淳熙六年九月二十六日（辛巳日），公元爲一一七九年十月二十八日。

〔三三〕顯恭后：即王皇后，徽宗的第一任皇后。據宋史卷二四三后妃傳下記載：「徽宗顯恭王皇后，開封人，德州刺史藻之女也。元符二年六月，歸於端邸，封順國夫人。徽宗即位，冊爲皇后。生欽宗及崇國公主。后性恭儉，鄭、王二妃方亢寵，后待之均平。巨閹妄意迎合，誣以暗昧。帝命刑部侍郎周鼎即秘獄參驗，略無一跡，獄止。后見帝，未嘗一語輒及，帝幡然憐之。大觀二年崩，年二十五。謚曰靜和，葬裕陵之次。紹興中，始附徽宗廟室，改上今謚云。」（中華書局一九七七年版，頁八六三八—八六三九）

〔三四〕太初：漢武帝劉徹（前一五六—前八七）的第七個年號，時間爲公元前一〇四—前一〇一年，下文的太初、征和分別是其第九、第十個年號，時間分別爲公元前九六—前九三年，公元前九二—前八九年。筆者按，漢武帝共有十一個年號，除上述三個年號外，其它八個年號按時間順序分別是：建元（前一四〇—前一三五）、元光（前一三四—前一二九）、元朔（前一二八—前一二三）、元狩（前一二二—前一一七）、元鼎（前一一六—前一一一）、元封（前一一〇—前一〇五）、天漢（前一〇〇—前九七）、後元（前八八—前八七）。

〔三五〕趙相：當指趙雄。據宋史本傳記載，趙雄於淳熙五年（一一七八），遷參知政事，拜右丞相。

〔三六〕午時：上午一一點至下午一點。

〔三七〕丙寅：淳熙六年九月十一日（丙寅日），公元爲一一七九年十月十三日。

〔三八〕丁卯：淳熙六年九月十二日（丁卯日），公元爲一一七九年十月十四日。

〔三九〕戊辰：淳熙六年九月十三日（戊辰日），公元爲一一七九年十月十五日。

〔四〇〕執事：有職守之人，官員。語出尚書・盤庚下：「嗚呼！邦伯師長百執事之人，尚有隱哉。」孔穎達注疏曰：「其『百執事』，謂大夫以下，諸有職事之官皆是也。」（十三經注疏之尚書正義，上海古籍出版社一九九七年影印本，頁一七二中）

〔四一〕麗正門：南宋皇城的南正門，太子宮東宮在其門內。據宋潛說友纂修咸淳臨安志卷一宮闕一・大內記載：「大內，在鳳凰山，即杭州州治。建炎三年二月，詔以爲行宮。紹興元年十一月，詔守臣徐康國措置草創。二年九月，南門成，詔名曰行宮之門。三年，詔梁汝嘉創廊廡于南門之內（以百官遇雨泥行非便）。十八年名南門曰麗正，北門曰和寧（門外各有百官待漏院），東苑門曰東華。二十八年，增築皇城東南之外城時，禁中閑有營建，大率因事立制，務在儉樸，列聖相承，罕所增益。」（宋元方志叢刊，中華書局一九九〇年影印本，頁三三五八）宋吳自牧夢粱錄卷八之大内載：「大内正門曰麗正，其門有三，皆金釘朱戶，畫棟雕甍，覆以銅瓦，鐫鏤龍鳳飛驤之狀，巍峨壯麗，光耀溢目。左右列闕，待百官侍班閣子。登聞鼓院、檢院相對，悉皆紅杈子，排列森然，門禁嚴甚，守把鈐束，人無敢輒入仰視。至晡時，各門下青布幕護之。麗正門内正衙，即大慶殿，遇明堂大禮、正朔大朝會，俱御之。如六參起居，百官聽麻，改殿牌爲文德殿；聖節上壽，改名紫宸；進士唱名，易牌集英；明爲明堂殿。次曰垂拱殿，常朝四參起居之地。」（叢書集成初編第三二一九冊，商務印書館一九三九年版，頁六一）宋趙彥衛雲麓漫鈔卷三載：「所謂餘杭之鳳凰山，即今臨安府大内麗正門之正面。」「麗正」二字出自易經・離卦：「彖曰：離，麗也。日月麗乎天，百穀草木麗乎土。重明以麗乎正，乃化成天下。」魏王弼注曰：「麗猶著也。各得所著之宜。」唐孔穎達正義曰：「『日月麗乎天，百穀草木麗乎土』者，此廣明附著之義。以柔附著中正，是附得宜，故廣言所附得宜之事也。『重明以麗乎正，乃化成天下』者，此以卦象，說離之功德也，並明『利貞』之義也。『重明』，謂上下俱離。『麗乎正』者，謂兩陰在内，既有重明之德，又附于正道，所以『化成天下』也。」（十三經注疏之周易正義，上海古籍出版社一九九七年影印本，頁四三上）後世之北京城南門、承德避暑山莊南門亦有麗正門之稱。

〔四二〕後殿：據宋潛說友纂修咸淳臨安志卷一宮闕一・大内記載，後殿爲「淳熙六年（按：一一七九年）重建」（宋元方志叢刊，中華書局一九九〇年影印本，頁三三五九）。

〔四三〕己巳：淳熙六年九月十四日（己巳日），公元爲一一七九年十月十六日。

〔四四〕逍遙車：明張岱夜航船卷三人物部・儀仗載：「宋制棕櫚屋，即逍遙車。」（浙江古籍出版社二〇一二年版，頁一一四）

〔四五〕太廟：據宋潛說友纂修咸淳臨安志卷一行在所錄・郊廟載：「太廟，在瑞石山之左。紹興四年，詔守臣梁汝嘉造，用太常少卿江端友之請也。正殿七楹，分十三室。……七年，改爲聖祖殿。……十六年，用給事中段拂請釐正禮器，而室隘不可陳列，監察御史巫伋請增建廟宇，乃從西增六楹，通舊十三楹，每楹爲一室。」（宋元方志叢刊，中華書局一九九〇年影印本，頁三三七五）

〔四六〕玉輅：宋史卷一四五儀衛志三：「又按周禮：『大馭，掌馭玉輅以祀。』則祀乘玉輅也。齋僕掌馭金輅，齋右充金輅之右，則齋乘金輅也。齋祀之車，異用而不相因。國朝親祠太廟，致齋文德殿，翌日卽進玉輅，非制。請進金輅，俟太廟祠畢，翌日，御玉輅詣郊。」（中華書局一九七七年版，頁三四〇五）「其后，詔增制五輅及參乘，玉輅建太常，金輅建大旗，象輅建大赤，革輅建大白，木輅建大麾。諸輅之副，各次正輅，仍存闟戟焉。……初，玉輅自唐顯慶中傳之，號『顯慶輅』。神宗更制新玉略，六年正月，御大慶殿受朝，先夕陳諸庭，夜半轍幕屋，壓焉。自是竟乘舊輅。」（中華書局一九七七年版，頁三四〇六）夢溪筆談卷一九器用：「大駕玉輅，唐高宗時造，至今進御。自唐至今，凡三至泰山登封。其他巡幸，莫記其數。至今完壯，乘之安若山嶽，以措杯水其上而不搖。慶曆中，嘗別造玉輅，極天下良工爲之，乘之動搖不安，竟廢不用。無豐中，復造一輅，尤極工巧，未經進御，方陳於大庭，車屋適環，遂壓而碎，祇用唐輅。其穩利堅久，歷世不能窺其法。世傳有神物護之，若行諸輅之扣，則隱然有聲。」（叢書集成初編第二八二冊，商務印書館一九三七年版，頁一二五）宋吳自牧夢粱錄卷五之五輅儀式記載：「玉輅。按周禮・春官：『巾車掌王之玉輅，鍚繁（音盤）纓十有再就，建太常十有二以祀。』康成注曰：『玉輅，以玉飾諸末。』今玉輅頂耀葉三層，凡八十一葉，皆鏤金間眞玉龍，大蓮葉攢簇，四柱欄檻，鏤玉盤花龍鳳，懸掛照山河社稷大鏡，及懸纓旂佩。御座后眞錦繡圍之，后出青繡山河龍鳳旗二面。有詩詠曰：『鏤瓊雲朵貼瑤箱，珠網雕檀七寶床。首建太常鳴大珮，玉龍耀葉發祥光。』」（叢書集成初編第三二一九冊，商務印書館一九三九年版，頁三二—三三）

〔四七〕文德殿：北宋文德殿于仁宗明道元年（一〇三二）建於東京，南宋文德殿于高宗紹興十二年（一一四二），建于臨安。清顧炎武歷代宅京記卷一六開封・宋京城：「文德殿在大慶殿之西少次，舊曰端明，后改文明，祥符中因火再建，易今名。」（中華書局一九八四年版，頁二三四）咸淳臨安志卷之一：「文德殿。正衙。六參官起居。百官聽宣佈。紹興十二年建。」（宋元方志叢刊，中華書局一九九〇年影印本，頁三三五八）宋江少虞宋朝事實類苑卷第二六官職儀制・文武官朝參：「本朝之制，文德殿曰外朝，凡不釐務朝臣日赴，是謂常朝。垂拱殿曰內殿，宰相樞密以下要近職事者並武班日赴，是謂常起居。每五日，文武朝官釐務、不釐務，並赴內朝，謂之百官大起居。」（上海古籍出版社一九八一年版，頁三三一）宋王明清揮麈后錄卷之二：「今之文德殿，卽唐之宣政殿，在周爲中朝，在漢爲前殿，在唐爲正衙，凡朔望起居，冊拜后妃、皇太子、王公大臣，對四夷君長，試製策科舉人，在此殿也。」（中華書局一九六一年版，頁九九）

〔四八〕御史台：據文獻通考卷五三職官考七記載：「御史之名，周官有之，蓋掌贊書而授法令，非今任也。……戰國時亦有御史，……至秦、漢爲糾察之任。所居之署，漢謂之御史府，亦謂之御史大夫寺，亦謂之憲台。……後漢以來，謂之御史台，亦謂之蘭台寺。梁及後魏、北齊或謂之南台。……後周曰司憲，屬秋官府。隋及唐皆曰御史台。龍朔二年改爲憲台，咸亨元年復舊。……武太后時，改御史台爲肅政台，……龍朔以後，去肅政之名，但爲左、右御史台。……其屬有三院：一曰台院，侍御史隸焉；二曰殿院，殿中侍御史隸焉；三曰察院，監察御史隸焉。……宋仍唐制，有三院。大夫無正員，止爲兼官。中丞除正員外或帶他官者，尚書則曰某官兼御史中丞，丞、郎則曰御史中丞兼某官，給事中、諫議則曰某官權御史中丞事。次有知雜御史一員，副中丞判台事。三院多出外任，風憲之職用他官領之。」（中華書局一九八六年影印本，考四八三）御史台的最高長官爲御史大夫，宋代不設大夫，以中丞爲最高長官。其次還有中丞、持書御史大夫、侍御史、殿中御史、監察御史、主簿等。

〔四九〕閤門：據宋吳自牧夢粱錄卷九之閤職載：「閤門，在和寧門外，掌朝參、朝賀、上殿、到班、上官等儀範。有知閤、簿書、宣贊，及閤門祇候、寄班等官。」（叢書集成初編第三二二〇冊，商務印書館一九三九年版，頁七六）

〔五〇〕庚午：淳熙六年九月十五日（庚午日），公元爲一一七九年十月十七日。

〔五一〕昧爽：拂曉，黎明。語出尚書，其中，商書・太甲上曰：「先王昧爽丕顯，坐以待旦。」周書・牧誓曰：「時甲子昧爽，王朝至於商郊牧野乃誓。」周書・武成曰：「甲子昧爽，受率其旅若林，會於牧野。」漢孔安國注曰：「昧，冥。……昧，音妹。爽，明也。昧爽，謂早旦也。」（十三經注疏之尚書正義，上海古籍出版社一九九七年影印本，頁一八二）

〔五二〕簪花：戴花、插花。宋史卷一五三輿服志五記載：「簪戴。幞頭簪花，謂之簪戴。中興，郊祀、明堂禮畢回鑾，臣僚及扈從並簪花，恭謝日亦如之。大羅花以紅、黃、銀紅三色，欒枝以雜色羅，大絹花以紅、銀紅二色。羅花以賜百官，欒枝，卿監以上有之；絹花以賜將校以下。太上兩宮上壽畢，及聖節、及錫宴、及賜新進士聞喜宴，並如之。」（中華書局一九七七年版，頁三五六九—三五七〇）宋代簪花習俗較爲廣泛，朝廷官員在帝王壽辰、聖節等重要活動時需戴花以示慶賀。在宋代，除官員外，尋常百姓，包括販夫走卒、綠林強盜、婦孺歌伎等，亦有戴花之俗。如西湖老人的西湖老人繁盛錄載有妓女簪花，莊綽雞肋編卷中記有僧人簪花，吳自牧夢梁錄卷五載有獄卒簪花，洪邁夷堅志丁志卷一三記有罪犯簪花。

〔五三〕德壽宮：據宋周淙乾道臨安志卷一行在所・宮闕記載：「德壽宮，在望仙橋之東。紹興三十二年六月四日，奉聖旨，以德壽宮爲名。是月十一日，光堯壽聖太上皇帝降詔，退處是宮。其日今上皇帝登寶位。」（宋元方志叢刊，中華書局一九九〇年影印本，頁三二一四—三二一五）又據宋潛說友纂修咸淳臨安志卷二行在所錄・宮闕二記載，德壽宮曾于孝宗淳熙十六年（一一八九）正月，詔改名爲重華宮。孝宗禪位於光宗後御之。「重華宮、重華殿二扁皆光宗皇帝用，隆興故事恭書。」（宋元方志叢刊，中華書局一九九〇年影印本，頁三三六九上）宋吳自牧夢粱錄卷八之德壽宮載：「德壽宮在望仙橋東，元系秦太師賜第，於紹興三十二年六月戊辰，高廟倦勤，不治國事，別創宮庭御之，遂命工建宮，殿扁『德壽』爲名。後生金芝于左棟，改殿扁曰『康壽』。其宮中有森然樓閣，扁曰『聚遠』，屏風大書蘇東坡詩『賴有高樓能聚遠，一時收拾付閒人』之句。其宮四面遊玩庭館，皆有名扁。東有梅堂，扁曰『香遠』。栽菊，間芙蕖、修竹處有榭，扁曰『梅坡』、『松菊三徑』。酴亭扁曰『新妍』。木香堂扁曰『清新』。芙蕖岡南御宴大堂，扁曰『載忻』。荷花亭扁曰『射廳』『臨賦』。金林檎亭扁曰『燦錦』。池上扁曰『至樂』。郁李花亭扁曰『半綻紅』。木樨堂扁曰『清曠』。金魚池扁曰『瀉碧』。西有古梅，扁曰『冷香』。牡丹館扁曰『文杏』，又名『靜樂』。海棠大樓子，扁曰『浣溪』。北有欏木亭，扁曰『絳葉』。清香亭前，栽春桃，扁曰『倚翠』。又有一亭，扁曰『盤松』。高廟雅愛湖山之勝，於宮中鑿一池沼，引水注入，疊石爲山，以像飛來峰之景，有堂扁曰『冷泉』。孝廟觀其景，曾賦長篇詠曰：『山中秀色何佳哉，一峰獨立名飛來。參差翠麓儼如畫，石骨蒼潤神所開。忽聞彷像來宮囿，指顧已驚成列岫。規模絕似靈隱前，面勢恍疑天竺後。孰云人力非自然，千岩萬壑藏雲煙。上有峥嶸倚空之翠壁，下有潺潄玉之飛泉。一堂虛敞臨清沼，密蔭交加森羽葆。山頭草木四時春，閱盡歲寒人不老。聖心仁智情幽閒，壺中天地非人間。蓬萊方丈渺空闊，豈若坐對三神山，日長雅趣超塵俗，散步逍遙快心目。山光水色無盡時，長將挹向杯中綠。』高廟覽之，欣然曰：『老眼爲之增明。』後孝廟受禪，議德壽宮改扁曰『重華』御之。次憲明太皇后欲御，又改爲慈福宮。壽成皇太后亦改宮扁曰『壽慈』御之。繼后宮室空閒，因而遂廢。咸淳年間，度廟臨政，以地一半營建道宮，扁曰『宗陽』，以祀感生帝。其時重建，殿廡雄麗，聖眞威嚴，宮囿花木，靡不榮茂，裝點景界，又一新耳目；一半改爲民居，圃地改路，自清河坊一直築橋，號爲宗陽宮橋，每遇孟享，車駕臨幸，行燒香典行，橋之左右，設帥

漕二司，起居亭存焉。」（叢書集成初編第三二一九册，商務印書館一九三九年版，頁六二一—六二三）

〔五四〕熙然：說文解字十篇火部：「熙，燥也。从火，𦣞聲。」段注曰：「燥者，熙之本義。又訓興、訓光者，引申之義也。」（上海古籍出版社一九八一年影印本，頁四八七上）熙然者，和悅貌也。

〔五五〕視草：在唐代以前是指「復視草稿」，即看稿之意；唐代以後則指起草稿本，與代言同義。清趙翼在陔餘叢考卷二一之視草中對視草的起源、演變作了較爲詳細的考證，曰：「翰林草制書輒曰視草。明史・陳仁錫傳：魏忠賢進爵上公，仁錫當視草，持不可，曰：『世自有視草者。』是竟以代言爲視草，其實非也。漢書・淮南王安傳：安善爲文詞，武帝每爲報書，常召司馬相如等視草乃遣。視草二字始見此，言作書已就，令相如等復視草稿，始遣去，非令相如等作書也。溫革隱窟雜誌引光武詔鄧禹曰：『司徒，堯也；赤眉，桀也。』謂此等語必非臣下代言所敢出。南史：魏孝文帝有大文筆，馬上口授，及其成也，不改一字。自太和十年已後，詔策皆帝文也。則古帝王固嘗多自作詔令。新唐書・上官儀傳：太宗每屬文，遣儀視稿。張說傳：玄宗好文詞，有所爲，必使視草。徐楚璧傳：開元時爲集賢院學士，帝屬文，多令視草。此皆視草故事，非以代言爲視草也。（舊唐書・百官志：翰林供奉，或宸翰所揮，亦資其檢討，謂之視草。此尤明證。）」（商務印書館一九五七年版，頁四一四—四一五）今人楊果中國翰林制度研究又對趙翼考證進行了辨析，認爲：「就唐代以前的情況看，趙翼的說法是有道理的，當時的『視草』大約相當於後世的『看稿』。但是，趙翼據此批評明史以『視草』爲『代言』『其實非也』，這就是趙翼的失誤了。實際上，從宋代起，『視草』就一直是草詞、代言的別稱，而不是『看稿』的意思。」（武漢大學出版社一九九六年版，頁九二）並舉夢溪筆談卷一、朝野雜記乙集卷一一和一二、岳珂桯史卷一一的記載爲證。

〔五六〕周成：周成王姬誦，武王姬發之子，母邑姜，西周王朝第二位君主，在位三十七年。漢司馬遷史記卷四周本紀載：「武王……崩，太子誦代立，是爲成王。成王少，周初定天下，周公恐諸侯畔周，公乃攝行政當國。管叔、蔡叔群弟疑周公，與武庚作亂，畔周。周公奉成王命，伐誅武庚、管叔，放蔡叔，以微子開代殷後，國于宋。頗收殷餘民，以封武王少弟封爲衛康叔。晉唐叔得嘉谷，獻之成王，成王以歸周公於兵所。周公受禾東土，魯天子之命。初，管、蔡畔周，周公討之，三年而畢定，故初作大誥，次作微子之命，次歸禾，次嘉禾，次康誥、酒誥、梓材，其事在周公之篇。周公行政七年，成王長，周公反政成王，北面就群臣之位。成王在豐，使召公復營洛邑，如武王之意。周公復卜申視，卒營築，居九鼎焉。曰：『此天下之中，四方入貢道里均。』作召誥、洛誥。成王既遷殷遺民，周公以王命告，作多士、無佚。召公爲保，周公爲師，東伐淮夷，殘奄，遷其君薄姑。成王自奄歸，在宗周，既絀殷命，襲淮夷，歸在豐，作周官。興正禮樂，度制於是改，而民和睦，頌聲興。成王既伐東夷，息慎來賀，王賜榮伯作賄息慎之命。成王將崩，懼太子釗之不任，乃命召公、畢公率諸侯以相太子而立之。成王既崩，二公率諸侯，以太子釗見於先王廟，申告以文王、武王之所以爲王業之不易，務在節儉，毋多欲，以篤信臨之，作顧命。太子釗遂立，是爲康王。」（中華書局一九五九年版，頁一三二——一三四）

〔五七〕洛中：洛陽。文獻通考卷二〇四經籍考三一：「洛陽名園記一卷。晁氏曰：皇朝李格非撰。記洛中園圃，自富鄭公以下十九所。」（中華書局一九六八年影印本，頁考一六九九）

〔五八〕陟配：謂天子升遐後，於祭天時配享。語出尚書·周書·君奭：「故殷禮陟配天，多歷年所。」孔安國傳曰：「故殷禮能升配天享，國久長，多歷年所。」（十三經注疏之尚書正義卷一，上海古籍出版社一九九七年影印本，頁二二四）文選卷二七顔延之宋郊祀歌：「陟配在京，降德在民。」唐李善注曰：「毛詩曰：『三后在天，陟配在京。』禮記曰：『後王命冢宰降德於兆民。』」唐李周翰注曰：「陟，升也。三后，謂大王、王季、文王。既沒，精氣在天。武王能配行其道於鎬京，言天子升祖考以配天，下以德及衆庶也。」（六臣注文選第一四冊，四部叢刊初編本）

〔五九〕文王：周文王姬昌，周太王之孫，季歷之子，周朝奠基者。岐周（今陝西岐山）人。史記卷四周本紀：「公季卒，子昌立，是爲西伯。西伯曰文王，遵后稷、公劉之業，則古公、公季之法，篤仁，敬老，慈少。禮下賢者，日中不暇食以待士，士以此多歸之。伯夷、叔齊在孤竹，聞西伯善養老，盍往歸之。太顛、閎夭、散宜生、鬻子、辛甲大夫之徒皆往歸之。崇侯虎譖西伯于殷紂曰：『西伯積善累德，諸侯皆向之，將不利於帝。』帝紂乃囚西伯于羑里。閎夭之徒患之，乃求有莘氏美女，驪戎之文馬，有熊九駟，他奇怪物，因殷嬖臣費仲而獻之紂。紂大說，曰：『此一物足以釋西伯，況其多乎。』乃赦西伯，賜之弓矢斧鉞，使西伯得征伐。曰：『譖西伯者，崇侯虎也。』西伯乃獻洛西之地，以請紂去炮烙之刑。紂許之。西伯陰行善，諸侯皆來決平。於是虞、芮之人有獄不能決，乃如周。入界，耕者皆讓畔，民俗皆讓長。虞、芮之人未見西伯，皆慙，相謂曰：『吾所爭，周人所恥，何往爲，祇取辱耳。』遂還，俱讓而去。諸侯聞之曰：『西伯蓋受命之君。』明年，伐犬戎。明年，伐密須。明年，敗耆國。殷之祖伊聞之，懼以告帝紂。紂曰：『不有天命乎？是何能爲！』明年，伐邘。明年，伐崇侯虎。而作豐邑，自岐下而徙都豐。明年，西伯崩，太子發立，是爲武王。西伯蓋卽位五十年。其囚羑里，蓋益易之八卦爲六十四卦。詩人道西伯，蓋受命之年稱王而斷虞芮之訟。後十年而崩，謚爲文王。改法度，制正朔矣。追尊古公爲太王，公季爲王季，蓋王瑞自太王興。」（中華書局一九五九年版，頁一一六—一一九）

〔六〇〕漢武：漢武帝劉徹（前一五六—前八七），景帝中子，母王美人。年四歲，立爲膠東王。七歲爲皇太子，母爲皇后。十六歲，卽帝位。始設年號，先後計有十一個年號，曰建元、元光、元朔、元狩、元鼎、元封、太初、天漢、太始、征和、後元。創察舉制度選拔人才，詔丞相、御史、列侯、中二千石、二千石、諸侯相舉賢良方正、直言極諫之士。接受主父偃的建議，頒佈推恩令，削弱藩國權力。採納董仲舒的建議，「罷黜百家，獨尊儒術」。攘夷拓土，東並朝鮮，南吞百越，西征大宛，北破匈奴，版圖前所未有之廣大。通西域，開闢絲綢之路。設太學，置五經博士。卒後葬於茂陵。司馬遷在史記·孝武本紀中多指摘其過於敬鬼封禪之事。班固在漢書卷六武帝紀中贊曰：「漢承百王之弊，高祖撥亂反正，文景務在養民，至於稽古禮文之事，猶多闕焉。孝武初立，卓然罷黜百家，表章六經。遂疇諮海內，舉其俊茂，與之立功。興太學，修郊祀，改正朔，定曆數，協音律，作詩樂，建封禪，禮百神，紹周後，號令文章，煥焉可述。後嗣得遵洪業，而有三代之風。如武帝之雄材大略，不改文景之恭儉以濟斯民，雖詩、書所稱何有加焉！」（中華書局一九六二年版，頁二一二）

〔六一〕汶上：縣名。在今山東西南。因有汶水經歷，故名。春秋爲魯中都邑，卽爲魯定公以孔子爲中都宰之處，漢置東平陸縣，南朝宋改平陸縣，唐改中都縣，金改汶上縣。清葉圭綬續山東考古錄卷一九兗州府沿革下·汶上縣對汶上縣名的演變有較爲詳盡的考證。關於漢武帝在汶上設明堂祭祀、並配享漢高祖之事，文獻通考卷七三郊社考六載：「漢武帝元封五年，初，天子封泰山，泰山東北趾古時有明堂處，處險不敞，上欲治明堂奉高旁，未曉其制度。濟南人公玉（按：应作王）帶上黃帝時明堂圖，明堂圖中有一殿，四面無壁，以茅蓋，通水，圜宮垣，爲復道，上有樓，從西南入，命曰「昆侖」。天子從之入，以拜祀上帝焉。於是上令奉高作明堂汶上（徐廣曰：在元封二年秋），如帶圖。及五年修封，則祀太一、五帝於明堂上坐，令高皇帝祠坐對之。祠後土于下房，以二十太牢。天子從昆侖道入，始拜明堂如郊禮。禮畢，燎堂下，因朝諸侯王、列侯，受郡國計。」（中華書局一九八六年影印本，考六六九）

〔六二〕高帝：漢高祖劉邦（前二五六—前一九五），字季。沛豐邑中陽里人。父曰太公，母曰劉媼。劉邦出身農家，爲人豁達大度，不事生產。爲泗水亭長時，爲單父人呂公相中，娶其女，是爲呂后，生惠帝與魯元公主。爲亭長期間，又因私自釋放押解途中的囚犯，隱于芒、碭山澤岩石之間。陳勝起事，劉邦回應之，占沛縣，被擁爲沛公。不久，投奔項梁，先爲碭郡長，又被封爲武安侯。此在秦二世三年（前二〇七）。是年底，進駐霸上，秦王子嬰投降，秦滅亡。之後，經過四年楚漢戰爭，戰勝項羽，建立大漢王朝。劉邦在位十二年（前二〇六—前一九五）。剪除異姓諸侯王，分封同姓諸侯王，並建章立制，採用休養生息政策，減輕徭役賦稅。司馬遷在史記卷八高祖本紀末評曰：「夏之政忠。忠之敝，小人以野，故殷人承之以敬。敬之敝，小人以鬼，故周人承之以文。文之敝，小人以僿，故救僿莫若以忠。三王之道若迴圈，終而復始。周秦之間可謂文敝矣。秦政不改，反酷刑法，豈不繆乎？故漢興，承敝易變，使人不倦，得天統矣。朝以十月。車服黃屋左纛，葬長陵。」（中華書局一九五九年版，頁三九三—三九四）

〔六三〕親郊：帝王親出郊祀。如史記卷一二孝武本紀載：「其明年冬，天子郊雍，議曰：『今上帝朕親郊，而後土毋祀，則禮不答也。』」（中華書局一九五九年版，頁四六一）

〔六四〕鑠：說文解字十四篇金部曰：「鑠，銷金也。从金，樂聲。」其本義爲熔化，後引申爲削弱、滲入等，又引申爲光明、明亮、美好的樣子等。

〔六五〕路寢：帝王正殿所在。語出詩・魯頌・閟宮：「路寢孔碩，新廟奕奕。」鄭玄注曰：「路寢，正寢也。」（十三經注疏之毛詩正義，上海古籍出版社一九九七年影印本，頁六一八上）又周禮・天官・宮人：「宮人掌王之六寢之修。」鄭玄注曰：「六寢者，路寢一，小寢五。……路寢以治事，小寢以時燕息焉。」賈公彥疏曰：「天子六寢，則諸侯當三寢，亦路寢一，燕寢一，側室一。內則所云者是也。」（十三經注疏之周禮注疏，上海古籍出版社一九九七年影印本，頁六七五下—六七六上）

〔六六〕彝儀：常禮，一定儀式。說文解字十三篇糸部：「彝，宗廟常器也。从糸；糸，綦也。廾持米，器中寶也，彑聲。此與爵相似。周禮：『六彝：雞彝、鳥彝、黃彝、虎彝、蟲彝、斝彝，以待祼將之禮。』皆古文彝。以脂切。」段注曰：「彝本常器，故引申爲彝常。」（上海古籍出版社一九八一年影印本，頁六六二下）

〔六七〕愆：過失，過錯。這里作耽誤、錯過解。說文解字十篇心部：「愆，過也。从心，衍聲。」段注曰：「過者，度也。凡人有所失，則如或梗之有不可徑過處，故謂之過。」（上海古籍出版社一九八一年影印本，頁五一〇下—五一一上）如詩·衛風·氓：「匪我愆期。」

〔六八〕祼將：助祭之事，以圭瓚酌鬱鬯始獻主祭，謂之祼將。周禮·天官·小宰：「凡祭祀，贊王幣爵之事，祼將之事。」鄭玄注曰：「將，送也。祼送，送祼，謂贊王酌鬱鬯以獻尸，謂之祼。祼之言灌也。」（十三經注疏之周禮注疏，上海古籍出版社一九九七年影印本，頁六五四下）詩經·大雅·文王：「殷士膚敏，祼將於京。厥作祼將，常服黼冔。」鄭玄注曰：「祼，灌鬯也。周人尚臭。將，行。」（十三經注疏之毛詩正義，上海古籍出版社一九九七年影印本，頁五〇五上）

〔六九〕太宮：太廟。

〔七〇〕霖潦：淫雨。唐杜甫承沉八丈東美除膳部員外郎，阻雨未遂馳賀，奉寄此詩：「貧賤人事略，經過霖潦妨。」清仇兆鼇注曰：「霖潦，爲淫雨所阻。」（杜詩詳注卷之三，中華書局一九七九年版，頁二一三）

〔七一〕陟恪：登遐，升天。左傳·昭公七年：「王使郕簡公如衛吊，且追命襄公曰：『叔父陟恪，在我先王之左右，以佐事上帝。余敢忘高圉、亞圉？』」楊伯峻注曰：「陟恪猶言登遐，同義詞連用，謂升天也。說詳王引之述聞。」（楊伯峻編著春秋左傳注，中華書局一九八一年版，頁一二九四）清王引之經義述聞卷一九春秋左傳下·陟恪：「『叔父陟恪，在我先王之左右，以佐事上帝。』杜（按：晉杜預）注曰：『陟，登也；恪，敬也。』大雅·文王集傳引或說曰：『陟恪，當爲陟降。』引之謹案：恪，讀爲格。爾雅曰：『格、陟、登，升也。』是格與陟同義。陟格謂魂升於天也。既言陟而又言格者，古人自有復語耳。」（續修四庫全書第一七五冊，上海古籍出版社一九九五—二〇〇二年影印本，頁三五—三六）

〔七二〕文彥博：字寬夫，號伊叟。汾州介休（今山西介休）人。生於眞宗景德三年（一〇〇六），卒於哲宗紹聖四年（一〇九七）。仁宗天聖五年（一〇二七）進士及第。知翼城縣，通判絳州，爲監察御史，轉殿中侍御史。又遷天章閣待制、都轉運使，連進龍圖閣、樞密直學士、知泰州，改益州。慶曆七年（一〇四七），召拜樞密副使、參知政事。以宣撫使平貝州王則起義，拜同中門下平章事、集賢殿大學士。皇祐三年（一〇五一）被劾罷相，爲觀文殿大學士、知許州，改忠武軍節度使、知永興軍。至和二年（一〇五五），復以吏部尚書同中書門下平章事、昭文館大學士，與富弼同拜。以河陽三城節度使同平章事、判河南府，封潞國公，改鎮保平、判大名府。又改鎮成德，遷尚書左僕射、判太原府。俄復鎮保平、判河南。英宗卽位，起復成德軍節度使。尋除侍中，徙鎮淮南、判永興軍，入爲樞密使、劍南四川節度使。神宗熙寧間，反對王安石變法。元豐三年（一〇八〇），拜太尉，復判河南。元豐六年（一〇八三）以太師致仕。哲宗元祐元年（一〇八六），因司馬光薦，拜平章軍國重事。元祐五年（一〇九〇），再次致仕。紹聖四年（一〇九七），降授太子少保。同年卒，年九十二。徽宗時，與司馬光等併入元祐黨籍，後追復太師，謚號忠烈。宋史卷三一三文彦博傳稱：「彦博逮事四朝，任將相五十年，名聞四夷。……彦博雖窮貴極富，而平居接物謙下，尊德樂善，如恐不及。」（中華書局一九七七年版，頁一〇二六三）又論曰：「文彦博立朝端重，顧盼有威，遠人來朝，仰望風采，其德望固足以折衝御侮於千里之表矣。」他與富弼爲相亦爲人所稱道，宋史論曰：「至於公忠直亮，臨事果斷，皆有大臣之風，又皆享高壽於承平之秋。至和以來，共定大計，功成退居，朝野倚重。熙、豐而降，弼、彦博相繼以老，險人無忌，善類淪胥，而宋業衰矣！」（中華書局一九七七年版，頁一〇二六四）

〔七三〕宋庠：初名郊，字伯庠，入仕後改名庠，更字公序。原籍安州安陸（今湖北安陸），後徙開封雍丘（今河南民權）。生於太宗至道二年（九九六），卒於英宗治平三年（一〇六六）。工部尚書宋祁之兄。仁宗天聖二年（一〇二四），狀元及第。此前，曾中解元、會元。寶元中，以右諫議大夫參知政事。與宰相呂夷簡不睦，出知揚州。未幾，以資政殿學士徙鄆州，進給事中。范仲淹去位，復召爲參知政事。慶曆七年（一〇四七），削爲右諫議大夫。明年，除尚書工部侍郎、充樞密使。皇祐中，拜兵部侍郎、同中書門下平章事、集賢殿大學士。享明堂，遷工部尚書。爲包拯奏劾，以刑部尚書、觀文殿大學士知河南府，後徙許州，又徙河陽，再遷兵部尚書。以檢校太尉、同平章事充樞密使，封莒國公。英宗卽位，移鎮武軍，改封鄭國公。以司空致仕。卒，贈太尉兼侍中，謚元獻。帝爲篆其墓碑曰「忠規德範之碑」。宋史卷二八四宋庠傳稱其：「自應舉時，與祁俱以文學名擅天下，儉約不好聲色，讀書至老不倦。善正訛謬，……天資忠厚。」（中華書局一九七七年版，頁九五九三）

八　當議將上取旨

大禮赦條〔一〕，乃六部諸司條具〔二〕上省，省中類聚。取旨訖，即進熟狀，降付學士院〔三〕草赦文，本院並首尾詞大書進入。其間多云「當議將上取旨」，蓋有司擬申如此。既經畫旨行赦，便是處分，不應仍舊用「當議」二字。某爲學士，諭令削去，院吏持不敢，遂親以筆塗之。

【箋】

〔一〕赦條：朝廷頒佈的法律條款。赦是皇帝在特定時間針對特定的人和事所發佈的命令。宋史卷二六四盧多遜傳：「（盧多遜）又以晉、漢及周初事關刑法敕條者，分爲二卷，附編敕，自爲大周續編敕，詔行之。」（中華書局一九七七年版，頁九一一七）

〔二〕條具：分條陳述。宋蘇軾試館職策題三首：「願深明所以然之故，而條具所當行之事，悉箸於篇，以備採擇。」（蘇東坡集・策問，商務印書館一九三三年版，頁一九）宋史卷二六七陳恕傳：「眞宗即位，加戶部，命條具中外錢穀以聞。恕久不進，屢趣之，……」（中華書局一九七七年版，頁九二〇二）

〔三〕學士院：據龔延明考證，學士院是宋代正式官司名，北宋前期，並元豐新官制以迄南宋末，作爲皇帝秘書機構的學士院，始終稱「學士院」不變，宋史・職官志稱「翰林學士院」，誤。宋代學士院專掌內制，即掌書擬大制誥，故翰林學士又有「天子私人」之稱。關於學士院的編制，宋代前期定員爲翰林學士六人（其中一員資深者爲翰林學士承旨）、翰林待詔三人。元豐新官制後，學士院定員爲翰林學士二人，翰林待詔三人。學士不許兼領他司職事。授他官入院暫領學士職者有直學士院、權直學士院、翰林權直、學士院直，但此類官不帶「知制誥」銜。翰林待詔，專司抄寫制誥。另外，宋代還有翰林院、翰林司。其中，翰林院屬內廷諸司，北宋由內侍省官掌領，南宋由入內內侍省官掌領，掌供奉書畫、捏塑、琴棋、醫術、天文等技藝，以伺候皇帝。下轄翰林御書院、翰林醫官院（局）、翰林天文院（局）、翰林圖畫院四局。南宋時轄翰林醫官局、翰林天文局。翰林院設有勾當翰林院官，南宋時改稱提舉翰林院（或置提點翰林院），均由內侍二省都知、押班官差領。翰林院置待詔、藝學等，無定員，均屬具有一定技藝之技術官，專事應奉技藝。翰林司，系供奉茶酒祇應供奉機構，供奉對象，一爲皇帝，二爲祠祭備辦物料。前期爲內諸司，元豐改制隸光祿寺，徽宗崇寧二年（一一〇三）隸殿中省太官局。翰林司由勾當翰林司公事掌管，勾當官系由武臣諸司使、副使及內侍官差充。其編制內人員，幾科全是兵士，少量藥童。參見龔延明的宋代學士院與翰林院、翰林司（文史知識一九九三年第一一期）

九　孝宗乘玉輅

大禮，上乘玉輅，率命翰林學士執綏〔一〕，備顧問。近歲多闕正員，臨時選差他官，與五使同。降旨，淳熙丙申〔二〕，南郊。己亥〔三〕，明堂某再爲之。按，京師用唐顯慶輅，嘗以登封，其安固可知。元豐改造，已不能及。今乃紹興癸亥歲〔四〕所制，上自太廟服通天冠〔五〕、絳紗袍〔六〕，乘輦至輅，後由木陛以登，惟留御藥二官者侍立。執綏官先從旁用小梯攀緣而上，衛士以采繩圍腰，系於箱柱輅，行頗搖兀〔七〕，宸几〔八〕亦覺危坐云。

【箋】

〔一〕執綏：原意爲持繩索登車。語出論語·鄉黨：「升車，必正立，執綏。」孔穎達疏曰：「綏者，挽以上車之索也。」（十三經注疏之論語注疏，上海古籍出版社一九九七年影印本，頁二四九六上）後又借指陪同帝王乘車的侍臣。宋孟元老東京夢華錄卷之一〇駕宿太廟奉神主出室：「輅上御座，惟近侍二人。一從官傍立，謂之『執綏』，以備顧問。」（中華書局一九八二年版，頁二四〇）

〔二〕淳熙丙申：即淳熙三年（一一七六）。

〔三〕己亥：即淳熙六年（一一七九）。

〔四〕紹興癸亥歲：　即紹興十三年（一一四三）。

〔五〕通天冠：　又稱「承天冠」、「卷雲冠」等，楚莊王所創。宋李昉等太平御覽卷第六八五服章部二・通天冠引三禮圖曰：「一曰高山冠，上之所服。」又引蔡邕獨斷曰：「天子冠通天，漢制之，秦禮無文。祀天地、明堂平冕，鄙人不識，謂之平天冠。」又引徐廣輿服雜注曰：「天子通天冠，高九寸，黑介幘，金博山。」又引徐爰釋問曰：「通天冠金博山蟬，謂之金顏。」（中華書局一九六〇年影印本，頁三〇五六）宋史卷一五一輿服志三：「通天冠。二十四梁，加金博山，附蟬十二，高廣各一尺。青表朱裏，首施珠翠，黑介幘，組纓翠緌，玉犀簪導。……仁宗天聖二年，南郊，禮儀使李維言：『通天冠上一字，准敕迴避。』詔改承天冠。中興之制，冠高九寸，服用並同。」（中華書局一九七七年版，頁三五三〇）

〔六〕絳紗袍：　亦稱「朱紗袍」，與通天冠相配，古代帝王在舉行較大典禮時服用，僅次於袞冕服飾。其制出自晉代。唐杜佑通典卷六一載：「魏氏多因漢法，其所損益之制無聞。……晉……朝服、通天冠，絳紗袍，皁緣中衣」（中華書局一九八八年版，頁一七一五—一七一六）宋史卷一五一輿服志三：「絳紗袍，以織成雲龍紅金條紗爲之。紅裏，皂褾、襈裾，絳紗裙，蔽膝如袍飾，並皂褾、襈。白紗中單，朱領、褾、襈、裾。白羅方心曲領。白襪，黑舄，佩綬如袞。大祭祀致齋、正旦冬至五月朔大朝會、大冊命、親耕籍田皆服之。」（中華書局一九七七年版，頁三五三〇）

〔七〕搖兀：　搖盪。宋蘇軾好事近・湖上：「獨棹小舟歸去，任煙波搖兀（按：一作飄兀）。」宋黃機江城子・次洪如晦韻：「烏帽低昂，搖兀似乘船。傍路誰家妝束巧，斜映日，半窺簾。」

〔八〕扆几：　扆者，帝王之代稱也；几者，古時有靠背之坐具也。清查慎行得樹樓雜鈔卷八：「金華王同祖字興之……太乙宮即事二首：　金殿重重晝不開，盤窠蒼柏兩行裁。角門東畔瞻扆几，仙仗曾迎翠輦來。……」

一〇　揭雞竿

大禮後，上御樓，揭雞竿〔一〕，肆〔二〕赦。皇太子及文武百僚拜舞於下，惟樞密使、翰林學士相對侍立樓上。丙申、己亥，某扈從，再登麗正門，望濤江，形勢環抱，極壯觀也。

【箋】

〔一〕雞竿：亦稱「金雞」。古代頒佈赦令之處特樹長竿，上附雞形，金飾其首。相傳起於六朝，後因之，形制稍有異。新唐書卷四八百官志三：「赦日，樹金雞于仗南，竿長七丈，有雞高四尺，黃金飾首，銜絳幡長七尺，承以彩盤，維以絳繩，將作監供焉。」（中華書局一九七五年版，頁一二六九）東京夢華錄卷之一〇下赦：「……旋立雞竿，約高十數丈，竿尖有一大木盤，上有金雞，口銜紅幡子，書皇帝萬歲字。」（中華書局一九八二年版，頁二四六）宋史卷一四八儀衛志六：「雞竿，附竿爲雞形，金飾，首銜絳旛，承以采盤，維以絳索，揭以長竿。募衛士先登，爭得雞者，官給以纈襖子，或取絳旛而已。大禮畢，麗正門肆赦則設之。其義則雞爲巽神，巽主號令，故宜號令則象之。陽用事則雞鳴，故布宜陽澤則象之。一曰『天雞星動爲有赦』，故王者以天雞爲度。金雞事，六朝已有之。或謂起於西京。南渡後，則自紹興十三年始也。」（中華書局一九七七年版，頁三四七〇）

〔二〕肆：擺設，陳列。

一一　皇太子判臨安府

乾道七年四月甲子〔一〕，詔皇太子〔二〕判臨安府，用至道〔三〕故事也。或謂當以大中大夫〔四〕爲判官〔五〕，通領府事，恐名稱未正，遂議改尹〔六〕，而以侍從爲少尹，餘判、推官用卿、監郎官。丁卯〔七〕，將鎖院降麻，或又擬宣麻，又疑宣麻給告，非待儲貳〔八〕之禮。己巳〔九〕，後省官、禮官會議于史院〔一〇〕，檢照〔一一〕唐太宗征遼命太子監國〔一二〕，及文帝〔一三〕命太子受諸司啟事，或詔或制，視麻爲重，可以作則，上然之。庚午〔一四〕，偶當日被宣，范紫微成大〔一五〕先以侍講遞宿〔一六〕，聞報遽出，薄暮至玉堂〔一七〕。御藥李（忘其名）持御封御筆：「皇太子某宜領臨安尹，可依此降制。」三鼓進草，因奏：「此制書既不給告，則當付有司施行，竊恐皇太子別無被受，欲依自來詔書體式，略換首尾，書寫一通，降付皇太子。今擬定格式進呈，如賜俞允〔一八〕，乞速批降付下。」御筆批依。辛未〔一九〕，遂告大廷。惟此稀闊〔二〇〕盛典，適以史官備討論，詞臣參潤色，復得宸翰〔二一〕，寶藏于家，非儒生之榮遇乎？

【箋】

〔一〕乾道七年四月甲子：即乾道七年四月二十日，公元爲一一七一年五月二十六日。

〔二〕皇太子：即宋光宗趙惇，孝宗趙眘第三子，母成穆皇后郭氏。乾道七年（一一七一）立爲太子。淳熙十六年（一一八九），孝宗禪位後即帝位，次年改元紹熙。紹熙五年（一一九四），禪位於次子趙擴，是爲寧宗。

〔三〕至道：宋太宗的第五個年號，亦是最後一個年號，時間爲九九五—九九七年。太宗其它四年年號分別是太平興國（九七六—九八四）、雍熙（九八四—九八七）、端拱（九八八—九八九）、淳化（九九〇—九九四）。

〔四〕大中大夫：亦作太中大夫，即左、右諫議大夫。宋史卷一六九職官九之元豐寄祿格：「新官：太中大夫；舊官：左、右諫議大夫。」（中華書局一九七七年版，頁四〇五二）

〔五〕判官：在宋代爲州、府、軍、監一級的地方行政機構的幕職官，協助長貳料理郡務，分案治事，皆以選人充任，有與長吏共同簽書公事之權，但無「簽書判官」銜。

〔六〕尹：此指皇太子領臨安府尹。宋史卷一六六職官六·臨安府：「乾道七年，皇太子領尹事，廢臨安府通判、簽判職官。置少尹一員，日受民詞以白太子，間日率僚屬詣宮稟事。置判官二員、推官三員。有旨，少尹比仿知府，判官比通判，推官比幕職官，其統臨職分，並照從來條例。九年，皇太子解尹事，臨安府知、通、簽判、推判官並依舊置。」（中華書局一九七七年版，頁三九四四

一三九四五）

〔七〕丁卯：乾道七年四月丁卯日，即乾道七年四月二十三日，公元爲一一七一年五月二十九日。

〔八〕儲貳：皇太子別稱。宋魏泰東軒筆錄卷之三：「陳恭公執中以衛尉寺丞、知梧州，驛遞上疏，以乞立儲貳。」（中華書局一九八三年版，頁二九）

〔九〕己巳：乾道七年四月己巳日，即乾道七年四月二十五日，公元爲一一七一年五月三十一日。

〔一〇〕史院：宋代國史院省稱。宋初修史歸門下省置編修院，神宗元豐四年（一〇八一）廢編修院歸史館。元豐改制，歸秘書省國史案。哲宗元祐五年（一〇九〇）又設國史院，歸門下省。南渡後，又開史館于秘書省，修國史、修實錄。後凡修史即開國史院，修實錄則稱實錄院。宋李攸宋朝事實卷九官職：「初，紹興三年，詔置國史院，重修神宗哲宗實錄，以從官充修撰，續以左僕射呂頤浩提舉國史，右僕射朱勝非監修國史。四年，置直史館及檢討、校勘各一員。五年，置修撰官二員，校勘無定員。是時，國史、實錄皆寓史館，未有置此廢彼之分。九年，修徽宗實錄，詔以實錄院爲名，仍以宰臣提舉，以從官充修撰、同修撰，餘官充檢討，無定員。明年，以未修正史，詔罷史館官吏並歸實錄院。二十八年，實錄書成，詔修三朝正史，復置國史院，以宰臣兼修，侍從官兼同修，餘官充編修。明年，詔國史院以宰臣提舉，置修國史、同修國史共二員，編修官二員，又置都大提舉諸司官、承受官、諸司官各一員，以內侍省官充。隆興元年，以編類聖政所並歸國史院，命起居郎胡銓同修國史。二年，參政錢端禮權監修國史，乾道元年，參政虞允文權提舉國史，皆前所未有。二年，詔置實錄院，修欽宗實錄，其修撰、檢討官以史院官兼領。四年，實錄告成，詔修欽宗正史。以右僕射蔣芾提舉四朝國史，詔增置編修官二員，續又增置三員。淳熙三年，特命李燾以秘書監權同修國史、權實錄院同修撰。四年，罷實錄院，專置史院。十五年，四朝國史成書，詔置史院，復開實錄院修高宗實錄。（案：此下所記慶元、嘉泰係寧宗年號，且有修孝、光兩朝實錄事，當亦後人所增。）慶元元年，開實錄院修纂孝宗實錄。六年，詔實錄院同修撰以四員、檢討官以六員爲額。嘉泰元年，開實錄院修纂光宗實錄。二年，復開國史院，自是國史與實錄院並置矣。實錄院吏兼行國史院事，點檢文字一人，書庫官八人，楷書四人。」（叢書集成初編

第八三四冊，商務印書館一九三六年版，頁一五一—一五二）

〔一一〕檢照：察看對照。宋史卷一六五職官志五：「元豐元年，工部言：『文思院上下界諸作工料條格，該說不盡，功限例各寬剩，乞委官檢照前後料例功限，編爲定式。』從之。」（中華書局一九七七年版，頁三九一七）

〔一二〕唐太宗征遼命太子監國：據舊唐書卷三太宗本紀下載：「（貞觀）十九年春二月庚戌，上親統六軍發洛陽。乙卯，詔皇太子留定州監國。」（中華書局一九七五年版，頁五七）

〔一三〕文帝：此指唐太宗李世民。據舊唐書卷三太宗本紀下載：「（貞觀二十三年）八月丙子，百僚上謚曰文皇帝，廟號太宗。」（中華書局一九七五年版，頁六二）

〔一四〕庚午：乾道七年四月庚午日，即乾道七年四月二十六日，公元爲一一七一年六月一日。

〔一五〕范成大：字至能，晚號石湖居士。平江府吳縣（今江蘇蘇州）人。生于欽宗靖康元年（一一二六），卒于光宗紹熙四年（一一九三）。高宗紹興二十四年（一一五四），進士及第，累官至禮部員外郎兼崇政殿說書。孝宗乾道三年（一一六七），知處州。乾道六年（一一七〇）出使金國，不辱使命，還朝後除中書舍人。次年，出知靜江府。淳熙二年（一一七五），受任敷文閣待制、四川制置使。淳熙五年（一一七八），拜參知政事，僅兩月，被劾罷。晚年退居石湖，加資政殿大學士。光宗紹熙四年（一一九三）卒，年六十八。追贈五官，後加贈少師、崇國公，謚號文穆。著有石湖集、攬轡錄、吳船錄、吳郡志等。

〔一六〕遞宿：輪流宿衛。宋楊萬里二月望日遞宿南宮和尤延之右司郎署疏竹之韻：「夜來遞宿三更悄，葉底春寒一倍生。」

〔一七〕玉堂：本爲漢代未央宮中一宮殿名，在宋代則代稱學士院。據宋葉夢得石林燕語卷七記載：「學士院正廳曰『玉堂』，……太宗時，蘇易簡爲學士，上嘗語曰：『「玉堂」之設，但虛傳其說，終未有正名。』乃以紅羅飛白『玉堂之署』四字賜之。易簡卽扃鐍置堂上。每學士上事，始得一開視，最爲翰林盛事。紹聖間，蔡魯公爲承旨，始奏乞摹，就杭州刻榜揭之，以避英廟諱，去下二字，止曰『玉堂』云。」（中華書局一九八四年版，頁一〇五）宋潛說友咸淳臨安志卷之二宮闕二・玉堂：「高宗皇帝用。淳化二年賜承旨蘇易簡，故事，御書賜學士。周麟之等刻石廳上，有記。……慶元五年，更造玉堂殿，詔止以玉堂爲名。景定五年，詔復寓直舊制。御制詩一首並序賜直院，牟子才、馬廷鸞曰：『學士寓直玉堂，此盛典也。』今復見之，爰以詩賜：右掖摛文步武高，綾衾寓直焰蘭膏。當年宮錦飛雙鵠，今夕僊圖看巨鼇。詩賜玉堂蘇易簡，光搖蓮炬令狐綯。明時盛事今重見，爰制篇章示衮褒。（臣）子才等刻石恭跋。……」（宋元方志叢刊，中華書局一九九〇年影印本，頁三三七〇—三三七一）清翟灝通俗編卷二四居處：「玉堂，肇見宋玉風賦。至漢則有殿名玉堂。翼奉傳『久汙玉堂之署』是也。世人專稱翰苑，則以宋太宗賜蘇易簡詩『翰林承旨貴，清淨玉堂中』爲始。」（續修四庫全書第一九四冊，上海古籍出版社一九九五—二〇〇二年影印本，頁五一七）明清時期，玉堂亦作翰林院之別稱。

〔一八〕俞允：允諾，多用於君主。語出尚書・虞書・堯典：「帝曰：俞，予聞，如何？」漢孔安國注曰：「俞，然也。然其所舉言，我亦聞之，其德行如何。」（十三經注疏，上海古籍出版社一九九七年影印本，頁一二三上）

〔一九〕辛未：乾道七年四月辛未日，即乾道七年四月二十七日，公元爲一一七一年六月二日。

〔二〇〕稀闊：稀疏、稀少。宋范成大重九獨坐玉麟堂：「人生笑口眞稀闊，況値官忙閔雨時。」（范石湖集卷二二，上海古籍出版社一九八一年版，頁三一九）

〔二一〕宸翰：帝王墨蹟。宋趙彥衛雲麓漫鈔卷一：「淵聖皇帝（按：欽宗）居東宮日，親灑宸翰，畫唐十八學士，並書姓名序贊，以賜宮僚張公叔夜。」（中華書局一九九六年版，頁二）

一二　答皇子詔用「卿」字

答皇子詔用「卿」字，非是前輩知體則不然。其他或「汝」或「王」或「公」，皆當有別。

一三　春端帖子

翰苑歲進春、端帖子〔一〕如大內，多及時事，太上則詠遊幸之類。某嘗自德壽宮後垣趨傳法寺〔二〕，望見一樓巍然。朝士云：太上名之曰「聚遠」，而自題其額，仍大書東坡「賴有高樓能聚遠，一時收拾與閒人」〔三〕之詩於屏間。又靈隱寺〔四〕、冷泉亭〔五〕臨安絶景，去城既遠，難於頻幸，乃即宮中鑿大池，續竹筒數里，引西湖水注之，其上疊石爲山，象飛來峰〔六〕，宛然天成。某作端午帖子云：「聚遠樓頭面面風，冷泉亭下水溶溶。人間炎熱何由到，直是瑶台第一重。」蓋謂此也。前後頗聞禁御，大略並記於下。宮〔七〕中分四地，分隨時遊覽。東地分香遠堂（梅）、清深堂（竹）、月臺、梅坡、松菊三徑（菊、芙蓉、竹）、清妍（酴醿〔八〕）、清新（木犀）、芙蓉岡；南地分載忻（大堂御宴處）、忻忻（古柏、太湖石）、射廳臨賦（荷花山子）、燦錦（金林檎〔九〕）、至樂（池上）、半丈紅（郁李子）、清曠（木犀）、瀉碧（養金魚處）；西則冷泉（古梅）、文杏館靜樂（牡丹）、浣溪（大樓子海棠）；北則絳華（羅木亭）、旱船俯翠（茅亭）、春桃盤松，其詳不可得而知也。嘗見御制盤松贊，墨本云：「天錫瑞木，得自嶔岑〔一〇〕。枝蟠數萬，幹不倍尋。怒騰雲勢，靜奏琴音。淩寒鬱茂，當暑陰森。封以腴壤〔一一〕，邇以碧潯〔一二〕。越千萬年，以慰我心。」碑在宮中。又汪季路逵〔一三〕得御制祭土地文稾，眞跡寶藏之，其文云：「維淳熙五年，歲次戊戌，十一月日，太上皇帝遣具階張宗尹特設牲牢〔一四〕旨酒〔一五〕、珍果香花，致祭於本宮土地之神。神有百職，職各不同。典司〔一六〕草木，土示是供。我遊湖園，乃獲奇松。植之禁苑，百態千容。婆娑〔一七〕偃蓋〔一八〕，夭矯〔一九〕騰龍。翠色凝露，清音舞風。醉吟閒適，予情所鍾。壅培〔二〇〕封植〔二一〕，久或力窮。鳶烏〔二二〕外擾，蟻蠹〔二三〕內攻。神其剿絶，勿使能終。精邪竊據，盜斧〔二四〕適逢。神其呵逐，勿使遺蹤。常令勁質〔二五〕，坐閱隆冬。堅逾五柞〔二六〕，弱異雙桐。歷千萬年，鬱鬱蕙蕙。牲牢旨酒，嗣錄汝功。尚饗〔二七〕。」

【箋】

〔一〕春、端帖子：指春帖子與端午帖子。關於春帖子，據宋周密武林舊事卷第二立春載：「學士院撰進春貼子。帝、后、貴妃、夫人諸閣，各有定式，絳羅金縷，華粲可觀。」（景印文淵閣四庫全書第五九〇冊，臺灣商務印書館二〇〇八年影印本，頁一九二）又據宋周煇清波雜誌卷一〇春帖子：「翰林書待詔請春詞，以立春日剪貼於禁中門帳。」（中華書局一九九四年版，頁四二五）關於端午帖子，據武林舊事卷第三端午載：「先期，學士院供貼子，如春日禁中排當，例用朔日，謂之『端一』。或傳舊京亦然。」（景印文淵閣四庫全書第五九〇冊，臺灣商務印書館二〇〇八年影印本，頁二〇二）帖子詞或歌頌升平，或寓規諷，多爲五、七言絕句，文字工麗，體近宫詞。據清波雜誌卷一〇春帖子載：「春、端帖子，不特詠景物爲觀美，歐陽文忠公嘗寓規諷其間，蘇東坡亦然。司馬溫公自著日錄，特書此四詩，蓋爲玉堂之楷式。自政、宣以後，第形容太平盛事，語言工麗以相誇，殆若唐人宫詞耳。」（中華書局一九九四年版，頁四二五）又據明徐師曾文體明辨序說之貼子詞載：「按貼子詞者，宫中黏貼之詞也。古無此體，不知起於何時。第見宋時每遇令節，則命詞臣撰詞以進，而黏諸閣中之户壁，以迎吉祥。觀其詞乃五七言絕句詩，而各宫多寡不同，蓋視其宫之廣狹而爲之，抑亦以多寡爲等差也。然此乃時俗鄙事，似不足以煩詞臣，而宋尚之，豈所謂聲容過盛之一端歟？今姑採錄，以備一體。」（人民文學出版社一九六二年版，頁一六八）

〔二〕傳法寺：據宋潛說友纂修咸淳臨安志卷之七六寺觀志二·寺院·在城載：「太平興國傳法寺，在佑聖觀東。先是東京太平興國寺有傳法院。紹興初，普照大師德明隨駕南渡，乞建院。淳熙二年，慧辨大師智覺奏請，始賜太平興國傳法寺額。淳祐七年賜以御扁及『飛天法輪寶藏』六字。」（宋元方志叢刊，中華書局一九九〇年影印本，頁四〇四〇—四〇四一）

〔三〕賴有句：出自蘇軾單同年求德興俞氏聚遠樓詩三首之其一：雲山煙水苦難親，野草幽花各自春。賴有高樓能聚遠，一時收拾與閒人。

〔四〕靈隱寺：宋潛說友纂修咸淳臨安志卷八〇寺觀志六・寺院・自飛來峰至上竺載：「景德靈隱寺，在武林山東。晉咸和元年，梵僧慧理建，舊名靈隱。景德四年，改景德靈隱禪寺。靈隱、天竺兩山由一門而入。陸羽記云：『南天竺、靈隱有百尺彌勒閣、蓮峰堂、白雲庵、千佛殿、巢雲亭、延賓水閣、望海閣。』孝宗皇帝嘗御制詩頌，賜住持德光（見御制門）。」（宋元方志叢刊，中華書局一九九〇年影印本，頁四〇八六）明田汝成西湖遊覽志卷一〇北山勝跡記載：「（靈隱寺）山門扁曰絕勝覺場，相傳葛洪所書，或云宋之問書。寺有石塔四，皆吴越王建。」（浙江人民出版社一九八〇年版，頁一一八）明張岱西湖夢尋卷二西湖西路・靈隱寺載：「（靈隱寺）元至正三年毀。明洪武初再建，改靈隱寺。宣德七年，僧曇贊建山門，良玠建大殿，殿中有拜石，長丈餘，有花卉鱗甲之文，工巧如畫。正統十一年，玹理建直指堂，堂額爲張即之所書，隆慶三年毀。萬曆十二年，僧如通重建。二十八年，司禮監孫隆重修，至崇禎十三年又毀。」（浙江古籍出版社二〇一二年版，頁二一四）另外，記載靈隱寺的文獻還有清孫治、徐增靈隱寺志、釋巨贊靈隱小志等。

〔五〕冷泉亭：明田汝成西湖遊覽志卷一〇北山勝跡記載：「冷泉亭，唐刺史元藇建，舊在水中，今依澗而立。冷泉二字，乃白樂天所書，亭字乃蘇子瞻續書，今亦亡矣。」（浙江人民出版社一九八〇年版，頁一一五）冷泉亭在靈隱寺山門之左，爲西湖美景之一，自白居易冷泉亭記後，歷代文人多有歌詠。

〔六〕飛來峰：宋潛說友纂修咸淳臨安志卷二三山川志二・城南諸山「飛來峰」條記載：「晏元獻公輿地志云：晉咸和元年西天僧慧理，登茲山歎曰：此是中天竺國靈鷲山之小嶺，不知何年飛來？佛在世日，多爲仙靈所隱，今此亦復爾邪。因掛錫造靈隱寺，號其峰曰飛來。」（宋元方志叢刊，中華書局一九九〇年影印本，頁三五八〇）

〔七〕宮：指德壽宮。

〔八〕酴醾：本爲酒名，即重釀之酒。說文解字十四篇酉部：「酴，酒母也。从酉，餘聲，讀若廬。同都切，五部。」段注曰：「此酴亦訓酒母，則今之酵也。」（上海古籍出版社一九八一年影印本，頁七四七）醾，亦作醿、釄，酒名，從酉糜聲。此作花名，因其花色如酴醾酒，故名。宋張邦基墨莊漫錄卷九之酴醾花詠：「酴醾花或作荼蘼，一名木香，有二品。一種花大而棘、長條而紫心者爲酴醾，一品花小而繁、小枝而檀心者爲木香。」（中華書局二〇〇二年版，頁二五四）清李漁閒情偶記之種植部・藤本第二・酴醾：「酴醾之品，亞於薔薇、木香，然亦屏間必須之物，以其花候稍遲，可續二種之不繼也。『開到酴醾花事了』（按：宋王淇春暮遊小園：一從梅粉褪殘妝，塗抹新紅上海棠。開到荼蘼花事了，絲絲天棘出莓牆。）每憶此句，情興爲之索然。」（上海古籍出版社二〇〇〇年版，頁三一〇）

〔九〕林檎：即沙果，亦稱花紅、來禽、文林郎果。明李時珍在本草綱目「果部」第三〇卷「林檎」條之「釋名」中作案語稱：「洪玉父云：此果味甘，能來衆禽于林，故有林禽、來禽之名。又唐高宗時，紀王李謹得五色林檎似朱柰以貢，帝大悅，賜謹爲文林郎。人因呼林檎爲文林郎果。又述征記云：林檎實佳美。其榲桲微大而狀醜，有毛而香，關輔乃有，江南甚希。據此，則林檎是文林郎，非榲桲矣。」在「集釋」中云：「林檎即柰之小而圓者。其味酢者，即楸子也。其類有金林檎、紅林檎、水林檎、密林檎、黑林檎，皆以色味立名。」（山西科學技術出版社二〇一四年版，頁八〇五）金林檎亦是文人常以歌詠的對象，如史達祖詞留春令・金林檎詠，又如辛棄疾的一落索（錦帳如雲處）用的即是趙達夫賦金林檎韻。

〔一〇〕嶔岑：山高危險。語出楚辭卷八之淮南小山招隱士：「嶔岑碕礒兮，碅磳磈硊。」姜亮夫在楚辭通故里引漢王逸、何休與宋朱熹、洪興祖注曰：「王逸注：『山阜嶮嵎』，『嶔一作嶔，岑一作崯』。洪興祖補注：『嶔音欽，岑音吟，嶔岑山高險也。』朱熹云『嶔岑碕礒，並石貌』，……何注公羊傳云：『嶔岑山高危險也。』山阜勢也。」（姜亮夫全集之楚辭通故第一輯地理部二「嶔岑」條，雲南人民出版社二〇〇二年版，頁四二六）

〔一一〕腴壤：肥沃土壤。明李清三垣筆記卷上崇禎載：「其實甲科初選，半係腴壤，間補瘠邑，不久輒調。若乙榜、明經，大約瘠邑多於腴壤，以錢糧難完之地，而人人思爲科道，求其必完，此民所以多病也。」（中華書局一九八二年版，頁八）

〔一二〕碧潯：綠水邊。唐元稹桐花：「丹鳳巢阿閣，文魚遊碧潯。和氣浹寰海，易若溉蹄涔。」

〔一三〕汪逵：據清黃壽祺修、吳華辰等纂玉山縣志（同治十二年）卷八人物志上記載：「汪逵，字季路，應辰子，乾道（按：八年，一一七二）進士，官國子司業。韓侂胄用事，斥僞學，善類皆不自安，劉德秀因乞考核邪正眞僞，所逐多名士。逵入劄子辯之，德秀以逵爲妄言，並斥之。間居七年，參政李璧力言於朝，嘉定初召爲太常卿，累遷至吏部尚書。」（中國方志叢書（華中地方・第二七四號），成文出版社一九七五年影印本，頁九九九）筆者按，汪逵生卒年不詳。信州玉山（今江西玉山）人。與其父應辰俱累官至吏部尚書，端明殿學士，時稱「大小端明」。建集古堂，藏奇書秘跡、金石遺文二千卷。著有淳化閣帖辨記。

〔一四〕牲牢：牲畜。語出詩經・小雅・瓠葉序：「大夫刺幽王也。上棄禮而不能行，雖有牲牢饔餼，不肯用也。故思古之人，不以微薄廢禮焉。」漢鄭玄箋曰：「牛羊豕爲牲，係養者曰牢。熟爲饔（按：於恭反），腥爲餼（按：許氣反），生曰牽。不肯用者，自養厚而薄於賓客。」（十三經注疏之毛詩正義，上海古籍出版社一九九七年影印本，頁四九八下）

〔一五〕旨酒：美酒。語出詩經・小雅・鹿鳴：「我有旨酒，嘉賓式燕以敖。」說文解字五篇上旨部曰：「旨，美也。从甘，匕聲。」（上海古籍出版社一九八一年影印本，頁二〇二）

〔一六〕典司：掌管。語出禮記卷四曲禮下曰：「典司六典，天子之五官，曰司徒、司馬、司空、司士、司寇。典司五衆，天子之六府，曰司土、司木、司水、司草、司器、司貨。典司六職，天子之六工，曰土工、金工、石工、木工、獸工、草工。」鄭玄注曰：「典，法也。」（十三經注疏之禮記正義，上海古籍出版社一九九七年影印本，頁一二六一中）說文解字五篇上丌部曰：「典，五帝之書也。」段注曰：「三墳、五典，見左傳。」（上海古籍出版社一九八一年影印本，頁二〇〇上）說文解字九篇上司部曰：「司，臣司事於外者。」段注曰：「外對君而言，君在內也。臣宣力四方，在外，故從反後。鄭風：『邦之司直。』傳曰：『司，主也。』」（上海古籍出版社一九八一年影印本，頁四二九下）

〔一七〕婆娑：盤旋舞動。語出詩經・陳風・東門之枌：「東門之枌，宛丘之栩。子仲之子，婆娑其下。穀旦於差，南方之原。不績其麻，市也婆娑。」鄭玄注曰：「婆娑，舞也。」（十三經注疏之毛詩正義，上海古籍出版社一九九七年影印本，頁三七六下）

〔一八〕偃蓋：樹枝張大如茅草覆蓋物。說文解字八篇人部曰：「偃，僵也。从人，匽聲。」段注曰：「凡仰僕曰偃，引伸爲凡仰之稱。」（上海古籍出版社一九八一年影印本，頁三八上）按，伏而覆曰僕，仰而倒曰偃。說文解字一篇艸部：「蓋，苫也。从艸，盍聲。」（上海古籍出版社一九八一年影印本，頁四二下）爾雅·釋器曰：「白蓋，謂之苫。」郭璞注曰：「白茅，謂之苫。今江東呼爲蓋。」（十三經注疏之爾雅注疏，上海古籍出版社一九九七年影印本，頁二六〇〇中）清邵晉涵爾雅正義卷七釋器曰：「左傳疏引李巡云：『編菅茅以覆屋曰苫』」（續修四庫全書第一八七冊，上海古籍出版社一九九五—二〇〇二年影印本，頁一四七）

〔一九〕夭矯：亦作夭蟜，屈曲貌。漢書卷五七上司馬相如傳上：「（玄猿）長嘯哀鳴，翩幡互經，夭蟜枝格，偃蹇杪顛……」郭璞注曰：「夭蟜，頻申也。」（中華書局一九六二年版，頁二五六二）漢書卷八七上揚雄傳上：「踔夭蟜，娭澗門。」顔師古注曰：「夭蟜，亦木枝曲也。……蟜，音矯。」（中華書局一九六二年版，頁三五四七—三五四八）

〔二〇〕壅培：施肥培土。壅，本義阻擋、阻隔。廣雅曰：「壅，隔也。」此指用土或肥料培在植物的根部。

〔二一〕封植：栽培。說文解字十三篇土部曰：「封，爵諸侯之地也。从之，从土，从寸。」段注曰：「其義之土，故其字從之土。引申爲凡畛域之稱。大司徒注曰：封，起土畍也。封人注曰：聚土曰封，謂壝堳埒及小封疆也。」（上海古籍出版社一九八一年影印本，頁六八七下—六八八上）

〔二二〕鳶鳥：兇猛之鳥。語出爾雅·釋鳥曰：「鳶烏醜，其飛也翔。」宋邢昺疏曰：「鳶，鴟也。鴟烏之類，其飛也布翅翱翔。」（十三經注疏之爾雅注疏，上海古籍出版社一九九七年影印本，頁二六五〇上）

〔二三〕蠹：蛀蟲。說文解字十三篇䖵部曰：「蠹，木中蟲。从䖵，橐聲」段注曰：「在木中食木者也。今俗謂之蛀，音注。」（上海古籍出版社一九八一年影印本，頁六七五下）

〔二四〕盜斧：即疑鄰盜斧。典出列子卷第八說符篇：「人有亡鈇者，意其鄰之子，視其行步，竊鈇也；顔色，竊鈇也；言語，竊鈇也；動作態度，無爲而不竊鈇也。俄而扣其穀而得其鈇，他日復見其鄰人之子，動作態度無似竊鈇者。」釋文云：「鈇音斧，鉞也。」（楊伯峻列子集釋，新編諸子集成，中華書局一九七九年版，頁二七一—二七二）呂氏春秋·去尤亦有類似記述。此典意謂將那些破壞盤松生長的蟲鳥如鳶烏、蟻蠹剷除殆盡。

〔二五〕勁質：堅硬的質地。宋周密癸辛雜識後集之荔枝梅花賦：「皮日休桃花賦序云：『余嘗慕宋廣平之為相，貞姿勁質，剛態毅狀，疑其鐵腸與石心，不解吐婉媚辭。……』」（中華書局一九八八年版，頁七二）

〔二六〕五柞：即五柞樹。漢書卷六武帝紀：「（後元二年）二月，行幸盩厔五柞宮。乙丑，立皇子弗陵爲皇太子。丁卯，帝崩於五柞宮。」張晏注曰：「有五柞樹，因以名宮也。」（中華書局一九六二年版，頁二一一—二一二）晉葛洪西京雜記卷三之五柞宮石騏驎：「五柞宮有五柞樹，皆連三抱上枝蔭覆數十畝。其宮西有青梧觀，觀前有三梧桐樹。樹下有石騏驎二枚，刊其脅爲文字，是秦始皇驪山墓上物也。」（古小說叢刊，中華書局一九八五年版，頁一八）宋張淏會稽續志卷四：「柞。周處風土記曰：始寧剡界山多柞木，吳越之間名柞爲櫪。爾雅曰：栩杼，柞樹也。漢五柞宮即此木。」（景印文淵阁四库全书第四八六册，臺灣商務印書館二〇〇八年影印本，頁四九九—五〇〇）

〔二七〕尚饗：希望死者享用祭品。多用作祭文的結語。

一四　玉堂集載皇太子府春端帖子

歐陽文忠公學士院草錄，世已不傳。近歲有玉堂集，云是李漢老邴〔一〕編類，亦差訛非全書。其中卻載皇太子府春端帖子，蓋政和、宣和間所供。今東宮乃闕此，欲引例爲請，緣無善本可據，且當時不曰宮而曰府，遂止（王安中內制，一例曰閣）。

【箋】

〔一〕李邴：字漢老。濟州任城（今山東濟寧）人。生於神宗元豐八年（一〇八五），卒於高宗紹興十六年（一一四六）。徽宗崇寧五年（一一〇六）進士及第。累官爲起居舍人，試中書舍人。除給事中、同修國史兼直學士院，遷翰林學士。未幾，坐言者罷，提舉南京鴻慶宮。欽宗即位，除徽猷閣待制、知越州。久之，再落職，提舉西京嵩山崇福宮。高宗即位，復徽猷閣待制。逾歲，召爲兵部侍郎兼直學士院。平苗傅、劉正彥反後，爲端明殿學士、同簽書樞密院事。又拜尚書右丞，未幾，改參知政事。欽宗巡江寧，命其爲資政殿學士、權知行台三省樞密院事。以與呂頤浩論不合，乞罷，遂以本職提舉杭州洞霄宮。未閱月，起知平江府。會兄鄰失守越州，坐累落職。明年，即引赦復之，又升資政殿學士。紹興五年（一一三五），詔問宰執方略，條上戰陣、守備、措畫、綏懷各五事。閒居十有七年，薨於泉州，年六十二，謚文敏。有草堂集一〇〇卷。宋史卷三七五有其本傳。

卷中

一五　左右僕射改作左右丞相

乾道七年十二月辛酉〔一〕，有旨：「僕射〔二〕之名不正，欲采周、漢舊制，改左右丞相。」令有司討論。某時爲禮部侍郎兼權直學士院，又兼同修國史〔三〕，兼實錄院修撰，皆當與聞。會衆議不齊，而虞丞相亦謂同北虜官制〔四〕。遷延至明年正月戊寅〔五〕，僅條具歷代宰相官稱，申尚書省。禁中即聞之，明日遣中使王（忘其名）來問緩故，某以實奏。二月癸卯〔六〕，得御筆云：「尚書左右僕射，可依漢制〔七〕，改作左右丞相。學士院降詔。」登時具草封入。乙巳〔八〕，付外施行。庚戌〔九〕，從駕過德壽宮，既歸得旨，付東華門祗候宣引。日已晡〔一〇〕，聞有內宴，小黃門〔一一〕出云：「恐改日引。」然不敢退。酉後，忽宣入選德殿〔一二〕。起居畢，上微被酒，袖出親劄，云：「比來一二大臣同心輔正，夙夜匪懈，漸革苟且之風，以副綜核之意，深可嘉尚。今因除授，宜示褒典。虞允文可特進〔一三〕左丞相，梁克家〔一四〕可正奉大夫〔一五〕右丞相。」御前設小案，用牙尺壓繭紙〔一六〕一幅，傍有漆匣小歙硯〔一七〕，置筆墨於玉格〔一八〕。某鞠躬書除目進呈，訖，奏曰：「拜相轉官〔一九〕，前例固不一。今並命而或三或四，更取聖裁。」上曰：「以其協心，故褒進之。然特進一官即少保〔二〇〕，所以允文三官〔二一〕。」又問：「兼樞密使否？」上曰：「今樞密亦非古，先改丞相稱呼，將來別理會，且帶可也。」又奏所領書局〔二二〕，上曰：「卿自理會。」賜坐，奏問：「既改左右相，其序位如何？」上曰：「欲升在三少之上，三公之下。」逮闔〔二三〕，請起，宣坐，賜茶飲，訖，再拜而退。御藥李彥眞同自復道，秉燭鎖院，蓋上意欲其密，故不用尋常宣官之禮，金蓮故事，今庶幾〔二四〕焉。凡鎖院、御藥、監門、中官各一員，御藥留宿其廳（鎖赦或先去，恐是大禮，別有職事）。昧爽〔二五〕再相見，以小字制書本授之，送至中門，先啟鑰入內，即復扃院，俟朝退宣麻訖，學士乃得歸。時虞公獨相，梁爲參政，聞班列中，但謂改易相名，及雙制出，愕然，或疑學士多轉右相一官，有所抑揚，不敢辨也。按祖宗時，命相多以舊官，其後往往遷秩，近歲敕局〔二六〕修三省法，乃著令轉三官，茲豈當立法乎？

【箋】

〔一〕乾道七年十二月辛酉：即乾道七年十二月二十一日，公元爲一一七二年一月十八日。

〔二〕僕射：據龔延明歷代職官別名大辭典「僕射」條考證，僕射在周朝即已設置，爲夷僕、小射之連稱；秦漢時，爲諸官僕射通稱，如博士僕射、侍中僕射、期門僕射、尚書僕射等，凡號「僕射」，爲「領某事」之意；三國、晉時，爲尚書僕射或尚書左、右僕射省稱，秩六百石，第三品，主開、封奏書；南北朝時，爲尚書左僕射、尚書右僕射通稱；唐時，爲尚書左、右僕射省稱。唐高祖、太祖時，爲宰相之職。高宗朝至武后長安四年（七〇四），加「同中書門下三品」爲相職，玄宗朝以後爲相職，或爲加官，或判省事；宋時，爲尚書省左僕射、右僕射省稱。宋初爲文臣遷轉官階，不治事，元豐新制，復三省制，爲尚書省長官，實爲宰相官。宋史卷一六一職官一：「神宗新官制，於三省置侍中、中書令、尚書令，以官高不除人，而以尚書令之貳左、右僕射爲宰相。」（中華書局一九七七年版，頁三七七三）參見卷上「宰執」條注。

〔三〕國史院：俗稱「史院」。參見卷上「史院」條注。又據宋史卷一六四職官志四載，宋代國史實錄院所置職官主要有：提舉國史，監修國史，提舉實錄院，修國史，同修國史，史館修撰、同修撰，實錄院修撰、同修撰，直史館，編修官、檢討官，校勘、檢閱、校正、編校官。

〔四〕北虜官制：此指金亦於尚書省置左右丞相之職。據元脫脫等金史卷五五百官志一載：「（太宗）天會四年（按：一一二六年），建尚書省，遂有三省之制。……大率皆循遼、宋之舊。」（中華書局一九七五年版，頁一二一六）另外，尚書省置有尚書令、左右丞相、平章政事、左右丞、參知政事等職官。其中，「尚書令一員，正一品，總領紀綱，儀刑端揆。左丞相、右丞相各一員，從一品，平章政事二員，從一品，爲宰相，掌丞天子，平章萬機。左丞、右丞各一員，正二品，參知政事二員，從二品，爲執政官，爲宰相之貳，佐治省事。」（頁一二一七）

〔五〕明年正月戊寅：卽乾道八年正月初九，公元爲一一七二年二月四日。

〔六〕二月癸卯：卽乾道八年二月初四，公元爲一一七二年二月二九日。

〔七〕漢制：此指漢代置左右丞相之職官。史記卷五秦本紀：「（武王）二年，初置丞相，樗里疾、甘茂爲左右丞相。」應劭注曰：「丞者，承也。相，助也。」（中華書局一九五九年版，頁二一七）漢書卷一九上百官公卿表上：「高帝卽位，置一丞相，十一年更名相國，緑綬。孝惠、高后置左右丞相，文帝一年復置一丞相。有兩長史，秩千石。哀帝元壽二年更名大司徒。武帝元狩五年初置司直，秩比二千石，掌佐丞相舉不法。」（中華書局一九六二年版，頁七二四—七二五）

〔八〕乙巳：卽乾道八年二月初六，公元爲一一七二年三月二日。

〔九〕庚戌：卽乾道八年二月十一日，公元爲一一七二年三月七日。

〔一〇〕晡：申時，卽午後三時至五時。淮南子·天文訓云：「日至於悲谷，是謂餔時。」何寧補曰：「『餔』，舊作『晡』。」陶方琦注云：「大藏音義三四引許注曰：『日行至申時爲晡時，悲谷者，日入處也。』」（何寧撰淮南子集釋，新編諸子集成，中華書局一九九八年版，頁二三五）說文解字五篇食部曰：「餔，申時食也。从食，甫聲。」段注曰：「各本申時上有『日加』二字。今依廣韻、類篇、韻會正。淮南書云：『日至於悲谷，是謂餔時。』餔，一作『晡』。引伸之義，凡食皆曰餔。又以食食人謂之餔。」（上海古籍出版社一九八一年影印本，頁二二〇下）

〔一一〕小黃門：漢魏時宦官通稱，宋代爲初進入內內侍省的宦官。後漢書卷一〇下皇后紀·陳夫人：「熹平四年，小黃門趙祐……」李贤注引續漢志曰：「小黃門，六百石，宦者，無員，掌侍左右，受尚書事。上在內宮，關通中外，及中官以下衆事；諸公主及王大妃等疾苦，則使問之。」（中華書局一九六五年版，頁四四一）宋李燾續資治通鑑卷七一眞宗大中祥符二年：「其初補者曰小黃門，經恩還補則爲黃門。」（中華書局一九八〇年版，頁一五九三）另有中黃門、中黃門冗從。其中，中黃門官階低於小黃門，秩三百石。漢書卷一九上百官公卿表：「少府，秦官，掌山海池澤之稅，以給共養，……諸僕射、署長、中黃門皆屬焉。」顔師古注曰：「中黃門，謂奄人居禁中在黃門之内給事者也。」（中華書局一九六二年版，頁七三一—七三二）中黃門冗從，其長官爲中黃門冗從僕射，秩「六百石」，「居則宿衛，直守門戶；出則騎從，夾乘輿車」。（後漢書・百官志三）

（一二二）選德殿：咸淳臨安志卷一宮闕一・選德殿：「孝宗皇帝建以爲射殿，御坐後有大屏，分畫諸道，列監司郡守爲兩行，各標職位姓名。又圖華夷疆域於屏陰，詔學士周必大爲記並書。」又據周必大淳熙五年（一一七八）選德殿記載：「皇帝踐祚以來，宮室苑囿一無所增修，獨辟便殿於禁垣之東，名之曰選德。規模樸壯，爲陛一級，中設漆屏，書郡國守相名氏。群臣有圖方略來上，可采者輒棲之壁以備觀覽。數延文武講論治道，詢求民隱，至於中外奏報若軍國之幾務，皆於此省決。暇則紬繹經傳，或親御弧矢，雖大寒暑不廢。……謹采詩、禮古文以射觀德事，及後世得失所由，次第其說。……謂射本男子之事，非專于用武也，射所以觀德，非專於睹威也，故爲是殿，以延群臣，以裁幾務，以閱圖史，而命名則主乎射焉。」（宋元方志叢刊，中華書局一九九〇年影印本，頁三三六一）宋史卷一五四輿服志六：「淳熙初，孝宗始作射殿，謂之選德殿。」（中華書局一九七七年版，頁三五九八）

（一二三）特進：文獻通考卷六四職官考一八・文散官・特進：「漢制，諸侯功德優盛、朝廷所敬異者，賜位特進，位在三公下。故成都侯王商以特進領城門兵，置幕府，得舉吏如將軍是也。後漢皇后父兄率爲特進侯，朝會位次三公。而竇篤進位特進，得舉吏，見禮依三公。自二漢及魏、晉，以爲加官，從本官車服，無吏卒。太僕羊琇遜位，拜特進，加散騎常侍，無餘官，故給吏卒車服。其餘加特進者，唯食其祿賜，列其班位而已，不別給特進吏卒車服。晉惠帝元康中定令，特進位次諸公，在開府、驃騎上，冠進賢兩梁冠，黑介幘，五時朝服，佩水蒼玉，無章綬。齊時位從公，陳因之。後魏、北齊用人皆以舊德就閑者居之。隋文帝爲散官，不理事。煬帝卽位，廢特進官。唐爲文散官。宋制，左、右僕射爲宰相官，元豐更官制，乃以特進換之。時王安石獨改特進。至政和後，薛昂帶觀文殿學士，位特進；白時中以門下侍郎帶特進，皆失舊制。繼紹聖改金紫光祿大夫，今後特進非宰相不除。」（中華書局一九八六年影印本，考五七五—五七六）

〔一四〕梁克家：字叔子。泉州晉江（今福建晉江）人。生於高宗建炎元年（一一二七），卒於孝宗淳熙十四年（一一八七）。幼時聰慧，過目成誦。高宗紹興三十年（一一六〇）中狀元。授平江簽判，召爲秘書省正字，遷著作佐郎。孝宗乾道五年（一一六九）二月，拜端明殿學士、簽書樞密院事。乾道六年（一一七〇），參知政事。乾道七年（一一七一），兼知院事。乾道八年（一一七二），詔更定僕射爲左右丞相，拜其爲右丞相兼樞密使。淳熙八年（一一八一），起知福州，在鎮有治績。趙雄奏欲令再任，降旨仍知福州。召除醴泉觀使。淳熙九年（一一八二）九月，拜右丞相，封儀國公。逾月而疾。淳熙十三年（一一八六），命以內祠兼侍讀。次年六月薨，年六十。贈少師，謚文靖。著有三山志。宋史卷三八四有其本傳。

〔一五〕正奉大夫：宋代文散官名，徽宗大觀二年（一一〇八）新置。宋程大昌演繁露續集卷一：「大觀二年，……正奉大夫代右光祿大夫……」（景印文淵閣四庫全書第八五二冊，臺灣商務印書館二〇〇八年版，頁二一五）文獻通考卷六四職官考一八：「宣奉大夫、正奉大夫二階，古無之，宋大觀間新置。」。」（中華書局一九八六年影印本，考五七六）

〔一六〕蠲紙：古代質地最好紙張之一，大約出於五代之際的溫州，與澄心堂紙和高麗紙相類。宋歐陽修等新五代史卷五六何澤雜傳：「五代之際，民苦於兵，往往因親疾以割股，或既喪而割乳廬墓，以規免州縣賦役。戶部歲給蠲符，不可勝數，而課州縣出紙，號爲『蠲紙』。」（中華書局一九七四年版，頁六四七—六四八）宋周煇清波別志卷上：「唐戶部有蠲符，開元四年，敕諸郡取緊厚紙，背皆書某州某年及紙次第。……在唐凡造此紙戶，與免本身力役，故以蠲名。今出於永嘉，士大夫喜其有發越翰墨之功，爭捐善價取之。一幅紙能爲古今好尚，殆與澄心堂紙等。」（叢書集成初編第二七七四冊，商務印書館一九二七年版，頁一二七）元程棨三柳軒雜識・蠲紙云：「溫州作蠲紙，潔白堅華，大略類高麗紙。東南出紙處最多，此當爲第一焉，由拳皆出其下。然所產少，至和以來方入貢。權貴求索浸廣，而紙戶力已不能勝矣。吳越錢氏時供此紙者，蠲其賦役，故號『蠲』云。」（說郛三种，上海古籍出版社一九八八年影印本，頁一一七三上）另，宋程大昌演繁露卷九澄心堂紙載：「江南李後主造澄心堂紙，前輩甚貴重之。江南平後六十年，其紙猶有存者。歐公嘗得之，以二軸贈梅聖俞。梅詩鋪敘其由而謝之曰：……梅詩以想其制必是紙制大佳，而幅度低狹不能與麻紙相及，故曰『幅狹不堪作詔命』也，然一紙已直百錢亦已珍矣。」（景印文淵閣四庫全書第八五二冊，臺灣商務印書館二〇〇八年版，頁一四〇—一四一）

〔一七〕歙硯：又稱歙州硯，尤以龍尾石硯名聲最著。古歙州包括今天安徽的歙縣、績溪、黟縣、祁門、休寧和江西的婺源。歙硯最早記載于宋唐積的歙州硯譜·採發第一：「婺源硯，在唐開元中，獵人葉氏逐獸至長城里，見疊石如城壘狀，瑩潔可愛，因攜以歸，刊精成硯，溫潤大過端溪。後數世，葉氏諸孫持以與令，令愛之，訪得匠手斫爲硯，由是山下始傳。」（景印文淵閣四庫全書第八四三冊，頁七三）在唐宋時卽名聞天下，據宋佚名硯說引唐侍讀硯譜云：「二十年前頗見人用龍尾石硯，求之江南故老云：『李後主留意筆劄，所用澄心堂紙、李廷珪墨、龍尾硯，三者爲天下之冠。』」（景印文淵閣四庫全書第八四三頁，頁七九）自唐至清，歙硯一直爲皇家貢硯。

〔一八〕玉格：玉做的筆架。宋张君房辑雲笈七籤卷三道教本始部·左乙混洞東蒙錄：「統攝學生之人，奉迎太平後聖，宮內東殿，金房玉格，有寶經三百卷，玉訣九千篇。」（四部叢刊初編本）

〔一九〕轉官：升遷官職。宋史卷一六〇選舉志六·考課：「俟至半年，類考較前三年定爲三等，中者無所賞罰，上者或轉官，或減磨勘，下者降官、展磨勘，各有等差。」（中華書局一九七七年版，頁三七六五）

〔二〇〕少保：古代職官名，爲「三孤」之一，又爲東宮「三少」之一，多爲贈封榮銜，無職位，無員額。文獻通考卷四八職官考二·三公總敘：「周成王作周官，曰：『立太師、太傅、太保，茲惟三公，論道經邦，燮理陰陽；少師、少傅、少保，曰三孤，貳公弘化，寅亮天地，弼予一人。』」（中華書局一九八六年影印本，考四四三）文獻通考卷六〇職官考十四·東宮官總敘：「凡三王教世子，必以禮樂，樂所以修內，禮所以修外，禮樂交錯於中，發形於外，是故其成也懌，恭敬而溫文。立太傅、少傅以養之，欲其知父子君臣之道也。太傅審父子君臣之道以示之，少傅奉世子以觀太傅之德行而審諭之。太傅在前，少傅在後。入則有保，出則有師。是以教諭而德成也。師也者，教之以事而諭諸德者也。保也者，慎其身以輔翼之而歸諸道者也。」（中華書局一九八六年影印本，考五四三）

〔二一〕允文三官：指虞允文身兼三職，卽太子少保、左丞相兼四川宣撫使。

〔二二〕書局：古代官府修纂書籍之處。宋代書局繁多，當以數百計，主要分爲臨時性書局和常設性書局。臨時性書局主要是爲臨時編纂某書而設，存在時間少則三五年，最多不超過二十年。如五代史書局（十九個月）、太平御覽書局（六年九個月）、太平廣記書局（一年五個月）、譯經院、文苑英華書局（四年三個月）、冊府元龜書局（八年）、祖宗故實局（一年）、新唐書書局（一七年）、太常因革禮書局（七年）、資治通鑑書局（二十九年）、經義書局（二年三個月）、魯衛信錄書局（一—二年）、編類臣僚章疏書局、議禮局（七年）、道經局（三年）等；常設書局爲編纂係列圖書而設，編纂時間一般都在百年以上，主要有：編修敕令所、會要所、玉牒所、日曆所、國史實錄院等。參見曹之宋代書局考略（河南圖書館學刊一九九五年第三期）。

〔二三〕闇：同「暗」。說文解字十三篇門部：「闇，閉門也。从門，音聲。烏紺切。」段注曰：「藉以爲幽暗字。」（上海古籍出版社一九八一年影印本，頁五九〇上）

〔二四〕庶幾：差不多。孟子·梁惠王下：「（孟子曰：）『王之好樂甚，則齊國其庶幾乎！』」（十三經注疏之孟子注疏，上海古籍出版社一九九七年影印本，頁二六七三下）

〔二五〕昧爽：天將曉而尚暗之時。說文解字七篇日部：「昧，昧爽，且明也。从日，未聲。一曰闇也。莫佩切。」段注曰：「且明者，將明未全明也。」（上海古籍出版社一九八一年影印本，頁三〇二）

〔二六〕敕局：編修敕令所省稱。宋史卷一六二職官二載，編修敕令所置有提舉、同提舉、詳定、删定官，「掌裒集詔旨，纂類成書。紹興十二年罷。乾道六年，復置詳定一司敕命所，以右丞相虞允文提舉，參知政事梁克家同提舉。淳熙十五年省罷，紹熙二年復置局。慶元二年，復置提舉，以右丞相余端禮兼，同提舉以參知政事京鏜兼，仍以編修敕令所爲名」（中華書局一九七七年版，頁三八〇五）。

一六　王炎除樞密使

乾道七年七月二十六日午後，快行家〔一〕傳旨下學士院，取從官爲四川宣撫使〔二〕體例。蓋是時參知政事王公明炎〔三〕在蜀三年，屢求歸，宰相薦吏部侍郎王能甫之奇〔四〕爲代。故宋索例。某令回奏云：「降麻官方屬本院，侍從當問三省。」既暮，忽宣鎖至院，已秉燭。中使出御封御筆，乃王炎除樞密使，依舊四川宣撫使，其密如此。吏寫熟狀依例，不轉官，但加食邑〔五〕。某方草制，未暇細思，既得筆，依奏方省其誤，自寫奏云：「本朝改官制後，以太中大夫〔六〕爲宰執官，當時改樞密使爲知院事〔七〕。中興以來，既復置使，首用舊弼〔八〕，故恩數多視宰臣，未有以中大夫充者。昨汪澈①〔九〕元是通議大夫〔一〇〕，虞允文太中大夫，故不轉官。今王炎止是中大夫〔一一〕，竊慮合轉左太中大夫，仍加封邑，庶協近制。」御筆批依。時三鼓，批墨尚濕。

【校】

①汪澈：明鈔本、四庫文忠集本、傅校本作「汪徹」，誤。四庫單行本作「汪澈」，現依據三山志、宋史等，校爲「汪澈」。

【箋】

〔一〕快行家：亦作「快行」，當指內廷派送及執物小吏。宋葉夢得石林燕語卷五：「宰執每歲有內侍省例賜新火冰之類，將命者曰『快行家』，皆以私錢一千贈之。」（中華書局一九八四年版，頁六七）宋蔡絛鐵圍山叢談卷第二：「國朝之制，待制、中書舍人以上皆坐狨。雜學士以上，遇禁煙節至清明日，則賜新火。往往謂之快行家者，昧爽多就執政、侍從之門，荼肆民舍取火爇燭，執之以燒，纔未及寸，殊有歡也。」（中華書局一九八三年版，頁三八）宋吳自牧夢粱錄卷一之車駕詣景靈宮孟饗載：「十六夜收燈畢，十七早五更二點，禁中催班，從駕官僚入殿起居訖，出殿門外，俱立馬於學士院，恭俟駕興。而殿東折檻下，快行家皆執金蓮燭炬，以俟登輦。」（叢書集成初編第三二一九册，商務印書館一九三九年版，頁四）宋孟元老東京夢華錄卷之一大內·快行：「案夢粱錄：快行隨駕出，執衣服器物。石林燕語記宰執每歲有內侍省例，賜新火冰之類，將命者曰快行家。揮麈錄記徽宗遣快行家，以小轎召蘇叔黨入宮畫壁，則平日以之供奔走使令之役。宋史·兵志謂中興始置者，非。」（中華書局一九八二年版，頁三九）

〔二〕宣撫使：簡稱「宣撫」，宋代戰時高級軍事指揮官，「掌宣佈威靈、撫綏邊境及統護將帥、督視軍旅之事」（宋史·職官志七·

宣撫使）。北宋時不常置，以執政大臣充任。宋李心傳建炎以來朝野雜記甲集卷一一宣撫使：「宣撫使，祖宗時不常置，有軍旅大事則命執政大臣爲之。累朝但除向文簡、范文正、富文忠、文忠烈、韓獻肅五人。仁宗征儂智高，以狄青爲宣撫使，武臣爲宣撫自此始」（中華書局二〇〇〇年版，頁二一五）。南渡後，除李綱、呂頤浩、朱勝非三人以宰相兼宣撫使外，其餘或爲武臣非執政者，或文臣非執政者，甚至從官者。「紹興元年，劉光世以使相宣撫淮南，武臣非執政而爲宣撫使自此始。二年，李泰發以端明殿學士爲壽春等州宣撫使，文臣非執政而爲宣撫使自此始。然自紹興至嘉泰，武臣止劉光世、韓世忠、張俊、吳玠、岳飛、吳璘六人，從官止李泰發、王伯召二人，蓋重之也。」（建炎以來朝野雜記甲集卷一一宣撫使，中華書局二〇〇〇年版，頁二一五—二一六）

〔三〕王炎：字公明。世稱清源公。相州安陽（今河南安陽）人。父王絢，官至興國太守、朝議大夫等，贈太子少師、太保。以父蔭入仕，高宗紹興間爲司農寺丞，紹興二十六年（一一五六）罷，降授左朝散大夫，知常州無錫縣。孝宗乾道元年（一一六五）除兩浙轉運副使。乾道二年（一一六六）五月，以右朝奉大夫，兩浙轉運副使除直敷文閣知，十二月，以職事修舉除秘閣修撰。乾道三年（一一六七）五月，除敷文閣待制，知荊南府。乾道四年（一一六八）二月，自右朝奉大夫、試兵部侍郎，賜同進士出身，除端明殿學士、簽書樞密院事。乾道五年（一一六九），自端明殿學士、簽書樞密院事兼權參知政事兼同知國用事、知樞密院事。乾道六年（一一七〇），權參知政事，除四川宣撫使。乾道七年（一一七一），拜樞密使，依前四川宣撫使任職。乾道九年（一一七三），罷樞密使，以觀文殿學士提舉臨安洞霄宮。淳熙元年（一一七四），知潭州，以臣僚論列落職，袁州居住。隨起知荊南府，復資政殿大學士。後以通議大夫致仕。參見宋會要輯稿之職官七〇之四四、選舉九之一九、選舉三四之一八、食貨四四之一〇、兵一之二四，周必大興國太守贈太保王公絢神道碑（文忠集卷二九），宋宰輔編年録卷兵一之二四，咸淳臨安志卷四七、五〇，宋史卷三四、九七、二一三、三八四。

〔四〕王之奇：字能甫。生年不詳，卒於孝宗乾道九年（一一七三）。王庶之子。據宋蔡戡定齋集卷一四故端明殿學士王公行狀（景印文淵閣四庫全書第一一五七冊，臺灣商務印書館二〇〇八年影印本，頁七〇九—七一五）載：其祖籍華州（今陝西渭南），唐末避黃巢亂，遷居慶州（今甘肅慶陽），生於涇州（今甘肅平涼）。高宗紹興元年（一一三一），以父任補京秩。孝宗隆興元年（一一六三），在虞允文的推薦下，知光化軍。乾道二年（一一六六），外補差權閬州，續除淮南轉運判官。乾道三年（一一六七），虞允文同知樞密院宣撫四川，乞其偕行，改利路漕兼四川宣撫司參議。乾道四年（一一六八）春，以直秘閣安撫利州兩路兼知興元府，有政聲。乾道七年（一一七一），提舉左藏南庫，賑濟江西、湖北饑民。乾道八年（一一七二），賜進士第，除端明殿學士、簽書樞密院事，進封開國伯。乾道九年（一一七三）正月，除資政殿學士，安撫淮南，兼知揚州。著有易傳若干卷、奏議若干卷。能詩善畫。宋鄭剛中的北山集卷五序記辨說・畫說稱其畫「溫潤博雅，器局高遠。探古之餘，感物寓意，見諸揮灑之閑，莫不種種高妙」（中華書局一九八五年版，頁九四）。

〔五〕食邑：亦稱采邑、埰地、封地，是古代君主賞賜給臣子的土地，並以此地租稅爲俸祿。馬非百（按：元材）在管子輕重篇新詮之管子輕重十三——輕重甲中作案語稱：「『食邑』，指封邑中所食戶數而言。如史記・高祖功臣侯年表所列『平陽侯六百戶』、『信武侯五千三百戶』是。據貨殖傳云：『封者食租稅，歲率戶二百，千戶之君則二十萬。』但事實上食邑收入不止於此數。漢書・孝昭功臣表言張安世封凡萬三千六百四十戶。如以戶率二百計之，萬三千六百四十戶不過二百七十二萬八千耳。而張安世傳云：『富平侯張安世，國在陳留，別邑在魏郡，租入歲千餘萬。』可見剝削之率，必有大於「戶二百」者矣。」（新編諸子集成，中華書局一九七九年版，頁五〇四）宋江少虞宋朝事實類苑卷第二七官職儀制・加食邑：「凡加食邑，宰相千戶，實封四百戶。餘降麻官食邑七百戶，實封三百戶。直學士以上，食邑五百戶，實封二百戶。舍人、待制、散尚書至少卿監以上，食邑三百戶，實封二百戶。凡食邑三百戶，封縣開國男。五百戶，封子。七百戶，封伯。千戶，封郡侯。二千戶，封公。千五百戶以上，始加食邑。」（上海古籍出版社一九八一年版，頁三三九）

〔六〕太中大夫：省稱「太中」，亦作「大中大夫」，宋代文官階，從四品。宋周煇清波雜誌卷第六：「元豐改官制，諫議大夫換太中大夫。前呵曰：『太中來！』都人駭避曰：『大蟲來！』則知前已有此說。」（中華書局一九九四年版，頁二五二）宋謝深甫慶元條法事類卷四職制門一・官品雜壓：「諸太中大夫……爲從四品。」（一九四八年燕京大學影印本）

〔七〕知院事：亦稱「知密院」、「知院」，宋代知樞密院事省稱。神宗熙寧元年（一〇六八）始置時，與樞密使並列，屬樞密院長官。元豐改制後，罷樞密使、樞密副使，置知樞密院事、同知樞密院事。南宋紹興後，仍置樞密使。宋洪邁容齋三筆卷五樞密名稱更易云：「國朝樞密之名，其長爲使，則其貳爲副使；其長爲知院，則其貳爲同知院。……惟熙寧初，文彥博、呂公弼已爲使，而陳升之過闕，留，王安石以升之曾再入樞府，遂除知院，知院與使並置，非故事也，安石之意以沮彥博耳。紹興以來，唯韓世忠、張浚爲使，岳飛爲副使。此後除使固多，而其貳隻爲同知，亦非故事也。」（景印文淵閣四庫全書第八五一冊，臺灣商務印書館二〇〇八年版，頁五七三）

〔八〕舊弼：舊時輔臣。説文解字十二篇弜部曰：「弼，輔也。从弜，丙聲。」段注曰：「輔者，車之輔也。引申爲凡左右之稱。」（上海古籍出版社一九八一年影印本，頁六四二上）

〔九〕汪澈，字明遠。自新安（治今安徽歙縣）徙居饒州浮梁（今江西浮梁）。生於徽宗大觀元年（一一〇九），卒於孝宗乾道七年（一一七一）。高宗紹興八年（一一三八）進士及第。教授衡州、沅州。用萬俟卨薦，爲秘書正字、校書郎。除監察御史，進殿中侍御史，特賜鞍馬。又除御史中丞。孝宗卽位，鋭意恢復，首用張浚使江、淮，澈以參豫督軍荊、襄，將分道進討。除資政殿學士、提舉洞霄宮。王大寶疏劾，落職，仍祠禄。次年，建康府，尋除樞密使。在位二年，以觀文殿學士奉洞霄祠，尋知鄂州兼安撫使。又知寧國府，改福州、福建安撫使，復請祠。尋致仕。卒，年六十三。贈金紫光禄大夫，諡壯敏。有文集二十卷、奏議十二卷。宋史卷三八四有其本傳。又據宋梁克家淳熙三山志卷第二二秩官類三載：「乾道……四年汪澈」注云：「十月之望，移知溫州。十二月。以觀文殿學士右通議大夫知。」（宋元方志叢刊，中華書局一九九〇年影印本，頁七九八四）

〔一〇〕通議大夫：宋代文臣寄禄官階，列於第十階，正四品，元豐改制時所置，代給事中。宋邵博河南邵氏聞見後録卷第一：「元豐三年，初行官制，以階易官，寄禄新格：……給事中爲通議大夫，左右議諫爲太中大夫，秘書監爲中大夫。」（叢書集成初編第二七五一冊，商務印書館一九三七年版，頁五—六）

〔一一〕中大夫：秘書省最高長官，卽秘書省長，元豐改制前稱秘書省監（省稱秘書監），正四品。文獻通考卷六四職官考一八：「中大夫，秦官，漢武改爲光禄大夫，自後無聞。北齊有之。唐又置。宋元豐更官制，以中大夫換秘書監，而殿中監本一等，其時偶闕任殿中監者，故祇著秘書監。神宗以太中大夫爲宰相官，故初除執政祇授中大夫。是時拜翰林學士蒲宗孟、王安禮爲左、右丞，二公寄禄官皆未至大夫，祇除中大夫守之。」（中華書局一九八六年影印本，考五七六）

一七　表紙與詔紙

某初直院〔一〕，見批答臣僚章表，皆大書其後，不過三兩行，表紙盡，則接以詔紙數幅，文盡乃止。然表紙高，詔紙矮，參差不等。問之掌故，並無依據，心每疑之。其後遍於執政故家求承平時舊本，偶得仁宗皇祐間答孫威敏公沔〔二〕辭免副樞〔三〕表，則所接之紙高低相若。淳熙乙未〔四〕，再叨寓直。閏九月十二日，因李參彥穎〔五〕、王樞淮〔六〕斷章批答，即具奏照皇祐體式，於表後用一等紙書寫進呈，仍乞今後准此施行。御筆依，遂爲定制。

【箋】

〔一〕直院：直學士院省稱，爲宋代入學士院而未授學士者。宋史卷一六二職官志二：「凡他官入院未除學士，謂之直院。」（中華書局一九七七年版，頁三八一二）筆者按，周必大於孝宗乾道六年（一一七〇），兼直學士院。乾道八年（一一七二），辭去直學士院。淳熙二年（一一七五）又兼直學士院。

〔二〕孫沔：字元規。越州會稽（今浙江紹興）人。生于太宗至道二年（九九六），卒於英宗治平三年（一〇六六）。眞宗天禧三年（一〇一九）進士及第，補趙州司理參軍，跌盪自放，不守士節，然材猛過人。後以秘書丞爲監察御史里行。景祐元年（一〇三四），黜知衡山縣。道上書言時事，再貶永州監酒。移通判潭州（今湖南長沙）、知處州（今浙江麗水）。復爲監察御史，再知楚州。所在皆著能跡。召爲左正言，論事益有直名。遷尚書工部員外郎，提舉兩浙刑獄，遂以起居舍人爲陝西轉運使。上書罷呂夷簡宰相職，仁宗不罪。以天章閣待制爲都轉運使，又遷禮部郎中，爲環慶路都總管、安撫經略使、知慶州（今甘肅慶陽）。歷知陝西、河東都轉運使，又知慶州。遷龍圖閣直學士，又遷樞密直學士、知成都府，未至，以母喪罷。服除，爲陝西都轉運使。求知明州（今浙江寧波），會京東多盜，乃以知徐州。宰相龐籍奏遣沔行，以爲湖南、江西路安撫使，加廣南東、西路安撫使。助狄青敗儂智高，還給事中。及還，仁宗解御帶賜之，以知杭州。至南京，召爲樞密副使。因讀冊事，以資政殿學士知杭州。遷大學士，徙知青州（今山東濰坊）。又遷觀文殿學士、知并州（今山西陽泉）。諫官吳及、御史沈起奏其淫縱無檢，守杭及並所爲不法，乃徙壽州（今安徽壽春）。其後復光祿卿，分司南京，居宿州。會恩，知濠州（治今安徽鳳陽），以尚書禮部侍郎致仕。英宗卽位，遷戶部。參政知事歐陽修奏起，爲資政殿學士、知河中府，又以爲觀文殿學士、知慶州，徙延州（今陝西延安），道卒。追贈兵部尚書，謚號威敏。宋史卷二八八本傳稱：「沔居官以才力聞，強直少所憚，然喜宴遊女色，故中間坐廢。妻邊氏悍妒，爲一時所傳。初，陝西用兵，朝廷多假邊帥倚以集事，近臣出帥或驕恣越法。及沔廢後，眞定路安撫使呂溱繼得罪，自此守帥之權宜微矣。」（中華書局一九七七年版，頁九六九〇）

〔三〕孫沔辭樞密副使：宋史卷二八八本傳載：「張貴妃薨，追冊爲皇后，命沔讀冊。故事，正后，翰林學士讀冊。沔既陳不可用宰相護葬，且曰：『陛下若以臣沔讀冊則可，以樞密副使讀冊則不可。』遂求罷職。」（中華書局一九七七年版，頁九六八九）

〔四〕淳熙乙未：孝宗淳熙二年（一一七五）。

〔五〕李參彥穎：參知政事李彥穎。李彥穎，字秀實，一作秀叔。湖州德清（今浙江德清）人。生於徽宗宣和元年（一一一九），卒於寧宗慶元五年（一一九九）。紹興十八年（一一四八）進士及第，主餘杭簿。調富陽丞。御史周操薦爲御台主簿。改國子博士，權吏部郎中，以父喪去。免喪，復爲吏部兼皇子恭王府直講，權右史兼兵部侍郎。皇太子尹臨安，兼判官兼中書舍人。未幾，權禮部侍郎兼侍講。後兼吏部侍郎，權尚書兼侍讀。又除吏部尚書。淳熙元年（一一七四）十二月，除端明殿學士、簽書樞密院事。次年閏九月，參知政事。在東府三歲，實攝相事，內降繳回甚多。後又以資政殿學士知紹興府，勤約有惠政。提舉洞霄宮，復參知政事，病羸，力辭。諫官論其子毆人至死，奉祠鐫秩。起知婺州，復知紹興府，進資政殿大學士，再奉祠，進觀文殿學士。光宗紹熙元年（一一九〇），致仕。家居凡十載。薨年八十一。贈少保，謚忠文。宋沈作賓修、施宿等纂嘉泰會稽志卷第二：「李彥穎，淳熙五年四月，以資政殿學士、通議大夫知。淳熙七年八月，除宮觀。」（宋元方志叢刊，中華書局一九九〇年影印本，頁六七五九）宋談鑰嘉泰吳興志卷一七賢貴事實下·德清縣：「李彥穎，字秀叔。孝宗朝兩爲參知政事，獨當國柄。」（宋元方志叢刊，中華書局一九九〇年影印本，頁四八二七）宋周密齊東野語卷一之孝宗聖政：「淳熙九年，明堂大禮，以曾覿爲鹵簿使，李彥穎頓遞使。」（中華書局一九八三年版，頁三一）

〔六〕王樞淮：樞密使王淮。參見卷上「王淮」條注。

一八　宰執及親王、使相、太尉生日

宰執及親王、使相〔一〕、太尉〔二〕生日，天章閣〔三〕排辦牲餼〔四〕，預申學士院撰詔書及寫賜目一紙，各請御寶〔五〕（詔用書詔之寶，賜用錫賜之寶）。前一日，差內侍持賜其詔，例畫〔六〕撰進之日，謂如正月旦生，文意必敘歲首，而所畫日則是去臘，殊不相應。某爲直院，奏乞不拘進詔早晚，但實畫生日於後，得旨從之，遂爲定制。祖宗時，牲餼外，又錫器幣，往往就差子弟、姻戚持賜，欲其省費也；過江，惟牲餼耳。米麵本色，羊准價，皆取之有司；酒則臨安醞造，臨時加以黃封。拜賜訖，與使者同升廳，搢笏展讀，就坐茶湯。書送錢十五千，從人三千，天章閣使臣、庫子〔七〕、快行，錢酒各有差。

【箋】

〔一〕使相：宋史卷一六一職官志一·使相：「親王、樞密使、留守、節度使兼侍中、中書令、同平章事者，皆謂之使相。不預政事，不書敕，惟宣敕除授者，敕尾存其銜而已。（太祖）乾德二年（按：九六四年），范質等三相皆罷，以趙普同平章事，李崇矩樞密使。命下，無宰相書敕，使問翰林陶穀。穀謂：『自昔輔相未嘗虛位。惟唐太和中甘露事，數日無宰相，時左僕射令狐楚等奉行制書。今尚書亦南省長官，可以書敕。』竇儀曰：『穀之所陳，非承平令典。今皇弟開封尹、同平章事，即宰相之任也，可書敕。』從之。」（中華書局一九七七年版，頁三七七四—三七七五）

〔二〕太尉：宋史卷一六一職官志一·三師、三公：「宋承唐制，以太師、太傅、太保爲三師，太尉、司徒、司空爲三公，爲宰相，親王使相加官，其特拜者不預政事，皆赴上於尚書省。凡除授，則自司徒遷太保，自太傅遷太尉；檢校官亦如之。太尉舊在三師下，由唐至宋加重，遂以太尉居太傅之上。若宰臣官至僕射致仕者，以在位久近，或已任司空、司徒，則拜太尉、太傅等官。若太師則爲異數，自趙普以開國元勳，文彥博以累朝耆德，方特拜焉。雖太傅王旦、司徒呂夷簡各任宰相二十年，止以太尉致仕。……（徽宗）政和二年……九月，詔：『以太師、太傅、太保，古三公之官，今爲三師，古無此稱，合依三代爲三公，爲眞相之任。司徒、司空，周六卿之官，太尉，秦主兵之任，皆非三公，並宜罷之。仍考周制，立三孤少師、少傅、少保，亦稱三少，爲三次相之任。』」（中華書局一九七七年版，頁三七七一—三七七二）文獻通考卷四八職官考二・太尉：「宋循歷代之制，以太尉與司徒、司空並爲三公。政和時罷之，復周制，以太師、太傅、太保爲三公，少師、少傅、少保爲三孤。以太尉本秦主兵官，定爲武階之首，正一品，在節度使之上。建炎三年，劉光世始以檢校太保除。自後，或以檢校三少，或以節度使不帶檢校，皆徑進太尉，則進使相，是爲除授之序。依兩府恩數。」（中華書局一九八六年影印本，考四四五）

〔三〕天章閣：宋史卷一六二職官志二：「天章閣……（眞宗）天禧四年（按：一〇二〇年）建。在會慶殿之西，龍圖閣之北。明年，仁宗卽位，修天章閣畢，以奉安眞宗御制。東曰群玉殿，西曰蕊珠殿，北曰壽昌殿，南曰延康殿。內以桃花文石爲流杯之所。以在位受天書祥符，改曰天章，取爲章於天之義。（仁宗）天聖八年（按：一〇三〇年）置待制。慶曆七年（按：一〇四七年），又置學士、直學士。又有侍講。學士，慶曆七年初置，在龍圖閣學士之下。學士罕以命人，迄仁宗世，纔王贄一人。秦堪自顯謨閣進直天章閣，以稱呼非便辭。詔改龍圖，自是天章不爲帶職。直學士，慶曆七年，初置天章閣直學士，在龍圖閣直學士之下。待制，天聖八年初置。寓直于秘閣，與龍圖處宿，尋命范諷、鞠詠充職。中興後，圓籍、符瑞、寶玩之物，若國史、宗正寺所進屬籍，獨藏于天章閣，祖宗御容、潛邸旌節亦安奉焉。」（中華書局一九七七年版，頁三八一九—三八二〇）宋吳處厚青箱雜記卷三：「本朝眞宗御集、御書，並藏于天章閣。天聖末，始置待制，以范諷爲之。景祐中，又置侍講，以賈昌朝、趙希言、王宗道爲之。則本朝天章閣待制、天章閣侍講，自范諷、賈昌朝等始也。」（中華書局一九八五年版，頁二八）

〔四〕牲餼：牛羊豕曰牲，腥曰餼。牲餼者，卽置辦生日所用的牛羊豕。參見卷上「牲牢」條注。

〔五〕御寶：天子的印璽。宋史卷一五四輿服志六・寶：「秦制，天子有六璽，又有傳國璽，歷代因之。唐改爲寶，其制有八。五代亂雜，或多亡失。周廣順中，始造二寶：其一曰『皇帝承天受命之寶』，一曰『皇帝神寶』。太祖受禪，傳此二寶，又制『大宋受命之寶』。至太宗，又別制『承天受命之寶』。是後，諸帝嗣服，皆自爲一寶，以『皇帝恭膺天命之寶』爲文。凡上尊號，有司制玉寶，則以所上尊號爲文。」（中華書局一九七七年版，頁三五八一）另外，還有不同的御寶具有不同的用途，如「建炎初，始作金寶三：一曰『皇帝欽崇國祀之寶』，祭祀詞表用之；二曰『天下合同之寶』，降付中書門下省用之；三曰『書詔之寶』，發號施令用之。」紹興十八年（一一四八），又有八寶，分別是：護國神寶、受命寶、天子之寶、天子信寶、天子行寶、皇帝之寶、皇帝行寶、皇帝信寶。宋徐夢莘編三朝北盟會編乙集「靖康中帙五十四（起靖康二年二月六日，盡十一日辛未）」：「金寶九：御前之寶一、宣和殿寶二、御書之寶三、天下同文之寶四、天下合同之寶五，又御前之寶六、御前錫賜之寶七、書詔之寶八、皇帝欽崇國祀之寶九。」（臺北：大化書局一九七九年版，頁二二二六）下文的書詔之寶，即爲草擬詔書時所蓋的印璽；錫賜之寶，即爲賞賜文書時所蓋的印璽。

〔六〕畫：簽押，簽署。

〔七〕庫子：官府掌管庫房之差役。元代有散曲庫子云：「贓罰常有收積，官員自判封皮，出納虛擔是非，甘當重罪，他人卻討便宜。」此散曲爲庫子替官員受罪鳴不平。

一九　立翟貴妃爲皇后

淳熙三年八月庚辰〔一〕，德壽宮遣大璫〔二〕張去爲〔三〕至都堂傳旨，立翟貴妃〔四〕爲今上皇后。明日午後，執政奏事，皇后歸姓謝氏。乙酉〔五〕晚，快行家來宣鎖院。是日，侍講、刑部侍郎程泰之〔六〕已宿直〔七〕，呼馬而出。予至內前，適與之遇。泰之揚鞭云：「留詩案上矣。」酉時〔八〕，出自東華門，入對選德殿。上曰：「太上有旨，立謝后，命卿草制。」某奏：「合略①〔九〕及歸姓否？」上曰：「不如此，四方何由知？明言幼隨乳母可也。」宣坐賜茶，訖，御藥王濛同入院。二鼓後，進草畢。吏呈泰之詩，云：「抖擻身章〔一〇〕卻冒塵〔一一〕，裹②蹄〔一二〕顧影〔一三〕也逡巡〔一四〕。鑾坡〔一五〕寓宿非其地，蓮燭〔一六〕操文自有眞。字直由來同古語，位高兼復見今人。迎潮有諸無輕爽，季者當年不諉〔一七〕貧。」謂賜金也。予次韻戲之云：「天街〔一八〕並踏軟紅塵〔一九〕，飛鞋交馳駭徼巡〔二〇〕。椒殿〔二一〕敢期當制草，槐庭〔二二〕原擬用儒眞（初謂年兄入相，故鎖院）。鬻方偶免冬龜手〔二三〕，適市深慚且攫人。禮絕同僚應有日，重沾潤筆乃無貧。」謂相制亦賜金也。先是七月十九日，六曹長貳〔二四〕六人往浙江亭觀潮，泰之在焉，惟予以內直〔二五〕不赴。晡時大雷雨，走筆戲蔡子平洸〔二六〕云：「雷轟萬鼓勒潮回，無復亭前雪作堆。應爲尚書慳且澀，盲風怪雨〔二七〕一時來。」「迎潮輕爽」之語指此。

【校】

①合略：明鈔本作「各咯」。

②裹：明鈔本作「褒」。

【箋】

〔一〕淳熙三年八月庚辰：即淳熙三年八月初八，公元爲一一七六年九月十二日。

〔二〕大璫：當權宦官。宋周密武林舊事卷第三西湖遊幸：「淳熙間，壽皇以天下養，每奉德壽三殿，遊幸湖山，御大龍舟。宰執從官，以至大璫應奉諸司，及京府彈壓等，各乘大舫，無慮數百。」（景印文淵閣四庫全書第五九〇冊，臺灣商務印書館二〇〇八年影印本，頁一九八）

〔三〕張去爲：宋史卷四六九宦官四：「張去爲，內侍張見道養子也。初爲韋太后宅提點官，累遷至安德軍承宣使、帶御器械，又遷內侍者押班。時見道爲入內內侍省押班，父子並充景福殿使。去爲浸有寵，請以一官回授見道，帝嘉而許之。其後見道以保康軍承宣使致仕，而去爲與秦檜、王繼先俱用事，升延福宮使，累遷至入內內侍者都知，恃恩干外朝謀議。金兵將至，遣使來，出慢言以相懼。去爲陰沮用兵，進幸蜀之計，宰相陳康伯力非之，帝悟而止。侍御史杜莘老乞斬去爲，以作士氣。先是，去爲取御馬院西兵二百人，髡其頂發，都人駭之，莘老復劾其罪。帝不得已，令去爲致仕，莘老亦出補外。及內禪，詔落致仕，提舉德壽宮，行移如內侍者，仍鑄印賜之。修宮有勞，又特遷安慶軍承宣使。初，安恭后入宮，去爲實進之。后崩，上皇又遣去爲傳旨，立謝貴妃爲后，故亦貴重，然至死不復涉朝廷事。」（中華書局一九七七年版，頁一三六七一）

〔四〕翟貴妃：宋史卷二四三后妃傳二：「成肅謝皇后，丹陽人。幼孤，鞠于翟氏，因冒姓焉。及長，被選入宮。憲聖太后以賜普安郡王，封咸安郡夫人。王卽位，進婉容。逾年，進貴妃。成恭皇后崩，中宮虛位。淳熙三年，妃侍帝，過德壽宮，上皇諭以立后意。尋遣張去爲傳旨，立貴妃爲皇后，復姓謝氏。親屬推恩者十人。光宗受禪，上尊號壽成皇后。孝宗崩，尊爲皇太后。慶元初，加號惠慈。嘉泰二年，加慈祐太皇太后。三年崩，謚成肅，攢祔於永阜陵。」（中華書局一九七七年版，頁八六五二）

〔五〕乙酉：卽淳熙三年八月十三日，公元爲一一七六年九月十七日。

〔六〕程泰之：名大昌，字泰之。徽州休寧（今安徽休寧）人。生於徽宗宣和五年（一一二三），卒於寧宗慶元元年（一一九五）。高宗紹興二十一年（一一五一）進士及第。紹興二十六年（一一五六），除太平州教授。次年，召爲太學正，試館職。紹興三十年（一一六〇），爲秘書省正字。孝宗卽位，遷著作佐郎。後選爲恭王府贊讀。遷國子司業兼權禮部侍郎、直學士院。除浙東提點刑獄。徙江西轉運副使。進秘閣修撰，召爲秘書少監，兼中書舍人。淳熙三年（一一七六）四月，權刑部侍郎，升侍講兼國子祭酒，兼給事中。會行中外更迭之制，力請郡，遂出知泉州。遷知建寧府。光宗嗣位，徙知明州，尋奉祠。紹熙五年（一一九四），請老，以龍圖閣學士致仕。寧宗慶元元年（一一九五），卒，年七十三，謚文簡。有禹貢論、易原、雍錄、易老通言、考古編、演繁露、北邊備對行於世。宋史卷四三三有其本傳。

〔七〕宿直：夜間值班。

〔八〕酉時：下午五點至七點。

〔九〕合略：應該考慮。

〔一〇〕身章：本意是指顯示貴賤的服飾，後泛指衣服。語出春秋左傳之「閔公二年」：「狐突歎曰：『……衣，身之章也。……』」杜預注曰：「章貴賤。」（十三經注疏之春秋左傳正義，上海古籍出版社一九九七年影印本，頁一七八八下）楊伯峻注曰：「古代服色所以表明各人身份貴賤者。」（春秋左傳注，中華書局一九八一年版，頁二七〇）又據周禮・考工記・畫繢：「青與赤謂之文，赤與白謂之章，白與黑謂之黼，黑與青謂之黻。五采備，謂之繡。」（十三經注疏之周禮注疏，上海古籍出版社一九九七年影印本，頁九一八下）清鄒聖脈幼學瓊林卷二之衣服：「冠稱元服，衣曰身章。」

〔一一〕冒塵：蒙塵，猶言沾汙職位，謙詞。宋李燾續資治通鑑長編卷四八八哲宗紹聖四年注引韓維謝表云：「伏念臣才非應務，智弗周身，舉遭遇于盛時，遂冒塵於顯仕，疲駑自竭，績效無聞。」（中華書局一九八五年版，頁一一五九〇）

〔一二〕褭蹄：本意爲用絲帶纏著的馬蹄。此有一語雙關之意，一指其騎馬入宮，二指所賜黃金。語出漢書卷六武帝紀：「（太始二年）三月，詔曰：『有司議曰：往者朕郊見上帝，西登隴首，獲白麟以饋宗廟，渥窪水出天馬，泰山見黃金，宜改故名。今更黃金爲麟趾褭蹄，以協瑞焉。』因以班賜諸侯王。」應劭注曰：「獲白麟，有馬瑞，故改鑄黃金如麟趾褭蹄以協嘉祉也。古有駿馬名要褭，赤喙黑身，一日行萬五千里也。」顔師古注曰：「既云宜改故名，又曰更黃金爲麟趾褭蹏，是卽舊金雖以斤兩爲名，而官有常形制，亦由今時吉字金挺之類矣。武帝欲表祥瑞，故普改鑄爲麟足馬蹄之形以易舊法耳。今人往往於地中得馬蹄金，金甚精好，而形制巧妙。褭音奴了反。」（中華書局一九六二年版，頁二〇六）說文解字八篇衣部：「褭，㠯組帶馬也。从衣，从馬。奴鳥切。」（上海古籍出版社一九八一年影印本，頁三九七下）

〔一三〕顧影：看着自己的影子，有自矜、自負之意。宋葉寘愛日齋叢抄卷三：「陳無已放歌行，魯直以爲顧影徘徊，炫耀太甚。」（中華書局二〇一〇年版，頁六八）宋方勺青溪寇軌：「初，方臘生而數有妖異，一日臨溪顧影，自見其冠服如王者，由此自負，遂托左道以惑衆。」（續修四庫全書第四二三冊，上海古籍出版社一九九五—二〇〇二年影印本，頁二七一下）

〔一四〕逡巡：有所顧慮而徘徊不前。宋曾敏行獨醒雜誌卷一之何正臣毛君卿幼慧：「上嘗以梨一顆令二人分食之，（毛）君卿逡巡不應，上怪問其故。」（上海古籍出版社一九八六年版，頁二）

〔一五〕鑾坡：金鑾坡省稱，翰林學士的別稱，亦作學士院的代稱。唐李肇翰林志：「唐制，駕在大內，則明福門內置學士院；駕在興慶宮，則金明門內置院，德宗移院于金鑾坡。」（左氏百川學海第五冊乙集上）宋葉夢得石林燕語卷五：「俗稱翰林學士爲「坡」，蓋唐德宗時嘗移學士院于金鑾坡上，故亦稱「鑾坡」。」（中華書局一九八四年版，頁七一頁）宋程大昌雍錄卷第四之金鑾坡對前人之說進行了詳盡的辨析，參見卷上「金坡遺事」條。

〔一六〕蓮燭：金蓮花燭省稱，指宮中蠟燭。語出唐裴廷裕東觀奏記上卷：「上將命令狐綯爲相，夜半，幸含春亭召見，盡蠟燭一炬，方許歸學士院，乃賜金蓮花燭送之。院吏忽見，驚報院中曰：『駕來。』俄而趙公至。吏謂趙公曰：『金蓮花乃引駕燭，學士用之，莫折事否？』頃刻而聞傳說之命。」（中華書局一九九四年版，頁九二）宋毛滂天香・宴錢塘太守內翰張公作詞：「對罷宵分，又是金蓮，燭引歸院。」宋葉寘愛日齋叢抄卷一有詳細記載：「唐令狐綯爲翰林承旨，夜對禁中，燭盡，宣宗命以金蓮花炬送還。此蓮炬故事之始。治平末，神宗召知制誥鄭毅夫對內東門小殿，命草吳文肅出守青州、張文定參政制，賜雙炬送歸舍人院。熙寧間，王岐公以翰林承旨亦召對內東門小殿。夜深，賜銀台燭雙引歸院。元祐間，東坡爲學士，草呂申公平章、呂汲公、范忠宣左右僕射制，夜對內東門小殿，撤御前金蓮炬送歸院。乾道間，周益公權直學士院，草虞雍公（按：虞允文）、梁鄭（按：梁克家）二公相制，晚對選德殿。退，御藥司自復道秉燭鎖院。益公記之，自謂庶幾金蓮故事，極儒生之榮遇。淳熙間，史忠定入侍經幄，賜宴澄碧殿。抵暮，送以金蓮燭，宿玉堂直廬，進詩以謝，有『金蓮引雙燭』之句，寵待詞臣，而優禮舊弼，尤前此稀有。」（中華書局二〇一〇年版，頁一八—一九）

〔一七〕諉：煩勞。說文解字三篇言部：「諉，諈諉也。从言，委聲。」段注曰：「舊作絫也。今依全书通例正。」（上海古籍出版社一九八一年影印本，頁九四上）

〔一八〕天街：南宋臨安御街之俗稱。南起皇城北之和寧門，北至武林門前之中正橋，長約一三五〇〇尺。其規制仿開封御街，是當時臨安商業最爲繁華之地。宋耐得翁都城紀勝・鋪席：「都城天街，舊自清河坊，南則呼南瓦，北謂之界北，中瓦前謂之五花兒中心，自五間樓北，至官巷南御街，兩行多是上戶金銀鈔引交易鋪，僅百餘家，門列金銀及見錢，謂之看垛錢，此錢備入納算請鈔引，並諸作匠爐鞴紛紜無數。」（東京夢華錄外四種，古典文學出版社一九五六年版，頁一〇〇）

〔一九〕軟紅塵：飛揚的塵土，借指繁華熱鬧。宋魏慶之詩人玉屑卷三之誠齋論警句：「又賀人休官『重碧杯中天更大，軟紅塵里夢初收。』竟不知何人詩也。」（景印文淵閣四庫全書第一四八一冊，臺灣商務印書館二〇〇八年影印本，頁六八）

〔二〇〕徼巡：巡查。宋孟元老東京夢華錄卷之一外諸司：「按：外諸司、左右金吾衛仗司、六軍儀仗司，掌清道徼巡，排列奉引儀仗，以肅禁衛。」（中華書局一九八二年版，頁四七）

〔二一〕椒殿：即椒房殿，漢代皇后宮殿，後泛指皇后居住的宮殿。漢書卷六六車千秋傳：「曩者，江充先治甘泉宮人，轉至未央椒房，……」顏師古注曰：「椒房，殿名，皇后所居也。以椒和泥塗壁，取其溫而芳也。」（中華書局一九六二年版，頁二八八五）此句是指孝宗立謝后，指派周必大爲之起草冊封詔書。

〔二二〕槐庭：亦作槐府。周代朝廷前植有槐樹，以定三公之位，故稱三公之位爲槐庭。語出周禮・秋官・朝士：「面三槐，三公位焉。」鄭玄注曰：「槐之言懷也，懷來人於此欲與之謀。」（十三經注疏之周禮注疏，上海古籍出版社一九九七年影印本，頁八七七下）

〔二三〕鬻方句：典出莊子・逍遙遊：「宋有善爲不龜手之藥者，世世以洴澼絖爲事。客聞之，請買其方百金。聚族而謀曰：『我世世爲洴澼絖，不過數金；今一朝而鬻技百金，請與之。』客得之，以說吳王。越有難，吳王使之將。冬，與越人水戰，大敗越人，裂地而封之。能不龜手，一也；或以封，或不免於洴澼絖，則所用之異也。」（清郭慶藩撰莊子集釋，新編諸子集成，中華書局一九六一年版，頁三七）

〔二四〕六曹長貳：指尚書省六部（吏、戶、禮、兵、刑、工）之長官尚書及次官侍郎。宋史卷一六三職官志三：「元豐官制行，六曹尚書、侍郎爲長貳，郎官理郡守以上資任者爲郎中，通判以下資序者爲員外郎。」（中華書局一九七七年版，頁三八三二—三八三三）

〔二五〕內直：在宮內值勤。宋梅堯臣七夕永叔內翰遺鄭州新酒言值內直不遑相邀：「詰朝持鄭醞，向夕望星津。俗意願添巧，古心思變淳。予窮少陵老，公似謫仙人。獨對金鸞月，宮詞付小臣。」

〔二六〕蔡洸：宋史卷三九〇蔡洸傳：「蔡洸，字子平，其先興化仙遊（按：今屬福建莆田）人，端明殿學士襄之後，徙霅川（按：亦作霅溪，在今浙江湖州）。父伸，左中大夫。洸以蔭補將仕郎，中法科，除大理評事，遷寺丞，出知吉州。召爲刑部郎，徙度支，以戶部郎總領淮東軍馬錢糧、知鎮江府。會西溪卒移屯建康，舳艫相銜。時久旱，郡民築陂瀦水灌溉，漕司檄郡決之，父老泣訴。洸曰：『吾不忍獲罪百姓也。』卻之。已而大雨，漕運通，歲亦大熟。民歌之曰：『我瀦我水，以灌以溉，俾我不奪，蔡公是賴。』就除司農少卿，言：『鎮江三邑稅戶客輸丁各異，請爲一體，不得自爲同異。所輸丁絹，依和買之直，計尺折納，人給一鈔，官自買絹起發，公私皆便。』上嘉納。以戶部侍郎召，試吏部尚書，移戶部。上謂侍臣曰：『朕以版曹得人爲喜。』洸常言：「財無滲漏則不可勝用。」未幾求去，除徽猷閣學士、知寧國府。陛辭賜坐，上慰勞曰：『卿面有火色，風證也，朕有二方賜卿。』洸謝，即奉祠以歸。卒，年五十七。洸事親孝，曾祖襄未易名，力請於朝，賜謚忠惠。所得奉，每以振親戚之貧者，去朝之日，囊無餘資，至售所賜銀鞍韉治行，人服其清潔云。」（中華書局一九七七年版，頁一一九五五—一一九五六）

〔二七〕盲風怪雨：疾風暴雨。宋張津等纂修（乾道）四明圖經卷九之李璜重建州學記：「夷商越賈，利原棥化，紛至遝來，波濤讋伏，山谷休靖，盲風怪雨，不敢輒作。」（續修四庫全書第七〇四冊，上海古籍出版社一九九五—二〇〇二年影印本，頁五六六）

二〇　都堂召議賜交趾來年曆日詔書

淳熙三年八月乙未〔一〕，都堂召議賜交趾〔二〕來年曆日〔三〕詔書。予謂李天祚〔四〕去冬已薨，龍翰〔五〕未經封拜，欲作安南國王嗣子龍翰，執政然之。先是予以兵部職事〔六〕條具天祚贈典，按故事，其王初立即封交趾郡王，久之進南平王，死則贈侍中、南越王。上以天祚自紹興丁巳〔七〕嗣位，今四十年，淳熙元年〔八〕二月又自南平王特封安南國王，故欲厚其禮。子請仍贈侍中，追封南越國王，詔可之。安南爲國，蓋曾丞相〔九〕之失。聞奏章行移，舊止稱安南道，加封之後，浸〔一〇〕自尊大，文書稱國，不復可改。丁酉〔一一〕三月二十四日，制授龍翰靜海軍節度觀察處置等使、特進檢校太尉兼御史大夫上柱國，安南國王食邑三千戶，食實封一千戶，仍賜推誠順化功臣。予適當制，其云：「即欒國以肇封，既從世襲；極眞王而錫命，何待次升？」蓋言不封郡王也。交州在唐爲安南都護府。本朝太宗時，黎氏〔一二〕奪丁璇〔一三〕節度；大中祥符二年〔一四〕，李公蘊〔一五〕復篡之，傳子德政〔一六〕。至孫日尊〔一七〕嘗稱帝改元。日尊卒，乾德〔一八〕嗣；卒，陽煥〔一九〕嗣；卒，天祚嗣；卒，龍翰嗣，生數歲矣。制云：「乃眷一邦，茲傳七世。」自公蘊言之也。其名曰日、曰乾、曰陽、曰天、曰龍，皆有僭上之意。然表章字如蠅頭，幾不可辨，玉音〔二〇〕每嘉其恭順云。

【箋】

〔一〕淳熙三年八月乙未：即淳熙三年八月二十三日，公元爲一一七六年九月二十七日。

〔二〕交趾：古代地名，大約相當於今天越南的北部及廣東省南部地區。秦時屬象郡。漢武帝時始置交趾郡，治所即今越南河內。東漢時更名爲交州。隋時置交趾郡。唐時改爲安南都護府，屬嶺南道。宋初，爲丁璉所據，其後黎氏、李氏、陳氏世據安南之地。文獻通考卷三三三輿地考九有詳盡考證。關於交趾之名的由來，最早記載當屬禮記・王制：「南方曰蠻，雕題交趾，有不火食者矣。」鄭玄注曰：「雕，文。謂刻其肌，以丹青涅之。交趾，足相鄉然，浴則同川，臥則同僢。不火食，地氣暖，不爲病。」（十三經注疏，上海古籍出版社一九九七年影印本，頁一三三八中）馬端臨在文獻通考卷三三三輿地考九・安南都護府注曰：「今南方夷人，其足大指開廣，若並足而立，其趾則交，故名交趾。」（中華書局一九八六年影印本，考二五四四）晉劉欣期撰、清曾釗輯交州記卷一：「交趾之人出南定縣，足骨無節，身有毛，臥者更扶，始得起。」（叢書集成初編第三二五五冊，商務印書館一九三七年版，頁二）晉郭璞山海經卷六海外南經：「交脛國在其東，其爲人交脛。一曰在穿匈東。」郭璞注曰：「言腳脛曲戾相交，所謂雕題、交趾者也。或作『頸』，其爲人交頸而行也。」（景印文淵閣四庫全書第一〇四二冊，臺灣商務印書館二〇〇八年影印本，頁五五）

〔三〕曆日：記錄節氣、提醒農事的曆法。宋高承事物紀原：「物理論曰：疇昔神農正節氣，審寒溫，以爲早晚之期，故立曆日。」（中華書局一九八九年版，頁一四）頒佈曆法是國家政權的象徵，對屬國頒佈曆法詔書，是宗主國威的表現。

〔四〕李天祚：即李英宗（一一三六—一一七五）。越南李朝第六位皇帝。年號有紹明（一一三八—一一三九）、大定（一一四〇—一一六二）、政隆寶應（一一六三—一一七四）、天感至寶（一一七四—一一七五）。大越史記全書之本紀全書卷之四李紀三·英宗皇帝篇首注曰：「諱天祚，神宗嫡長子也。其母黎氏皇后，以天彰寶嗣四年丙辰四月誕生，戊午年九月立爲皇太子。神宗崩，遂登大寶，在位三十七年，壽四十歲，崩於瑞光殿。廢立不惑婦人之言，寄託能得賢臣之輔，可謂無愧於負荷矣。然憸邪莫辨，刑罰不明，所以天災示警，寇盜並興，紀綱紊舛，可勝言哉。」（哈佛大學漢和圖書館藏日本明治十七年埴山堂反刻本，下同）

〔五〕龍翰：即李高宗（一一七三—一二一〇）。越南李朝第七位皇帝。年號有貞符（一一七六—一一八六）、天資嘉瑞（一一八六—一二〇二）、天嘉寶祐（一二〇二—一二〇五）、治平龍應（一二〇五—一二一〇）。大越史記全書之本紀全書卷之四李紀三·高宗皇帝篇首注曰：「諱龍翰，英宗第六子也。其母杜氏皇后，以政隆寶應十一年癸巳，五月二十五日誕生，天感至寶二年，冊立爲皇太子。英宗崩，遂登大寶，在位三十五年，壽三十八歲，崩於聖壽宮。帝觀遊無度，刑政不明，盜賊蜂起，饑饉薦臻，李家之業於是乎衰矣。」

〔六〕兵部職事：指周必大於孝宗乾道年間兼任兵部侍郎。

〔七〕紹興丁巳：即紹興七年丁巳，公元爲一一三七年。

〔八〕淳熙元年：公元爲一一七四年。

〔九〕曾丞相：即曾懷，字欽道。祖籍晉江（今屬福建泉州），由京師遷常熟。生於徽宗大觀四年（一一〇〇），卒於孝宗乾道八年（一一七二）。曾祖父曾公亮，曾任樞密使、宰相，封魯國公。祖父曾孝寬，曾任資政殿大學士右丞相，贈右光祿大夫太師、秦國公。父曾誠，曾任參議郎、奉直大夫秘書少監，贈太師、秦國公。宣和初，蔭補入仕，爲金壇縣主簿。高宗朝，歷任烏江縣令、浙西帥司幹官、知淳安縣、太平州通判。紹興三十一年（一一六一），提舉浙西市舶。知江州等職。孝宗即位，移知眞州。善理財，特擢度支員外郎、提領拘催錢物所。進權戶部侍郎、兼提領贍軍諸庫。乾道元年（一一六五），除戶部侍郎。還戶部尚書。凡錢穀之數、州郡所積與出納之多寡，纖悉必記。乾道八年（一一七二），擢參知政事。次年，拜右丞相，封魯國公。淳熙元年（一一七四）冬，罷爲觀文殿學士、提舉洞霄宫。

〔一〇〕浸：漸漸。

〔一一〕丁酉：即淳熙四年丁酉，公元爲一一七七年。

〔一二〕黎氏：即黎桓（九四一—一〇〇五）。越南黎朝開國皇帝。越南愛州青蓮縣（今越南河南省青蓮縣）人。年號爲天福（九八〇—一〇〇五）。定都華閭（今屬越南寧平省寧平市）。大越史記全書之本紀全書卷之一黎紀·大行皇帝篇首注曰：「姓黎，諱桓，愛州人也。仕丁爲十道將軍，宋師來侵，領兵出拒，遂代丁而有天下。在位二十四年，壽六十五，崩於長春殿。帝乘内奸而取國，卻外寇以安民，海内晏然，北南無事。惜其見儲不早，使後嗣内訌，以至於亡其於夫婦之倫，多有慙德。」又據大越史記全書之本紀全書卷之一丁紀·廢帝載，黎桓取代丁璇，是在宋太宗太平興國五年庚辰（九八〇）。越南黎朝除大行皇帝黎桓外，還有中宗皇帝丁龍鉞、臥朝皇帝丁龍鋌二位皇帝，歷時二十九年（九八一—一〇〇九）。

〔一三〕丁璇：即丁廢帝（九七四—一〇〇一）。越南丁朝第二位皇帝，也是末代皇帝。大越史記全書之本紀全書卷之一丁紀·廢帝篇首注曰：「諱璇，先皇次子也。在位八月，黎氏簒位，降封衛王，年十八歲。帝以幼沖之年，嗣艱大之業，强臣攝政，國内離心，丁氏遂亡。」筆者按：這里的先皇是指丁朝的開國皇帝。據大越史記全書之本紀全書卷之一丁紀·先皇帝篇首注曰：「姓丁，諱部領，大黄華閭洞人，驩州刺史丁公著之子也。削平使君，自立爲帝，在位十二年，爲内人杜釋所弑而崩，壽五十六，葬長安山陵。帝才明過人，勇略蓋世，掃盡群雄，統繼趙武。然失於預防，不保其終，惜夫。」越南丁朝有二帝，即先皇帝丁部領和廢帝丁璇，歷時十三年（九六八—九八〇）。

〔一四〕大中祥符二年：公元一〇〇九年。

〔一五〕李公藴：即李太祖（九七四—一〇二八），字兆衍。越南李朝開國皇帝。年號爲天順（一〇〇九—一〇二八）。大越史記全書之本紀全書卷之二李紀一·太祖皇帝篇首注曰：「姓李，諱公藴，北江古法州人也。其母范氏，逍遙游焦山寺，與神人交，因而有娠。

以丁太平五年甲戌，二月十二日誕生。及長仕黎，累官至殿前指揮使。臥朝崩，自立爲帝，都升龍城。在位十八年，壽五十五，崩于龍安殿，葬壽陵。帝應天順人，乘時啟運，寬慈仁恕，密察溫文，有帝之量。然未明正學，反好異端，爲之累耳。」

〔一六〕德政：即李太宗（一〇〇〇—一〇五四），越南李朝第二位皇帝。年號有天成（一〇二八—一〇三四）、通瑞（一〇三四—一〇三九）、乾符有道（一〇三九—一〇四二）、明道（一〇四二—一〇四四）、天感聖武（一〇四四—一〇四九）、崇興大寶（一〇四九—一〇五四）。大越史記全書之本紀全書卷之二李紀一・太宗皇帝篇首注曰：「諱佛瑪，一名德政，太祖長子也。其母皇后黎氏，以黎應天七年庚子六月二十六日，誕生於長安府。太祖受禪，立爲東宮太子。及太祖崩，賴奉曉之志勇，同心濟難，遂即皇帝位。在位二十七年，壽五十五歲，崩於長春殿。帝沉幾先物，同符漢光，征伐四克，比跡唐太。然君子每以矜大過舉，責備其賢。」

〔一七〕日尊：即李聖宗（一〇二三—一〇七二），越南李朝第三位皇帝。年號有龍瑞太平（一〇五四—一〇五八）、彰聖嘉慶（一〇五九—一〇六四）、龍章天嗣（一〇六五—一〇六七）、天貺寶象（一〇六七—一〇六八）、神武（一〇六八—一〇七二・一）。大越史記全書之本紀全書卷之三李紀二・聖宗皇帝篇首注曰：「諱日尊，太宗長子也。其母金天太后枚氏。初夢月入懷，因有娠，以順天十四年癸亥二月二十五日，生於龍德宮，天成元年，冊爲東宮太子。太宗崩，遂登太寶。在位十七年，壽五十歲，崩於會仙殿。帝善於繼承，誠心愛民，重農恤刑，柔遠能邇，置博士科，厚養廉禮，文修武備，海內謐寧，足爲良主。然疲民力以築報天之塔，費民財以造霪潭之宮，此其所短也。」

〔一八〕乾德：即李仁宗（一〇六六—一一二七）。越南李朝第四位皇帝。年號有太寧（一〇七二・二—一〇七六・三）、英武昭勝（一〇七六・四—一〇八四）、廣祐（一〇八五—一〇九二・七）、會豐（一〇九二・八—一一〇〇）、龍符（一一〇一—一一〇九）、會祥大慶（一一一〇—一一一九）、天符睿武（一一二〇—一一二六）、天符慶壽（一一二七）。大越史記全書之本紀全書卷之三李紀二・仁宗皇帝篇首注曰：「諱乾德，聖宗長子也。其母靈仁太后，以龍章天嗣元年丙午正月二十五日誕生，後日立爲皇太子。聖宗崩，遂即皇帝位，在位五十六年，壽六十三歲，崩於永光殿。帝日角龍顏，手垂過膝，明哲神武，睿智孝仁，大畏小懷，神助人應，通音律，制樂歌，俗臻富庶，身致太平，爲李朝之盛主。惜其慕浮屠，好祥瑞，爲盛德之累耳。」

〔一九〕陽煥：卽李神宗（一一一六—一一三八）。越南李朝第五位皇帝。年號有天順（一一二八—一一三三）、天彰寶嗣（一一三四—一一三八，七）。大越史記全書之本紀全書卷之三李紀二·神宗皇帝篇首注曰：「諱陽煥，聖宗之孫，仁宗之侄，崇賢候之子，乃夫人杜氏所生也。年方二歲，育於宮中，立爲皇太子。仁宗崩，遂登太寶，在位十一年，壽二十三歲，崩於永光殿。帝之初年，猶有童心。及長，性資聰睿，大度有爲，修政立事，任賢使能，正始正終，詳密款曲，無失於正。雖身嬰惡疾，尋有藥之，天意有在也。然酷好祥瑞，崇尚浮屠，奚足貴哉。」

〔二〇〕玉音：古代帝王言語的尊稱。曾棗莊等編宋文紀事卷四八蘇轍之「蘇森開禧刊欒城集跋（欒城集附）」條載：「……孝宗皇帝玉音問曰：『子由之文平淡而深造於理。欒城集天下無善本，朕欲刊之。』」（四川大學出版社一九九五版，頁六八〇）

二一　趙伯圭除宮觀使

淳熙三年〔一〕九月二十五日，鎖院，付下中書門下省熟狀，趙伯圭〔二〕除使相、提舉〔三〕洞霄宮〔四〕。某奏：「按故事，宗室戚里，或前宰執，帶節度使多充宮觀使，若至使相，自領使〔五〕無疑。昨史浩〔六〕以使相提舉宮觀者，誤也，恐自此遂以爲例。今具士㦧〔七〕、錢忱〔八〕等例，皆是以使相充宮觀使，在外任便居住者，合取旨改正。」一更四點進入。五點，上批可依士㦧等體例，除宮觀使。

【箋】

〔一〕淳熙三年：公元爲一一七六年。

〔二〕趙伯圭：宋史卷二四四宗室傳一：「嗣秀王伯圭字禹錫，孝宗同母兄也。初，以恩補將仕郎，調秀州華亭尉，累官至浙西提刑司幹辦公事，除明州添差通判。孝宗受禪，上皇詔除集英殿修撰、知台州。伯圭在郡，頗著政績，除敷文閣待制，改知明州，充沿海制置使。蕃商死境內，遺貲巨萬，吏請沒入，伯圭不可，戒其徒護喪及貲以歸。升敷文閣直學士，以憂去，服闋，再知明州。新學宮，命宗子入學，閑以規矩。詔徙戍定海兵於許浦。……海寇猖獗，伯圭遣人諭降其豪葛明，又遣明禽其黨倪德。二人素號桀黠，伯圭悉撫而用之，賊黨遂散。以功進一官，累升顯謨閣、龍圖閣學士。在郡十年，政寬和，浚湖陂，均水利，辨冤獄。嘗獲鑄銅者，不忍置諸法，諭令易業，民由是無再犯。淳熙三年，授安德軍節度使，尋加開府儀同三司，充萬壽觀使。朝德壽宮，上皇賜玉帶，加少保，封榮陽郡王。高宗崩，入臨，充攢宮總護使，除少傅。光宗卽位，升少師。逾年召見，遷太保，封嗣秀王，賜甲第于安僖祠側。……紹熙二年，除判大宗正事，建請別立宗學，以教宗子。超拜太師，免奉朝請。尋兼崇信軍節度使，賜第還湖州，尋薨於家。訃聞，帝爲輟朝三日，追封崇王，謚憲靖。伯圭性謙謹，不以近屬自居。每日見，行家人禮，雖宴私隆洽，執臣節愈恭。一日，孝宗問潛龍時事，伯圭辭曰：『臣老矣，不復能記。』問至再三，終不言。帝笑曰：『何太謹也。』益愛重之。嘗欲廣其居，並湖爲複閣，有司既度材矣，伯圭固辭而止。阜陵成，遷中書令，凡五讓。寧宗嘉其志，詔別議褒崇之禮，贈贊拜不名，肩輿至殿門。」（中華書局一九七七年版，頁八六八七—八六八九）

〔三〕提舉：原意掌管，宋代官名，主管專門事務的職官。如掌常平倉政者稱提舉常平司，掌茶鹽產銷者稱提舉茶鹽司，掌採礦鑄冶者稱提舉坑冶司，掌外蕃貿易者稱提舉市舶司，掌教化者稱提舉學事司等。另外，宋代爲安置老病無能大臣及高級允官，而設置提舉宮觀，衹食俸祿，稱之祠祿。宋葉夢得石林燕語卷七：「大中祥符五年，玉清、昭應宮成，王魏公爲首相，始命充使，宮觀置使自此始，然每爲現任宰相兼職。天聖七年，呂申公爲相，時朝廷崇奉之意稍緩，因上表請罷使名，自是宰相不復兼使。康定元年，李若穀罷參知政事留京師，以資政殿大學士爲提舉會靈觀事。宮觀置提舉，自此始。自是學士、待制、知制誥，皆得爲提舉，因以爲優閑不任事之職。熙寧初，先帝患四方士大夫年高者，多疲老不可寄委，罷之則傷恩，留之則玩政，遂仍舊宮觀名，而增杭州洞霄及五嶽廟等，並依西京崇福宮置管勾或提舉官，以知州資序人充，不復限以員數，故人皆得以自便。」（中華書局一九八四年版，頁九五）宋江少虞輯宋朝事實類苑卷第二七官職儀制・提舉宮觀：「天聖七年，玉清宮災，遂罷輔臣爲宮觀使，而景靈、會靈、祥源三宮觀以學士舍人管幹。康定元年，李康靖公罷參知政事，爲資政殿大學士，提舉會靈觀，自後學士皆爲提舉。至和初，晏元獻公以舊相爲觀文殿大學士，提舉萬齡（避家諱也。）觀。而武臣今致政李少師端愿爲觀察使，止得管幹祥源觀，自陳於樞密府宗袞，（宋元憲也，謝朓謂謝安爲宗袞。）乃加以都管。當今朝官亦云提舉，非故事也。」（上海古籍出版社一九八一年版，頁三四七）

〔四〕洞霄宮：宋潛說友纂修咸淳臨安志卷七五寺觀一・宮觀・洞霄宮：「在縣西南一十八里。漢武帝元封三年，創宮壇於大滌洞前，爲投龍祈福之所。唐高宗時，遷於前谷，爲天柱觀。光化二年，錢王更建。國朝大中祥符五年，漕臣陳文惠公堯佐以三異奏（一地泉湧，一祥光現，一枯木榮），賜額爲洞霄宮，仍賜田十五頃，復其賦，後毀於兵。紹興二十五年，旨賜錢重建。乾道二年，太上皇帝、太上皇后乘輿臨幸，御書度人經一卷以賜。又明年，太上皇后復來遊。淳熙六年，道藏成。八年，賜藏經。孝宗皇帝嘗賜道士俞延禧畫古澗松詩。光宗皇帝又御書『怡然』二字，賜延禧爲齋扁。寧宗皇帝御書『演教堂』。理宗皇帝賜內帑鑄鐘，御書清淨經一卷及『洞天福地』四大字以賜。……」（宋元方志叢刊，中華書局一九九〇年影印本，頁四〇三三）

〔五〕領使：主管其事。

〔六〕史浩：字直翁，號眞隱。明州鄞縣（今浙江寧波）人。生於徽宗崇寧五年（一一〇六），卒於光宗紹熙五年（一一九四）。紹興十四年（一一四四），進士及第。調紹興餘姚縣尉，歷溫州教授，郡守張九成器之。秩滿，除太學正，升國子監博士。除秘書省校書郎兼普安（按：即後來的孝宗趙昚）、恩平（按：即太祖趙匡胤七世孫、趙子彥之子趙伯璩）二王府教授。紹興三十年（一一六〇），普安郡王爲皇子，進封建王，除史浩權建王府教授。詔建王府置直講、贊讀各一員，史浩守司封郎官兼直講。紹興三十一年（一一六一），遷宗正少卿。紹興三十二年（一一六二），上還臨安，立建王爲皇太子，史浩除起居郎兼太子右庶子。孝宗受禪，遂以中書舍人遷翰林學士、知制誥，又除參知政事。隆興元年（一一六三），拜尚書右僕射，首言趙鼎、李光之無罪，岳飛之久冤，宜復其官爵，祿其子孫。悉從之。御史王十朋論之，出知紹興。後持母喪歸，服闋，知福州。淳熙初，除少保、觀文殿大學士、醴泉觀使兼侍讀。淳熙五年（一一七八），復爲右丞相。淳熙十年（一一八三），請老，除太保致仕，封魏國公。晚治第鄞縣之西湖上，建閣奉兩朝賜書，又作堂，上爲書「明良慶會」名其閣、「舊學」名其堂。光宗卽位，進太師。紹熙五年（一一九四）薨，年八十九，封會稽郡王。寧宗登極，賜謚文惠，御書「純誠厚德元老之碑」賜焉。嘉定十四年（一二二一），追封越王，改謚忠定，配享孝宗廟庭。子史彌遠嘉定初爲右丞相。著有尚書講義、鄮峰眞隱漫錄五十卷、鄮峰眞隱大曲二卷、詞曲二卷。宋史卷三九六有其本傳。

〔七〕士樽：即趙士樽，趙氏宗室。生年不详，卒於高宗绍兴二十三年（一一五三）。父郇康孝王趙仲御。據姚惠蘭宋南渡詞人群與多元地域文化考證，趙士樽即趙端禮。趙士樽曾任右監門衛大將軍、英州團練使，並兩次任西外宗正司官。宋梁克家淳熙三山志卷二五秩官類六・西外宗正司官：「士樽，右監門衛大將軍、英州團練使。紹興三年正月二十日至。子湨，寶文閣直學士，左大中大夫。七年閏十月。……士樽，光山軍承宣使。十五年。士衎，和州防御使。二十一年。」（宋元方志叢刊，中華書局一九九〇年影印本，頁八〇〇〇）從上述記載，我們可以看出，第一次任期是從紹興三年（一一三三）正月二十日至紹興七年（一一三七）闰十月，第二次任期是從紹興十五年（一一四五）至紹興二十一年（一一五一）。後又任岳陽節度使。宋李心傳建炎以來繫年要錄卷一五八：「紹興十有八年秋七月癸酉，皇叔光山軍承宣使、知西外宗正事士樽爲岳陽軍節度使。」（中華書局一九五六年版，頁二五六一）紹興二十三年（一一五三）薨，贈太傅，追封韶王，謚恭靖。建炎以來繫年要錄卷一六五：「（紹興二十三年八月）乙丑，岳陽軍節度使、開府儀同三司、權主奉濮安懿王祠事士樽薨，贈太傅，追封韶王，……後謚恭靖。」（頁二六九四）清徐松輯宋會要輯稿・帝系二之四四至四五：「（紹興）二十三年二月二日，安慶軍承宣使、同知大宗正事士衎奏：安德軍（按：应作昭信軍。参见建炎要錄卷一六四）節度使、權主奉濮安懿王祠事士夽（按：原作士大，據建炎要錄卷一四八改）身亡，見闕主奉官。詔差岳陽節度使、開府儀同三司、充萬壽觀使士樽（按：『樽』原作『榑』，據建炎要錄卷一六四改）。」（中華書局一九五七年影印本，頁六六—六七）

〔八〕錢忱：字伯誠。錢塘（今浙江杭州）人。生於神宗元豐三年（一〇八〇），卒於高宗紹興三十一年（一一六一）。「高祖俶，曾祖惟演，父景臻」（宋李心傳建炎以來朝野雜記卷九甲集）。又宋史卷四六五：「錢忱，字伯誠，吳越王俶五世孫。父景臻，尚仁宗第十女秦魯國大長公主，生忱，神宗命賜名，除莊宅副使、騎都尉。帝嘗諭景臻曰：『主賢，宜有子，爲擇嘉配。』娶唐介孫女，又晁迥外孫。忱從三家游，伯父勰在翰苑，因得識一時名卿。哲宗愛之，常使侍左右。徽宗覃八寶恩，爲邕州觀察使，遷武寧軍觀察留後。喜其靖共，除瀘川節度使。欽宗加檢校少保，尋納節。高宗立，復拜檢校少保、瀘川節度使、中太一宮使，御書『忠孝之家』四字賜之，進開府儀同三司。紹興十五年，以秦魯主終喪，除少保，封榮國公。三十年，遷少師，仍舊節，致仕，給眞奉。明年卒，年八十餘，贈太師。子端禮，自有傳。」（中華書局一九七七年版，頁一三五八八—一三五八九）

二二　錢良臣辭免監修國史日曆所

是年十一月二十二日，御封付下參知政事錢良臣〔一〕辭免監修國史日曆〔二〕所劄子，降詔不允。某因奏：「自來宰執兼領書局，多是內尚書省〔三〕批出局名。既至朝廷降敕，合行寫正，而省吏止奉行內批，宰執亦隨敕黄〔四〕繫銜〔五〕，差誤日久。今因答詔，輒具言之。「國史日曆」者，書名也；曰「所」者，官司也。今大臣合監修日曆，卻添一「所」字，似監修造作之官。又如敕令所從官詳定，宰執提舉，今卻云提舉敕令所，此何理也？以至國史院會要〔六〕、玉牒〔七〕皆爲一律，合行改正。」上以爲允。其後或是或否，復混淆矣。

【箋】

〔一〕錢良臣：宋史彌堅修、盧憲纂嘉定鎮江志卷二：「嘉定橋在千秋橋之南，舊名『利民橋』。（以其當八達之衢，最為民便，故名。）宋淳熙間，郡守錢良臣重建，名『錢公橋』。（文惠錢公良臣守是邦，甃為甎橋，架亭其上，邦人名之曰『錢公橋』。其後亭圮。）」（宋元方志叢刊，中華書局一九九〇年影印本，頁二三三七）卷一二：「愛山堂。淳熙二年，總領文惠錢良臣建。」（頁二四〇六）卷一五：「錢良臣，正奉大夫。淳熙九年三月到次年四月。除端明殿學士。九月，改知建康府。」（頁二四六一）卷一七：「錢良臣。奉議郎、試軍器少監兼戶部郎官。淳熙二年正月到，升守太府少卿，累轉朝散郎。四年正月，除起居郎。」（頁二五〇二）宋馬光祖修、周應合撰景定建康志卷之一：「錢良臣，淳熙十年九月，以端明殿學士安撫使兼行宮留守。」（宋元方志叢刊，中華書局一九九〇年影印本，頁一三三九）卷之四：「臣錢良臣，通議大夫、樞密使、東陽郡開國公，食邑五千戶，食實封壹仟柒佰戶。」（頁一三七一）卷之一四：「（淳熙十年）九月二十日，端明殿學士、正奉大夫，【錢良臣】知府事，詔經理屯田。良臣奏：上元縣荒圩並寨地五百餘頃，不礙民間泄水，可以修築開耕。」（頁一五〇五）宋史卷一六五職官志五：「淳熙……二年，錢良臣以少監總領淮東財賦。」（中華書局一九七七年版，頁三九二一）宋會要輯稿之職官六之七〇：「淳熙……三年……八月十九日，以中書舍人錢良臣兼侍講。（五年四月，除給事中，仍兼職。）」（中華書局一九五七年影印本，頁二五三一）清宋如林修、孫星衍等撰嘉慶松江府志卷五〇古今人物二：「錢良臣，字友魏。紹興二十四年進士。淳熙五年，繇給事中除端明殿學士、簽書樞密院。復除參知政事，德望端偉，爲時所重。九年，罷政事，除資政殿學士，奉祠。尋知鎮江府職事修舉。又除端明殿學士，改知建康府，兼行宮留守，拜資政殿大學士。二十五年，請罷，提舉洞霄宮。光宗時，卒。謚文惠。孝宗嘗詢時事，陳合上意。孝宗褒之曰：『如卿，眞所謂通世務之儒。』遂書『通儒』賜之。（通志參顧志・名臣）」（續修四庫全書第六八八冊，上海古籍出版社一九九五—二〇〇二年影印本，頁五〇九）

〔二一〕日曆所：宋李攸宋朝事實卷九官職・秘書省：「日曆所（按：原作『日歷所』，據宋史卷一六四改）。隸秘書省，以著作郎、著作佐郎掌之。以宰執時政記、左右史起居注所書會集修撰，爲一代之典。舊於門下省置編修院，專掌國史實錄，修纂日曆。元豐三年詔：『宣徽院等供報修注事，自今更不供起居院，直供編修院日曆所。』四年十一月，廢編修院歸史館。官制行，屬秘書省國史案。六年，詔秘書省長貳毋得預著作修纂日曆事，進書卽係銜，以防漏泄，如舊編修院法焉。八年，詔吏部郎中曾鞏、禮部郎中林希兼著作。職事官兼職自此始。元祐五年，移國史案置局，專掌國史、實錄，編修日曆，以國史院爲名，隸門下省，更不隸秘書省。紹聖二年，詔日曆還秘書省。宣和二年，詔罷在京修書諸局，惟秘書省日曆所係元豐國史案，除著作官專管修纂日曆之事無定員外，其餘案編修日曆書庫官吏，並依元豐法。紹興元年，初修皇帝日曆，詔依修日曆所爲名，本省長貳通行修纂。三年，詔宰臣提舉，侍從官修撰。十一月，詔以修國史日曆所爲名。四年，詔以史館爲名。十年，詔依舊制並歸秘書省國史案，以著作佐郎修纂，舊史館官罷歸元官。尋復詔以國史日曆所爲名，續並修神宗・哲宗寶訓。隆興元年，詔編類聖政所並歸日曆所，依舊宰臣提領，仍令日曆所吏充行遣。」（叢書集成初編第八三四冊，商務印書館一九三六年版，頁一五〇—一五一）

〔三〕內尚書省：亦作尚書內省，省稱內省。宋代宮廷之司，總掌后宮六尚事務。太宗始置，官員多由后妃充任。

〔四〕敕黃：亦稱黃敕，即詔書，因其書於黃紙，故名。宋高承事物紀原卷二公式姓諱部第八・黃敕云：「唐高宗上元三年，以制敕施行既爲永式，用白紙多爲蟲蛀，自今已後，尚書省頒下諸州、諸縣，並用黃紙。敕用黃紙，自高宗始也。」（中華書局一九八九年版，頁五七）另，卷二公式姓諱部第八・敕：「三代而上，王言有典、謨、訓、誥、誓、命凡六等，其總謂之書。漢初定儀則四品，其四曰戒敕，今敕是也。自此，帝王命令始稱敕。至唐顯慶中，始云不經鳳閣、鸞台，不得稱敕，敕之名遂定於此。」（中華書局一九八九年版，頁五七）

〔五〕繫銜：古代原職以外另加的稱呼名號。宋徐度卻掃編卷上：「舊制：借服不佩魚，故繫銜止稱『借紫』、『借緋』。政和中，王詔延康始建請借服皆佩魚如賜者，從之。然差敕止仍舊云：可特差某職任，仍『借緋』或『借紫』而已。而其後繫銜者多自稱『借紫金魚袋』，若『借緋魚袋』，然終無所據也。」（景印文淵閣四庫全書第八六三冊，臺灣商務印書館二〇〇八年版，頁七五九）

〔六〕會要：即會要所。宋李攸宋朝事實卷九官職：「會要所。以省官通任其事。紹興元年，詔秘書省官讎校國朝會要，逐官添給茶湯錢。乾道四年，詔尚書右僕射陳俊卿兼提舉編修國朝會要，每遇提舉官開院過局，就本省道山堂聚呈文字，提舉諸司官、承受官、主管諸司官，並令國史日曆所官兼。五年，令本省再加刪定，以續修國朝會要爲名。九年，秘書少監陳騤言：『編類建炎以後會要成書，以中興會要爲名。』並從之。其後接續修纂，並隸秘書省。」（叢書集成初編第八三四冊，商務印書館一九三六年版，頁一五一）

〔七〕玉牒：即玉牒所，宋代創置，是纂修皇帝編年大事記及皇室宗族世譜的專門機構。北宋時隸屬宗正寺，南渡後始爲獨立機構，由宰執官提舉，宗正寺官參與纂修。宋羅大經鶴林玉露丙編卷之三玉牒：「玉牒修書，始于大中祥符，至於政、宣而極備。考定世次枝分派別而歸於本統者，爲仙源積慶圖。推其所自出，至於子孫而列其名位者，爲宗藩慶系錄。具其官爵、功罪、生死及若男若女者，爲類紀。同姓之親而序其五服之戚疏者，爲屬籍。編年以紀帝系，而載其曆數及朝廷政令之因革者，爲玉牒。」（中華書局一九八三年版，頁二九二）宋洪邁容齋隨筆卷五之史館玉牒所：「國朝熙寧以前，秘書省無著作局，故置史館，設脩撰、直館之職。元豐官制行，有秘書官，則其職歸於監、少及著作郎、佐矣。而紹興中復置史館脩撰、檢討，是與本省爲二也。宗正寺脩玉牒官亦然。官制既行，其職歸於卿、丞矣。而紹興中復差侍從爲脩牒，又以他官兼檢討，是與本寺爲二也。然則今有戶部，可別置三司，有吏、刑部，可別置審官、審刑院矣。又玉牒舊制，每十年一進，謂甲子歲進書，則甲戌、甲申歲復然。今乃從建隆以來再行補脩，每及十年則一進，以故不過三二年輒一行賞，書局僭賞，此最甚焉。」（中華書局二〇〇五年版，頁七二）宋潛說友咸淳臨安志卷之六行在所錄・諸寺・玉牒所宗正寺：「（紹興）十二年，玉牒始建局。詔以宰臣一員提舉，從官一員兼修。」又注曰：「玉牒所、宗正寺，同一官府。凡纂修之事，寺官與焉，宰輔提舉。」（宋元方志叢刊，中華書局一九九〇年影印本，頁三四〇八）

二三　澄碧殿錫宴

丁酉九月丙辰〔一〕，宣召侍讀史少保浩錫〔二〕宴澄碧殿〔三〕，抵暮送以金蓮燭，宿玉堂直廬〔四〕，上命作詩敘此會。史進古詩三十韻，云：「季秋中澣〔五〕日，淳熙隆四禩〔六〕。朝回攬轡閒，中使俄傳旨。少頃日轉申，宣召陪燕喜〔七〕。預令掃玉堂，深夜備棲止。悚懼踸〔八〕承命，嗚騶〔九〕亟穿市。絳闕聳皇居，非煙〔一〇〕常靡靡。入自東華門，熊羆〔一一〕森爪士〔一二〕。詔許乘肩輿〔一三〕，安徐〔一四〕無跛倚〔一五〕。復古〔一六〕距選德，相望幾數里。修廊接雲漢〔一七〕，岧嶢〔一八〕璨珠蕊。中途敞金扉〔一九〕，恍若蓬壺〔二〇〕里。群山擁蒼璧〔二一〕，四顧環弱水〔二二〕。山既日夕佳〔二三〕，水亦湛無滓。冰簾映綺疏〔二四〕，瓊殿中央峙。澄碧耀宸奎〔二五〕，龍神爭守視〔二六〕。蹈舞上丹墀〔二七〕，天威不違咫。奉觴祈萬壽，時蒙一啟齒。餘波丐鼠腹，酒行不知幾。徘徊下瑤席〔二八〕，緩步煩玉趾〔二九〕。從遊至清激〔三〇〕，錫坐談名理。泉聲韻瑟琴〔三一〕，一洗箏笛耳〔三二〕。皇雲萬機暇，觀書每來此。論道及帝王，直欲齊其軌。堯舜禹湯文，前身無乃〔三三〕是。臣言匪獻諛，道實由心起。既然明是心，要在力行爾。登橋醽〔三四〕餘疊〔三五〕，飲興未容已。金蓮引雙燭，再拜離階戺〔三六〕。玉音寵諭臣，此會宜有紀。歸途感恩榮，占寫忘骪骳〔三七〕。」上御制俯同其韻云：「揖遜〔三八〕荷帝堯，寅恭〔三九〕五元禩〔四〇〕。治道貴清靜，聖言有深旨。誰歌元首明，自得股肱喜。躋〔四一〕民期仁壽，詎肯中道止？力農〔四二〕樂彼田，坐賈〔四三〕安於市。歲行閱豐登，國論〔四四〕銷委靡。予力初何能，濟濟賴多士。矧〔四五〕予有元老，中立而不倚。居東逾三年，不遠來千里。未遂赤松遊〔四六〕，輟誦青琅蕊。皓首持六經，日侍明光里。翼乎鴻遇風，縱矣魚在水。儒行絕瑕疵，道心無塵滓。挺挺松柏姿，巉巉山嶽峙。予惟日萬幾，至仁同一視。西成錫小宴，促坐才尺咫。湛露〔四七〕愧歌周，置酒非封齒。歸美見新詩，如卿能有幾。眷言〔四八〕澄碧行，勝賞得迂趾。亦屢引公卿，對此談政理。虛心欲受人，忠言資逆耳〔四九〕。朕瘠天下肥，至樂無易此。頗念文武疆，六合〔五〇〕尚殊軌。東都會諸侯，宣王昔於是〔五一〕。期爾罄嘉謀，使我勳業起。勿以方燕〔五二〕頤〔五三〕，所書聊復爾。卮酒正須釂，話言未能已。都護萬年觴〔五四〕，何當至庭叱。文章藉老手，直筆中興紀。載嘉矍鑠翁，焉得辭骫骳。」逮十一月壬寅〔五五〕，輪當內直，申時二刻宣召至清華閣〔五六〕，上曰：「學士宴見無時，最爲親近。朕和史浩詩待錄示卿，可和以進，此學士職也。」又云：「卿想不甚飲，比賜宴時見卿面赤，卻至誠不辭。」既退，中使李肅傳旨賜詩本並戊戌〔五七〕小春茶〔五八〕二十銙葉、世英墨〔五九〕五團，以代賜酒。世英，御前墨工也。恭進和篇云：「粵〔六〇〕從三代還，歲月過千祀〔六一〕。時豈無賢君，道未契宸旨（陛下屢語臣，三代而下，人君皆不知道）。煌煌唐太宗，勳業在所喜。寇攘既掃除，蠻貊〔六二〕畢至止。循良〔六三〕布郡邑，惠政寬獄市。忠賢儼班聯〔六四〕，切諫〔六五〕梶〔六六〕浮靡。輔關〔六七〕羅府兵，岩穴〔六八〕聘奇士。民生覆盂〔六九〕安，國勢泰山倚。皇心期過之，風下九萬里〔七〇〕。忠厚培本根，文物粲華蕊。淳熙視貞觀，何啻相表里。屬車〔七一〕尚濤江〔七二〕，列障〔七三〕隔淮水。蠢兹獯鬻氏〔七四〕，作我太清〔七五〕滓。坐令營屯衆，久費糗糧〔七六〕峙。中原〔七七〕厭狼貪〔七八〕，諸將空虎視〔七九〕。安得貫砮楛〔八〇〕，來貢尺有咫〔八一〕。六合混一家，耕桑〔八二〕盛生齒〔八三〕。願言〔八四〕講治道，先務〔八五〕當有幾。欲仁斯仁至，患在未舉趾〔八六〕。而況前史中，遺事可尋理。衛英爪與牙，王①魏目兼耳〔八七〕。

處中賴房杜〔八八〕，虛受忘彼此。不聞國異政，但見車同軌〔八九〕。孰云古道難，僉〔九〇〕曰今王是。寸陰聖所競〔九一〕，盛德日方起〔九二〕。舞干格三苗，其效七旬爾〔九三〕。軻稱仁無敵〔九四〕，傳謂禮可已。東鞮及北女〔九五〕，看即朝玉卮。南山竹易殫，陛下功難紀〔九六〕。儒館漫獻歌〔九七〕，將奈詞之骳。」是日奏事畢，問：「陛下命臨安府開文海〔九八〕，有諸？」上曰：「然。」奏云：「文選之後有文粹〔九九〕，已遠不及。所謂文海，乃近時江鈿〔一〇〇〕編類，殊無倫理。書坊刊行可也，今降旨校正刻板，事體則重，恐難傳後。莫若委館閣官，選擇本朝文章，成一代之書。」上大以爲然，曰：「卿可理會。」奏乞委館職。上曰：「待差一兩員。」其後遂付呂伯恭祖謙〔一〇一〕。既成，上問何以爲名，某乞賜名皇朝文鑒〔一〇二〕。上曰：「善。」又降旨令某作序。亦既進呈，將刻版，會有近臣密啟云：「所載臣僚章疏，毀及祖宗政事。」遂不果刻。今幸其書，士大夫或傳之。

【校】

①王：傳校本作「三」，其它諸本作「王」。

【箋】

〔一〕丁酉九月丙辰：即淳熙四年九月二十日，公元爲一一七七年十月十三日。

〔二〕錫：通「賜」，賞賜，給予。

〔三〕澄碧殿：即澄碧觀堂。孝宗時建，是皇帝宴請近臣的大殿。

〔四〕直廬：侍臣值宿之處。六臣注文選卷二四陸機贈尚書郎顧彥先二首（其二）：「朝游游曾城，夕息旋直廬。」李善注引漢書・嚴助傳「君厭承明之廬」句顏師古引張晏注曰：「直宿曰廬。」呂延濟注曰：「直廬，直宿之廬。」（四部叢刊本）

〔五〕中澣：「澣」同「浣」。唐代定制，官吏每十天休息沐浴一次，每月分爲上浣（初一至初十日）、中浣（十一至二十日）、下浣（二十一至三十日）。後亦借指每月的上旬、中旬、下旬。宋襲唐制。中澣日當指官吏中旬休息日。

〔六〕禩：同「祀」。季秋二句是指孝宗賜宴的具體時間在淳熙四年（一一七七）末秋中浣之日。

〔七〕燕喜：喜慶之宴。

〔八〕跽：說文解字二篇足部：「跽，長跪也。从足，忌聲。」（上海古籍出版社一九八一年影印本，頁八一）

〔九〕鳴騶：指爲騎馬官員鳴鑼開道。語出六臣注文选卷四三南朝齊孔稚圭北山移文：「及其鳴騶入谷，鶴書赴隴。形馳魄散，志變神動。爾乃眉軒席次，袂聳筵上。焚芰制而裂荷衣，抗塵容而走俗狀。」唐李善注引臧榮緒晉書曰：「騶，六人。」（中華書局一九八七年影印本，頁八一八）說文解字十篇馬部：「騶，廏（按：同『廄』）御也。从馬，芻聲。」（上海古籍出版社一九八一年影印本，頁四六八）唐唐扶和兵部鄭侍郎省中四松詩：「赫奕鳴騶至，熒煌洞戶開。」

〔一〇〕非煙：祥瑞之氣，類慶雲、卿雲。唐歐陽詢藝文類聚卷九八祥瑞部上·慶雲：「孫氏瑞應圖：『景雲者，太平之應也。』一曰慶雲。非氣非煙，五色氛氲，謂之慶雲。」（上海古籍出版社一九八二年版，頁一六九六）史記卷二七天官書：「若煙非煙，若雲非雲，鬱鬱紛紛，蕭索輪囷，是謂卿雲。卿雲，喜氣也。若霧非霧，衣冠而不濡，見則其域被甲而趨。」（中華書局一九五九年版，頁一三三九）

〔一一〕熊羆：此指守衛宮廷士卒威猛。語出尚書，如尚書·周書·牧誓：「勖哉夫子，尚桓桓，如虎如貔，如熊如羆。」（十三經注疏之尚書正義，上海古籍出版社一九九七年影印本，頁一八三下）又如尚書·周書·康王之誥：「昔君文武丕平富，不務咎，厎至齊信，用昭明於天下。則亦有熊羆之士，不二心之臣，保乂王家。」漢孔安國傳曰：「言文武既聖，則亦有勇猛如熊羆之士，忠一不二心之臣，共安治王家。」（頁二四四中）

〔一二〕爪士：即爪牙之士。語出詩經·小雅·祈父：「祈父，予王之爪牙。……祈父，予王之爪士。」鄭玄箋曰：「此勇力之士。……爪牙之士當爲王閑守之衛。」（十三經注疏之毛詩正義，上海古籍出版社一九九七影印本，頁四三二）

〔一三〕肩輿：轎子。宋代京城官員一般以乘馬出入，老病者或帝王特許者纔許乘轎。宋葉寘愛日齋叢抄卷一對轎子的起源及其在宋代相關的規定進行了詳細地考證：「漢淮南王諫伐閩越書曰：『輿轎而逾領。』服虔曰：『轎，音橋。』瓚曰：『今輿車也，江表作竹輿以行是也。』項昭曰：『陵絕水曰轎，音旗廟反。領，山領也，不通船車，運轉皆擔輿也。』師古曰：『服音，瓚說是也，項說謬矣。此直言以轎過領耳，何云陵絕水乎。』予按韻書皆于平去二聲並見，若淵明使門生二兒舉藍輿，又非南方竹輿之類耶。富鄭公乘小轎過天津，蓋中州尊者用之，而司馬公不喜肩輿，山中亦乘馬。元祐元年正月，有詔左僕射司馬光許乘轎子，三日一至都堂聚議，或門下尚書省治事。公嘗奏，即日上下馬未得，及足上有瘡，深惡馬汗，乞如聖旨，權許乘轎入內，至常時下馬處下轎。又言：足疾未愈，乞遇假日或日晚執政出省後有合商量公事，許乘小竹轎往諸位商量。是公晚在相位，固乘轎矣。然本優禮也。塵史記唐丞相乘馬，至五代乘簷子，近年唯文潞公落職致仕，以太師平章重事，司馬溫公始爲門下侍郎，尋臥疾於家，就拜左相，不可以騎，二公並許乘簷子，皆異恩也。文公語錄云：『記得京師全盛時，百官皆祇乘馬，惟元勳大臣老而有疾，方賜乘轎。而宦者將命之類，亦皆乘轎。』卻掃篇云：『京城士大夫，自宰臣至百執事，皆乘馬出入。司馬溫公居相位，以病不能騎，乃詔許肩輿至內東門，蓋特恩也。建炎初，駐蹕揚州，以通衢皆磚瓷，霜滑不可以乘馬，特詔百官悉用肩輿出入。』朝野雜記云：『故事，百官皆乘馬。建炎初，上以維揚磚滑，謂大臣曰：「君臣一體，朕不忍使群臣奔走危地，可特許乘轎。」蓋東都舊制，惟婦人得乘車，其他耆德大臣，或宗室近屬行尊者，特旨許乘肩輿，已爲異禮。靖康末，高宗奉使至磁，磁守宗汝霖以所乘轎進，黑漆紫褥而已，上猶卻之。蓋在京百官不用肩輿，所以避至尊也。今行在百官，非入朝，無乘馬者。』觀汪彥章集，有行在百官謝許乘輿轎表云：『方披棘以立朝，適雨霜之在候。慮乘欵段，或至顛擠。乃曲軫於睿慈，俾獲安于徐步。』事與李氏記思陵天語合。自大觀二年詔巡檢縣尉毋乘轎，提點刑獄司察之，是郡縣有司多已乘轎矣。政和三年詔『時雪薦降，路滑馬蹶，臣僚造朝，或至墜傷，可特許蹔乘肩輿，惟不得入宮門』。則肩輿之制始權宜通同於京師，北盟會編載靖康元年十二月二十四日，有旨：『勘會百官馬既行在根括殆盡，不可步行。今檢政和三年大雪例，許乘轎子出入，仍不得入皇城門。』省符下開封府榜示。百官乘轎，實不自建炎始。丁特起靖康錄云：『金人索良馬萬匹，在京除執政、侍從、卿監、郎官許留一匹。自是士大夫跨驢，有徒步者。』皆言京師也。竹輿之用，久著于江表，由東南馬少，故從土俗之便爾。」（中華書局二〇一〇年版，頁一六—一八）

〔一四〕安徐：安祥從容。管子卷十五勢第四十二：「故賢者安徐正靜，柔節先定。」（黎翔鳳管子校注，新編諸子集成，中華書局二〇〇四年版，頁八八八）國語卷第二一越語下：「宜爲人主，安徐而重固，陰節不盡，柔而不可迫。」（徐元誥撰國語集解，中華書局二〇〇二年版，頁五八五）

〔一五〕跛倚：偏倚，站不正。語出禮記·禮器：「有司跛倚以臨祭，其爲不敬大矣。」鄭玄注曰：「偏任爲跛，依物爲倚。」（十三經注疏之禮記正義，上海古籍出版社一九九七年影印本，頁一四四二下）

〔一六〕復古：即復古殿。據宋潛説友咸淳臨安志卷一宫闕一·大内載：「復古殿，高宗皇帝建，理宗皇帝重修。」又據理宗復古殿記曰：「皇皇乎中興之功，視周宣王、漢世祖，蓋有光焉。内殿禁嚴名曰復古，以爲省覽延訪之所，厥既躋時又安，王度鼎飭，謨烈啟佑垂祐無窮。」（宋元方志叢刊，中華書局一九九〇年影印本，頁三三五九）

〔一七〕雲漢：天河，銀河。語出詩經·大雅·雲漢：「倬彼雲漢，昭回於天。」鄭玄箋曰：「雲漢，謂天河也。」（十三經注疏之毛詩正義，上海古籍出版社一九九七年影印本，頁五六一中）

〔一八〕岧嶢：山高峻貌。三國曹植九愁賦：「踐蹊隧之危阻，登岧嶢之高岑。」

〔一九〕金扉：華貴的門戶。如文選中的王延壽魯靈光殿賦：「遂排金扉而北入，霄靄靄而暗暖。」馮延巳採桑子：「西風半夜簾櫳冷，遠夢初歸。夢過金扉，花謝窗前夜合枝。」

〔二〇〕蓬壺：即蓬萊山，古代傳説中的仙山，形如壺器，故稱。相傳此山在渤海之中。列子卷第五湯問篇：「（夏）革曰：『渤海之東不知幾億萬里，有大壑焉，實惟無底之谷，其下無底，名曰歸墟。八紘九野之水，天漢之流，莫不注之，而無增無減焉。其中有五山焉：一曰岱輿，二曰員嶠，三曰方壺，四曰瀛洲，五曰蓬萊。其山高下周旋三萬里，其頂平處九千里。山之中閑相去七萬里，以爲鄰居焉。其上臺觀皆金玉，其上禽獸皆純縞。珠玕之樹皆叢生，華實皆有滋味；食之皆不老不死。所居之人皆仙聖之種；一日一夕飛相往來者，不可數焉。而五山之根無所連箸，常隨潮波上下往還，不得蹔峙焉。仙聖毒之，訴之於帝。帝恐流於西極，失群仙聖之居，乃命禺彊使巨鼇十五舉首而戴之。迭爲三番，六萬歲一交焉。五山始峙而不動。而龍伯之國有大人，舉足不盈數步而暨五山之所，一釣而連六鼇，合負而趣歸其國，灼其骨以數焉。於是岱輿、員嶠二山流於北極，沈于大海，仙聖之播遷者巨億計。』」（楊伯峻列子集釋，新編諸子集成，中華書局一九七九年版，頁一五一—一五四）史記卷六秦始皇本紀：「既已，齊人徐市等上書，言海中有三神山，名曰蓬萊、方丈、瀛州，僊人居之。」唐張守節引漢書・郊祀志正義曰：「此三神山者，其傳在渤海中，去人不遠，蓋曾有至者，諸仙人及不死之藥皆在焉。其物禽獸盡白，而黃金白銀爲宮闕。未至望之如雲；及至，三神山乃居水下。臨之，患且至，風輒引船而去，終莫能至云。世主莫不甘心焉。」（中華書局一九五九年版，頁二四七—二四八）

〔二一〕蒼璧：原意爲白色的圓形璧玉，此處當指皇家宮殿。語出周禮・春官宗伯・大宗伯：「以玉作六器，以禮天地四方。以蒼璧禮天，以黃琮禮地，以青圭禮東方，以赤璋禮南方，以白琥禮西方，以玄璜禮北方。」鄭玄注曰：「禮神者必象其類：璧圜，象天；琮八方，象地；圭銳，象春物初生；半圭曰璋，象夏物半死；琥猛象秋嚴；半璧曰璜，象冬閉藏，地上無物，唯天半見。」（十三經注疏之周禮注疏，上海古籍出版社一九九七年影印本，頁七六二下）

〔二二〕弱水：古水名，此指環繞南宋皇城的水系。語出尚書・夏書・禹貢：「黑水、西河惟雍州。弱水既西，涇屬渭汭。漆沮既從，灃水攸同。」孔安國傳曰：「導之西流，至於合黎。」（十三經注疏之尚書正義，上海古籍出版社一九九七年影印本，頁一五〇中）山海經卷二西山經：「北五十里，曰勞山，多茈草。弱水出焉，而西流注於洛。」（景印文淵閣四庫全書第一〇四二冊，臺灣商務印書館二〇〇八年影印本，頁一八）淮南子卷四墬形訓：「赤水之東，弱水出自窮石，至於合黎，餘波入於流沙，絕流沙南至南海。」（何寧撰淮南子集釋，新編諸子集成，中華書局一九九八年版，頁三二六）海內十洲三島記：「鳳麟洲在西海之中央，地方一千五百里。洲四面有弱水繞之，鴻毛不浮，不可越也。」

〔二三〕山既日夕佳：化用晉陶淵明飲酒（其五）詩句：「山氣日夕佳，飛鳥相與還。」

〔二四〕綺疏：雕刻成空心花紋的窗戶。後漢書卷三四梁統傳附梁冀傳：「窻牖皆有綺疏青瑣，圖以雲氣仙靈。」李賢注曰：「綺疏謂鏤爲綺文。」（中華書局一九六五年版，頁一一八二）宋范成大浣溪沙：「白玉堂前綠綺疏，燭殘歌罷困相扶，問人春思肯濃無。」

〔二五〕宸奎：帝王的文章、墨蹟。宸爲帝王的代稱，奎爲二十八星宿之一，主文章。宋釋慧洪禪林僧寶傳卷一八之大覺璉禪師：「四明之人，相與出力，建大閣藏所賜詩頌，榜之曰宸奎。」（景印文淵閣四庫全書第一〇五二冊，臺灣商務印書館二〇〇八年版，頁七二

三）

〔二六〕守視：看護、守衛。

〔二七〕丹墀：宮殿的臺階，因其塗爲紅色，故稱。梁沈約宋書卷三九百官志上：「殿以胡粉塗壁，畫古賢烈士。以丹朱色地，謂之丹墀。」（中華書局一九七四年版，頁一二三六）

〔二八〕瑤席：珍美的酒宴。宋吳曾能改齋漫録卷一六樂府・聶冠卿多麗新詞：「清歡久，重然絳蠟，別就瑤席。」（上海古籍出版社一九七九年版，頁四七〇）

〔二九〕玉趾：對人脚步的尊稱，此指孝宗的脚步。春秋左傳・僖公二十六年：「展喜從之，曰：『寡君聞君親舉玉趾，將辱於敝邑，使下臣犒執事。』」杜預注曰：「言執事，不敢斥尊。趾，音止，足也。」（十三經注疏之春秋左傳正義，上海古籍出版社一九九七年影印本，頁一八二二下）

〔三〇〕清激：原意爲水流清澈湍急，此指大内之清激亭。宋末陳岩清激亭：「燈影昏昏枕半欹，此清原自少人知。水聲到夜渾如雨，睡思過於聽雨時。」

〔三一〕泉聲韻瑟琴：意謂泉聲之韻猶如瑟琴和諧之音。

〔三二〕一洗箏笛耳：意謂泉聲悠美，超過箏笛之聲。許由洗耳一典出自漢蔡邕琴操・河間雜歌・箕山操：「（許由）以清節聞於堯，堯大其志，乃遣使以符璽禪爲天子。於是許由喟然歎曰：『匹夫結志，固如磐石。采山飲河，所以養性，非以求禄位也，放發優遊，所以安己不懼，非以貪天下也。』使者還，以狀報堯。堯知由不可動，亦已矣。於是許由以使者言爲不善，乃臨河洗耳。樊堅見由方洗耳，問之：『耳有何垢乎？』由曰：『無垢，聞惡語耳。』堅曰：『何等語者？』由曰：『堯聘吾爲天子。』堅曰：『尊位何爲惡之？』由曰：『吾志在青雲，何乃劣劣爲九州伍長乎？』於是樊堅方且飲牛，聞其言而去，恥飲於下流。於是許由名布四海。」（吉聯抗輯琴操（兩種），人民音樂出版社一九九〇年版，頁三八）或稱出自史記卷六一伯夷傳。唐張守節正義引晉皇甫謐高士傳：「許由，字武仲。堯聞致天下而讓焉，乃退而遁於中嶽潁水之陽，箕山之下隱。堯又召爲九州長，由不欲聞之，洗耳于潁水濱。時有巢父牽犢欲飲之，見由洗耳，問其故。對曰：『堯欲召我爲九州長，惡聞其聲，是故洗耳。』巢父曰：「子若處高岸深谷，人道不通，誰能見子？子故浮游，欲聞求其名譽，汙吾犢口。』牽犢上流飲之。」（中華書局一九五九年版，頁二一二二）

〔三三〕無乃：恐怕。陸游送王季嘉赴湖南漕司主管官：「問子謀身無乃左，凜如霜松姿磊砢。」

〔三四〕釂：飲盡杯中之酒。說文解字十四篇酉部曰：「釂，歓酒盡也。从酉，嚼聲。」（上海古籍出版社一九八一年影印本，頁七四九）

〔三五〕罍：酒樽，盛酒之器。禮記・禮器：「天道至教，聖人至德。廟堂之上，罍尊在阼，犧尊在西。」（十三經注疏之禮記正義，上海古籍出版社一九九七年影印本，頁一四四〇下）禮記・明堂位：「山罍，夏后氏之尊也。」唐人孔穎達正義曰：「罍，猶云雷也，畫有山雲之形也。」（頁一四九〇下）

〔三六〕階阤：本意爲臺階兩旁所砌的斜石，此借指澄碧殿。爾雅・釋宮：「樞達北方謂之落時。落時謂之阤。」（十三經注疏之爾雅注疏，上海古籍出版社一九九七年影印本，頁二五九七中）尚書・周書・顧命：「四人綦弁，執戈上刃夾兩階阤。」孔安國傳曰：「堂廉曰阤，士所立處。」（十三經注疏之尚書正義，上海古籍出版社一九九七年影印本，頁二四〇上）堂廉者，殿堂之側也。儀禮・鄉飲酒禮：「設席于堂廉東上。」鄭玄注曰：「側邊曰廉。」（十三經注疏之儀禮注疏，上海古籍出版社一九九七年影印本，頁九八五上）

〔三七〕骫骳：曲折委婉。漢書卷五一枚乘傳附枚皋傳：「其文骫骳，曲隨其事，皆得其意，頗詼笑，不甚閑靡。」顏師古注曰：「骫，古委字也。骳，音被。骫骳，猶言屈曲也。」（中華書局一九六二年版，頁二三六七）

〔三八〕揖遜：本意爲揖讓，後引申爲禪讓。宋周密齊東野語卷一六之昆命元龜辨證本末：「時倪文節思知福州，即具申朝省，謂『昆命元龜』，此乃舜、禹揖遜授受之語，見於大禹謨，非僻書也。」（中華書局一九八三年版，頁二九〇）此指高宗禪位於孝宗。揖遜句謂高宗禪位孝宗與堯禪位於舜的功德相當。

〔三九〕寅恭：恭敬。北宋王安石群牧司祭高公文：「弼我密命，作刑四方，寅恭淑慎，天子所臧。」

〔四〇〕元禩：禩同「祀」。元祀即大祭天地之禮。六臣注文選第三卷張平子東京賦：「元祀惟稱，群望咸秩。」三國薛綜注曰：

「元，大也。祀，祭也。稱，舉也。謂大祭天地之禮既舉，群嶽衆神望以祭祀之，皆有秩次。」（中華書局一九八七年影印本，頁七三）此句意謂孝宗自繼位以來共有五次大祭天地之禮。

〔四一〕躋：登，升。説文解字二篇足部：「躋，登也。从足，齊聲。商書曰：『予顛躋。』」（上海古籍出版社一九八一年影印本，頁八二上）

〔四二〕力農：致力於農事的人。宋史卷三六五岳飛傳：「岳飛，字鵬舉，相州湯陰人。世力農。」（中華書局一九七七年版，頁一一三七五）

〔四三〕坐賈：設店售貨的商人。宋史卷三五五呂嘉問傳：「（熙寧）七年，旱，帝憂心惻怛，語韓維、孫永集市人問之，減坐賈錢千萬。」（中華書局一九七七年版，頁一一一八八）

〔四四〕國論：關於國家大計的言論、主張。漢書卷八三薛宣傳：「谷永上疏曰：『……臣聞賢材莫大於治人，宣已有效。其法律任廷尉有餘，經術文雅足以謀王體，斷國論；身兼數器，有「退食自公」之節。……』」（中華書局一九六二年版，頁三三九一—三三九二）宋王安石河勢：「國論終將塞，民嗟亦已勤。」（全宋詩卷五五三）

〔四五〕矧：況且。説文解字五篇矢部：「矧，況詞也。从矢，引省聲。从矢，取詞之所之如矢也。」（上海古籍出版社一九八一年影印本，頁二二七上）

〔四六〕赤松遊：意謂遠離塵世，作方外之行。典出史記卷五五留侯世家：「留侯乃稱曰：『家世相韓，及韓滅，不愛萬金之資，爲韓報仇彊秦，天下振動。今以三寸舌爲帝者師，封萬戶，位列侯，此布衣之極，於良足矣。願棄人間事，欲從赤松子遊耳。』」唐司馬貞引列仙傳索隱曰：「（赤松子），神農時雨師，能入火自燒，昆侖山上隨風雨上下也。」（中華書局一九五九年版，頁二〇四八）唐顔師古注漢書卷四〇張良傳曰：「赤松子，仙人號也。神農時爲雨師，服水玉，教神農能入火自燒。至昆山上，常止西王母石室，隨風雨上下。炎帝少女追之，亦得仙俱去。」（中華書局一九六二年版，頁二〇三七）古代記載赤松子的文獻頗多，較早的有山海經·南山經、淮南子·齊俗、列仙傳、韓詩外傳等。

〔四七〕湛露：詩經・小雅中一首描寫宴飲之詩。毛詩大序曰：「湛露，天子燕諸侯也。」孔穎達正義曰：「作湛露詩者，天子燕諸侯也。諸侯來朝天子，與之燕飲，美其事而歌之。」（十三經注疏，上海古籍出版社一九九七年影印本，頁四二〇下）孝宗引此典意指史浩之詩。

〔四八〕眷言：同「睠言」，回顧貌。語出詩經・小雅・大東：「睠言顧之，潸焉出涕。」鄭玄注曰：「睠，反顧也。……睠，音卷。本又作眷。」（十三經注疏，上海古籍出版社一九九七年影印本，頁四六〇）言，語氣助詞，無意。

〔四九〕忠言資逆耳：忠言，忠實的勸告；資，提供；逆耳，不中聽，不順耳。此句意謂忠實的勸告可能不中聽。此典出自孔子家語卷之四之六本：「孔子曰：『良藥苦於口而利於病，忠言逆於耳而利於行。湯武以諤諤而昌，桀紂以唯唯而亡。』」（四部叢刊本）史記卷五五留侯世家：「沛公入秦宮，宮至帷帳狗馬重寶婦女以千數，意欲留居之。樊噲諫沛公出舍，沛公不聽。良曰：『夫秦爲無道，故沛公得至此。夫爲天下除殘賊，宜縞素爲資。今始入秦卽安其樂，此所謂「助桀爲虐」。且「忠言逆耳利於行，毒藥苦口利於病」，願沛公聽樊噲言。』沛公乃還軍霸上。」唐司馬貞索隱：「按：此语（笔者按：指『忠言逆耳利於行，毒藥苦口利於病』）見孔子家語。」（中華書局一九五九年版，頁二〇三七—二〇三八）

〔五〇〕六合：指天地及東南西北四方，此泛指天下。楚辭章句卷第一四哀時命章句：「右衽拂於不周兮，六合不足以肆行。」東漢王逸注曰：「六合，謂天地四方也。」（景印文淵閣四庫全書第一〇六二冊，臺灣商務印書館二〇〇八年版，頁八五）

〔五一〕東都二句：意謂孝宗亦將效法周宣王會同天下諸侯共建中興之業。據南朝沈約注竹書紀年卷下周宣王記載：「九年（按：前八一九），（周宣）王會諸侯於東都，遂守於甫。（孫本守作狩）」（叢書集成初編第三六七九冊，商務印書館一九三七年版，頁五一）此次東都田獵，實爲軍事演習。毛詩大序云：「車攻，宣王復古也。宣王能內修政事，外攘夷狄，復文武之境土。修車馬，備器械，復會諸侯於東都，因田獵而選車徒焉。」（十三經注疏之毛詩正義，上海古籍出版社一九九七年影印本，頁四二八上）墨子卷之八明鬼下：「其三年，周宣王合諸侯而田于圃田，車數百乘，從數千，人滿野。」（吳毓江撰墨子校注，新編諸子集成，中華書局一九九三年版，頁三三七）另，周宣王姬靜，爲周厲王姬胡之子，周幽王姬宮涅之父。

〔五二〕燕：同「宴」，宴飲。此指孝宗於澄碧殿賜宴。

〔五三〕頤：本義作面頰，此作保養。漢劉熙撰釋名卷第二釋形體第八：「頤，頤也。頤，養也。動于下，止於上，上下咀物，以養人也。牙有樻牙也，隨形言之也。……或曰牙車，牙所載也；或曰頷車（補『車』依畢［沅］校）。頷，含也。口含，物之車也；或曰頰車，亦所以載物也；或曰鼸車。鼸，鼠之食積於頰，人食似之，故取名也。凡系于車，皆取在下載上物也。」（叢書集成初編第一一五一冊，商務印書館一九三九年版，頁二九）卷第三之釋長幼第十：「百年曰期頤。頤，养也。老昏不复知服味善恶，孝子期于尽养道而已也。」（頁四三）「勿以」句意謂孝宗告誡史浩不要因其恩寵而放任自己，當以中興之業爲重。

〔五四〕都護萬年觴：都護是指班超任西域都護，時在漢和帝永元三年（九一）。萬年觴，意謂敬酒祝長壽。典出劉宋范曄後漢書卷四七班超傳：「建初三年（按：漢章帝劉炟年號，公元七八年），……超欲因此叵平諸國，乃上疏請兵。曰：『……臣超區區，特蒙神靈，竊冀未便僵僕，目見西域平定，陛下舉萬年之觴，薦勳祖廟，布大喜於天下。』」李賢注曰：「詩曰：『躋彼朝公堂，稱彼兕觥，萬壽無疆。』前書·兒寬傳曰：『臣寬再拜上千萬歲壽。』」（中華書局一九六五年版，頁一五七五—一五七七）都護句意謂孝宗用班超之典一方面借宴飲祝其長壽，另一方面亦冀其如同班超出使西域般建功立業，亦與史浩詩「奉觴祈萬壽」相對應。

〔五五〕十一月壬寅：即淳熙四年十一月初七，公元爲一一七七年十一月二十八日。

〔五六〕清華閣：南宋臨安南內亭閣。宋史卷一五四輿服志六：「大內苑中，亭殿亦無增，其名稱可見者，僅有復古殿、損齋、觀堂、芙蓉閣、翠寒堂、清華閣、欏木堂、隱岫、澄碧、倚桂、隱秀、碧琳堂之類，此南內也。」（中華書局一九七七年版，頁三五九九）

〔五七〕戊戌：即淳熙四年十一月初三，公元爲一一七七年十一月二十四日。

〔五八〕小春茶：小春，農曆十月之別稱。宋陳元靚歲時廣記卷三七引初學記云：「冬月之陽，萬物歸之，以其溫暖如春，故謂之小春，亦云小陽春。」（叢書集成初編第一八一冊，商務印書館一九三九年版，頁四〇三）歐陽修詞漁家傲亦云「十月小春梅蕊綻」。故此，小春茶一般指農曆十月採摘之茶，但十一月初採摘的茶葉亦可謂之小春茶。

〔五九〕世英墨：葉世英，御前墨工，嘗造德壽宮墨。元陸友墨史卷下：「葉世英，閩中人。周子充玉堂雜記云：『丁酉十一月壬

寅，內直宣名至清華閣。既退，中使傳旨賜世英墨五團。』世英，御前墨工也。弟，世傑。」（知不足齋叢書本）

〔六〇〕粤：句首語氣助詞，無義，同「聿」、「越」、「曰」。說文解字五篇亏部：「粤，亏也。宷慎之詞者。从宷亏。」段注引釋詁曰：「粤，于爰曰也。」（上海古籍出版社一九八一年影印本，頁二〇四下）

〔六一〕千祀：千年。宋蘇洵嘉祐集卷一五雜文・老翁井銘：「惟我與爾，將遂不泯。無溢無竭，以永千祀。」（中國古典文學叢書，上海古籍出版社一九九三年版，頁四〇七）

〔六二〕蠻貊：南方少數民族謂之蠻，北方少數民族謂之貊。此當泛指當時少數民族。禮記・中庸：「是以聲名洋溢乎中國，施及蠻貊，舟車所至，人力所通，天之所覆，地之所載，日月所照，霜露所隊。」（十三經注疏之禮記正義，上海古籍出版社一九九七年影印本，頁一六三四下）

〔六三〕循良：善良守法的官吏。北宋蘇轍欒城集卷二五墓表銘四首・伯父墓表：「及其爲吏，能據法以左右民，所至號稱循良。一鄉之人欣而慕之，學者自是相繼輩出。」（四部叢刊初編第九七一冊）

〔六四〕班聯：行次聯接，狀其密集。北宋蘇轍欒城集卷四九代人上表二十三首・代張公謝免陪祀表：「況臣仕曆三朝，班聯二府，自當勉強筋骸之力，奔走籩豆之間。」（四部叢刊初編第九七七冊）

〔六五〕切諫：直言極諫。宋江少虞宋朝事實類苑卷第一一名臣事蹟・孫宣公：「會眞宗幸亳州，謁太清宮，（孫）奭上言切諫，眞宗不納，遂爲解疑論以示群臣。」（上海古籍出版社一九八一年版，頁一二三）

〔六六〕柅：本義爲果實象梨的一種樹木，後引申爲阻塞車輪的制動之木，又引申爲阻塞、遏制之意。周易・姤：「初六，係于金柅。貞吉，有攸往。見凶，羸豕孚蹢躅。」魏王弼注曰：「金者，堅爾之物。柅者，制動之主。」（十三經注疏之周易正義，上海古籍出版社一九九七年版，頁五七頁中）

〔六七〕輔關：京畿與邊關。

〔六八〕岩穴：山洞。居住山洞的隱士，謂之岩穴之士。韓非子卷一一外儲說左上：「趙主父使李疵視中山可攻不也，還報曰：

『中山可伐也，君不亟伐，將後齊、燕。』主父曰：『何故可攻？』李疵對曰：『其君見好巖穴之士，所傾蓋與車以見窮閭隘巷之士以十數，伉禮下布衣之士以百數矣。』」（清王先慎撰、鍾哲點校韓非子集解，新編諸子集成之韓非子集解，中華書局一九九八年版，頁二八一）

〔六九〕覆盂：倒置的盂，喻其穩固。漢書卷六五東方朔傳：「東方先生喟然長息，仰而應之曰：『……聖帝流德，天下震懾，諸侯賓服，連四海之外以爲帶，安於覆盂，動猶運之掌，賢不肖何以異哉？』」唐顏師古注「安於覆盂」曰：「言不可傾搖。」（中華書局一九六二年版，頁二八六四—二八六五）

〔七〇〕風下九萬里：語出莊子·逍遙遊：「諧之言曰：『鵬之徙于南冥也，水擊三千里，摶扶搖而上者九萬里，去以六月息者也。』」（清郭慶藩撰莊子集釋，新編諸子集成，中華書局一九六一年版，頁四）意謂孝宗理政志存高遠。

〔七一〕屬車：本義爲副車，即帝王侍從車。此借帝王。漢書卷七六張敞傳：「敞上書諫曰：『孝昭皇帝蚤崩無嗣，大臣憂懼，選賢聖承宗廟，東迎之日，唯恐屬車之行遲。……』」顏師古注曰：「不欲斥乘輿，故但言屬車耳。」（中華書局一九六二年版，頁三二一六）

〔七二〕濤江：即浙江，又名錢塘江。宋陸游渭南文集卷一四會稽志序：「昔在夏禹，會諸侯於會稽。歷三千歲，而我高宗皇帝御龍舟，橫濤江，應天順動，復禹之跡。駐蹕彌年，定中興之業，群盜削平，強虜退遁。」（陸遊集第五冊，中華書局一九七六年版，頁二一〇四—二一〇五）屬車句意謂高宗定中興之業于臨安。

〔七三〕列障：設置屏障。宋佚名编宋朝大詔令集卷第八帝統八·謚議下·哲宗謚議：「開疆辟地，列障置守。羌人扶服而請罪，隴右稽顙而乞降。可謂武矣。」（續修四庫全書第四五六冊，上海古籍出版社一九九五—二〇〇二年影印本，頁九五）

〔七四〕獯鬻氏：北方少數民族名，夏、商時稱獯鬻，周時稱獫狁，秦、漢稱匈奴。後漢書卷八九南匈奴傳：「昔獫狁、獯粥之敵中國，其所由來尚矣。」唐李賢注曰：「周曰獫狁，堯曰熏粥，秦曰匈奴。」（中華書局一九六五年版，頁二九五〇—二九五一）此當指佔領淮水以北的女眞族。

〔七五〕太清：本義爲天空、天道等，此引申爲無爲而治之時。淮南子卷八本經訓：「太清之始也，和順以寂漠。」漢高誘注：「清，淨也。太清無爲之始者，謂三皇之時。」（何寧撰淮南子集釋，新編諸子集成，中華書局一九九八年版，頁五五五）「蠢茲」二句頗有大漢族主義色彩，意謂當時的女眞猶如古之匈奴，占我華夏土地，沾污我治世之名。

〔七六〕糗糧：乾糧。尚書·周書·費誓：「甲戌，我惟征徐戎。峙乃糗糧，無敢不逮，汝則有大刑。」孔安國傳曰：「皆當儲峙汝糗糒之糧，使足食，無敢不相逮及，汝則有乏軍興之死刑。峙，直里反。爾雅云：『具（按：原作「臭」，據爾雅改）也。』糗，去九反，一音昌紹反。糧音良。糒音備。」（十三經注疏之尚書正義，上海古籍出版社一九九七年版，頁二五五頁中）

〔七七〕中原：廣義是指黃河流域，狹義是指今河南一帶。三國諸葛亮出師表：「當將帥三軍，北定中原。」东晋謝靈運述祖德：「中原昔喪亂，喪亂豈解已。」宋陸遊示兒：「王師北定中原日，家祭無忘告乃翁。」

〔七八〕狼貪：如狼一樣貪婪，喻貪得無厭。宋吳處厚青箱雜記卷七：「丞相劉公沆，廬陵人，少以氣義自許，……述懷詩云：『虎生三日便窺牛，獵犬寧能掉尾求。若不去登黃閣貴，便須來伴赤松遊。奴顏婢舌誠堪恥，羊狠狼貪自合羞。三尺太阿星斗煥，何時去取魏齊頭？』」（中華書局一九八五年版，頁七三）

〔七九〕虎視：如虎之雄視，有伺機攫取之意。宋王明清揮麈後錄卷之二：「周以龍興，蔔年八百；秦以虎視，失於二世；漢德弗嗣，中分二京。」（中華書局一九六一年版，頁七二）

〔八〇〕砮楛：砮，石制的箭鏃。說文解字九篇石部曰：「砮，石，可以爲矢鏃。从石，奴聲。夏書曰：『梁州貢砮丹。』春秋國語曰：『肅慎氏貢楛矢、石砮。』」（上海古籍出版社一九八一年影印本，頁四四九上）楛：指荊一類的植物，莖可制箭杆。洪邁容齋隨筆卷八「石砮」條曰：「東坡作石砮記云：『禹貢荊州貢礪、砥、砮、丹及箘簵、楛，梁州貢砮、磬。至春秋時，隼集於陳廷，楛矢貫之，石砮長尺有咫，問於孔子，孔子不近取之荊、梁，而遠取之肅慎，則荊、梁之不貢此久矣。顏師古曰：「楛木堪爲笴，今豳以北皆用之。」以此考之，用楛爲矢，至唐猶然，而用石爲砮，則自春秋以來莫識矣。』按，晉書·挹婁傳：有石砮、楛矢，國有山出石，其利入鐵。周武王時，獻其矢、砮。魏景元末亦來貢。晉元帝中興，又貢石砮，後通貢于石虎，虎以誇李壽者也。唐書·黑水靺鞨傳：其矢，石鏃長二寸，蓋楛砮遺法。然則東坡所謂春秋以來莫識，恐不考耳。予家有一砮，正長二寸，豈黑水物乎？」（中華書局二〇〇五年版，頁一〇三）

〔八一〕來貢尺有咫：此句出自國語卷五魯語下・孔子在陳：「仲尼在陳，有隼集于陳侯之庭而死，楛矢貫之，石砮其長尺有咫。陳惠公使人以隼如仲尼之館問之。仲尼曰：『隼之來也遠矣！此肅慎氏之矢也。昔武王克商，通道於九夷、百蠻，使各以其方賄來貢，使無忘職業。於是肅慎氏貢楛矢、石砮，其長尺有咫。先王欲昭其令德之致遠也，以示後人，使永監焉，故銘其栝曰「肅慎氏之貢矢」，以分大姬，配虞胡公而封諸陳。古者，分同姓以珍玉，展親也；分異姓以遠方之職貢，使無忘服也。故分陳以肅慎氏之貢。君若使有司求諸故府，其可得也。』使求，得之金櫝，如之。」（國語集解，中華書局二〇〇二年版，頁二〇四）咫，周制八寸，今六寸有餘。

〔八二〕耕桑：本義是指耕田與養蠶，此泛指農業生產。宋趙與時賓退錄卷二：「文王之囿方七十里一絕云：『庇民德莫大文王，西伯都來百里強。園囿盤游方七十，斯民何處事耕桑。』」（叢書集成初編第三一四冊，商務印書館一九三九年版，頁二六）

〔八三〕生齒：人口，人民。宋歐陽修歐陽文忠公文集卷五九居士外集卷第九論辨・本論（慶曆二年）：「生齒之數日益衆，土地之產日益廣，公家之用日益急，四夷不服，中國不尊，天下不實者，何也？以五者之不備故也。」（四部叢刊初編本）

〔八四〕願言：思念殷切貌。語出詩經・衛風・伯兮：「願言思伯，甘心首疾。」鄭玄箋：「願，念也。我念思伯，心不能已，如人心嗜欲所貪口味不能絕也。」（十三經注疏之毛詩正義，上海古籍出版社一九九七年影印本，頁三二七頁中）

〔八五〕先務：首要的事務。宋王明清揮麈後錄卷之七之方達源乞重修汴河短垣奏疏：「（方達源）奏疏見其家集中，用載於此：『臣聞爲治先務，在於求民疾苦，與之防患去害。……』」（中華書局一九六一年版，頁一六七—一六八）

〔八六〕舉趾：本義爲舉足、抬腳，此引申爲舉動。春秋左傳・桓公十三年：「春，楚屈瑕伐羅，鬥伯比送之，還，謂其御曰：『莫敖必敗。舉趾高，心不固矣。』」晉杜預注曰：「趾，足也。」（十三經注疏之春秋左傳正義，上海古籍出版社一九九七年影印本，頁一七五六下）

〔八七〕衛英二句：「衛」是指唐初衛國公李靖，「英」是指唐初英國公李勣。此二人在軍事上爲大唐江山立下汗馬功勞，故有「爪牙」之謂。「王魏」是指唐初的王珪、魏徵。王、魏二人均爲諫臣。宋徐夢莘三朝北盟會編卷第一九九炎興下帙九十九：「秀水間居録……又曰：『蕭何相漢高，而腹心謀畫則有良、平，牙爪攻戰則有信、布；房杜相太宗，而善諫則有王、魏，善戰則有英、衛，持衆美而效之若此，所以成創業開基之功也。』」（上海古籍出版社一九八七年版，頁一四三四—一四三七）

〔八八〕房杜：即唐太宗時的名相房玄齡與杜如晦，因房善謀，杜善斷，故有「房謀杜斷」之謂，亦「房杜」並稱。唐劉肅大唐新語卷之一匡贊第一：「太宗每與玄齡圖事，則曰：『非如晦莫能籌之。』及如晦至，卒用玄齡之策。二人相須以斷大事，迄今言良相者，稱房杜焉。」（中華書局一九八四年版，頁三）唐會要卷五七之尚書省諸司上·左右僕射：「蓋元齡善謀，如晦能斷故也。二人深相得，同心徇國。故唐世稱賢相者，推房杜焉。」（叢書集成初編第八二二冊，商務印書館一九三六年版，頁九九〇）

〔八九〕車同軌：軌是指車子兩輪之間的距離。車同軌，本義是指天下車子兩輪之間的距離相同，意謂天下統一。語出禮記·中庸：「子曰：『……今天下車同軌，書同文，行同倫。』」鄭玄注曰：「今天下車同軌者，今謂孔子時車同軌，覆上『不制度』（按：『不制度』，謂不敢製造法度，及國家宮室大小高下及車輿也）。」（十三經注疏之禮記正義，上海古籍出版社一九九七年影印本，頁一六三四上）

〔九〇〕僉：本義指皆、咸，此引申爲大家、衆人。說文解字五篇亼部曰：「僉，皆也。从亼，从吅，从从。虞書曰：『僉曰伯夷。』」（上海古籍出版社一九八一年影印本，頁二二二—二二三）楚辭章句卷第三天問：「僉荅：『何憂？何不課而行之？』」漢王逸注曰：「僉，衆也。」（景印文淵閣四庫全書第一〇六二冊，臺灣商務印書館二〇〇八年版，頁二六）

〔九一〕寸陰聖所競：古代聖賢競相珍惜光陰。此典原指大禹不愛尺璧愛寸陰。晉皇甫謐撰、徐宗元輯帝王世紀輯存·夏第二曰：「堯命（禹）爲司空，繼鯀治水，乃勞身勤苦，不重徑尺之璧，而愛日之寸陰，手足胼胝，又納禮賢士。」（中華書局一九六四年版，頁五〇）

〔九二〕盛德日方起：高尚的品德日日增新。周易·繫辭上：「富有之謂大業，日新之謂盛德。」魏王弼注曰：「體化合變，故曰日新。」唐孔穎達正義曰：「聖人以能變通體化合變，其德日日增新，是德之盛極，故謂之盛德也。」（十三經注疏之周易正義，上海古籍出版社一九九七年影印本，頁七八中）禮記·大學：「湯之盤銘曰：『苟日新，日日新，又日新。』」鄭玄注曰：「盤銘，刻戒於盤也。極，猶盡也。君子日新其德，常盡心力，不有餘也。」（十三經注疏之禮記正義，上海古籍出版社一九九七年影印本，頁一六七三中）

〔九三〕舞干二句：以文德感化少數民族，使其臣服。語出尚書·大禹謨：「帝乃誕敷文德，舞干羽於兩階，七旬，有苗格。」孔安國傳曰：「干，楯。羽，翳也。皆舞者所執。修闡文教，舞文舞於賓主階間，抑武事。」又注曰：「討而不服，不討自來，明御之者必有道。三苗之國，左洞庭，右彭蠡，在荒服之例，去京師二千五百里也。」孔穎達正義曰：「帝舜乃大布文德，舞干羽於兩階之間，七旬而有苗自服來至。言主聖臣賢，御之有道也。」（十三經注疏之尚書正義，上海古籍出版社一九九七年影印本，頁一三七中）

〔九四〕軻稱仁無敵：即孟子所云「仁者無敵」。語出孟子卷一梁惠王上：「孟子對曰：『地方百里而可以王。王如施仁政於民，省刑罰，薄稅斂，深耕易耨。壯者以暇日，修其孝悌忠信，入以事其父兄，出以事其長上，可使制梃以撻秦楚之堅甲利兵矣。彼奪其民時，使不得耕耨以養其父母，父母凍餓，兄弟妻子離散。彼陷溺其民，王往而征之，夫誰與王敵？故曰：「仁者無敵。」王請勿疑！』」漢趙岐注曰：「鄰國暴虐，已修仁政，則無敵矣。王請行之，勿有疑也。」（十三經注疏之孟子注疏，上海古籍出版社一九九七年影印本，頁二六六七下）

〔九五〕東鞮及北女：東鞮爲東方的少數民族，北女爲北方的少數民族。語出漢楊雄法言二十：「漢德其可謂允懷矣。黃支之南，大夏之西，東鞮、北女，來貢其珍。漢德其可謂允懷矣，世鮮焉。」汪榮寶疏曰：「『東鞮、北女』者，音義：『東鞮，都奚切。』按：地理志：『會稽海外有東鯷人，分爲二十餘國，以歲時來獻見云。』孟康云：『音題。』晉灼云：『音鞮。』東鞮即東鯷也。北女未聞。司馬（光）云：『女，女國也。』按：後漢書·東夷傳：『又說海中有女國，無男人。或傳其國有神井，窺之輒生子云。』此東夷之女國也。文獻通考·四裔：『東女亦曰蘇伐剌拏瞿咀羅，羌別種也，東與吐蕃、黨項、茂州接，西屬三波訶，北距于闐，南屬雅州、羅女蠻、白狼夷。又西女國在葱嶺之西，其俗與東女略同。』此西羌之東、西女國也。三者並不得謂之『北女』。惟山海經·海外西經：『女子國在巫咸北。』又大荒西經：『西北海之外，大荒之中，有女子之國。』其地域不可考。或以在西北陬，而有北女之稱。然事涉荒誕，不足置信。法言此文，皆據當時史事爲言，信而可征，非若瀛談稗說，浮誇無實。今以事實方輿度之，於北當言匈奴。王莽傳：『元始五年，莽奏云「太后秉統數年，恩澤洋溢，和氣四塞，絕域殊俗，靡不慕義。越裳氏重譯獻白雉，黃支自三萬里貢生犀，東夷王度大海奉國珍，匈奴單于順製作，去二名，今西域良願等復舉地爲臣妾」云云。』於北惟舉匈奴，是其明證。吳胡部郎玉縉云：『北女者，北匈奴也，省稱曰北奴。「奴」字斷爛，脫右旁，遂爲「女」耳。匈奴在光武時分南、北二庭。東觀漢記有匈奴南單于列傳，范曄後漢書仍之，爲南匈奴列傳。南對北立文。今楊子稱北奴者，疑匈奴此時已分南、北，後南單于始求內附耳。楊子單舉北匈奴，所以明其遠也。然匈奴之分南、北，自奧鞬日逐王比自立爲南單于始，事在建武二十四年冬，見後漢書·光武帝紀及南匈奴傳。前此雖有五單于爭立之亂，固無南、北匈奴分立之事。則以「北女」乃「北奴」之誤，而爲北匈奴之省稱者，亦與史未合。』榮按：下文『詾詾北夷，被我純績，帶我金犀』云云，稱匈奴爲北夷，疑此文『北女』或卽『北夷』之誤。『夷』字漫漶，傳寫因改爲『女』歟？」（汪榮寶撰法言義疏，新編諸子集成，中華書局一九八七年版，頁五四六—五四七）

〔九六〕南山二句：意謂卽使耗盡南山之竹，亦無法完全記錄陛下之功勞，言意孝宗功勞甚多。此二句引罄竹難書之典。此典多形容罪責過多還難以書寫。呂氏春秋·季夏紀·明理：「此皆亂國之所生也，不能勝數，盡荊、越之竹，猶不能書。」漢高誘注曰：「楚越，竹所出也，尚不能勝書者。妖，多也。」（許維遹著呂氏春秋集釋，中國書店一九八五年據一九三五年清華大學版影印）漢書卷六六公孫賀傳附公孫敬聲傳：「（朱安世）笑曰：『丞相禍及宗矣。南山之竹不足受我辭，斜谷之木不足爲我械。』」（中華書局一九六二年版，頁二八七八）晉陳壽三國志卷八魏書八·公孫瓚傳裴松之注曰：「（袁）紹之罪戾，雖南山之竹不能載。」（中華書局一九五九年版，頁二四三）舊唐書卷五三李密傳：「罄南山之竹，書罪未窮；決東海之波，流惡難盡。」（中華書局一九七五年版，頁二二一五）但此典亦有謂德美之盛者，難以書寫。宋李燾續資治通鑑長編卷一六九理宗（嘉熙元年丁酉正月至三年己亥十二月）：「雖盡南山之竹，不足載德美之盛，與夫寵一人而失天下之心者，不同日而論也。」（中華書局一九八五年版，頁四〇五五）南山二句亦卽用此意。

〔九七〕儒館漫獻歌：此指史浩作詩以獻孝宗。語出後漢書卷三肅宗孝章帝紀：「贊曰：肅宗濟濟，天性愷悌。於穆後德，諒惟淵體。左右藝文，斟酌律禮。思服帝道，弘此長懋。儒館獻歌，戎亭虛候。氣調時豫，憲平人富。」唐李賢注曰：「獻歌謂崔駰遊太學時上四巡等頌。」（中華書局一九六五年版，頁一五九—一六〇）

〔九八〕文海：亦稱宋文海、聖宋文海。宋晁公武郡齋讀書志卷二〇「總集類」：「宋文海一百二十卷。右皇朝江鈿編。輯本朝諸公所著賦、詩、表、啟、書、論、說、述、議、記、序、傳、文、贊、頌、銘、碑、制、詔、疏、詞、志、挽、祭、禱文，凡三十八門。雖頗該博，而去取無法。」（上海古籍出版社一九九〇年版，頁一〇七一）

〔九九〕文粹：宋晁公武郡齋讀書志卷二〇「總集類」著錄兩種。其一爲「文粹一百卷」：「右皇朝姚鉉字寶臣編。鉉，廬州人。太平興國中進士。文辭敏麗，善書劄，藏書至多，頗有異本。累遷兩浙漕使，課吏寫書，采唐世文章，分門編類，初爲五十卷，後復增廣之。爲薛映掎其事，奪官，斥連州，卒。後其子以其書上獻，詔藏內府，命以一官。」（上海古籍出版社一九九〇年版，頁一〇五八）此種學界一般稱之唐文粹。其二爲「聖宋文粹三十卷」：「右不題撰人。輯慶曆間群公詩文，劉牧、王通之徒皆在其選。」（上海古籍出版社一九九〇年版，頁一〇七一）據周必大後文之意，此文粹當指唐文粹。宋陳振孫直齋書錄解題卷一五「總集類」：「唐文粹一百卷。兩浙轉運使合肥姚鉉寶臣撰。鉉，太平興國八年進士第三人，在杭州與知州薛映不協，映摭其罪狀數條，密以聞，當奪一官，特除名，貶連州文學。其自爲序稱吳興姚鉉者，蓋本郡望也。」（上海古籍出版社一九八七年版，頁四四三）

〔一〇〇〕江鈿：生卒年與字号不詳，福建建甌人，祖籍福建建寧。徽宗政和五年（一一一五）進士及第，曾知縣事建陽、知南劍州順昌縣。在順昌縣，獲賊有功。後還爲左儒林郎。清郝玉麟等監修、謝道承等編纂福建通志卷三三選舉之「政和五年（乙未）（按：一一一五年）何栗榜」載有甌寧縣（按：治今福建建甌）江鈿（景印文淵閣四庫全書第五二九冊，臺灣商務印書館二〇〇八年版，頁三九）。宋李心傳建炎以來繫年要錄卷三六：「（建炎四年八月）癸巳（按：公元一一三〇年九月二七日）……建州民范汝爲粗知書，其諸父以盜販爲事，而號黑龍、黑虎者，尤善格鬥，群不逞附焉，每數百人負鹽橫行州境，官不能捕。有儒林郎江鈿，建陽人，老矣。郡守謂鈿有謀，使攝令甌寧，以圖二范。未幾，果擒之，皆死於獄。其徒無所歸，往依汝爲。一日，汝爲因刃傷人至死，遂作亂。（事在七月。）建陽令王昌、甌寧令黃邦光不能討，時方艱食，饑民從之者甚衆。」（叢書集成初編第三八六五冊，商務印書館一九三六年版，頁六九六—六九七）宋劉一止苕溪集卷三六之左儒林郎前知南劍州順昌縣江鈿獲賊改官：「敕：具官某爵祿，國之砥石，所以厲世磨鈍而無所私焉。今有司言汝有捍寇執俘之勞，故於懋賞，亦思所以稱此超進官秩，是爲汝榮，其尚勉之可。」（景印文淵閣四庫全書第一一三二冊，臺灣商務印書館二〇〇八年版，頁一八一）馬茂軍聖宋文海作者江鈿考略（學術研究二〇〇四年第四期）對江鈿生平有所考略。

〔一〇一〕呂祖謙：字伯恭。婺州（今浙江金華）人。生於高宗紹興七年（一一三七），卒於孝宗淳熙八年（一一八一）。太祖呂夷簡、高祖呂公著、曾祖呂希哲、祖呂好問、伯父呂本中、父呂大器。初以蔭補入官，孝宗隆興元年（一一六三），進士及第，復中博學宏詞科，調南外宗教。除太學博士，添差教授嚴州，尋復召爲博士兼國史院編修官、實錄院檢討官。輪對，勉孝宗留意聖學。越三年，除秘書郎、國史院編修官、實錄院檢討官。以修撰李燾薦，重修徽宗實錄。又遷著作郎，以末疾請祠歸。詔除直秘閣，尋主管沖祐觀。明年，除著作郎兼國史院編修官。卒，年四十五。謚曰成。晚年會友之地曰麗澤書院，在金華城中；既歿，郡人卽而祠之。著有古周易書說、閫范、官箴、辨志錄、歐陽公本末。宋史卷四三四呂祖謙傳稱其「學以關、洛爲宗，而旁稽載籍，不見涯涘。心平氣和，不立崖異，一時英偉卓犖之士皆歸心焉。……其所講畫，將以開物成務，既臥病，而任重道遠之意不衰。居家之政，皆可爲後世法。」（中華書局一九七七年版，頁一二八七四）

〔一〇二〕皇朝文鑑：呂祖謙編，亦稱文鑑、宋文鑑，一百五十卷，共收錄北宋一代三百十四人的二千五百八十五篇（首）詩文。據劉樹偉考證，文鑑的版本分爲大字本與小字本兩個系統。其中，小字本系統肇始于宋麻沙劉將仕宅刻本（簡稱「麻沙本」），明天順間嚴州府翻刻並數次遞修，存世頗豐。明清兩朝此書的刊刻，皆直接或間接傳錄自明天順嚴州府刻本。大字本系統發端于宋嘉泰新安郡齋刻本，初源于沈有開不滿「麻沙本」脫誤，然其所刊亦不免此病而未能稱善。經宋嘉定、端平間趙彥適、劉炳兩次據呂氏家藏本遞修，終至完善。然其存世稀少且多殘帙，明清以來未能翻刻傳世。參見呂祖謙皇朝文鑑版本考（圖書館學刊二〇一五年第一期）宋李心傳建炎以來朝野雜記乙集卷五之文鑑詳細記載了宋文鑑形成過程：「文鑑者，呂伯恭被旨所編也。先是，臨安書坊有所謂聖宋文海者，近歲江鈿所編，孝宗得之，命本府校正刻板，時淳熙四年十一月也。其七日壬寅，周益公以學士輪當內直，召對清華閣，因奏：『陛下命臨安府開文海，有諸？』上曰：『然。』益公曰：『此編去取差謬，殊無倫理，今降旨刊刻，事體則重，恐難傳後。莫若委館閣官銓擇本朝文章，成一代之書。』上大以爲然，曰：『卿可理會。』益公奏乞委館職。上曰：『特差一兩員。』後二日，伯恭以秘書郎轉對，上遂令伯恭校正，本府開雕，其日甲辰也。始趙丞相以西府奏事。上問伯恭文采及爲人何如？趙公力薦之，故有是命。伯恭言：『文海元係書坊一時刻行，名賢高文大冊，尚多遺落，乞一就增損，仍斷自中興以前銓次，庶幾可以行遠。』十五日庚戌，許之。後數日，又命知臨安府趙磻老並本府教官二員，同伯恭校正。二十日乙卯，磻老言：『臣府事繁委，若往來秘書同共校正，慮有妨礙本職，兼策府書籍亦難令教官攜出，乞專令祖謙校正。』從之。於是伯恭盡取秘府及士大夫所藏本朝諸家文集，旁求傳記他書，悉行編類，凡六十一門，爲百五十卷。既而伯恭再遷著作郎兼禮部郎官。五年十二月十四日夜，得中風病。六年春正月，引疾求去。十一日庚午，有詔予郡，伯恭固辭。後十三日癸未，上對輔臣，因令王季海樞使問伯恭所編文海次第，伯恭乃以書進。二月四日壬辰，上又諭輔臣曰：『祖謙編類文海，采摭精詳，可與除直秘閣。』又遣中使李裕文宣諭，賜銀帛三百匹兩。時方嚴非有功不除職之令，舍人陳叔進將繳之，先以白丞相趙公，公諭毋繳，叔進不從。七日乙未，輔臣奏事，上諭曰：『祖謙平日好名則有之，今此編次文海，采取精詳，具如奏議之類，有益於治道。』於是批旨曰：『館閣之職，文史爲先祖謙所進文海，采取精詳，有益治道，故以寵之。可即命詞。』叔進不得已草制曰：『館閣之職，文史爲先。爾編類文海，用意甚深，採取精詳，有益治道。寓直中秘，酬寵良多。爾當知恩之有自，省行之不誣，用竭報焉。』人斯無議，時益公爲禮部尚書兼學士，其月十八日丙午，得旨撰文海序。四月三日辛卯，進呈，乞賜名。上問何以爲名？益公乞名皇朝文鑑。上曰：『善。』時序既成，將刻板，會有近臣密啟云：『所載臣僚奏議，有詆及祖宗政事者，不可示後世。』乃命直院崔大雅更定，增損去留凡數十篇，然迄不果刻也。張南軒時在江陵，移書晦翁曰：『伯恭好弊精神於閑文字中，徒自損何益。如編文海，何補於治道，何補於後學，徒使精力困於翻閱，亦可憐耳！且承當編此等文字，亦非所以承君德也。』今孝宗實錄書此事頗詳，未知何人當筆。其詞云：『初，祖謙得旨校正，蓋上意令校讎差誤而已。祖謙乃奏以爲去取未當，欲乞一就增損。三省取旨，許之。甫數日，上仍命磻老與臨安教官二員同校正，則上意猶如初也。時祖謙已誦言皆當大去取，其實欲自爲一書，非復如上命。議者不以爲可。磻老及教官畏之，不敢與共事，固辭不肯預，而祖謙方自謂得計。及書成，前輩名人之文，蒐羅殆盡，有通經而不能文詞者，亦以表奏廁其間，以自矜黨同伐異之功，薦紳公論皆疾之。及推恩除直秘閣，中書舍人陳騤繳還。比再下，騤雖奉命，然頗詆薄之，祖謙不敢辯也。故祖謙之書上，不復降出云。』史臣所謂通經不能文詞，蓋指伊川也。時侂胄方以道學爲禁，故詆伯恭如此，而牽聯及于伊川。余謂伯恭既爲詞臣醜詆，自當力遜職名，今受之非矣。黃直卿亦以餘言爲然。」（中華書局二〇〇〇年版，頁五九五—五九七）宋羅大經鶴林玉露甲編卷之一文鑑：

「孝宗命呂成公詮擇國朝文章，成公盡繙三館之儲，踰年成編，賜名文鑑。周益公承制撰序云：『建隆、雍熙之際，其文偉；咸平、景德之際，其文博；天聖、明道之詞古；熙寧、元祐之詞達。雖體制互興，源流間出，而氣全理正，其歸則同。』成公爲此書，朱文公、張宣公殊不以爲然，謂伯恭無意思承當，此事便好截下，因以發明人主之學。昔溫公作資治通鑑，可謂有補治道，識者尚惜其枉費一生精力，況文鑑乎？」（中華書局一九八三年版，頁一二）宋陳振孫直齋書錄解題卷一五「總集類」：「皇朝文鑑一百五十卷。呂祖謙編。初，淳熙丁酉，孝廟因觀文海，下臨安府校正刊行，翰苑周必大夜直宣引，偶及之，因奏：『此書江佃類編，（案：宋史作江鈿。）殊無倫理，書坊板行可耳，恐難傳後，莫若委館閣別加詮次。』遂以命祖謙。既成，賜名文鑑，詔必大爲之序。時祖謙已得末疾，遂除直中秘，且賚銀絹各三百。中書舍人陳騤駁之，論皆不行。繼有近臣密啟，云其所取之詩，多言田里疾苦，乃借舊作以刺今；又所載章疏，皆指祖宗過舉，尤非所宜。於是鋟板之議亦寢。周益公序既成，封以遺呂一讀，命藏之。蓋亦未當乎呂之意也。張南軒以爲無補治道，何益後學？而朱晦庵晚歲嘗語學者曰：『此書編次，篇篇有意，每卷首必取一大文字作壓卷，如賦取五鳳樓之類；其所載奏議，亦係一時政治大節，祖宗二百年規模與後來中變之意，盡在其中，非選粹比也。』」（上海古籍出版社一九八七年版，頁四四七—四四八）宋史卷四三四呂祖謙傳：「先是，書肆有書曰聖宋文海，孝宗命臨安府校正刊行。學士周必大言文海去取差謬，恐難傳後，盍委館職銓擇，以成一代之書。孝宗以命祖謙。遂斷自中興以前，崇雅黜浮，類爲百五十卷，上之，賜名皇朝文鑑。」（中華書局一九七七年版，頁一二八七四）

二四　魏王趙愷職位變更

淳熙五年閏六月十二日〔一〕，鎖院，付到熟狀，皇子魏王〔二〕自荊南、集慶軍節度使〔三〕、開府儀同三司〔四〕、行江陵尹、判明州，改成德、彰信軍節度使、行荊州牧。某奏：「彰信是曹州，徽宗曾爲節度使，即位後升興仁府；又親王帶牧，合隨本鎮，今成德軍即眞定府，卻帶荊州牧，非是。」上批：「別擬大鎮，進入選點，更具本鎮帶牧故事來。」某又奏：「去夏魏王除荊南節度使、江陵尹，誤犯端拱中眞宗除授。昔政和中已失檢照〔五〕，今因改鎮，不敢不審。兼兩鎮合帶兩牧，仍隨本鎮。」並於實錄中檢故事以進。夏夜甚短，奏入已三鼓，至四鼓末批出，衹於兩鎮上就本鎮，止帶一牧。某遂擬永興、成德軍節度使、雍州牧進入，頃之點定。然後進草，禁中未就寢以待。（禁中四鼓乃在外三更。）

【箋】

〔一〕淳熙五年閏六月十二日：公元一一七八年七月二十八日。

〔二〕皇子魏王：名愷，孝宗次子，生母郭皇后，莊文太子趙愭同母弟。生於高宗紹興十六年（一一四六），卒於孝宗淳熙七年（一一八〇）。宋史卷二四六宗室列傳三：「（魏王）初補右內率府副率，轉右監門衛大將軍、貴州團練使。孝宗卽位後，拜雄武軍節度使、開府儀同三司，封慶王。莊文太子薨，愷次當立，帝意未決。既而以恭王英武類己，竟立之。加愷雄武、保寧軍節度使，追封魏王，判寧國府。……淳熙元年，徙判明州。……（淳熙四年夏四月）加愷荊南、集慶軍節度使，行江陵尹，尋改永興、成德軍節度使、揚州牧。七年，薨於明州，年三十五。帝素服發哀於別殿，贈淮南武寧軍節度使、揚州牧兼徐州牧，謚惠寧。」（中華書局一九七七年版，頁八七三三——八七三四）

〔三〕節度使：宋史卷一六六職官志六：「節度使。宋初無所掌，其事務悉歸本州知州、通判兼總之，亦無定員，恩數與執政同。初除，鎖院降麻，其禮尤異，以待宗室近屬、外戚、國壻年勞久次者；若外任，除殿帥始授此官，亦止於一員；或有功勳顯著，任帥守於外，及前宰執拜者，尤不輕授。」（中華書局一九七七年版，頁三九四六）另，據宋史卷八八地理志四載，集慶節度使治在亳州，大中祥符七年（一〇一四）建，南渡後沒于金，故此節度使之名應爲虛銜。

〔四〕開府儀同三司：省稱「開府」，爲宋代文官官階，從一品。據宋史卷一六九職官志九記載，開府儀同三司爲元豐改制後官階，改制前稱使相。親王、樞密使、留守、節度使兼侍中、中書令、同平章事者，皆謂之使相。

〔五〕檢照：查看對照。

二五　封侯用郡名

故事：食邑千戶以上封侯〔一〕；若拜相，雖舊爵卑，食邑少，亦徑封侯。蓋五等伯子男用縣名，至侯則升郡。當降旨時，未知所封何郡，第云進封開國侯而已。秦丞相〔二〕薨後，初拜沈守約該〔三〕左相，萬俟元忠卨〔四〕右相。沈爵歸安縣〔五〕，萬俟陽武縣〔六〕，各從其鄉也。既相，合升郡侯，而學士院遂進沈爲歸安郡，萬俟陽武郡。初非郡名，其誤甚矣。當時偶不知改，久之，因進書轉官方能厘正〔七〕。至今遇恩升郡，臣僚院吏及吏部尚復差舛〔八〕，謂如原系吳興縣開國伯，則合云進封吳興郡開國侯，卻云吳興郡進封開國侯。殊無義理，予每爲正之。

【箋】

〔一〕封侯：據宋史卷一六九職官志九載，宋代爵位共有十二級，即王、嗣王、郡王、國公、郡公、開國公、開國郡公、開國縣公、開國侯、開國伯、開國子、開國男。「右封爵，皇子、兄弟封國，謂之親王。親王之子承嫡者爲嗣王。宗室近親承襲，特旨者封郡王。遇恩及宗室祖宗後承襲及特旨者封國公。餘宗室近親並封郡公。其開國公、侯、伯、子、男皆隨食邑：二千戶已上封公，一千戶已上封侯，七百戶已上封伯，五百戶以上封子，三百戶已上封男。見任、前任宰相食邑、實封共萬戶。（嗣王、開國郡公、縣公後不封。）」（中華書局一九七七年版，頁四〇六一）

〔二〕秦丞相：即秦檜。秦檜，字會之。江寧（今江蘇南京）人。生於哲宗元祐五年（一〇九〇），卒於高宗紹興二十五年（一一五五）。徽宗政和五年（一一一五），進士及第。補密州教授。繼中詞學兼茂科，歷太學學正。欽宗靖康元年（一一二六），除職方員外郎。御史中丞李回、翰林承旨吳幵共薦檜，拜殿中侍御史，遷左司諫。未幾，除御史中丞。靖康二年（一一二七），上書金帥反對立張邦昌，並隨徽、欽二帝被擄至金營，爲金主吳乞買之弟撻懶所用。高宗建炎四年（一一三〇）十月，秦檜及其家人，自金營逃至行在臨安。隨後，拜禮部尚書。專與金人解仇議和，實自秦檜始。紹興元年（一一三一）二月，除參知政事。是年八月，拜右僕射、同中書門下平章事兼知樞密院事。紹興二年（一一三二），遭彈劾，乃爲觀文殿學士，提舉江州太平觀。紹興五年（一一三五），與金議和，復資政殿學士，除觀文殿學士、知溫州。紹興六年（一一三六），改知紹興府。尋除醴泉觀使兼侍讀，充行宮留守。紹興八年（一一三八），拜右僕射、同中書門下平章事兼樞密使。趙鼎去相後，秦檜獨專國，決意議和。中朝賢士，以議論不合，相繼而去。紹興十年（一一四〇），王勝、岳飛、張浚諸將奏捷，而秦檜力主班師。以明堂恩封秦檜莘國公。紹興十一年（一一四一）四月，秦檜盡收諸將兵權。六月，拜左僕射、同中書門下平章事兼樞密使，進封慶國公。徽宗實錄成，遷少保，加封冀國公。十月，興岳飛之獄。十二月，殺岳飛。紹興二十二年（一一四二）九月，加太師，進封魏國公。十月，進封秦、魏兩國公。紹興十七年（一一四七），改封益國公。紹興二十五年（一一五五），卒，年六十六。後贈申王，謚忠獻。宋史卷四七三奸臣三之秦檜傳論曰：「檜兩據相位，凡十九年，劫制君父，包藏禍心，倡和誤國，忘讎斁倫。一時忠臣良將，斥鋤略盡。其頑鈍無恥者，率爲檜用，爭以誣陷善類爲功。其矯誣也，無罪可狀，不過曰謗訕，曰指斥，曰怨望，曰立黨沽名，甚則曰有無君心。凡論人章疏，皆檜自操以授言者，識之者曰：『此老秦筆也。』察事之卒，佈滿京城，小涉譏議，卽捕治，中以深文。又陰結內侍及醫師王繼先，伺上動靜。郡國事惟申省，無一至上前者。檜死，帝方與人言之。」（中華書局一九七七年版，頁一三七六三——一三七六四）

〔三〕沈該：宋談鑰纂修嘉泰吳興志卷一七貴賢事實下·歸安縣·沈該：「沈該，字守約。歸安人。（王志）父時升、兄調皆中第，該亦以上舍釋褐。處鄉里以和易謙退稱，每出，人喜見之日（按：應作曰）爲三大夫。紹興八年，金人在淮泗遣使請和，上疏論之，朝奏夕召。後爲禮部侍郎，出知潼川夔府。召還，除參知政事。舊吳興丁身歲輸三十有奇，公奏減五分之四，鄉人德之。公邃于易，撰小傳六卷。其說以左氏變卦爲文，嘗進之高宗，降詔襃（按：同褒）獎，今刻石於其私第。又有文集五十卷、律詩三百五十篇、雜著一百

篇。」（宋元方志叢刊，中華書局一九九〇年影印本，頁四八二五）

〔四〕萬俟卨：字元忠（一作元中）。開封陽武（今河南原陽）人。生於神宗元豐六年（一〇八三），卒於高宗紹興二十七年（一一五七）。登徽宗政和二年（一一一二）上舍第。調相州、潁昌府教授，歷太學録、樞密院編修官、尚書比部員外郎。高宗紹興初，除湖北轉運判官，改提點湖北刑獄，又調湖南轉運判官。時岳飛宣撫荊湖，遇其不以禮，譖岳飛於朝，留爲監察御史，擢右正言。時秦檜謀收諸將兵權，其力助之。張俊歸自楚州，與秦檜合謀擠飛。岳飛父子與張憲俱死，天下冤之。和議成，除參知政事，充金國報謝使。遭劾，遂罷去，尋謫居歸州。遇赦，移沅州。紹興二十五年（一一五五），召還，除參知政事，尋拜尚書右僕射、同中書門下平章事。提舉刊修貢舉敕令格式五十卷、看詳法意四百八十七卷。書進，授金紫光禄大夫，致仕。卒，年七十五，謚忠靖。宋史卷四七四姦臣四之萬俟卨傳稱其「始附檜，爲言官，所言多出檜意；及登政府，不能受鉗制，遂忤檜去。檜死，帝親政，將反檜所爲，首召卨還。卨主和固位，無異於檜，士論益薄之。」（中華書局一九七七年版，頁一三七七一）

〔五〕歸安縣：宋談鑰纂修嘉泰吳興志卷一建置沿革·歸安縣：「望歸安縣，宋太平興國七年，分烏程縣置。據舊圖經載，轉運使高冕奏云：『古吳興郡倚郭管烏程、吳興兩縣。今烏程境太廣，請分置一縣。』從之。時吳越錢氏初歸命，故以歸安爲名。（見舊圖經統記）析烏程之東南十五鄉隸焉，置縣治於州治之東一百二十步，與烏程對治爲倚郭。」（宋元方志叢刊，中華書局一九九〇年影印本，頁四六八三）

〔六〕陽武縣：民國二十五年（一九三六）王尹西陽武縣志序：「陽武爲縣，置於秦。自漢以來，屬河南滎陽、廣武諸郡，管州、鄭州、延州及汴梁路，明屬開封府，清乾隆間改屬懷慶。」（中國方志叢書，成文出版社一九七六年版，頁一）竇經魁等修、耿愔等纂河南省陽武縣志卷一之沿革志：「陽武，古博浪沙地，始見國策。至漢，復見陳丞相世家。而名愈著他邑，或興或廢，獨陽武更數千年，與歷史爲昭者，豈非其人其事與地並重者歟？若夫畫疆分壤，各隨朝代爲轉移史牒，俱在可按而稽也。」（中國方志叢書，成文出版社一九七六年版，頁七九）中國歷史大辭典（歷史地理卷）「陽武縣」條：「秦置。治今河南原陽縣東南。史記·秦始皇本紀：二十九年（前二一八），『始皇東游至陽武博狼沙中，爲盜所驚』，即此。兩漢屬河南郡。西晉屬滎陽郡。北齊廢。隋開皇中復置。屬管州。大業中屬滎陽郡。唐武德四年（六二一）移治原武城，即今河南原陽縣。屬管州。貞觀元年（六二七〇屬鄭州。宋、金屬開封府。元屬汴梁路。明屬開封府。清乾隆四十八年（一七八三）屬懷慶府。一九四九年以原武縣並入，改爲原陽縣。黃河本流經縣北，金明昌五年（一一九四）黃河在此決口，灌封丘縣而東。元、明以後改流經縣南。」（上海辭書出版社一九九六年版，頁三七七）

〔七〕厘正：改正、訂正。宋歐陽修歸田錄卷二：「蓋沿革異時，因循不能厘正也。」

〔八〕差舛：差錯。南朝宋范曄後漢書卷九三律曆志下注補引蔡邕戍邊上章曰：「先治律曆，以籌筭爲本，天文爲驗，請太師舊注，考校連年，往往頗有差舛，當有增損，乃可施行，爲無窮法。」（中華書局一九六五年版，頁三〇八三）

二六　通稱侍從非兩制

北門〔一〕掌內制，西掖〔二〕掌外制，是謂兩制〔三〕。又著令自觀文殿大學士至敷文閣待制爲侍從官。朝廷或詔近臣舉賢議事，多云兩省諫議大夫以上、尚書省侍郎以上，而別言御史中丞、學士、待制，乃爲詳備。近世相承，通稱侍從〔四〕，固已疑混，若泛言兩制，則非矣。

【箋】

〔一〕北門：翰林學士的代稱。宋王溥唐會要卷五七翰林院：「學士院者，開元二十六年之所置，在翰林之南，別戶東向。……至二十六年，始以翰林供奉，改稱學士。由是別建學士院，俾掌內制。」（叢書集成初編第八二二冊，商務印書館一九三六年版，頁九七七）舊唐書卷四三職官志二注曰：「乾封中，劉懿之、劉禕之兄弟、周思茂、元萬頃、范履冰，皆以文詞召入待詔，常於北門候進止，時號北門學士。」（中華書局一九七五年版，頁一八五三）宋程大昌雍錄卷第四之南北學士：「唐世嘗預草制而眞爲學士者，其別有三，太宗之洪文館，元宗之麗正、集賢，開元二十六年以後之翰林，此三地者，皆置學士，則是實任此職，眞踐此官者也。若夫乾封間號爲北門學士者，頁從翰林院待詔中選取能文之士，特使草制，故借學士之名，以爲雅稱，其實此時翰林未置學士，未得與洪文、集賢齒也，故曰北門學士，言其居處在洪文、集賢之北也。其曰北者，大明一宮皆在太極東北，而翰林院又在大明宮之北，觀其地位，謹並北苑牆南，則其入內雖自西銀台，入而皆在洪文、集賢之北也。開元已後，雖于翰林院南別置學士院，正以學士名官，而西院仍在翰林院南，本洪文、集賢，而求其方亦在大明之北，故言翰苑者，亦以北冠之，亦是因仍乾封間所名也。」（中華書局二〇〇二年版，頁七三—七四）

〔二〕西掖：中書或中書省的別稱，此指中書舍人。漢應劭撰、清孫星衍校集漢官儀卷上：「左、右曹受尚書事。前世文士，以中書在右，因謂中書爲右曹，又稱西掖。」（叢書集成初編第八七五冊，商務印書館一九三九年版，頁二一）漢書卷三高后紀：「（朱虛侯）章從（周）勃請卒千人，入未央宮掖門，見產廷中。」唐顏師古注曰：「非正門而在兩旁，若人之臂掖也。」（中華書局一九六二年版，頁一〇二）

〔三〕兩制：宋趙升朝野類要卷二稱謂・兩制：「翰林學士，官謂之內制，掌王言大制誥、詔令、赦文之類。中書舍人謂之外制，亦掌王言凡誥詞之類。」（中華書局二〇〇七年版，頁四四）

〔四〕侍從：宋趙升朝野類要卷二稱謂・侍從：「翰林學士、給事中、六尚書、八侍郎是也。又中書舍人、左右史以次謂之小侍從。又在外帶諸閣學士、待制者，謂之在外侍從。」（中華書局二〇〇七年版，頁四五）

二七　王綸掌內外制

紹興二十四年〔一〕春，直學士院湯公思退〔二〕以禮部侍郎同知貢舉〔三〕。時百官多闕，大抵一人兼數職。凡進士出身皆入試闈〔四〕，獨留監察御史王公綸〔五〕，蓋備拆號〔六〕也。內制既闕官，遂降旨暫權，適草劉婉儀〔七〕進位貴妃制。太上稱其有典誥體，潤筆殆萬緡，賜硯尤奇。秦丞相不樂，遭論列而去。秦薨，召還掌內外制，知樞密院事。垂相而病，除大資政留守金陵，即其鄉也。未第時，兄弟就食府庠，至是人以爲榮，尋卒官。予在西掖，嘗草其致仕制云：「少則歌鹿鳴〔八〕而薦於鄉，老則釋麟符〔九〕而居其里。攷昔人而或有，在近歲以幾希。」贈官制云：「古所謂鄉先生者，沒則祭於社，而後世良二千石，民亦奉祀之，爾於二者蓋兼之。」皆紀實也。

【箋】

〔一〕紹興二十四年：即公元一一五四年。

〔二〕湯思退：字進之，號湘水。處州（今浙江麗水）人。生於徽宗政和七年（一一一七），卒於孝宗隆興二年（一一六四）。高宗紹興十五年（一一四五），進士及第，授建州政和縣令。又中博學宏詞科，除秘書省正字。紹興二十五年（一一五五），由禮部侍郎除端明殿學士、簽書樞密院事，未幾參大政。秦檜病篤，召之內室，贈黃金千兩，不敢受，高宗聞之，以其非秦黨，信用之。紹興二十六年（一一五六），除知樞密院事。紹興二十七年（一一五七），拜尚書右僕射；紹興二十九年（一一五九），進左僕射。紹興三十年（一一六〇），遭侍御史陳俊卿彈劾，罷相，以觀文殿大學士奉祠。孝宗隆興元年（一一六三）十二月，拜左僕射。對金主和，與張浚不睦。有言官極論其急和撤備之罪，又罷相，尋責居永州。又有太學生張觀等七十二人上書，請斬之，故憂悸死。宋史卷三七一湯思退列傳稱其「巧詐」，又稱：「思退始終與張浚不合，浚以雪恥復讐爲志，思退每借保境息民爲口實，更勝迭負，思退之計迄行，然終以不免。敵既得海、泗、唐、鄧，又索商、秦，皆思退力也。」（中華書局一九七七年版，頁一一五三一）

〔三〕同知貢舉：亦稱「權同知貢舉」，宋代省試中協助知貢舉（亦稱「權知貢舉」）主持科舉考試的官員，一般以六部侍郎、給事中、台諫官等臨時充任，每舉兩至三員（最多九員），協助主持考試、評定試卷等，事畢則罷。李燾續資治通鑑長編卷一六「太祖・開寶八年」：「二月……丁卯，知制誥王祜權知貢舉，知制誥扈蒙、左補闕梁周翰、秘書丞雷德驤並權同知貢舉。命權同知貢舉，始此。」（中華書局一九九五年版，頁三三五—三三六）宋史卷一五六選舉志二：「（高宗建炎三年）左司諫唐煇言：『舊制，省試用六曹尚書、翰林學士知貢舉，侍郎、給事中同知貢舉，卿監、郎官參詳，館職、學官點檢，御史監視，故能至公厭人心。』」（中華書局一九七七年版，頁三六二六）

〔四〕試闈：科舉時的考場。宋史卷三七三洪適傳：「應詔上寬恤四事：輕茶額錢，它州代貢禮物，闢試闈以復舊額，蠲官田令不種者輸租。」（中華書局一九七七年版，頁一一五六三）

〔五〕王綸：字德言。生卒年不詳。建康（今江蘇南京）人。幼穎悟，十歲能屬文。高宗紹興五年（一一三五）進士及第，授平江府昆山縣主簿，歷鎮江府、婺州、臨安府教授，權國子正。紹興二十四年（一一五四），以御史中丞魏師遜薦，爲監察御史，與秦檜論事，忤其意，師遜遂劾綸，由此罷去。逾年，知興國軍。秦檜死，召爲起居舍人兼崇政殿說書，尋兼權禮部侍郎。紹興二十六年（一一五六），試中書舍人，兼詩講，與上意合。又兼直學士院，遷工部侍郎，仍兼直院。紹興二十八年（一一五八），除同知樞密院事。紹興二十九年（一一五九）使金，金主不能屈之。綸舊疾作，力丐外，除資政殿大學士知福州。紹興三十年（一一六〇），知建康府兼行宮留守。紹興三十一年（一一六一）八月，卒。贈左光祿大夫，謚章敏。宋史卷三七二有其本传。

〔六〕拆號：將中試考生試卷之彌封拆開。宋周密武林舊事卷二之唱名：「上御集英殿，拆號唱進士名，各賜綠襴袍、白簡、黄襯衫。」（景印文淵閣四庫全書第五九〇冊，臺灣商務印書館二〇〇八年影印本，頁一九一）

〔七〕劉婉儀：即高宗時的劉貴妃。宋史二四三后妃傳：「劉貴妃，臨安人。入宮爲紅霞帔，遷才人，累遷婕妤、婉容，紹興二十四年進賢妃。頗恃寵驕侈，嘗因盛夏以水晶飾腳踏，帝見之，命取爲枕，妃懼，撤去之。淳熙十四年薨。父懋，累官昭慶軍節度使。金人南侵，獻錢二萬緡以助軍興費。懋子允升，紹興末爲和州防御使、知閤門事。奉使還，遷荊州防御使、福州觀察使。」（中華書局一九七七年版，頁八六四九）筆者按，婉儀爲唐宋時嬪妃稱號。宋高承事物紀原卷一帝王后妃部·婉儀：「北史·后妃傳敘曰：『北齊武成、河清中，置婉儀爲八十一御女。唐初亦無。』唐志注云：『明皇置六儀。婉儀其四也。』（按：新唐書卷四十七百官志二作『淑儀、德儀、賢儀、順儀、婉儀』，『婉儀』其五也）至宋朝，眞宗復增置。餘見婉容。」（中華書局一九八九年版，頁二五）宋佚名編宋朝大詔令集卷二一嬪妃一之置淑儀淑容順儀順容婉儀婉容宮司令詔（大中祥符元年正月庚申）：「自今增置淑儀、淑容、順儀、順容、婉儀、婉容並從

一品。」（續修四庫全書第四五六冊，上海古籍出版社一九九五—二〇〇二年影印本，頁一四七）

〔八〕鹿鳴：詩經·小雅首篇，因三章首句均爲「呦呦鹿鳴」而得名。毛詩序云：「鹿鳴，燕群臣、嘉賓也。既飲食之，又實幣帛筐篚，以將其厚意，然後忠臣、嘉賓，得盡其心矣。」（十三經注疏之毛詩正義，上海古籍出版社一九九七年版，頁四〇五）

〔九〕麟符：麟形符節。舊唐書卷四三職官志二：「傳符之制，太子監國曰雙龍之符，左右各十。京都留守曰麟符，左二十，其右一十有九。東方曰青龍之符，西方曰騶虞之符，南方曰朱雀之符，北方曰玄武之符，左四右三。」（中華書局一九七五年版，頁一八四七）宋此山貫治子撰、元王元亮重編唐律釋文卷第一九之「麟符」條注曰：「仁獸也。屬土，其形如牛，腹黄色，一角端有肉。以京師在四方之中，故爲麟符。」（國學基本叢書之唐律疏議附录，商務印書館一九三三年版，頁一七）

二八　降詔不允循故事

故事：正除〔一〕六曹侍郎及雜學士〔二〕以上遇辭免，皆降詔不允，給、舍並權侍郎則否。紹興二十七年〔三〕六月，戶部王侍郎師心〔四〕辭給事中，亦降不允，詔書蓋舊官合答詔也。是歲九月，權禮部賀侍郎允中〔五〕除給事中，辭免，亦降詔，乃誤襲王例，非故事也。三十年正月，權工部王侍郎晞亮〔六〕遷夕拜〔七〕，不復降詔，得之矣。明年九月，權禮部金侍郎安節〔八〕亦遷夕拜，又誤降詔。自後往往無定論，院官隨事申明，改正爲善。

【箋】

〔一〕正除：授以正式官職。宋歐陽修居士集卷三五之集賢院學士劉公墓誌銘：「居三日，正除觀察使，公封還辭頭，不草制，其命遂止。」

〔二〕雜學士：宋代學士繁多，依宋史卷一六八職官志八排序爲：觀文殿（舊曰文明殿）文學士、資政殿大學士、翰林學士、資政殿學士、侍講學士、龍圖閣學士、天章閣學士、樞密直學士、龍圖直學士、天章直學士等。而雜學士又在翰林學士之下。故雜學士應主要包括資政殿學士、侍講學士、龍圖閣學士、天章閣學士、樞密直學士、龍圖直學士、天章直學士等。宋李心傳建炎以來繫年要錄卷八八：「未幾，（范）沖除待制、雜學士、翰林學士、侍讀學士。」（中華書局一九八八年版，頁一四七七）卷一〇一：「故事：如侍郎在職未及二年，止得帶制，今一例除雜學士，太優。」（頁一六四九）宋史卷一六二職官志二：「（三司）使。一人，以兩省五品以上及知制誥、雜學士、學士充。」（中華書局一九七七年版，頁三八〇七）宋司馬光涑水記聞卷第七：「（王欽若）後罷相，爲資政殿學士。故事，雜學士並在翰林學士下。及欽若入朝，上見其位在李宗諤下，怪之，以問左右，左右以故事對。上卽日除欽若資政殿大學士，位在翰林學士上。資政殿大學士自此始。」（中華書局一九八九年版，頁一三五）明沈德符萬曆野獲篇卷七：「宋有龍圖、天章等諸閣，以藏累朝御集。閣必有學士，命曰雜學，以別于翰林。本朝無此。」（中華書局一九五九年版，頁一八五）

〔三〕紹興二十七年：公元一一五七年。

〔四〕王師心：字與道，號適翁。婺州金華（今浙江金華）人。生于哲宗紹聖四年（一〇九七），卒於孝宗乾道五年（一一六九）。徽宗政和八年（重和元年，一一一八），進士及第，授迪功郎，海州沭陽縣尉。宋江犯沭陽，敗之，詔改承奉郎，監信州汭口排岸。高宗紹興元年（一一三一），知福州長溪縣，有政績，除太府寺丞，尋例，罷職事官之待闕者，除幹辦諸司、審計司，行大理寺丞。紹興九年（一一三九），除將作少監，遷樞密院檢詳諸房文字右司左司郎中。紹興十三年（一一四三）郊祀，以爲提點一行事務，遷權工部侍郎，充大金賀生辰使。還未幾，出知袁州。尋提舉江州太平興國宮。紹興二十三年（一一五三），知衢州。後又除知瀘州，中途改知洪州，充江南西路安撫使。秦檜卒後，以不倚見知，除敷文閣待制，知荊南府、荊湖北路安撫使。因在湖南有政聲，召爲戶部侍郎。又化誘愚民，消弭群盜。遷給事中，兼詳定一司敕令，兼侍讀，遷權吏部尚書，進讀三朝寶訓終篇。紹興二十八年（一一五八），爲顯謨閣直學士，知紹興府事，兼浙東安撫使。紹興三十年（一一六〇），知福州，充福建路安撫使。孝宗隆興元年（一一六三），提舉江州太平興國宮。隆興二年（一一六四），知湖州。乾道元年（一一六五），提舉江州太平興國宮，乃進左朝奉大夫，致仕。乾道五年（一一六九），卒於里第，年七十有三。詔贈特進。著有易說。宋王應辰文定集卷二三顯謨閣學士王公墓誌銘稱其「敦厚寬裕，詞氣穆然，不見喜慍。遇事精詳，必審其可而後發，不爲表襮以求赫赫。」（叢書集成初編第一九八九冊，商務印書館一九三五年版，頁二八〇）

〔五〕賀允中：字子忱。眉州青神（今四川青神）人，移籍蔡州汝陽（今河南汝南）。生於哲宗元祐五年（一〇九〇），卒於孝宗乾道四年（一一六八）。徽宗政和五年（一一一五），進士及第。任潁昌府學教授，辟雍錄，遷正及博士，國子監、宗正寺丞，入秘書省爲校書著作郎，假太常少卿，使金國賀正旦，遷司門員外郎，致仕。高宗紹興八年（一一三八），始得用爲江西安撫制置大使司參議官。紹興九年（一一三九），入爲倉部郎，轉吏部。請外，除福建路轉運副使，又爲福建安撫使參議官。除禮部侍郎，實錄院修撰，接伴金國賀正人使，兼侍講，俄拜給事中。後遷吏部尚書，兼修國史，進侍讀。紹興十九年（一一四九），除參知政事，踰年告老。孝宗隆興二年（一一六四），復起知樞密院事兼參知政事，俄罷，以資政殿大學士致仕。乾道四年（一一六八）卒，年七十九。謚清簡。著有文集奏議若干卷。參見宋韓元吉南澗甲乙稿卷二〇資政殿大學士左通議大夫致仕賀公墓誌銘（叢書集成初編第一九八三冊，商務印書館一九三七年版，頁四〇〇—四〇五）。

〔六〕王晞亮：字季明。興化軍莆田（今福建莆田））人。宣和初貢入太學，九試皆第一，升上舍。高宗紹興元年（一一三一）釋褐，賜同進士出身。歷建、汀二州教授、西外宗學教授，遷敕令所刪定官，權太學博士。以不附秦檜，罷爲福建安撫司幹當官。紹興二十六年（一一五六），除國子監丞，守吏部員外郎，權工部侍郎兼國子祭酒。紹興三十年（一一六〇），試給事中兼侍讀。尋乞祠，提舉江州太平興國宮。起知漳州。官終秘閣修撰致仕。清陸心源宋史翼卷九引福建通志之王晞亮傳稱其「天性忠純，長身方面，高宗嘗器之曰：『南人乃有北人骨相，然素惡進不由道，故多積忤。』」（中華書局一九九一年版，頁一〇二）

〔七〕夕拜：漢代黃門侍郎、唐代給事中的別稱，亦謂之夕郎。此當指給事中（按：宋代的給事中，在神宗元豐改制前爲寄祿官，改制後爲職事官，正四品）。漢衛宏漢官舊儀卷上：「黃門郎屬黃門令，日暮入對青鎖門拜，名曰夕郎。」（叢書集成初編第八一一冊，商務印書館一九三九年版，頁三）宋高承事物紀原卷五三省綱轄部·夕拜：「漢給事中故事，每日暮時，入對青瑣門拜，故謂之夕拜，亦爲夕郎。」（中華書局一九八九年版，頁二三六）宋洪邁容齋四筆卷第一五之官稱別名：「唐人好以它名標榜官稱……給事郎爲夕郎、夕

拜。」（中華書局二〇〇五年版，頁八一七）

〔八〕金安節：字彦亨。祖籍京兆（今陝西西安），唐末遷至歙州休寧（今安徽休寧）。生於哲宗紹聖二年（一〇九五），卒於孝宗乾道七年（一一七一）。徽宗宣和六年（一一二四），進士及第，調洪州新建縣主簿。紹興初，丞相范宗尹引爲刪定官。紹興五年（一一三五），除司農丞。紹興六年（一一三六）夏，遷倉部郎官。紹興七年（一一三七），除監察御史，又遷殿中侍御史。劾秦檜兄梓附麗梁師成，檜銜之。檜死，起知嚴州，除浙西提刑，入大理少卿。紹興十九年（一一四九）四月，徙宗正少卿，八月，遷禮部侍郎。紹興二十年（一一五〇），遷侍講，九月，遷給事中。孝宗即位，拜兵部侍郎，欲決去，以敷文閣學士提舉太平興國宫。隆興二年（一一六四）正月，除吏部侍郎兼權尚書，四月，除吏部尚書，兼侍讀。以敷文閣士致仕。乾道七年（一一七一）正月卒，年七十七。官至中奉大夫，遺表聞贈通奉大夫，爵休寧縣開國子，累贈開府同三司、少保。謚忠肅。宋史卷三八六有其本傳。著有文集三十卷、奏議十卷。參見其子金文剛所作肅金公安節家傳（新安文獻志卷七三，景印文淵閣四庫全書第一三七六冊）

卷下

二九　諮報

諮報〔一〕見於金坡遺事。元豐三年八月丙申〔二〕，亦詔於尚書省、樞密院用諮報，至今守之。其制：首題學士院諮報尚書省或中書、門下、樞密院，次入詞云云，末云「右謹具諮報某省，伏候裁旨」，後題年月，學士押字。雖中間權臣用事，官失其職，獨此不廢。又三省、密院于百司〔三〕例用劄付〔四〕，惟學士院云劄送，他官司得省劄，必前連片紙書所受月日，乃敢押字，惟學士院徑判押其首。又，吏魁〔五〕有錄事曹〔六〕、按日房①，皆稍擬中書，尊內庭也。

【校】

①按日房：明鈔本作「按曰房」，四庫單行本作「案曰房」，四庫文忠集本與傅校本均作「按日房」。

【箋】

〔一〕諮報：亦作「咨報」，唐宋時學士院送達三省、樞密院的公文。宋江少虞宋朝事實類苑卷第二九之諮報：「唐人奏事，非表非狀者，謂之榜子，亦謂之錄子，今謂之劄子。凡群臣百司上殿奏事，兩制以上非時有所奏陳，皆用劄子。中書樞密院事，有不降宣敕者，亦用劄子，與兩府自相往來亦然。若百司申中書，皆用狀，惟學士院用諮報，其實如劄子，亦不出名，但當直學士一人押字而已，謂之諮報，（今俗謂草書書名爲押字也。）此唐學士舊規也。唐世學士院故事，近時隳廢殆盡，惟此一事在爾。」（上海古籍出版社一九八一年版，頁三六八—三六九）宋洪邁容齋隨筆卷九之翰林故事：「公文至三省不用申狀，但尺紙直書其事，右語云：『諮報尚書省，伏候裁旨，月日押。』謂之諮報。」宋陸遊老學庵筆記卷七：「學士院移文三省名『諮報』，都司移文六曹名『刺』。」（中華書局一九七九年版，頁八八）宋史卷一六二職官志二：「凡奏事用榜子，關白三省、樞密院用諮報，不名。」（中華書局一九七七年版，頁三八一二）另外，所謂申狀，宋陸遊老學庵筆記卷四：「見任執政爲宣撫使，舊用劄子，關三省、樞密院押字而已，王公明參政始改用申狀。……制置使移文宣撫司，當用申狀，而倔強不伏。」（中華書局一九七九年版，頁四二）宋葉夢得石林燕語卷三：「至於府縣官見長吏，諸司僚屬見官長，藩鎮入朝見宰相及台參，則用公狀，前具銜，稱『右某謹祇候』，『某官伏聽處分』，『牒件狀如前，謹牒』。此乃申狀，反開狀也。」（中華書局一九八四年版，頁三二）

〔二〕元豐三年八月丙申：即元豐三年八月初六，公元一〇八〇年八月二十三日。

〔三〕百司：百官。宋周密武林舊事卷第一之大禮：「黎明，上御玉輅，從以四輅（金、象、革、木），導以馴象，千官百司，法駕儀仗，錦繡雜遝，蓋十倍孟饗之數，聲容文物，不可盡述。」（景印文淵閣四庫全書第五九〇册，臺灣商務印書館二〇〇八年影印本，頁一七八）

〔四〕劄付：宋代三省、樞密院向六部及屬官行文謂之劄付。宋史卷一六七職官志七：「凡宰執帶三省、樞密院事出使，行移文字劄六部，六部行移卽具申狀。如從官任使、副，合申六部，六部行移卽用公牒。」（中華書局一九七七年版，頁三九五八）

〔五〕吏魁：長官。宋周密武林舊事卷二元夕：「吏魁以大囊貯楮券，凡遇小經紀人，必犒數千，謂之『買市』。」（景印文淵閣四庫全書第五九〇册，臺灣商務印書館二〇〇八年影印本，頁一九四）此指學士院長官。

〔六〕錄事曹：卽錄事參軍，掌州院衆務（刑獄機構），並爲諸曹之首，有糾察戶曹、司法、司理諸曹稽違之責。宋史卷一六七職官志七：「舊制：錄事參軍掌州院庶務，糾諸曹稽違。」（中華書局一九七七年版，頁三九七六）此指學士院掌管文書的屬官。

三〇　內制多避兩府親嫌

祖宗時，內制多避兩府親嫌，亦有不許避者，蘇文忠公〔一〕之于弟文定公〔二〕是也。然終不自安，乞郡而去。紹興初，范元長①沖〔三〕除學士，以趙丞相鼎〔四〕姻家，特復置侍讀學士以處②之。及秦丞相檜當國，兄梓〔五〕實爲學士，子熺〔六〕繼爲學士承旨，亦嘗爲禮部侍郎。雖並緣元祐故事，其實非也。

【校】

①長：明鈔本、四庫文忠集本、傅校本作「長」，四庫單行本作「良」。

②處：明鈔本作「䖏」，四庫單行本、四庫文忠集本、傅校本均作「處」。筆者按，「䖏」與「處」互爲異體字。

【箋】

〔一〕蘇文忠公：即蘇軾。蘇軾，字子瞻，又字和仲，號鐵冠道人、東坡居士。眉州眉山（今四川眉山）人。生於仁宗景祐四年（一〇三七），卒於徽宗建中靖國元年（一一〇一）。父蘇洵遊學四方，母程氏親授以書，聞古今成敗，輒能語其要。比冠，博通經史，好賈誼、陸贄書。仁宗嘉祐二年（一〇五七），進士及第，得歐陽脩激賞。嘉祐五年（一〇六〇），調福昌主簿。歐陽脩以才識兼茂，薦之秘閣。除大理評事、簽書鳳翔府判官。英宗治平二年（一〇六五），入判登聞鼓院。英宗自藩邸聞其名，欲以唐故事召入翰林，知制誥。及試二論，復入三等，得直史館。神宗熙寧二年（一〇六九），除服還朝。時王安石創行變法，熙寧四年（一〇七一）蘇軾上書論其不便，自請外，通判杭州。熙寧七年（一〇七四）徙知密州。熙寧十年（一〇七七），知徐州。元豐二年（一〇七九），知湖州。期間，烏台詩案起，被貶黃州團練副使，築室東坡，自號東坡居士。神宗崩，哲宗立，復朝奉郎、知登州，召爲禮部郎中，遷起居舍人。哲宗元祐元年（一〇八六），遷中書舍人，尋除翰林學士。元祐二年（一〇八七），兼侍讀。元祐三年（一〇八八），權知禮部貢舉。元祐四年（一〇八九），積以論事，爲當軸者所恨，請外拜龍圖閣學士、知杭州。在杭州築堤，人稱蘇公堤，有政聲。元祐六年（一〇九一），召爲吏部尚書，未至。以弟轍除右丞，改翰林承旨。轍辭右丞，欲與兄同備從官，不聽，軾在翰林數月，復以讒請外，乃以龍圖閣學士出潁州。元祐七年（一〇九二），徙揚州。未閱歲，以兵部尚書召兼侍讀。元祐八年（一〇九三），宣仁后崩，哲宗親政，軾乞補外，以兩學士出知定州。紹聖初，御史論軾掌内外制，以本官知英州，尋降一官，未至，貶寧遠軍節度副使，惠州安置。居三年，又貶瓊州別駕，居昌化。昌化，故儋耳地。徽宗立，移廉州，改舒州團練副使，徙永州。更三大赦，遂提舉玉局觀，復朝奉郎。徽宗建中靖國元年（一一〇一），卒於常州，年六十六。高宗即位，贈資政殿學士，崇贈太師，謚文忠。東坡於詩、詞、文、書諸方面均有建樹，著有東坡七集、東坡易傳、東坡樂府。宋史卷三三八有其本傳。

〔二〕文定公：即蘇軾之弟蘇轍。蘇轍，字子由，一字同叔，晚號潁濱遺老。生於仁宗寶元二年（一〇三九），卒於徽宗政和二年（一一一二）。仁宗嘉祐二年（一〇五七），與兄蘇軾同登進士科，又同策制舉。初授商州軍事推官。嘉祐三年（一〇五八），爲大名推官。神宗即位後，論多與王安石相牾，爲河南推官。從張方平，爲陳州教授。神宗熙寧三年（一〇七〇），授齊州掌書記。又三年，改著作佐郎。復從張方平簽書南京判官。居二年，坐烏台詩案，謫監筠州鹽酒稅，五年不得調。移知績溪縣。哲宗立，以秘書省校書郎召。元祐元年（一〇八六），爲右司諫。又遷起居郎、中書舍人，進戶部侍郎，代兄蘇軾爲翰林學士，尋權吏部尚書。使契丹歸，爲御史中丞。元祐六年（一〇九一），拜尚書右丞，進門下侍郎。後落職知汝州，責知袁州，又降朝議大夫、試少府監，分司南京，筠州居住。紹聖三年（一〇九六），又責化州別駕，雷州安置，移循州。徽宗即位，徙永州、岳州，已而復太中大夫，提舉鳳翔上清太平宮。崇寧中，蔡京當國，又降朝請大夫，罷祠，居許州，再復太中大夫致仕。築室於許，號潁濱遺老。政和二年（一一一二），卒，年七十四。追復端明殿學士。孝宗淳熙中，謚文定。宋史卷三三九有其本傳。所著詩傳、春秋傳、古史、老子解、欒城文集並行於世。

〔三〕范元長沖：名沖，字元長。成都華陽（今四川成都）人。生於英宗治平四年（一〇六七），卒於高宗紹興十一年（一一四一）。父范祖禹。哲宗紹聖元年（一〇九四），進士及第。靖康中，累官至提舉淮西茶鹽公事。高宗即位，召爲虞部員外郎，俄出爲兩淮轉運副使。紹興四年（一一三四），召爲宗正少卿兼直史館。重脩神宗實錄、哲宗實錄。脩神宗實錄，爲考異一書，明示去取，舊文以墨書，刪去者以黄書，新脩者以朱書，世號「朱墨史」。脩哲宗實錄，別爲一書，名辨誣錄。遷起居郎。俄開講筵，升兼侍讀。又以徽猷閣待制提舉建隆觀，爲資善堂翊善。俄遷翰林學士兼侍讀，衝力辭，改翰林侍讀學士，是在紹興六年（一一三六）。尋以龍圖閣直學士奉祠。卒，年七十五。宋史卷四三五本傳稱其「性好義樂善，司馬光家屬皆依沖所，沖撫育之；爲光編類記聞十卷奏御，請以光之族曾孫宗召主光祀。又嘗薦尹焞自代云。」（中華書局一九七七年版，頁一二九〇六）著有春秋左氏講義、宰輔拜罷錄等，今不存。

〔四〕趙丞相鼎：字元鎮，號得全居士。解州聞喜（今山西聞喜）人。生於神宗元豐八年（一〇八五），卒於高宗紹興十七年（一一四七）。幼孤，母樊氏教之，通經史百家之書。徽宗崇寧五年（一一〇六），進士及第。累官爲河南洛陽令，宰相吳敏知其能，擢爲開封士曹。高宗即位，除權戶部員外郎。知樞密院張浚薦之，除司勳郎官。上疏斥王安石變法，擢右司諫，又遷殿中侍御史。又請下詔切責韓世忠，遂遷侍御史。建炎三年（一一二九），北兵至江上，上幸會稽，召台諫議去留，鼎陳戰、守、避三策，拜御史中丞。與宰相呂頤浩相牾，改翰林學士、吏部尚書，均不拜。建炎四年（一一三〇），呂頤浩罷相，詔復爲御史中丞，除端明殿學士、簽書樞密院事。因言辛企宗忤旨，除知平江府，尋改知建康，又移知洪州，又召拜參知政事。除知樞密院、川陝宣撫使，不就，改都督川、陝諸軍事。同年九月，拜尚書右僕射、同中書門下平章事兼知樞密院事。紹興五年（一一三五），趙鼎守左僕射知樞密院事、張浚守右僕射兼知樞密院事，都督諸路軍馬。薦范沖爲翊善、朱震爲贊讀。監脩神宗實錄、哲宗實錄，是非各得其正。紹興七年（一一三七），高宗幸建康，以萬壽觀使兼侍讀召之，入對，拜尚書左僕射、同中書門下平章事兼樞密使，進四官。秦檜當國，與之不睦，以忠武節度使出知紹興府，尋加檢校少傅，改奉國軍節度使。秦檜惡其逼己，徙知泉州，又謫官居興化軍，移漳州。又責清遠軍節度副使，潮州安置。在潮五年，杜門謝客，時事不掛口。中丞詹大方誣其受賄，屬潮守放編置人移吉陽軍。在吉陽三年，潛居深處，門人故吏皆不敢通問。遺言屬其子乞歸葬，遂不食而死，時紹興十七年（一一四七）。孝宗即位，謚忠簡，贈太傅，追封豐國公。高宗祔廟，以其配享廟廷。有得全集行於世。宋史卷三六〇本傳稱其爲中興賢相之首。

〔五〕兄梓：秦梓，字楚材。江寧（今江蘇南京）人。生年不详，卒於高宗紹興十六年（一一四六）。檜之兄。清呂燕昭脩、姚鼐纂嘉慶新脩江寧府志卷三八人物五：「秦梓，字楚材。江寧人。少有才名，登宣和間進士，授太學錄，擢樞密院編脩。歷知台、秀、袁、太平、常、湖六州。除翰林學士，出知宣州，民詣闕請留。再移湖州，致仕歸。檜當國，梓惡其所爲，遂自江寧徙家溧陽。」（中國地方志集成·江蘇府縣志輯1，江蘇古籍出版社一九九一年影印本，頁三九五）

〔六〕熺：即秦檜之子秦熺。秦熺，字伯陽。江寧（今江蘇南京）人。生於徽宗政和七年（一一一七），卒於高宗紹興三十一年（一一六一）。秦熺本爲秦檜妻兄王喚之子，因秦檜妻王氏無子，遂過繼。高宗紹興十二年（一一四二），進士及第。爲行秘書郎、秘書少監。紹興十三年（一一四三），建炎以來日曆成。自秦檜再相，凡前罷相以來詔書章疏稍及秦檜者，率更易焚棄，日曆、時政亡失已多，是後記錄皆秦熺筆，無復有公是非矣。紹興十五年（一一四五），除翰林學士兼侍讀。紹興十八年（一一四八），除知樞密院事。紹興二十年（一一五〇），加少保。紹興二十三年（一一五三），進少傅，封嘉國公。紹興二十四年（一一五四），秦檜疾篤，其家秘不以聞，謀以子秦熺代相，未果。紹興二十五年（一一五五），進少師，致仕。紹興三十一年（一一六一）二月，卒，贈太傅。三月，奪其贈官及遺表恩賞。秦熺同其父，亦好詩，先用朱敦儒子爲删定官，復除朱敦儒鴻臚少卿。秦檜死，朱敦儒亦廢。宋史卷四七三有其附傳。

三一　兼權學士院

國初，凡爲學士，官至八座〔一〕，已罷職或再來直院。神宗改官制後，中丞〔二〕並權六曹尚書〔三〕。若兼内制，亦止云直學士院，舒亶〔四〕等是也。中興初，詹乂①〔五〕已爲龍圖閣〔六〕學士，猶曰權直院，其他如正侍郎以下多帶兼權，汪藻等是也。厥後程克俊〔七〕、林待聘〔八〕、楊願〔九〕等，初以給、舍兼權，稍久乃落權字，以爲恩數〔一〇〕。至正尚書則帶兼權學士，胡交修〔一一〕等是也。乾道三年〔一二〕，洪景盧邁〔一三〕奏請，自庶官遷侍從，便落權字，正兼直院，故先以起居郎〔一四〕權直院，既遷中書舍人〔一五〕，即落權字。庚寅〔一六〕秋，予以少蓬〔一七〕兼權直院，明年正除權禮部侍郎，吏引近制申明，合正爲直院。予固抑之，兼權如故。翰長王日嚴曮〔一八〕亦不復問，其後王季海淮以太常少卿〔一九〕兼權直院，既除三字，即徑落權，遂爲定例。淳熙五年〔二〇〕十二月，某自翰林遷禮書，乃正兼學士，蓋上所兼之官在正官下者皆不帶權，非舊例也。六年十一月，遷吏書，又升兼學士承旨，且有内批付院，云天官事繁，今後非特旨撰述，其餘並免。

【校】

①詹乂：明鈔本作「詹又」，四庫文忠集本、四庫單行本、傅校本均作「詹乂」。

【箋】

〔一〕八座：當指六曹尚書及左、右丞。宋高承事物紀原卷五三省綱轄部：「後漢以六曹尚書並令、僕爲八座，梁、齊亦有稱。唐至宋，令、僕爲宰相，故六尚書及左、右丞爲八座。蓋其事自漢東京始也。」（中華書局一九八九年版，頁二四一）宋趙與時賓退錄卷六：「後漢以六曹尚書並令、僕爲八座。魏以五曹尚書、二僕、一令爲八座。唐太宗嘗歷尚書令，人臣不敢居此官。職林猶謂唐與隋同。竇蘋新唐書音訓則謂唐以兩僕射、六尚書爲八座。高承事物紀原又謂隋唐至今令僕射爲宰相，故六尚書及左右丞爲八座。未知孰是。」（叢書集成初編第三一五冊，商務印書館一九三九年版，頁七四）文獻通考卷五二職官考六：「後漢以六曹尚書並令、僕二人謂之八座。魏以五曹尚書、二僕射、一令爲八座。宋、齊八座與魏同。隋以六尚書、左右僕射及令爲八座。唐與隋同。」又注曰：「凡歷代尚書，有五曹則兼以二僕射、一令爲八座；有六曹則以左、右僕射爲一座，兼令共爲八座，若有六曹而左、右僕射並闕，則以尚書僕射及令爲八座；若尚書唯有五曹，又無左、右僕射，則不備矣。」（中華書局一九八六年影印本，考四七三）

〔二〕中丞：宋高承事物紀原卷五持憲儲闈部：「漢初御史大夫有兩丞，一曰御史丞，一曰中丞。初學記曰：秦官，漢因之。謂之中者，以其別在殿中，掌蘭台秘書，外督部刺史，內領侍御史，故云。成、哀間更名御史長史，光武復曰中丞。」（中華書局一九八九年版，頁二四八）詳見卷上「御史台」條注。

〔三〕六曹尚書：卽六部尚書，沿用漢晉之謂稱之六曹尚書。據晉書卷二四職官志第十四記載，漢武帝時，置尚書，以宦者主中書。漢成帝建始四年（按：前二九），罷中書宦者，置尚書五人，一人爲僕射，四人分爲四曹，卽常侍曹、二千石曹、民曹、客曹，後又置三公曹，謂之五曹。漢光武帝改常侍曹爲吏部曹，與三公曹、民曹、客曹、二千石曹、中都官曹，合爲六曹。此時，尚書雖有曹名，不以爲號。漢靈帝以侍中梁鵠爲選部尚書，於此始見曹名。魏晉時期，多有變更。如魏改選部爲吏部，與左民、客曹、五兵、度支合稱五曹尚書。晉置吏部、三公、客曹、駕部、屯田、度支六曹。太康中，有吏部、殿中及五兵、田曹、度支、左民爲六曹尚書。又據隋書卷二七百官志中載，尚書省置令、僕射及吏部、殿中、祠部、五兵、都官、度支等六尚書。其六尚書，分統列曹。又據舊唐書卷四三職官志二載，尚書省置令、左右僕射及吏、戶、禮、兵、刑、工六部等。六部各置尚書一員，正三品。宋代仍置吏部、戶部、禮部、兵部、刑部、工部等六部尚書。元豐改制前爲寄祿官，不領本部事。雖不登二府，亦循途而遷。元豐改制後，六部尚書爲職事官，始領本部事，吏部尚書官階爲金紫光祿大夫，正二品，其它五部官階爲銀青光祿大夫，從二品。宋王明清揮麈餘話卷之二：「國朝以來，六曹尚書寄祿，今之金紫銀青光祿大夫之官也。……元豐官制後易今名，……」（中華書局一九六一年版，頁三一八—三一九）

〔四〕舒亶：字通道，號懶堂。明州慈溪（今浙江慈溪）人。生於仁宗慶曆元年（一〇四一），卒於徽宗崇寧二年（一一〇三）。英宗治平二年（一〇六五）進士及第，試禮部第一。調臨海尉。神宗時王安石當國，遷審官院主簿、奉禮郎，擢太子中允、提舉兩浙常平。元豐初，權監察御史里行，加集賢校理，同李定劾蘇軾作爲歌詩譏訕時事，釀成「烏台詩案」。未幾，同脩起居注，改知諫院。進知雜御史、判司農寺，超拜給事中、權直學士院。逾月，爲御史中丞。舉劾多私，氣焰熏灼，見者側目。在翰林，受廚錢越法，三省以聞，事下大理獄。坐微罪廢斥，遠近稱快。哲宗卽位，授保康軍節度副使。徽宗卽位，起知無爲軍，復以言者罷。久之，知南康軍。崇寧初，辰州蠻叛，以直龍圖閣知荊南府，以功除龍圖閣待制。明年卒，贈直學士。有舒懶堂詩文存三卷、舒學士詞（趙萬里輯）一卷存世。東都事略卷九八，宋史卷三二九有其本傳。

〔五〕詹乂：清令狐亦岱等脩、沈鹿鳴等纂乾隆三十二年（一七六七）縉雲縣志卷之六人物志·名臣：「詹乂，字持國。以直亮文學著。徽宗嘗呼先生而不名，比使至，每問曰：『詹又（按：或疑乂字）在否？』蓋以乂爲又字也。累官至兵部尚書、給事中，歷仕四朝，靜正忠鯁，爲時所忌，國丐休。高宗以其恬退有守，進端明殿學士，主管洞霄宮，以寵其歸。時汪藻承制，謂乂勁直多聞，確有所守遵聖語也。後高宗對執政，語曰：『詹乂文章泰山北斗，欲大用之。』累召不起。卒謚惠安。」（成文出版社一九八三年影印本，頁三〇八—三〇九）建炎以來繫年要錄卷三：「（建炎元年三月）戊戌，……顯謨閣待制……詹乂並權直學士院。」（叢書集成初編第三八七一册，商務印書館一九三六年版，頁六九）卷四：「（建炎元年夏四月）辛酉，……徽猷閣待制提舉醴泉觀權直學士院詹乂罷，從所請也。」

（頁九二）卷二二：「（建炎元年夏四月）庚戌，……國子祭酒詹乂爲龍圖閣直學士，提舉萬壽觀兼侍講。」（頁四六六）卷二三：「（建炎三年五月）壬辰，徽猷閣直學士、提舉萬壽觀兼侍講詹乂，兼權直學士院。」（頁四八六）卷二五：「（建炎三年秋七月）癸未，龍圖閣直學士、提舉萬壽觀兼侍講、兼權直學士院詹乂，引疾丐祠。上嘉其恬退，詔升徽猷閣學士、提舉杭州洞霄宮。」（頁五〇七）卷六七：「（紹興三年秋七月）丁巳，徽猷閣直學士詹乂試給事中。」（頁一一二七）卷六八：「（紹興三年九月）丙寅，詹又（筆者按：當爲乂）復爲徽猷閣學士，提舉臨安府洞霄宮，以言者論其昏耄也。」（頁一一五二）宋徐夢莘三朝北盟會編卷八七靖康中帙六二：「靖康小雅曰：……同時，大臣如……詹乂……之徒，或失節求存，或叛爲賊（改作敵）用，或乘勢爲奸利，或托疾病而不出，或緘默坐視。」（上海古籍出版社一九八七年影印本，頁六五二）卷八九靖康中帙六四：「張邦昌以徽猷閣待制，提舉醴泉觀、權直學士院。詹乂罷直學士院，權直學士院。中書舍人孫覿令日下供職。」（頁六六四）

〔六〕龍圖閣：宋吴處厚青箱雜記卷三：「本朝太宗御書及典籍、圖畫、寶瑞之物，並藏於龍圖閣，而閣有學士、直學士、待制、直閣。故景德初，杜鎬、戚綸爲龍圖閣待制，不數年，鎬遷龍圖閣直學士，班在樞密直學士下。至祥符中，鎬又遷龍圖閣學士，而班在樞密直學士上，則本朝龍圖閣待制、龍圖閣直學士、龍圖閣學士，皆自杜鎬始也。又祥符末年，以崇文院檢討馮元爲太子中允、直龍圖閣，則本朝直龍圖閣，自馮元始也。」（中華書局一九八五年版，頁二八）宋方勺泊宅編卷上：「舊制，直龍圖閣謂之『假龍』，龍圖閣待制謂之『小龍』，龍圖直學士謂之『大龍』，龍圖閣學士謂之『老龍』。然帶此職例呼『龍圖』。近歲，本閣學士朝廷尤重之，少曾除授，有授此職者，遂呼『龍圖』。」（中華書局一九八三年版，頁七三—七四）宋孟元老東京夢華錄卷之一引百歲寓翁楓窗小牘（上）曰：「又有龍圖閣。下有資政、崇和、宣德、述古四殿。」（中華書局一九八二年版，頁三三）又引周城宋東京考（二）：「龍圖閣。大中祥符中建。在會慶殿西偏。北連禁中。閣東曰資政殿。西曰述古殿。閣上奉太宗御書、御制文集及典籍圖畫寶瑞之物。宗正寺所進屬籍世譜。有學士、直學士、待制、直閣學士。並赴内殿起居。」（中華書局一九八二年版，頁三六）宋葉夢得石林燕語卷六：「祥符中，始建龍圖閣，以藏太宗御集。天禧初，因建天章、壽昌兩閣於後，而以天章藏御集，虚壽昌閣未用。慶曆初，改壽昌爲寶文，仁宗亦以藏御集，二閣皆二帝時所自命也。神宗顯謨閣，哲宗徽猷閣，皆後追建之，惟太祖、英宗無集，不爲閣。」（中華書局一九八四年版，頁八二—八三）宋李攸宋朝事實卷九：「龍圖閣學士一員（〔原注〕大中祥符三年置），龍圖閣直學士七員（〔原注〕內一員兼，景德四年置），龍圖閣待制三員（〔原注〕景德元年置），直龍圖閣五員（〔原注〕大中祥符九年置）。」（叢書集成初編，商務印書館一九三六年版，頁一四五）宋史卷一六二職官志二：「龍圖閣學士　直學士　待制　大中祥符中建。在會慶殿西偏，北連禁中，閣東曰資政殿，西曰述古殿。閣上以奉太宗御書、御制文集及典籍、圖畫、寶瑞之物，及宗正寺所進屬籍、世譜。有學士、直學士、待制、直閣等官。學士，大中祥符三年置，以杜鎬爲之，班在樞密直學士上。六年，詔結銜在本官之上。直學士，景德四年置，以杜鎬爲之，班在樞密直學士下。祥符六年，詔結銜在本官之上。待制，景德元年置，以杜鎬、戚綸爲之，並依舊充職。四年，詔班在知制誥下，並赴內殿起居。自改官制，爲學士初復之職，或知制誥平出除之。」（中華書局一九七七年版，頁三八一九）

〔七〕程克俊：字元籲。祖籍徽州歙縣（今安徽歙縣），其先遷饒州浮梁（今江西浮梁），故爲浮梁人。生於哲宗元祐四年（一〇八九），卒於高宗紹興二十七年（一一五七）。宣和六年（一一二四）進士及第。初調湖州（今浙江吳興）理（一作「刑」）曹，除興慶院教授，遷太學博士，權太學正，授紹慶軍節度判官，改敕令所刪定官。紹興三年（一一三三），除國子監丞。紹興五年（一一三五），授尚書駕部員外郎，歷工部員外郎、兵部員外郎、右朝請大夫。丁外艱，除服，召對，論事切直。紹興九年（一一三九），擢起居舍人兼左右司，拜起居郎、中書舍人兼侍講，權直學士院。因其謹慎周密，紹興十年（一一四〇），擢給事中，兼權直學士院。紹興十二年（一一四二），貢舉考博學宏詞科，得洪遵、沈介、洪適，兼資善堂翊善，並充翰林學士。是年冬，拜端明殿學士、簽書樞密院事、權參知政事、同提舉編脩玉牒。紹興十三年（一一四三），以疾請辭不已，乃拜資政殿學士，仍提舉臨安府洞霄宮以歸。紹興二十五年（一一五五）底，知建康府。紹興二十六年（一一五六）夏四月，知湖州府；六月，再拜參知政事。紹興二十七年（一一五七）八月卒，年六十有九。贈官至銀青光祿大夫，爵位至鄱陽郡開國侯，孝宗淳熙九年（一一八二）謚章靖。有文集五十卷、內外制集二十卷、易通解十卷。

〔八〕林待聘：字紹伊，自號純白居士。溫州平陽（今浙江平陽）人。生於哲宗元祐四年（一〇八九），卒於高宗紹興二十二年（一一五二）。徽宗政和五年（一一一五）上舍及第。清李琬脩、齊召南等纂乾隆溫州府志卷二〇人物·名臣：「林待聘，字紹伊。杞從子。登政和第，爲湖南提舉司幹。李綱鎮長沙，一見與語，喜曰：『王佐才也！』除刪定官。高宗幸永嘉，執政薦之，擢太常博士，進校書郎。秦檜設脩政局，未幾，議廢。待聘上言……。遷左司郎，知處州，歷知衢州、婺州，抉摘幽隱，吏不敢欺，民爲立祠，終敷文閣直學士。……」（中國地方志集成，上海書店一九九三年影印本，頁三九五）建炎以來繫年要錄載有其爲官經歷，括弧內注其事所在卷數。紹興元年（一一三一）六月，因秦檜所薦，樞密院編脩官林待聘召試館職，遂以爲秘書省校書郎（卷四五）；十一月，守尚書司封員外郎（卷四九）。紹興二年（一一三二）三月，爲禮部員外郎（卷五二）；六月，爲兵部員外郎（卷五五）；七月，以尚書右司員外郎名義上疏，以固高宗用秦檜之心（卷五六）；八月，遭劾罷職，自左奉議郎主管江州太平觀，責監郴州商稅久之（卷五七）。紹興七年（一一三七），秦檜擅權，四月，以左奉議郎知處州（卷一一〇）。紹興八年（一一三八）十二月，以左奉議郎試太府少卿（卷一二四）。紹興九年（一一三九）正月，守尚書右司員外郎（卷一二五）；五月，試起居郎（卷一二八）；七月，試中書舍人（卷一三〇）；八月，爲權戶部尚書梁汝嘉所愚弄，借秦檜之力排斥殿中侍御史周葵（卷一三一）。紹興十年（一一四〇）正月，兼侍講（卷一三四）；四月，兼權直學士院（卷一三五）；十月，試給事中，仍兼直學士院兼侍講（卷一三八）。紹興十一年（一一四一）四月，高宗從范同、秦檜之謀，罷岳飛、韓世忠、張俊兵權，前後有關詔書制命皆范同、林待聘「鎖院」起草（卷一四〇）；七月，兼直學士院（卷一四一）；十二月，丁母憂去位（卷一四三）。紹興十四年（一一四四）正月，初免喪，以左承議郎充敷文閣直學士，知衢州（卷一五一）。紹興十七年（一一四七）正月，以秦檜奏，知婺州（卷一五六）。旋改越州，即紹興。高宗認爲「紹興府守臣林待聘輕費誕謾，宜亟罷免，其財賦令戶部經理」。紹興十八年（一一四八）十月，提舉江州太平興國宮（卷一五八）。紹興二十二年（一一五二）三月，卒（卷一六三）。

〔九〕楊願：字原仲。楚州山陽（今江蘇淮安）人。生於徽宗建中靖國元年（一一〇一），高宗紹興二十二年（一一五二）。宣和末，補太學錄。高宗即位，以元帥府結局恩，授脩職郎，御營司辟機宜文字。歷新昌縣丞、越州判官。秦檜薦之，召改樞密編脩官。登紹興二年（一一三二）進士第，遷計議官。召試館職，罷。主管崇道觀，復除秘書郎。議者謂外任未終，改通判明州。秦檜既專政，召爲秘書丞。未幾，拜監察御史。因其資淺，改司封員外郎，遷右司，起居舍人兼權中書舍人。紹興十三年（一一四三），權直學士院，充金國賀正旦接伴使。及金國使還，就充送伴使。紹興十四年（一一四四），爲御史中丞。逾月，升端明殿學士、簽書樞密院事兼參知政事，仍兼脩玉牒。紹興十五年（一一四五）罷，提舉太平觀。又三年，起知宣州。玉牒書成，加資政殿學士，移建康府。紹興二十二年（一一五二），卒，年五十二。宋史卷三八〇有其本傳。

〔一〇〕恩數：朝廷賜予的封號等級。宋王栐燕翼詒謀錄卷四：「樞密使拜罷，與宰臣恩數等。」（中華書局一九八一年版，頁三七）

〔一一〕胡交脩：字己楙。常州晉陵（今江蘇常州）人。生於神宗元豐元年（一〇七八），卒於高宗紹興十二年（一一四二）。徽宗崇寧二年（一一〇三），進士及第。授泰州推官。政和五年（一一一五），試詞學兼茂第一。政和六年（一一一六），遷太常博士、都官郎，徙祠部，遷左司官，拜起居舍人、起居郎。高宗建炎元年（一一二七）四月，爲集英殿脩撰知湖州；五月，召試中書舍人，辭不至，改徽猷閣待制、提舉杭州洞霄宮。建炎三年（一一二九），復以舍人召，詔守臣津發，尋進給事中、直學士院兼侍講。因常州太守周杞事，以徽猷閣待制提舉太平觀。紹興六年（一一三六），召爲給事中、刑部侍郎、翰林學士、知制誥兼侍讀。久之，遷刑部尚書。紹興八年（一一三八）夏，以親老，除寶文閣學士、知信州。改提舉江州太平興國宮。紹興九年（一一三九）六月召還，除兵部尚書、翰林學士兼侍講。紹興十一年（一一四〇）三月十五日，以端明殿學士、左朝奉大夫知台州。紹興十二年（一一四二）正月十三，卒。著有四世絲綸集。宋史卷三七八本傳。

〔一二〕乾道三年：公元一一六七年。

〔一三〕洪景盧邁：名邁，字景盧，號容齋，又號野處。饒州鄱陽（今江西鄱陽）人。生於徽宗宣和五年（一一二三），卒於寧宗嘉泰二年（一二〇二）。洪皓季子，兄洪適、洪遵。高宗紹興十五年（一一四五），進士及第。授兩浙轉運司幹辦公事，入爲敕令所刪定官。因其父與秦檜忤，出福州教授。累遷吏部郎兼禮部。紹興二十八年（一一五八）正月，以左宣教郎爲秘書省校書郎（建炎以來繫年要錄卷一七九，下文僅注卷數）。紹興二十九年（一一五九）正月，兼權駕部郎官（卷一八一）；七月，爲吏部員外郎（卷一八三）。紹興三十年（一一六〇）正月，遷禮部員外郎（卷一八四）；四月，禮部員外郎兼國史院編脩官（卷一八五）。紹興三十一年（一一六一）三月，以禮部員外郎兼國史院編脩官，爲樞密院檢詳諸房文字（卷一八九）；十月，與馮方並參議軍事（卷一九三）。紹興三十二年（一一六二）正月，以樞密院檢詳諸房文字，守尚書左司員外郎兼權行在檢詳（卷一九六）；同時，金主使者來，爲接伴使（卷一九六）；閏二月，以接伴之勞，進起居舍人。爲報金國聘，假翰林學士充賀大金登寶位國信使，出使金國。還朝，孝宗即位。殿中侍御史張震以邁使金辱命，論罷之。明年，起知泉州。乾道二年（一一六六），知吉州。入對，遂除起居舍人。乾道三年（一一六七），遷起居郎，拜中書舍人兼侍讀、直學士院，仍參史事。乾道六年（一一七〇），除知贛州，尋知建寧府（今福建建甌）。淳熙十一年（一一八四），知婺州。特遷敷文閣待制。以提舉佑神觀兼侍講、同脩國史。邁初入史館，預脩四朝帝紀，進敷文閣直學士、直學士院。淳熙十三年（一一八六）九月，拜翰林學士，兼脩國史。遂上四朝史。光宗紹熙元年（一一九〇），進煥章閣學士、知紹興府。明年，再上章告老，進龍圖閣學士。寧宗嘉泰二年（一二〇二），以端明殿學士致仕。是歲卒，年八十。贈光禄大夫，謚文敏。有容齋五筆、夷堅志行於世，其他著述尤多。宋史卷三七三有其附傳。

〔一四〕起居郎：舊唐書卷四三職官志二：「起居郎二員。……起居郎掌起居注，録天子之言動法度，以脩記事之史。」注曰：「從六品上。古無其名，隋始置起居舍人二員。貞觀二年省起居舍人，移其職於門下，置起居郎二員。明慶中又置起居舍人，始與起居郎分在左右。龍朔二年改爲左史，咸亨復。天授元年又改爲左史，神龍復也。」（中華書局一九七五年影印本，頁一八四五）清徐松輯宋會要輯稿・職官二之一三：「神宗正史・職官志：起居郎。從六品，掌記天子言動。御正殿則俟於門廡外，便殿則侍立；行幸則從；大朝會則對立于殿下螭首之側。凡朝廷命令、赦宥，執政官以下進對，文臣御史、武臣刺史以上除拜，祭祀燕饗，臨幸引見之事，日月星辰、風雲氣候之兆，郡縣祥瑞之符，閭閻孝悌之行，戶口增減之數，皆書以授著作官。」（中華書局一九五七年影印本，頁二三七八）宋謝維新古今合璧事類備要後集卷一九「左右史」：「國朝沿唐制，起居郎隸門下，起居舍人隸中書，號小兩省官，皆爲虛名，不典本省事；而典職者，自號『脩起居注』，凡二人。」（景印文淵閣四庫全書第九三九冊，臺灣商務印書館二〇〇八年影印本，頁六九二—六九三）

〔一五〕中書舍人：唐徐堅初學記卷一一職官部上・中書舍人：「環濟要略云：『舍人，古官也。』然則中書舍人，晉官也。自漢置中書，無聞其職；魏世中書，始置通事一人，掌呈奏；魏明時有通事劉泰是也，高貴鄉公時改爲通事都尉。尋又改爲通事侍郎。晉初置舍人一人，通事一人。至東晉，合舍人通事二職謂之通事舍人。自晉宋以來，唯掌呈奏，宣王言，甚用事。至梁，用人殊重，多以尊官兼領，並入閣內，始專掌中書詔誥。其後除通事二字，直曰中書舍人。陳及北朝皆因之，掌制詔。隋及唐皆隨台省爲名，並內史省則曰內史舍人云。」（中華書局一九六二年版，頁二七六）新唐書卷四七百官志二：「（中書）舍人六人，正五品上。掌侍進奏，參議表章。

凡詔旨制數、璽書冊命，皆起草進畫。」（中華書局一九七五年版，頁一二一一）宋初亦設此官，實不任職，另置知制誥及直舍人院起草詔令。元豐改制後，始掌其事。夢溪筆談卷第二：「國朝，學士、舍人皆置直院。熙寧中，復置舍人、學士院，但以資淺者爲之，其實正官也。熙寧六年，舍人皆遷罷，閣下無人，乃以章子平權知制誥，而不除院者，以其暫攝也。」（叢書集成初編第二八一冊，商務印書館一九三七年版，頁一〇）文獻通考卷五一職官考五：「宋初，中書舍人爲所遷官，實不任職，復置知制誥及直舍人院。……元豐五年，詔中書舍人印爲中書後省之印。曾鞏、陸佃並試中書舍人，自是始正官名，遂以中書舍人判後省之事。……中興置中書後省，以中書舍人爲長官，……」（中華書局一九八六年影印本，考四六五）

〔一六〕庚寅：孝宗乾道六年，即公元一一七〇年。

〔一七〕少蓬：秘書少監的別稱。宋洪邁容齋四筆卷一五之官稱別名：「秘書監爲大蓬，少監爲少蓬。」（中華書局二〇〇五年版，頁八一八）宋代秘書省置監、少監、丞各一個，「監掌古今經籍圖書、國史實錄、天文曆數之事，少監爲之貳，而丞參領之」（宋史卷一六四職官志四）。其屬有五：著作郎、著作佐郎、秘書郎、校書郎、正字。按，後漢書卷二三竇融附竇章傳：「是時學者稱東觀爲老氏臧室、道家蓬萊山。」（中華書局一九六五年版，頁八二一—八二二）文獻通考卷五六職官一〇・秘書監：「後漢圖書在東觀，桓帝延熹二年始置秘書監一人，掌典圖書、古今文字，考合同異，屬太常。」（中華書局一九八六年影印本，考五一〇）故後人謂秘書省爲蓬萊、蓬山云云。

〔一八〕王日嚴曮：名曮，字日嚴。生卒年不詳。王珪孫，王㬇從弟。祖籍成都華陽人。東都事略・王珪列傳稱王珪徙至開封（今河南開封），宋史卷三一二本傳稱王珪徙至舒州（治今安徽潛山）。其事蹟主要依據建炎以爲繫年要錄的記載。紹興十五年（一一四五）正月，以左朝奉郎行大府寺主簿，爲秘書省正字，並「以博學宏詞合格賜第」（建炎以來繫年要錄卷一五三，頁二四七〇。本注下文標卷數及頁數）；七月，言提舉秘書省官應以專行，高宗從之（卷一五四，頁二四九二—二四九三）。紹興十六年（一一四六）正月，遷禮部員外郎（卷一五五，頁二五〇〇）。紹興十七年（一一四七）七月，主管台州崇道觀，「以殿中侍御史余堯弼論其躁進也」（卷一五六，頁二五三五—二五三六）。紹興十八年（一一四八）十一月，左朝散郎王曮依舊尚書禮部員外郎，以其進頌忠誠可嘉也（卷一五八，頁二五七一)。紹興二十年(一一五〇)三月，尚書禮部員外郎兼玉牒所檢討官王曮，守起居舍人兼權直學士院。(日曆不書曮權直，此據本院題名)(卷一六一，頁二六〇七)。紹興二十一年(一一五一)四月，起居舍人權直學士院王曮，權尚書禮部侍郎，以使還遷也(卷一六二，頁二六三三)；八月，以殿中侍御史湯允恭言其怨望，罷禮部侍郎，知衢州(卷一六二，頁二六四三)。紹興二十四年(一一五四)六月，罷知衢州(卷一六六，頁二七二〇)。紹興二十六年(一一五六)二月，殿中侍御史周方崇論曮以宰輔親黨妄作，而罷左朝散大夫(卷一七三，頁二八四四)。宋陳騤南宋館閣錄卷八：「(正字，紹興以後八十二人)王曮，字日嚴。廣陵人。博學宏詞科，進士出身。十五年四月，除；十六年正月，爲禮部員外郎。」(景印文淵閣四庫全書第五九五冊，臺灣商務印書館二〇〇八年影印本，頁四五六)

〔一九〕太常少卿：太常寺副貳長官。據唐张九齡唐六典卷一四太常寺載：「太常寺：……少卿二人，正四品上。」李林甫注曰：「周禮有小宗伯、中大夫二人。秦、漢無聞。後魏太和十五年，初置少卿官，太常少卿一人，第三品上；至二十二年，降爲正四品上。北齊因之。後周爲小宗伯。隋太常寺置少卿一人，正四品上；煬帝即位，加置二人，降爲從四品。皇朝武德中，置一人；貞觀中，加置二人。龍朔、咸亨、光宅、神龍並隨寺改復。」(景印文淵閣四庫全書第五九五冊，臺灣商務印書館二〇〇八年影印本，頁一四〇)宋史卷一六四職官志四：「(太常寺)卿掌禮樂、郊廟、社稷、壇壝、陵寢之事，少卿爲之貳，丞參領之。……宋初，舊置判寺無常員，以兩制以上充，丞一人，以禮官久次官高者充。別置太常禮院，雖隸本寺，其實專達。有判院、同知院四人，寺與禮院事不相兼。康定元年，置判寺，同判寺，始並兼禮院事。元豐正名，始專其職。分案五，置吏十有一。元祐三年，詔太常寺置長貳，他寺監則互置。紹聖中，復舊制。大觀元年，應太常寺所被旨及施行典禮事，季輪博士銓次成籍，以備討論。政和四年令，祠事監察御史闕，則以六曹郎官及館職攝充。宣和三年，令本寺因革禮五年一檢舉，接續編脩。建炎初，併省冗職，惟太常、大理不能。詔太常少卿一員兼宗正少卿，罷丞、簿，惟置博士一員。紹興三年，復置丞。九年，……詔添博士一員。十年，置簿一員。十五年，詔太常討論置籍田令，續置太社令。隆興元年，併省博士一員、主簿一員，又以光錄寺併歸太常，罷丞。明年，詔丞、簿並依舊制。」(中華書局一九七七年版，頁三八八三—三八八四)

〔二〇〕淳熙五年：公元一一七八年。

三二　正除翰苑多登二府

上自登極至今，將二十年，正除翰苑才七八人，皆登二府。惟王日嚴以年逾七十，除端明殿學士〔一〕而去。

【箋】

〔一〕端明殿學士：宋薛居正舊五代史卷三六唐書·明宗本紀：「（天成元年五月）乙亥，翰林學士、戶部侍郎、知制誥馮道，翰林學士、中書舍人趙鳳，俱以本官充端明殿學士。端明之職，自此始也。」（中華書局一九七六年版，頁四九八）宋范鎮東齋記事卷一：「後唐明宗置端明殿學士。太平興國中，改端明爲文明，以程羽爲文明殿學士，位在樞密副使之下。明道元年，改承明爲端明，二年，除宋宣獻公爲學士，與文明之職並存，而降其班序。是歲，又改殿曰延和。慶曆七年，以眞宗謚號，改文明爲紫宸，而丁文簡公度爲紫宸殿學士。既而言者以爲紫宸非臣下所稱，乃以延恩爲觀文殿，而以丁爲觀文殿學士相繼、以賈文元公昌朝爲大學士，仍詔自今非嘗爲宰相者勿除。」（中華書局一九八〇年版，頁五—六）宋宋敏求春明退朝錄卷上：「後唐明宗以樞密使安重誨不通文義，置端明殿學士，以翰林學士馮道、趙鳳爲之，班樞密使之後，食於其院。端明殿卽西京正衙殿也。本朝程侍郎羽爲之，後隨殿名改爲文明殿學士，李司空昉嘗爲之。慶曆中，以同永定謚號，改爲紫宸殿學士，丁文簡罷參知政事爲之，何右丞郯時爲御史，言『紫宸』非人臣所稱，又改爲觀文殿學士，未幾賈魏公以使相換僕射，因置大學士處之。仍詔非歷宰相不除。明道中，改承明殿爲端明殿。會先公自南都召歸，特置學士，班翰林、資政之下，與舊職名同，而立位異矣。」（中華書局一九八〇年版，頁一三—一四）

三三　崔大雅權直學士院

乾道癸巳〔一〕，曾丞相懷、鄭參政聞、張樞密說〔二〕在二府，或薦新改官正字崔大雅〔三〕敦詩①入内庭。以其資淺②，乃創翰林權直之名，月俸減學士直院三之一（自學士承旨至庶官兼權直院者，俸給一等），院中餐錢不減。明年冬，以父憂去，尋丁母憂。戊戌秋服闋[四]，復召爲密院編修官[五]。史丞相浩當國，下史院討論兼職名稱，遂改爲學士院權直。蓋以翰林乃內諸司總名，難專指學士院也。

【校】

①敦詩：明鈔本作「具詩」（按：具，興之異體字），四庫文忠集本、四庫單行本、傅校本均作「興詩」。建炎以來朝野雜記甲集卷一〇、乙集卷一三，景定建康志卷四三、四七、四九，江蘇省琴川志卷八、南宋館閣錄卷等作「敦詩」。據上述史料，筆者校爲「敦詩」。

②資淺：四庫文忠集本作「資錢」，誤，當作「資淺」。

【箋】

〔一〕乾道癸巳：乾道九年，即公元一一七三年。

〔二〕張樞密說：開封府（治今河南開封）人。生年不詳，卒於孝宗淳熙七年（一一八〇）。以父（張公裕）蔭補武職，娶高宗吳皇后之妹。紹興末，累遷知閤門事。孝宗隆興初，兼樞密副都承旨。乾道初，爲都承旨，加明州觀察使。乾道七年（一一七一）三月，除簽書樞密院事。命既下，朝論譁然不平，莫敢頌言於朝者。尋除安慶軍節度使，奉祠歸第。不數月，出知袁州。乾道八年（一一七二）二月，復自安慶軍節度使提舉萬壽觀，簽書樞密院事。時宰相虞允文、梁克家皆親附之，其勢赫然，無敢攖之者。乾道九年（一一七三）正月，進同知樞密院事；十月，除知樞密院事。淳熙元年（一一七四），孝宗命侍御史范沖究其欺罔事，罷知樞密院事，以太尉提舉玉隆觀。諫官湯邦彥又劾其奸贓，乃降爲明州觀察使，責居撫州。淳熙三年（一一七六），許自便。淳熙七年（一一八〇），卒於湖州。帝猶念之，詔復承宣使，給事中陳峴繳之，乃止。宋史卷四七〇有其本傳。

〔三〕崔大雅：名敦詩，字大雅。生於高宗紹興九年（一一三九），卒於孝宗淳熙九年（一一八二）。宋陳騤南宋館閣錄卷八：「（正字，紹興以後八十二人）崔敦詩，字大雅。靜海人。梁克家榜進士出身，治禮記，兼詩賦。九年二月，除；淳熙元年十一月，丁憂。」（景印文淵閣四庫全書第五九五冊，臺灣商務印書館二〇〇八年影印本，頁四五八）宋鮑廉撰、元盧鎮補脩江蘇省琴川志卷八：「崔敦詩，字大雅。世家靜海，晚僑寓常熟。登紹興三十年進士第，主楊州（按：當作揚州）、高郵簿，兩浙運幹，除秘書省正字，繼兼翰林權直。早有文名，所爲制詞，溫潤詳雅。兼崇政殿說書，權給事中。遭內外艱，時翰林學士周必大乞補外，壽皇中批問吏部尚書韓元吉曰：『崔某今安在？』元吉乃具言之。既召見，除樞密院編脩官，復爲權直。既拜命卽言翰林權直，爲名未正，卽更爲學士院權直。遷著作郎兼權吏部郎官，又兼崇政殿說書，進國子司業，改權直學士院，拜中書舍人，加侍講直學士院。敦詩賦性端厚，議論疏通，知大體，自直宿遞講，遇引對，所陳必剴切，至造膝密啟，有家人不得覘其稿者。上深所器許。九年夏，以疾卒，年僅四十有四。贈中大夫。有文集三十卷，內外制稿二十三卷，奏議總要五卷，通鑑要覽六十卷，制海十編，監韻五編。南澗韓尚書元吉志其墓。」（中國方志叢書，成文出版社一九八三年版，頁二七二八—二七二九）宋周應合撰景定建康志卷四九：「崔敦禮與弟敦詩本通州靜海（按：今江蘇南通）人，同登紹興庚辰第，愛溧陽山水，買田卜居，傍舍鑿池，池上有讀書之堂，扁曰『雙桂』，于湖張孝祥筆也。……敦詩，字大雅。性端厚，議論疏通，知大體，博覽強記，爲文敏贍，以詞學自結。主知由秘書省正字，除翰林權直兼崇政殿說書，兼權給事中。家難服闋，除樞密院編脩官、學士院權直，遷著作郎兼權吏部郎官，又兼崇政殿說書，進國子司業，改權直學士院，拜中書舍人，加侍講直學士院。淳熙九年卒。年四十四。特贈中大夫。」（宋元方志叢刊，頁二一六四—二一六五）另外，關於崔敦詩權直學士院事，宋李心傳建炎以來朝野雜記乙集卷一三官制一載：「翰林權直，學士院權直，皆自崔大雅（敦詩）始。故事，直院必以侍從，若左、右史爲之。……乾道九年十二月，孝宗初命大雅以秘書省正字兼翰林權直。踰年以憂去。淳熙五年九月，復召爲樞密院編脩官，始議以翰林乃書藝應奉者所居，非專指詞臣也，遂改兼學士院權直。」（中華書局二〇〇〇年版，頁七一四）宋史卷一六二職官志二載：「（翰林學士）承旨，不常置，以學士久次者爲之。凡他官入院未除學士，謂之直院；學士俱闕，他官暫行院中文書，謂之權直。自國初至元豐官制行，百司事失其實，多所厘正，獨學士院承唐舊典不改。乾道九年，崔敦詩初以秘書省正字兼翰林權直。淳熙五年，敦詩再入院，議者以翰林乃應奉之所，非專掌制誥之地，更爲學士院權直。後復稱翰林權直，然亦互除不廢，權、正或至三人。」（中華書局一九七七年版，頁三八一一）

〔四〕服闋：守喪期滿除服。後漢書卷六一黃瓊傳：「（黃瓊）遭父憂，服闋，五府俱辟，連年不應。」（中華書局一九六五年版，頁二〇三二）

〔五〕密院編脩官：即樞密院編脩官。據文獻通考卷五八職官考一二·編脩官載：「編脩官古無之。慶曆四年，史館王洙、承旨單士寧編脩例冊，編脩之名自此始。熙寧二年，樞密院乞將祖宗以來法制所宜施行於久遠者，並與刪取大旨，著爲畫一，及聖政釐革，檢尋本院文書，以次記錄。其事目：曰兵制，凡招揀、屯戍、訓練之類皆附焉；曰馬政，曰邊防，曰夷狄，曰屬國，曰守城，曰器械，曰捕盜，曰選材，曰責效，各以其事類相從，一如兵制，候編成策，仍於逐門各留空紙，以備書載將來處置事件。從之。詔以經武要略爲名。熙寧三年，以館職王存、顧臨等同編經武要略，兼刪定諸房例冊。元祐四年，詔密院條例久未編脩，又自官制後舊事例，他司所存者亦未刪正，命承旨司取索編脩。以奉議郎蔡駟、宣德郎衛規充編脩官。舊以四員爲額，紹興兵興，裁省其半。三年，樞密請置檢詳二員，編脩止存一員。後復編脩官隨事置，無定員，以本院官兼者不入銜。」（中華書局一九八六年影印本，考五二五）

三四　崔大雅月俸爲學士三分之二

淳熙六年①，明堂大禮，崔大雅已遷著作②，權直如故。糧③料院〔一〕止隨其官幫支賜二十四兩。大雅以狀申秘書省，省申朝廷，趙丞相雄〔二〕將上取旨，遂用月俸，例支學士三之二。

【校】

①淳熙六年：四庫單行本作「淳熙巳亥」，誤，當作「淳熙己亥」。公元爲一一七九年。

②著作：明鈔本作「着作」，誤，當爲「著作」。此著作即宋代秘書省著作郎。據宋史卷一百六十四職官志四記載，宋代秘書省有監、少監、丞各一人，其中監、少監爲長貳，丞參領之。其屬有五：著作郎一人、著作佐郎二人、秘書郎二人、校書郎四人、正字二

人。其中，著作郎、著作佐郎掌脩纂日曆。

③糧：明鈔本作「粮」。四庫單行本、四庫文忠集本、傅校本作「糧」。筆者按，「糧」爲「粮」的異體字。

【箋】

〔一〕糧料院：據宋史卷一六五載，元豐改制後，糧料院爲太府寺所屬二十五官司之一，掌以法式頒廩禄，凡文武百官、諸司、諸軍奉料，以券准給。南渡後，曾罷太府寺，以其所掌職務撥隸金部，後又有所復置。所隸惟有糧料院、審計司、左藏東西庫、交引庫、祗候庫、和劑庫、惠民局如前制所置。又據文獻通考卷六〇職官考一四·東宮官·糧料院載：「宋初仍舊制，以三司大將軍爲都糧料使。自開寶六年，以著作佐郎陸光范充，改用京官自此始。太平興國五年，分諸司、馬軍、步軍爲三院。八年，以馬軍、步軍合爲一院。雍熙四年，命供奉官陳處晦勾當諸司糧料，供奉官曾祚勾當馬步軍糧料。自後復分馬、步軍爲兩院，或以諸司使、副分主之。端拱二年，復以京朝官主之。元豐末，並馬、步軍與諸司爲二院，隸太府寺。掌以法式頒廩禄，凡文武百官、諸司、諸軍俸料，以券准給。中興以來，行在有諸軍諸司糧料院；鎮江、建康有分差諸軍糧料院，鄂州有分差戶部糧料院，四川總所有分差戶部魚關糧料院、分差利州戶部糧料院。」（中华书局一九八六年影印本，考五四九）

〔二〕趙丞相雄：字溫叔。資州（今四川資中）人。生於高宗建炎三年（一一二九），卒於光宗紹熙四年（一一九三）。孝宗隆興元年（一一六三），成都府鄉試第一。四川宣撫使虞允文薦於朝。乾道五年（一一六九），除秘書省正字。召對，極論恢復，孝宗大喜，旋即除右史，兩月又除舍人。淳熙三年（一一七六）七月，自朝散郎、試禮部尚書、兼侍讀、兼給事中除端明殿學士、簽書樞密院事。淳熙四年（一一七七）十一月，自簽書樞密院事除同知樞密院事。淳熙五年（一一七八）六月，自同知樞密院事除參知政事；十一月，自參知政事遷正議大夫，除右丞相。淳熙八年（一一八一）八月，罷右丞相，除觀文殿大學士、四川安撫制置使兼知成都府。光宗將受禪，詔授寧武軍節度使、開府儀同三司，進衛國公，改帥湖北。疾甚，改判資州，又除潼川府，改隆興府。紹熙四年（一一九三）卒，年六十五，贈少師。寧宗嘉定二年（一二〇九），謚文定。宋史卷三九六有其本傳。

三五　試館職

祖宗試文多在學士院，近歲惟試館職〔一〕耳。既得省劄子召某人試，即下太史局〔二〕，擇日報內侍省〔三〕，差官一員充監門。前一日學士宿院，進策題〔四〕，俟內批依，次早乃引試。支左藏庫〔五〕錢三十緡充餐錢。試畢，錄策題並試卷，依紹興元年〔六〕指揮用諮報，封送尚書省，然後取旨除授。中間館職多不試，紹興三十年〔七〕司諫〔八〕何通遠溥〔九〕以爲言。太上欲復故事，而人頗憚試，首召朱熙載〔一〇〕等，次召劉儀鳳〔一一〕等，皆辭不就。太上諭湯丞相思退等擇二人必令試，且云：「蘇軾中制科猶試，況餘人乎？」於是以予及同年程泰之大昌應詔。具宣上旨，乃不敢辭。已而，太上欲除校書郎〔一二〕，或謂過江選人無此例，止除正字。乾道六年〔一三〕九月，予以秘書少監寓直翰苑，發策試王仲衡希呂〔一四〕，嘗賦詩寄程同年云：「當年給劄踏金鑾，重到依然九月寒。學士策詢學士策（館職亦合呼學士），秘書官試秘書官。自憐綠鬢〔一五〕非前度，尚喜青衫〔一六〕總一般（時予服綠）。寄語浙東程閣老（程時爲浙東提刑兼權帥事，亦嘗暫直翰苑），莫矜紅旆〔一七〕笑儒酸。」程答詩末句云：「有底滑稽堪羨處，金蓮燭底話窮酸。」始，予庚辰〔一八〕九月與程同試，兩人名皆有「大」字；明年，試蔣芾〔一九〕、芮燁〔二〇〕，姓名俱連「草」頭；又明年，試王東里〔二一〕、程千里〔二二〕，名連「里」字。頻歲偶爾，亦可書也。按祖宗朝館職者，指昭文、集賢、史館〔二三〕之職也。在內多升修注〔二四〕，出外則爲帶職，凡轉官奏補，恩數皆厚，故艱其選，必試而後除，亦以限止無能之人。自神宗罷館職，止是秘書省官與其他職事官無異，不當尚循館職之名。況狀元不試，餘人多徑除著作、丞郎，所試者，校書、正字而已。舊制云：試前一日，學士宿院。故元祐中，蘇文忠公與鄧文惠公溫伯〔二五〕各進策題，禁中點用文忠所作。及予與程同試時，學士洪景嚴、兵部尚書兼權學士楊元老椿〔二六〕亦並入。至是予與鄭仲益同直，鄭爲長官。典故浸移，乃始輪入，不敢強之。其後，予再直。丙申〔二七〕二月，召試許蒼舒〔二八〕，遂修故事，約程元誠①叔達〔二九〕並入，策題則輪撰。

【校】

①元誠：明鈔本、四庫二本、傅校本等均作「元成」，而誠齋集・程公墓誌銘、弘治徽州府・程叔達傳均作「元誠」，故校改之。

【箋】

〔一〕館職：宋代館職官的省稱，即在館閣里任職的官員。館閣包括史館、昭文館、集賢院等三館，亦即崇文院。宋程俱麟台故事卷一之沿革：「國初循前代之制，以昭文館、史館、集賢院爲三館，通名之曰崇文院。直館至校勘通謂之館職，必試而後命；不試而命者，皆異恩與功伐，或省府監司之久次者。元豐官制行，盡以三館職事歸秘書省，省官自監少至正字皆爲職事官。至元祐中，又舉試學士院入等者，命以爲校理、校勘，供職秘書省；若秘書省官，則不試而命。至於進擢之異，待遇之渥，資任之優，選除之遴，簡書之略，蓋不與他司等也。」（中華書局二〇〇〇年版，頁七）卷二之職掌：「崇文院於三館直院、直館、直閣、校理、校勘之外，三館、秘閣又各置檢討、編校書籍等官，其位遇職業亦館職也。」（頁八七）宋洪邁容齋隨筆卷一六之館職名存：「國朝館閣之選，皆天下英俊，然必試而後命。一經此職，遂爲名流。其高者，曰集賢殿脩撰、史館脩撰、直龍圖閣、直昭文館、史館、集賢院、秘閣。次曰集賢、秘閣校理。官卑者，曰館閣校勘、史館檢討，均謂之館職。」（中華書局二〇〇五年版，頁二〇八）

〔二〕太史局：宋代掌天文、曆法之司，隸屬秘書省。宋史卷一六四職官志四：「（秘書省）太史局掌測驗天文，考定曆法。凡日月、星辰、風雲、氣候、祥眚之事。日具所占以聞。歲頒曆於天下，則預造進呈。祭祀、冠昏及大典禮，則選所用日。其官有令，有正，有春官、夏官、中官、秋官、冬官正，有丞，有直長，有靈台郎，有保章正。其判局及同判，則選五官正以上業優考深者充。保章正五年、直長至令十年一遷，惟靈台郎試中乃遷，而挈壺正無遷法。其別局有天文院、測驗渾儀刻漏所，掌渾儀台晝夜測驗辰象。」（中華書局一九七七年版，頁三八七九）

〔三〕內侍省：古代內宮官署名。舊唐書卷四四職官志三之「內侍省」注曰：「前漢宮官，多用士人，後漢始用宦者爲宮官。晉置大長秋卿爲后宮官，以宦者爲之。隋爲內侍省，煬帝改爲長秋監。武德復爲內侍，龍朔改爲內侍監，光宅改爲司宮台，神龍復爲內侍省也。」（中華書局一九七五年版，頁一八七〇）長秋監長官爲士人，餘爲宦者，掌出入與宮內事務。唐代內侍省專用宦官，由內侍監、內侍少監等負責，掌在內侍奉、出入宮掖宣傳之事。宋代增設入內內侍省，與內侍省並稱前後省。宋史卷一六六職官志六：「通侍禁中、役服褻近者，隸入內內侍省。拱侍殿中、備洒掃之職，役使雜品者，隸內侍省。入內內侍省有都都知、都知、副都知、押班、內東頭供奉官、內西頭供奉官、內侍殿頭、內侍高品、內侍高班、內侍黃門。內侍省有左班都知、副都知、右班都知、副都知、押班、內東頭供奉官、內西頭供奉官、內侍殿頭、內侍高品、內侍高班、內侍黃門。自供奉官至黃門，以二百八十人爲定員。凡內侍初補曰小黃門，經恩遷補則爲內侍黃門。後省官闕，則以前省官補。押班次遷副都知，次遷都都知，遂爲內臣之極品。……中興以來，深懲內侍用事之弊，嚴前後省使臣與兵將官往來之禁，著內侍官不許出謁及接見賓客之令。紹興三十年，詔內侍省所掌職務不多，徒有冗費，可廢並歸入內內侍省。舊制，內侍遇聖節許進子，年十二試以墨義，即中程者，候三年引見供職。三十二年，殿中侍御史張震言宦者員衆，孝宗即命內侍省具見在人數，免會慶節進子，仍定以二百人爲額。乾道間，以差赴德壽宮應奉闕人，增置二百五十人。紹熙三年，依宰臣奏，中官衹令承受宮禁中事，不許預聞他事。嘉定初，詔內侍省陳乞恩例，親屬充寄班衹候，以十年爲限。」（中華書局一九七七年版，頁三九三九—三九四一）

〔四〕策題：多指科舉策試試題，有鄉試、會試、殿試策題之分。宋王應麟撰、翁元圻注困學紀聞卷十五考史：「唐及国初，策題甚簡，舉子寫題於試卷。慶曆後，不復寫題，寖失之繁。今有數千言者，問乎其不足疑。」（商務印書館一九三五年版，頁一二一三）老學庵筆記卷六：「國初，舉人對策皆先寫策題，然策題不過一二十句。其後策題寖多，而寫題如初，舉人甚以爲苦。慶曆初，賈文元公爲中丞，始奏罷之。」（中華書局一九七九年版，頁七五）此指對館閣官員考核所出試題。宋李燾續資治通鑑長編卷三九三：「傅堯俞、王岩叟、朱光庭累彈奏蘇軾撰試館職策題不當，詳覽文意，乃是指今日百官有司、監司、守令言之，非是譏諷祖宗。可召至都堂說諭，不須更有彈奏。」（中華書局一九八五年版，頁九五六五—九五六六）

〔五〕左藏庫：古代國庫之一，以其在左方，故稱左藏，隸屬太府寺。宋李心傳建炎以來朝野雜記甲集卷一七之左藏庫：「左藏庫者，國家經賦所貯也。」（中華書局二〇〇〇年版，頁三八一）宋高承事物紀原卷六之京邑館閣部·左藏庫：「通典曰：漢有中藏，晉有左右藏，晉江東置御史掌庫曹，後分庫曹曰外藏庫、內左庫，後省外左庫，直曰左庫。唐有左藏庫，百官志曰：左藏，晉始有之也。東京記曰：國初止一庫，興國二年分三庫，曰錢幣、金銀、匹帛。淳化三年，分置左右，右納左給，凡六庫。四年，廢右，分左藏庫爲四庫，曰錢金銀、曰絲綿、曰生白匹帛、曰雜色匹帛。祥符二年，並金銀絲綿爲一。七年，並生白雜色爲生熟匹帛。」（中華書局一九八九年版，頁三三五）宋王闢之澠水燕談録卷一帝德：「太祖討平諸國，收其府藏貯之別府，曰封樁庫，每歲國用之餘皆入焉。嘗語近臣曰：『石晉割幽燕諸郡以歸契丹，朕憫八州之民，久陷夷虜，俟所蓄滿五百萬緡，遣使北虜以贖山後諸郡；如不我從，即散府財募戰士以圖攻取。』會上卽位，乃寢。後改曰左藏庫，今爲內藏庫。」（中華書局一九八一年版，頁三）

〔六〕紹興元年：公元一一三一年。

〔七〕紹興三十年：公元一一六〇年。

〔八〕司諫：西周始置之諫官。周禮·地官司徒·司諫：「司諫掌糾萬民之德而勸之，朋友正其行而強之，道藝巡問而觀察之，以時書其德行道藝，辨其能而可任於國事者，以考鄉里之治，以詔廢置，以行赦宥。」（十三經注疏之周禮注疏，上海古籍出版社一九九七年影印本，頁七三一下）宋承唐制，門下省置左司諫、中書省置右司諫。宋史卷一六一職官志一：「左散騎常侍　左諫議大夫　左司諫　左正言　同掌規諫諷諭。凡朝政闕失，大臣至百官任非其人，三省至百司事有違失，皆得諫正。國初雖置諫院，知院官凡六人，以司諫、正言充職；而他官領者，謂之知諫院。正言、司諫亦有領他職而不預諫諍者。官制行，始皆正名。」（中華書局一九七七年版，頁三七七八）「右散騎常侍　右諫議大夫　右司諫　右正言　與門下省同，但左屬門下，右屬中書，皆附兩省班籍，通謂之兩省官。」（頁三七八六）文獻通考卷五〇職官考四·諫議大夫：「宋承五代之弊，官失其守，官職差遣纔以定俸入而不親職。諫議大夫、司諫、正言，皆須別降敕赴諫院供職，方爲諫官，亦有領他職而不與諫諍。」（中華書局一九八六年影印本，頁四六〇）職官考四·拾遺補闕：「宋端拱初，改左、右補闕爲左、右司諫，左、右拾遺爲左、右正言。是時，太宗欲令諫官脩職，故詔改其官。後亦有兼他官不供諫職者。眞宗天禧初，詔兩省置諫官，不兼職；用劉燁、魯宗道爲左、右正言。元豐肇新官制，左、右司諫各一人，正七品；左、右正言各一人，從七品，同掌規諫諷諭。凡朝廷有闕失，大事則廷諍，小事則論奏，分隸兩省，寄祿左右司諫爲朝奉郎，左右正言爲承議郎。中興初，詔不隸兩省，紹興二年復。淳熙十五年，兵部侍郎林栗奏言：『諫諍之官尚有闕員，居其位者往往分行御史之職。至於箴規闕失，寂無聞焉。願依唐制，置拾遺、補闕，左右各一員，專掌諫諍，不許糾彈。』從之。以許深父、薛象先充其職，班著在監察御史之上。光宗立，復。」（考四六一）

〔九〕何通遠溥：清王國泰等脩、林占春等纂康熙永嘉縣志卷九宦業：「何溥，登紹興第。歷臨安府教授，出判婺州，忤秦檜，罷。檜死，以薦除監察御史，遷左正言，再除諫議大夫。在言路六年，彈劾不避，知無不言，除翰林院學士，兼吏部尚書，卒。」（中國地方志集成，上海書店一九九三年影印康熙二十一年刻本，頁七〇八）清李琬脩、齊召南等纂乾隆溫州府志卷二〇人物·名宦：「何溥，字通遠。永嘉人。試禮部第一，登紹興第。歷臨安府學教授，授刪定官，出通判婺州。忤秦檜，罷。檜死，以薦除監察御史，遷右司諫，彈劾不避，除諫議大夫。首論將帥不治兵而治財，戰鬥之士變爲商賈，繼劾鎮江都統制劉寶及吏部侍郎沈介，又率同列攻丞相湯思退，俱罷之。在言路六年，知無不言，號爲稱職，除翰林學士，兼吏部尚書，以疾請外，補授龍圖閣學士，領宮祠卒。」（中國地方志集成，上海書店一九九三年影印乾隆二十七年刻本，頁三九六）宋李心傳建炎以來繫年要錄：紹興元年（一一三一）九月，詔進士何溥特補上州文學。」（卷四七）紹興十二年（一一四二）三月乙卯，上御射殿引試南省舉人何溥已下，是舉兩浙轉運司秋試舉人凡解二百八人，而溫州所得四十有二。（卷一四四）紹興二十五年（一一五五）十二月乙酉，左朝散郎通判明州淩哲，又承議郎添差通判嚴州何溥，並爲監察御史。湯鵬舉薦之也。（卷一七〇）紹興二十六年（一一五六）正月，上監秦檜擅權之弊，遂增置言事官。時何溥、王圭、沈大廉與（馮）舜韶並爲察官。（卷一七一）紹興二十七年（一一五七）十一月戊辰，監察御史何溥爲左正言。（卷一七八）紹興二十八年（一一五八）正月庚寅，左正言何溥言右朝請大夫龔鑑淫侈貪婪，其罪略與曹泳相似，望正典刑。詔停官，桂陽監居住，秦檜之當國也；夏四月乙卯，左正言何溥奏直秘閣、知秀州韓膺胄郡事不理，乞罷之。（卷一七九）紹興二十九年（一一五九）正月庚辰，左正言何溥請禁諸州科賣倉鹽；二月庚寅，左正言何溥爲左司諫。（卷一八一）六月丙午，左司諫何溥、右正言都民望同班入對，共奏左僕射沈該性資庸回，志趣猥陋，自爲小官，已無廉聲，徒以在州縣，諂諛秦檜……（卷一八二）十二月丙寅，左司諫何溥試右諫議大夫。（卷一八三）紹興三十年（一一六〇）九月辛巳，右諫議大夫何溥、權工部侍郎黄中，並兼侍講；十月辛酉，右諫議大夫何溥、右正言王淮言吏部侍郎沈介陰險狡詐，出於天資，少年決科即登顯宦，不歷州縣之勞，不聞長老先生之說，憑私臆決，自以天下莫己若也。（卷一八六）紹興三十一年（一一六一）三月己卯，右諫議大夫何溥爲翰林學士，兼權吏部尚書，仍兼侍講。庚寅，翰林學士、兼權吏部尚書、兼侍講何溥，進兼侍讀。（卷一八九）十一月己未，詔翰林學士何溥祠馬祖。（卷一九三）紹興三十二年（一一六二）三月乙巳，翰林學士兼侍讀兼權吏部尚書何溥充龍圖閣學士，提舉江州太平興國宮，以疾自請也。（卷一九八）

〔一〇〕朱熙載：宋不著編人紹興十八年同年小録：「第二甲……第四人朱熙載，字舜諮，小名政郎，小字堯臣，年二十四。八月十九日生。外氏胡，偏侍下，第六。兄弟終鮮。一舉，娶葉氏。曾祖常翰，故，不仕。祖倩，故，不仕。父倪，故，不仕。本貫處州縉雲縣景福鄉和仁里，自爲戶。」（景印文淵閣四庫全書第四四八册，臺灣商務印書館二〇〇八年影印本，頁三五九）

〔一一〕劉儀鳳：字韶美。普州（治今四川安嶽縣）人。生於徽宗大觀四年（一一一〇），卒於孝宗淳熙二年（一一七五）。高宗紹興二年（一一三二）進士及第。擢第十年，始赴調，尉遂寧府之蓬溪，監資州資陽縣酒税，爲果州、榮州掾。紹興二十七年（一一五七），起居郎趙逵舉薦，除諸王宮大小學教授。召試館職，辭以久離場屋，改國子監丞。宰相以其名士，遷秘書丞、禮部員外郎。所草餞奏，以典雅稱。孝宗受禪，兼國史院編脩官兼權秘書少監。乾道元年，遷兵部侍郎兼侍講。其在朝十年，不見親疏之客，俸禄半數儲書，凡萬餘卷，國史録無遺者，亦因此遭斥歸蜀。乾道三年（一一六七）十二月，起知邛州，未上，改漢州、果州，罷歸。淳熙二年（一一七五）十二月丙申，卒，年六十六。宋史卷三八九有其傳

〔一二〕校書郎：與下文的正字均爲宋代秘書省屬官，掌校讎典籍，判正訛謬，各以其職隸于秘書省長貳（秘書監、少監）。哲宗元祐初，立試中人館職法，選人除正字，京官除校書郎。徽宗宣和二年（一一二〇），立定秘書省員額，其中，校書郎二員，正字四員。高宗紹興元年（一一三一），權以校書郎、正字各二員爲額。紹興五年（一一三五），效唐人十八學士之制，置校書郎、正字通十二人。後又置編定書籍官二人，以校書郎、正字充。參見宋史卷一六四職官志四·秘書省。

〔一三〕乾道六年：公元爲一一七〇年。

〔一四〕王仲衡希呂：宋史卷三八八本傳：「王希呂字仲行，宿州人。渡江後自北歸南，既仕，寓居嘉興府。乾道五年，登進士科。孝宗獎用西北之士，六年，召試，授秘書省正字。除右正言。時張說以攀援戚屬擢用，再除簽書樞密院事，希呂與侍御史李衡交章劾之。上疑其合黨邀名，責遠小監當，既而悔之，改授宮觀。方說之見用，氣勢顯赫，後省不書黃，學士院不草詔，皆相繼斥逐，而希呂復以身任怨，去國之日，屏徒御，躡履以行，恬不爲悔。由是直聲聞於遠邇，雖以此黜，亦以此見知。出知廬州。淳熙二年，除吏部員外郎，尋除起居郎兼中書舍人。淮右擇帥，上以希呂已試有功，令知廬州兼安撫使。脩葺城守，安集流散，兵民賴之。加直寶文閣、江西轉運副使。五年，召爲起居郎，除中書舍人、給事中，轉兵部尚書，改吏部尚書，求去，乃除端明殿學士、知紹興府。尋以言者落職，處之晏如。治郡百廢俱興，尤敬禮文學端方之士。天性剛勁，遇利害無回護意，惟是之從。嘗論近慣用事，語極切至，上變色欲起，希呂挽御衣曰：『非但臣能言之，侍從、台諫皆有文字來矣。』佐漕江西，嘗作拳石記以示僚屬，一幕官擧筆塗數字，擧坐駭愕，希呂覽之，喜其不阿。薦之。居官廉潔，至無屋可廬，由紹興歸，有終焉之意，然猶寓僧寺。上聞之，賜錢造第。後以疾卒於家。」（中華書局一九七七年版，頁一一九〇〇—一一九〇一）宋潛說友咸淳臨安志卷之九二：「王仲衡（希呂）。淳熙二年，爲起居舍人。臨安爲僦吳山一新宅，方徙居，次日未曉將赴朝，其婢詣廚欲煮湯，纔開廚門，見異物如人在灶下，若搖兩扇之狀，呼問訶叱，皆勿應。婢恐而出，告于王。王未以爲然，復遣老兵張進攜燈往驗。物凝立不動，燈亦滅。進還報。王淮北人，有膽勇，暗中拔劍徑趨之，物猶自若，旋覺有人至，疾走赴後門，穿狗竇出未半，王揮劍斷其身爲二，取火照視，乃白鹿也，灑血滿地。王退朝剝其肉，分餉侍從。鹿之白者，世所鮮有，初疑爲不祥，後一月乃除淮西帥。」（宋元方志叢刊，中華書局一九九〇年影印本，頁四二〇六）宋施宿等撰會稽志卷之二：「王希呂淳熙八年九月，以朝議大夫知。九年九月，除敷文閣直學士。十年八月，提擧隆興府玉隆萬壽宮。」（景印文淵閣四庫全書第四八六冊，臺灣商務印書館二〇〇八年影印本，頁五四）宋周密齊東野語卷八之士子訴試：「王希呂仲衡知紹興郡，擧進士。有爲二試卷，異其名，皆中選。黜者不厭，譁然訴之。王呼其首問曰：『爾生幾何年，凡幾試矣？』衆謂憐其潦倒，則皆以老於場屋對。王曰：『曾中選否？』曰：『正爲累試皆不利也。』王忽作色曰：『爾曹累試不一得，彼一試而兩得，尚敢訴耶！』叱而出之。」（中華書局一九八三年版，頁一

三五）

〔一五〕綠鬢：烏黑而有光澤的鬢髮。李賀殘絲曲：「綠鬢年少金釵客，縹粉壺中沈琥珀。」

〔一六〕青衫：唐制，文官八品、九品服以青。如唐白居易琵琶行：「座中泣下誰最多？江州司馬青衫濕。」此泛指官職卑微。如宋歐陽脩送鄭革先輩賜第南歸：「握手親朋驚白髮，還家閭里看青衫。」

〔一七〕紅旆：亦稱「紅旌」、「紅幟」、「紅幢」。作紅色旌旗。猶火旗。宋歐陽脩酬滑州公儀龍圖見寄（至和元年）：「知君爲我留紅旆，猶記栽花白髮翁。」

〔一八〕庚辰：即高宗紹興三十年（一一六〇）。

〔一九〕蔣芾：宋史卷三八四本傳：「蔣芾，字子禮，常州宜興人，之奇曾孫。紹興二十一年，進士第二人。孝宗卽位，累遷起居郎兼直學士院。時宦者梁珂事上潛邸，撓權，尹穡論珂，與祠，芾繳奏罷之。簽書樞密院事，首奏加意邊防。……除權參知政事、同知國用事。……南郊禮畢，宰相葉顒、魏杞罷。芾采衆論，參己見，爲籌邊志上之。明年，拜右僕射、同中書門下平章事兼樞密使。會母疾卒，詔起復，拜左僕射，芾力辭。有密旨欲今歲大舉，手詔廷臣議，或主和，或主恢復，使芾決之。芾奏：『天時人事未至。』拂上意。服闋，除觀文殿大學士、知紹興府、提舉洞霄宮。尋以言者論，落職，建昌軍居住，期年，有旨自便。再提舉洞霄宮，卒。芾始以言邊事結上知，不十年間致相位，終以不能任兵事受責，豈優於論議而劣於事功歟？」（中華書局一九七七年版，頁一一八一八）

〔二〇〕芮燁：字國器，一字仲蒙。湖州烏程（今浙江湖州）人。生於徽宗政和四年（一一一四），卒於孝宗乾道八年（一一七二）。紹興十八年（一一四八）進士，與其弟芮煇同榜。歷仁和尉、左從政郎、武岡編管、國子正、秘書省正字、國子監司業、國子監祭酒等職。宋不著編人紹興十八同年小錄：「（第二甲）第十三人芮燁，字國器，小名勝郎，小字耆老。年三十五。八月二十五日生。外氏石。具慶下。第六十。兄弟三人，四舉。娶王氏。曾祖道明。祖寧。父彥輔。本貫湖州烏程縣登靜鄉光化里。父爲戶。」（景印文淵閣四庫全書第四四八冊，臺灣商務印書館二〇〇八年影印本，頁三六〇—三六一）宋談鑰嘉泰吳興志卷一七賢貴事實下·烏程縣：「芮曄，字國器。烏程人。與弟暉力學起家，號二芮。同入太學，占選舍上游，同登紹興戊辰第。在館學，雍容儒雅，人推重之。後爲司業，四方學者爲得所師。晚歲詩益奇，有文集藏於家。暉今爲兵部尚書。」（宋元方志叢刊，中華書局一九九〇年影印本，頁四八二四）清陸心源輯宋史翼卷一三：「芮燁，字國器，一字仲蒙。烏程人。紹興十八年進士，與弟煇力學起家，號二芮，同入太學。（談志）燁孝弟忠信，博習脩潔。登第後，每有慷慨憂時之志，鄉里前輩如劉二止、沈介諸賢，皆敬愛之。（周必大芮氏家藏集序）初仕爲仁和尉，長河堰有龍王廟，每祭則有蛇出，或止香爐，或飲於杯，往來者謹事之。堰歲數壞，人以爲龍所爲，燁疲於脩築。一日，焚香設奠，蛇果出於爐。燁端笏，數之曰：『有功於民者，乃得祀龍廟食於此。未嘗有功，歲數壞堰，勞民之力，爲罪多矣。無功有罪，國法當誅。』即舉笏殺之，應手碎。是夕，疾風甚雨，燁處之自若。（齊東野語）紹興二十五年爲左從政郎。（宋史全文）鄉人沈長卿作牡丹詩，有訐以爲謗訕者，引燁爲證。廷尉捕治，燁力辨其非。長卿不任笞掠，親書『誣伏』。獄吏以示燁。燁曰：『長卿誣伏則可，燁豈敢誣證。』吏別摘。燁尉仁和時，所作詩有『今作塵埃奔走人』之句，坐以怨望，及應言上，不言上。（芮氏家藏集序）追一官，武岡軍編管。二十五年，檜死復元官。（宋史全文）除國子正。三十一年，除秘書省正字。高宗將內禪，殿中侍御史張震以燁名聞，上曰：『是能爲古文者。』即擢監察御史。（中興館閣錄參家藏集序）出爲廣東提刑，以儒雅飾吏治。（廣東通志）凡舊例供饋，積至數千緡，潛輸公帑。歸過曲江班，郡縣史之，乏給者。乾道五年，除國子司業，旋升祭酒。請祠，優進右文殿脩撰，兩學生員，祖道千計，觀者太息。八年，卒，年五十八。」（中華書局一九九〇年影印本，頁一三七——一三八）

〔二一〕王東里：字喬卿，一作僑卿，更名畡，字廣元。處州麗水（今浙江麗水）人。生於徽宗宣和六年（一一二四），卒於孝宗淳熙十年（一一八三）。紹興十八年（一一四八）進士。授汀州蓮城縣尉。歷著作佐郎、廣東轉運副使等。終官朝奉大夫。宋不著編人紹興十八年同年小錄：「（第五甲）第五十四人王東里，字喬卿，小名萱郎，小字奉先。年十九。九月二十六日生。外氏杜。繼母陳氏。具慶下。第五。兄弟三人，一舉。未娶。曾祖慶孫，故，不仕。祖汴，故，不仕。父世脩，未仕。本貫處州麗水縣浮雲鄉德廣里。父爲戶。」（景印文淵閣四庫全書第四四八冊，臺灣商務印書館二〇〇八年影印本，頁三九一）宋楊萬里誠齋集卷一二二左司王僑卿墓表：「公諱畡，字廣元，姓王氏。初諱東里，字僑卿。少貧篤學，爲文有氣力。登戊辰進士第。歷汀州蓮城尉、徽州休寧縣丞、臨安府教授，主管尚書禮兵部架閣文字，秘書省正字、校書郎、著作佐郎，知太平州，改知道州，尚書考功員外郎，右司員外郎，廣東提舉茶鹽、提點刑獄、轉運副使，主管建寧府武夷山沖佑觀。官止朝奉大夫。年止六十。」（辛更儒楊萬里集箋校，中華書局二〇〇七年版，頁四七〇六）

〔一二二〕程千里：字邁卿，一字偉明。信州玉山（今江西玉山）人。生於徽宗政和三年（一一一三），卒年不詳。紹興十八年（一一四八）進士。秘書省正字。宋不著編人紹興十八年同年小錄：「（第四甲）第十五人程千里，字邁卿，小名桂筵，小字月郎。年三十六。八月二十七日生。外氏陳。具慶下。第二十八。兄弟二人，三舉。娶江氏。曾祖准，故，不仕。祖忠，故，不仕。父駿見，任進武副尉。本貫信州玉山縣玉山鄉禹門里。父爲戶。」（景印文淵閣四庫全書第四四八冊，臺灣商務印書館二〇〇八年影印本，頁三六八）清黃壽祺脩、吳華辰等纂同治玉山縣志卷八之儒林：「程千里，字偉明。登進士第。有經學，嘗與范陽張侍郎講論，後爲秘書省正字。有書傳及雜著百篇。（前府志）」（中國方志叢書，成文出版社一九七五年影印本，頁一〇〇二）宋陳騤南宋館閣錄卷八：「（正字，紹興以後八十二人）程千里，字偉明。上饒人。王佐榜同進士出身。治詩賦。三十二年五月，除；隆興二年二月，通判秀州。」（景印文淵閣四庫全書第五九五冊，臺灣商務印書館二〇〇八年影印本，頁四五七）

〔一二三〕昭文、集賢、史館：卽昭文館、集賢院、史館，謂之三館，亦卽崇文院。三館掌藏經、史、子、集四部圖籍及脩寫校勘等事。元豐改制後隸秘書省。宋江少虞宋朝事實類苑卷第二九詞翰書籍・三館：「梁祖都汴，庶事草創，正明中，始於今右長慶門東北創小屋數十間，爲三館，湫隘尤甚。又周廬徼道，咸出其旁，衛士騶卒，朝夕喧雜，每授詔撰述，皆移他所。至太平興國中，車駕臨幸，顧左右曰：『若此卑陋，何以待天下賢俊？』卽日詔有司規度左昇龍門東北居府地爲三館，命內臣督役，晨夜兼作，不日而成。尋下詔，賜名崇文院，以東廊爲昭文館書庫，南廊爲集賢院書庫，西廊八經史子集四部爲史館書庫，凡六庫書籍正副本，僅八萬卷，斯爲盛也。昭文館本前世弘文館，建隆中，以其犯宣祖廟諱改焉。淳化初，以呂祐之、趙昂、安德裕、勾中正並直昭文館，則本朝直昭文館，自呂祐之等始也。集賢有直院，有校理。端拱初，以李宗諤爲集賢校理，淳化初以和蠓爲直集賢院，則本朝直集賢校理，自和蠓、李宗諤始也。史館有直館，有脩撰，有編脩，有校勘，有檢討。太平興國中，趙鄰幾、呂蒙正皆爲直史館，掌脩撰，而楊文舉爲史館編脩。是時，脩撰未列於職，至至道中，始以李若拙爲史館脩撰。雍熙中，宋炎爲史館校勘。淳化中，以郭延澤、董元亨爲史館檢討，則本朝直史館、史館編脩、史館脩撰、史館校勘、史館檢討，自趙鄰幾、呂蒙正、李若拙、楊文舉、宋炎、郭延澤、董元亨等始也。本朝三館之外，復有秘閣圖書，故秘閣置直閣，又置校理。咸平初，以杜鎬爲秘閣校理，後充直秘閣，則本朝直秘閣、秘閣校理皆自杜鎬始也。三館謂巨集（『巨集』原作注文曰：『字同宣祖廟諱上一字。』）文館、史館、集賢院，建隆元年二月，避諱字，詔易名昭文館。端拱元年五月，詔置秘閣于崇文院之中堂。」（上海古籍出版社一九八一年版，頁三六七—三六八）

〔二一四〕脩注：唐時爲起居郎、起居舍人的别稱。宋元豐改制前爲同脩起居注之省稱，改制後恢復起居郎、起居舍人，故又稱其爲脩注或脩注官。宋洪邁容齋四筆卷一五官稱别名：「唐人好以它名標榜官稱：……起居郎爲左螭，起居舍人爲右螭，又並爲脩注。」（中華書局二〇〇五年版，頁八一七）宋李心傳建炎以來野史雜記乙集卷一三侍立脩注官：「侍立脩注官者，自羅春伯始。祖宗時，以起居舍人寄祿，而更命他官領其事，謂之同脩起居注官。制行復爲郎、舍人。淳熙十五年十月，春伯自戶部員外郎除右史，避曾祖諱，乃以爲太常少卿兼侍立脩注官。其後兩史，或闕則降旨以某人權侍立官，蓋自此始。」（中華書局二〇〇〇年版，頁七一五）宋史卷一六一職官志一：「國朝舊置起居院，命三館校理以上脩起居注。熙寧四年，詔諫官兼脩注者，因後殿侍立，許奏事。元豐二年，兼脩注王存乞復起居郎、舍人之職，使得盡聞明天子德音，退而書之。……八月，乃詔雖不兼諫職，許直前奏事。蓋存發之也。官制行，改脩注爲郎、舍人。六年，詔左、右史分記言動；元祐元年，迺詔不分。七年，詔邇英閣講讀罷，有留身奏事者，許侍立。……紹興二十八年，用起居郎洪遵言，起居郎、舍人自今後許依講讀官奏事。隆興元年，用起居郎兼侍講胡銓言，前殿依後殿輪左、右史侍立。」（中華書局一九七七年版，頁三七八〇—三七八一）文獻通考卷五〇職官考四·起居：「宋沿唐制，起居郎隸門下，起居舍人隸中書，號小兩省官，皆爲虚名，不典本省事。而典職者自號脩起居注，凡二人，多以館閣官兼。掌更番侍立於崇政殿，又從行幸，以備記錄。」（中華書局一九八六年影印本，考四六一）宋會要輯稿·職官二之一〇：「宋初置起居院，但關敕送史館，不復撰集。……舊起居院，不分左右，並稱同脩起居注。元豐改官制，始正郎及舍人之名。」兩朝國史志：「起居院，修起居注二人，古者左、右史之職也，今起居郎、舍人，不治本省事。」（中華書局一九五七年影印本，頁二三七六）另，文獻通考卷五四職官考八·翰林侍講學士：「脩注兼侍講：自朱子發後，脩注官多得兼侍講。」（中華書局一九八六年影印本，考四九二）

〔二一五〕鄧文惠公溫伯：即鄧潤甫。生於仁宗天聖五年（一〇二七），卒於哲宗紹聖元年（一〇九四）。建昌（治今江西南城縣）人。

仁宗皇祐元年（一〇四九）進士及第。歷上饒縣尉、武昌縣令、集賢校理、御史中丞、翰林學士、龍圖閣直學士、成都知府、端明殿學士、禮部尚書、兵部尚書、尚書左丞等。謚安惠。宋史卷三四三本傳：「鄧潤甫，字溫伯，建昌人。嘗避高魯王諱，以字爲名，別字聖求，後皆復之。第進士，爲上饒尉、武昌令。舉賢良方正，召試不應。熙寧中，王安石以潤甫爲編脩中書條例、檢正中書戶房事。神宗覽其文，除集賢校理、直舍人院，改知諫院、知制誥。同鄧綰、張琥治鄭俠獄，深致其文，入馮京、王安國、丁諷、王堯臣於罪。擢御史中丞。……還翰林學士。因論奏相州獄，爲蔡確所陷，落職知撫州。移杭州，以龍圖閣直學士知成都府。召復翰林學士兼掌皇子閣箋記，一時製作，獨倚潤甫焉。哲宗立，惟潤甫在院，一夕草制二十有二。進承旨，脩撰神宗實錄。以母喪去，終制，爲吏部尚書。梁燾論其草蔡確制，妄稱有定策功，乃以龍圖閣學士知亳州。閱歲，復以承旨召。數月，除端明殿學士、禮部尚書。請郡，得知蔡州，移永興軍。元祐末，以兵部尚書召。紹聖初，哲宗親政，潤甫首陳武王能廣文王之聲，成王能嗣文、武之道，以開紹述。遂拜尚書左丞。章惇議重謫呂大防、劉摯，潤甫不以爲然，曰：『俟見上，當力爭。』無何，暴卒，年六十八。輟視朝二日。以嘗掌均邸箋奏，優贈開府儀同三司，謚曰安惠。」（中華書局一九七七年版，頁一〇九一一—一〇九一二）宋史卷二一二宰輔表三：「（紹聖元年甲戌五月）乙丑，尚書左丞鄧潤甫卒。潤甫舊名溫伯，復今名。」（頁五五〇八）

〔二六〕楊元老椿：字元老。學者稱芸室先生。眉州彭山（今四川彭山）人。生於哲宗紹聖二年（一〇九五），卒於孝宗乾道三年（一一六七）。徽宗宣和六年（一一二四）省試第一，第進士。高宗建炎三年（一一二九）爲東川節度推官，紹興八年（一一三八）九月爲秘書省校書郎，紹興十年（一一四〇）五月爲屯田員外郎。紹興十五年（一一四五）由潼川路轉運判官移提點刑獄。紹興二十五年（一一五六）十二月除秘書少監，次年八月除兵部侍郎。紹興二十九年（一一五九）進尚書，兼權翰林學士。紹興三十一年（一一六一）三月除參知政事。謚文安。有芸室文集七十五卷。宋李心傳建炎以來繫年要錄：紹興八年（一一三八）九月己亥，左奉議郎楊椿爲秘書省校書郎。椿，彭山人。舉進士，禮部第一。累官州縣。用趙鼎薦，召對，椿勸上行仁義、建學校、收人材、擇將帥、去贓吏、恤民力，凡二十餘事，遂有是除。（卷一二二）紹興十年（一一四〇）五月己丑，秘書郎楊椿守屯田員外郎。（卷一三五）左承議郎、潼川府路轉運判官楊椿，改本路提點刑獄公事，時諸路漕臣多獻羨餘，獨椿無所獻。（卷一五一）紹興十八年（一一四八）六月癸巳，左朝奉郎楊椿爲夔州路提點刑獄公事。（卷一五七）紹興二十三年（一一五三）閏十二月癸卯，左朝散郎楊椿爲荊湖北路提點刑獄公事。」（卷一六五）紹興二十五（一一五五）年十二月丙申，左朝奉郎荊湖北路提點刑獄公事楊椿試秘書少監。（卷一七〇）紹興二十六年（一一五六）四月丙戌，秘書少監楊椿、著作佐郎趙逵、周麟之同共編脩神宗皇帝一朝寶訓。（卷一七二）八月乙未，秘書少監楊椿權兵部侍郎、兼國子祭酒。九月癸丑，權尚書兵部侍郎兼國子祭酒楊椿兼侍講。（卷一七四）紹興二十八（一一五八）正月乙酉，權尚書兵部侍郎、兼侍講楊椿試給事中。二月丙午，給事中楊椿、中書舍人周麟之並兼權直學士院。（卷一百七十九）紹興二十九年（一一五九）二月己亥，給事中、兼侍講、權直學士院楊椿試兵部侍郎。（卷一八一）十二月丁卯，尚書兵部侍郎、直學士院楊椿進尚書仍兼權翰林學士。（卷一八三）紹興三十年（一一六〇）二月戊辰，兵部尚書、兼權翰林學士楊椿兼侍讀。（卷一八四）紹興三十一年（一一六一）三月壬午，兵部尚書、兼權翰林學士、兼侍讀楊椿參知政事。（卷一八九）紹興三十二年（一一六二）閏二月辛卯，參知政事楊椿充資政殿學士、提舉在外宮觀。椿爲台諫所擊，四上疏丐免，乃有是命。三月丁酉朔，新除資政殿學士楊椿降充端明殿學士、提舉臨安府洞霄宮。（卷一九八）宋陳良佑名臣碑傳琬琰之集中卷三三之楊文安公椿墓誌銘：「忽嬰微恙，泊然而薨，實乾道三年正月十一日，享年七十有三。上聞之，震悼，加資政殿學士、太常。謚曰文安。累贈銀青光祿大夫，封彭山縣開國伯。」（景印文淵閣四庫全書第四五〇冊，臺灣商務印書館二〇〇八年影印本，頁四六二）宋陳騤南宋館閣錄卷七：「（少監，紹興以後四十人）楊椿，字元老。眉山人。沈晦榜進士出身。治書。二十六年四月，除；八月，爲權兵部侍郎。」（景印文淵閣四庫全書第四九五冊，臺灣商務印書館二〇〇八年影印本，頁四四七）

〔二七〕丙申：　卽淳熙三年（一一七六）。

〔二八〕許蒼舒：　一作許蒼野，字子齊。鎮江丹徒（治今江蘇鎮江）人。父許暘。孝宗隆興元年（一一六三），進士及第。先後歷龍游尉、廣德軍教授、秘書省校書郎、著作佐郎、權秘書丞、兼太常博士、權倉部郎官等。卒年四十三。宋不題撰人京口耆舊傳卷二：「（許暘）幼子蒼野，字子齊。以父任爲衢州龍游尉。隆興初元，擢進士第。乾道五年，中博學宏詞科。由廣德軍教授詔試，除秘書省校書郎，遷著作佐郎，權秘書丞，兼太常博士，權倉部郎官。容儀端整，論奏詳明，理宗甚器重之。未幾，得疾卒，年四十三。卽今酉干（按：據至順鎮江志，疑为于字）之許。」（景印文淵閣四庫全書第四五一冊，臺灣商務印書館二〇〇八年影印本，頁一三三）宋陳騤撰南宋館閣錄卷七：「（著作郎，淳熙以後八人）許蒼舒，字子齊。木待問榜同進士出身。治書。四年七月，除；九月，主管台州崇道觀。」（景印文淵閣四庫全書第五九五冊，臺灣商務印書館二〇〇八年影印本，頁四五〇）元脫因脩、俞希魯纂至順鎮江志卷一八：「許蒼舒，字子齊。暘幼子。隆興元年，登進士第。乾道五年，又中博學宏詞科。由廣德軍教授，招試秘書省校書郎、著作佐郎、兼太常博士，至倉部郎，卒。官其子孫，世居西于里。」（中國方志叢書華中地方・第一七一號，成文出版社一九七五年影印本，頁九八四）

〔二九〕程元誠叔達：名叔達，字元誠。徽州黟縣（今安徽黟縣）人。生於徽宗宣和二年（一一二〇），卒於寧宗慶元三年（一一九七）。紹興十二年（一一四二）進士及第。明彭澤脩汪舜民纂弘治徽州府志卷八程叔達傳：「程叔達，字元誠，黟人，顯學邁之侄孫。登紹興十二年第，歷興國、光化教官，改秩，仍典湖學。時金亮將背盟，朝論凶凶，叔達袖書見時宰，論五事，請厲兵秣馬，以須其動。次則守淮漢，募軍遺諜，使理財用，凡萬言。陳康伯以爲強人意，擢倅臨安，知通州。未三月，除監察御史。……除右正言，遷左司諫。論和糴四弊。直敷文閣知池州，引嫌改衢。尋除江西運判，易江東運副。……淳熙初元，除浙西憲、宗正少卿兼太子左庶子、崇政殿說書。十一月，兼直學士院。明年兼權中書舍人、給事中。卽奏敬天愛民有志事功三事，……以侍親求去，直龍圖閣奉祠。除湖南漕，再除浙西憲。易帥隆興，彌年進集英殿脩撰因任。進敷文閣待制，引疾奉祠，四載，納祿，遂以顯謨閣待制致仕。光宗卽位，詔撫問，有渴見之語，以舊學也。慶元二年特除華文閣直學士，封新安郡侯。以三年七月卒，年七十八。官宣奉大夫，贈特進，謚莊節。叔達嗜學，至老不釋卷，下逮陰陽蔔筮之書，亦靡不該通。善隸行書，小草得急就體。生平著述有玉堂制草九卷，台省論諫存稿十卷，歌詩六卷，雜文十一卷藏於家。自述出處大節則有四朝遺老傳。」（天一閣藏明代方志選刊，上海古籍書店一九六四年影印本）另，參見楊萬里誠齋集卷一二五宋故華文閣直學士贈特進程公墓誌銘。

三六　輪講筵學士院官直宿禁林

隆興初，上用眞宗故事，輪講筵〔一〕學士院官直宿禁林，每夕兩員，以備宣引諮訪，往往賜酒留款。其後以兩人難獨召，若同召，則議論難盡，止命一員遞宿。自後益遴其選，或國忌妨行香〔二〕，若有故員少及大暑，皆權免。間遇除授宣鎖，講筵官已入直，率聞命蒼皇而出。至有不及伺候，從吏借馬于內諸司〔三〕者，或偶值本院官直宿，遂留鎖院。若大除拜，當有錫，賜則不系當日與否，往往特宣云（每直兩日，謂之頭直、末直）。

【箋】

〔一〕講筵：源於講經筵，即御前經史講座，宋代始稱經筵，並形成嚴格的制度，爲元、明、清三代所沿襲。辭源將「經筵」定義爲：古代帝王爲研讀經史而特設的御前講席。這種制度既是一種特殊的帝王教育制度，又是一種自我約束和調節機制的政治制度，還是一種宣揚文教政策的社會禮儀制度。

〔二〕國忌行香：宋王栐燕翼詒謀錄卷二之國忌行香：「國忌行香，本非舊制，真宗皇帝大中祥符二年九月丁亥，詔曰：『宣祖昭武皇帝、昭憲皇后，自今忌前一日不坐，群臣進名奉慰，寺觀行香，禁屠，廢務，著於令。』自後太祖、太宗忌，亦援此例，累朝因之。今惟存行香而已，進名奉慰久已不存，亦不禁屠，雙忌則休務，單忌亦不廢務矣。」（中華書局一九八一年版，頁一九）

〔三〕內諸司：宋孟元老撰、鄧之誠注東京夢華錄注卷之一內諸司：「內諸司皆在禁中，如學士院、皇城司、四方館、客省、東西上閤門、通進司、內弓劍槍甲軍器等庫、翰林司（茶酒局也）、內侍省、入內內侍省、內藏庫、奉宸庫、晾福殿庫、延福宮、殿中省六尚局、（尚藥、尚食、尚輦、尚醞、尚舍、尚衣）諸閣分內香藥庫、後苑作、翰林書藝局、醫官局、天章等閣，明堂頒朔布政府。」（中華書局一九八二年版，頁四一）宋周淙纂脩乾道臨安志第一卷內諸司：「閤門、客省四方館（右在和寧門外）、入內內侍省、禁衛所、皇城司、御藥院、御輦院、內東門司、御前馬院、脩內司、翰林院（天文局、醫官局、鐘鼓院隸焉）、通進司、御廚、翰林司、儀鸞司、合同憑由司、後苑、內藏庫、內軍器庫、御酒庫（右並在禁中）。」（宋元方志叢刊，中華書局一九九〇年版影印本，頁三二一九）宋洪邁容齋四筆卷一一樞密行香：「唐世樞密使專以內侍爲之，與它使均稱內諸司，五代以來始參用士大夫，遂同執政。案實錄所載景德二年三月元德皇后忌，中書、樞密院文武百官，並赴相國寺行香。初樞密院言：『舊例國忌行香，惟樞密使、副依内諸司例不赴，恐有虧恭恪。今欲每遇大忌日，與中書門下同赴行香。』從之。樞密使副、翰林、樞密直學士並赴，自茲始也。然則樞密之同内諸司久矣。隆興以來，定朝臣四參之儀，自宰臣至於郎官、御史，皆班列殿庭拜舞，惟樞密立殿上不預，亦此意云。」（中華書局二〇〇五年版，頁七六四）

三七　明堂禮復舊制

紹興辛巳〔一〕，明堂禮成，以完顏亮〔二〕背盟，十月四日詔：「今次明堂大禮合加恩臣僚，權宜不鎖院，不宣麻，止降制，給告〔三〕並免，辭免、候事、定日依舊。」隆興二年〔四〕，邊事〔五〕，改蔔郊〔六〕。乾道三年〔七〕冬雷，罷二相〔八〕，皆未暇舉行。乾道六年〔九〕，某始奏復舊制。

【箋】

〔一〕紹興辛巳：即紹興三十一年，公元一一六一年。

〔二〕完顏亮：字元功，本諱迪古乃。生於金太祖天輔六年（一一二二），卒於正隆六年（一一六一）。遼王宗幹第二子，母大氏。熙宗天眷三年（一一四〇），以宗室子爲奉國上將軍，赴梁王宗弼軍前任使，以爲行軍萬戶，遷驃騎上將軍。皇統四年（一一四四），加龍虎衛上將軍，爲中京留守，遷光祿大夫。皇統七年（一一四七）五月，召爲同判大宗正事，加特進。十一月，拜尚書右丞。皇統八年（一一四八）六月，拜平章政事。十一月，拜右丞相。皇統九年（一一四九）正月，兼都元帥。三月，拜太保、領三省事。十二月，與忽土、阿里出虎、秉德、唐括辯、烏帶、徒單貞等合謀殺熙宗，自立帝位，改皇統九年爲天德元年。天德三年（一一五一）四月丙午，詔遷都燕京。天德五年（一一五三），以遷都詔中外，改元貞元。改燕京爲中都，府曰大興，汴京爲南京，中京爲北京。正隆元年（一一五六）正月，群臣奉上尊號曰聖文神武皇帝。自九月廢朝，常數月不出。有急奏，召左右司郎中省于臥內。正隆六年（一一六一）九月，完顏亮自將三十二總管兵伐宋，進自壽春。十月，大軍渡淮。漢南道劉萼，取通化軍、蔣州、信陽軍。徒單貞敗宋將王權於盱眙，進取揚州。前鋒軍至段寨，宋戍兵皆遁去，敗宋兵於蔚子橋，敗宋兵於巢縣，斬二百級，至和州。十一月，浙西兵馬都統制完顏元宜等軍反，遇弑，崩，年四十。世宗大定二年（一一六二），降封爲海陵郡王，謚曰煬。大定二十年（一一八〇），熙宗既祔廟，乃詔降爲海陵庶人，改葬于山陵西南四十里。

〔三〕給告：宋代朝官轉官時下達的一種文書。南宋時給告的對象並不固定。宋會要輯稿·職官一一之六八：「（建炎元年五月十二日詔）（覃）恩轉官除文臣太中大夫、武臣正任觀察使及宗室南班以下，並命辭給告身，其餘令吏部具鈔降敕。」（中華書局一九五七年影印本，頁二六五六）宋會要輯稿·職官四二之七五：「（建炎四年五月二十四日）三省言：『……鎮撫使除授並命詞給告』，從之。」（頁三二七二）建炎以來繫年要録：「（紹興四年六月己亥）詔今後除授館職、寺監丞、博士、御史台檢法官、主簿、在外監司、帥司，並命詞給告。」（中華書局一九五六年版，頁一二六七）宋會要輯稿·職官一一之六九：「（紹興）四年六月二十一日，詔除授館職、職事官及帥臣、監司，並依舊給告，惟計議官依編修官出敕。……舊法，編修官出敕，館職、寺監丞、博士、御史台檢法、主簿，命詞給告。承務郎以下磨勘轉官，出告；特恩轉官，仍命詞。外任差遣出敕，監司併合命詞給告。舊無計議官，未審是何付身，故有是詔。」（頁二六五七）文獻通考卷六一職官考一五·轉運使：「中興以來，逐路都轉運使除授不常，惟使副、判官常置。舊制，轉運司除授，皆命詞給誥。渡江已後，例給敕命。後稍復舊，轉運使副命詞，運判則否。（紹興）六年，諸路運判亦命詞給誥。」（中華書局一九八六年影印本，考五五七）宋會要輯稿·崇儒一之二六：「（嘉定十四年八月十三日）都省言：『仍復諸王宮大、小學教授一員，照得樞密院編修官，正除特與命詞給告。今來諸王宮大、小學教授，亦合一體施行。』詔今後正除諸王宮大、小學教授，特與命詞給告。」（頁二一七五）

〔四〕隆興二年：公元一一六四年。

〔五〕邊事：指隆興二年（一一六四）冬金兵渡淮入侵。宋史卷三三孝宗本紀一：「（隆興二年冬十月）辛巳，金人分道渡淮，劉寶棄楚州遁。十一月乙酉，知楚州魏勝與金人戰，死之，州遂陷，濠州亦陷。王彥棄昭關遁，滁州又陷。丙戌，詔諭沿邊將士。丁亥，詔魏杞等以所齎禮幣犒軍，杞弗從命，留鎮江俟旨。覆命王之望督視江、淮軍馬。戊子，以金人侵擾，詔郊祀改用明年。」（中華書局一九七七年版，頁六二八）

〔六〕蔔郊：郊者，郊祭也，古代帝王在郊外祭祀天地；蔔者，占卜也。占卜郊祭日期謂之蔔郊。禮記·郊特牲：「卜郊，受命于祖廟，作龜於禰宮，尊祖親考之義也。卜之日，王立於澤，親聽誓命，受教諫之義也。」（十三經注疏之禮記正義，上海古籍出版社一九九七年影印本，頁一四五三上）

〔七〕乾道三年：公元一一六七年。

〔八〕罷二相：指罷免左僕射葉顒、右僕射魏杞。齊東野語卷一一之雷變免相：「乾道丁亥十一月二日冬至，郊祀有風雷之變，宰相葉顒、魏杞，皆策免。」（中華書局一九八三年版，頁二〇一）宋史卷三四孝宗本紀二：「（乾道三年十一月）癸酉，以郊祀雷，葉顒、魏杞並罷，命陳俊卿爲參知政事，翰林學士劉珙同知樞密院事。」（中華書局一九七七年版，頁六四一）宋史卷二一三宰輔表四載：「（乾道三年丁亥）十一月癸酉，葉顒罷左僕射，提舉太平興國宮。魏杞罷右僕射，提舉太平興國宮。」（頁五五七五）

〔九〕乾道六年：公元一一七〇年。

三八　屏風兒

內制〔一〕名色〔二〕不一，爆直〔三〕時或未詳其體式，故凡詞頭之小者，院吏必以片紙錄舊作於前，謂之屏風兒。予嘗跋王岐公〔四〕、蘇文定公詔草及謝表，備言之，至今不廢，蓋其來久矣。國初，陶穀〔五〕謂一生依本畫葫蘆〔六〕，殆謂是耶？

【箋】

〔一〕內制：此指由翰林學士執掌的制誥、詔令、赦文等文書。參見卷中「兩制」條。

〔二〕名色：名目。此當指翰林學士執掌的文書格式。

〔三〕儤直：亦作儤值，指官吏連日值宿。康熙字典子集中「人部」釋「儤」曰：「正韻：布佼切，音報。官吏連直也。唐志：新到官府，並上直，謂之儤。儤直，一作豹直，亦曰伏豹，取不出之義。見聞錄：御史舊例，初入台陪，直比五日，衆官皆出，此人獨留，曰豹直。楊巨翰林舊規有儤宿例，卽儤直也。正字通：今俗謂程外課作者爲㦤。字彙心部㦤與儤溷，誤也。○按：儤字惟正韻始載。古有㦤無儤。」（中華書局一九五八年影印同文書局原版）

〔四〕王岐公：卽王珪。字禹玉。成都華陽人，徙家開封。生於眞宗天禧三年（一〇一九），卒於神宗元豐八年（一〇八五）。父王准爲太常博士、秘閣校理。王珪幼時好學，日誦千言，及長，博通群書。仁宗慶曆二年（一〇四二），進士及第，高中榜眼。爲大理事，通判揚州，詔試學士院，遷太子中允，直集賢院同脩，起居注，改右正言，知制誥。其文典麗，有西漢之風。嘉祐初年，爲翰林學士。又除端明殿學士，遷翰林學士承旨。神宗熙寧三年（一〇七〇），拜參知政事。熙寧九年（一〇七六），拜同中書門下平章事、集賢殿大學士。元豐二年（一〇七九），以階易官。其時爲禮部侍郎，當爲正議大夫，遂越拜銀青光祿大夫，兼門下侍郎、同中書門下平章事，監脩國史。哲宗卽位，拜金紫光祿大夫，封岐國公。卒贈太師，謚曰文恭。有文集華陽集百卷。參見宋王偁東都事略、元脫脫等宋史卷三二五本傳。

〔五〕陶穀：字秀實。邠州新平（治今陝西彬縣）人。本姓唐，避晉祖諱改焉。生於唐昭宗天復三年（九〇三），卒於宋太祖開寶三年（九七〇）。歷仕後晉、後漢、後周、宋諸朝。仕後晉時，起家校書郎、單州軍事判官；宰相李崧與和凝，同奏其爲著作佐郎、集賢校理；改監御史，分司西京，遷虞部員外郎、知制誥；天福五年（九四〇），晉祖廢翰林學士，兼掌內外制；天福九年（九四四），加倉部郎中，與兗州節度使矛盾，被貶爲太常少卿，後又奏革除弊政，拜中書舍人。天福十二年（九四七），後晉亡，投奔後漢高祖劉知遠，被授給事中。後周太祖廣順元年（九五一），爲右散騎常侍；世宗顯德元年（九五四），遷戶部侍郎，又爲翰林學士；顯德三年（九五六），遷兵部侍郎，加翰林學士承旨；顯德六年（九五九），加吏部侍郎。宋太祖建隆元年（九六〇），太祖將受禪，未有禪文，穀在旁，出諸懷中而進之曰：「已成矣。」太祖甚薄之。太祖立國初，轉禮部尚書，依前翰林承旨。乾德二年（九六四），判吏部銓兼知貢舉，再爲地南郊禮儀使；後累加刑部、戶部二尚書。開寶三年（九七〇），卒，年六十八。贈右僕射。宋史二六九本傳稱其「強記嗜學，博通經史，諸子佛老，咸所總覽；多蓄法書名畫，善隸書。爲人雋辨宏博，然奔競務進，見後學有文采者，必極言以譽之；聞達官有聞望者，則巧詆以排之，其多忌好名類此」（中華書局一九七七年版，頁九二三八）。

〔六〕依本畫葫蘆：宋魏泰東軒筆錄卷之一：「陶穀，自五代至國初，文翰爲一時之冠。然其爲人，傾險狠媚，自漢初始得用，即致李崧赤族之禍，由是縉紳莫不畏而忌之。太祖雖不喜，然藉其詞章足用，故尚寘于翰苑。穀自以久次舊人，意希大用。建隆以後，爲宰相者，往往不由文翰，而聞望皆出穀下。穀不能平，乃俾其黨與，因事薦引，以爲久在詞禁，宣力實多，亦以微伺上旨。太祖笑曰：『頗聞翰林草制，皆檢前人舊本，改換詞語，此乃俗所謂依樣畫葫蘆耳，何宣力之有？』穀聞之，乃作詩，書於玉堂之壁，曰：『官職須由生處有，才能不管用時無。堪笑翰林陶學士，年年依樣畫葫蘆。』太祖益薄其怨望，遂決意不用矣。」（中華書局一九八三年版，頁五）

三九　文德殿聽麻

凡鎖院，或親被旨〔一〕，或受熟狀，本院即關閤門①。今月某日有鎖院事，閤門得之，即關報〔二〕御史台，集文臣職事官〔三〕承務郎〔四〕、厘務官〔五〕通直郎〔六〕以上，明日赴文德殿聽麻。宰相、樞密皆不往，惟輪參知政事一員押麻。麻卷自內出，閤門啟御封，兩吏對展宣贊，舍人南面搢笏，叉手大聲，摘②首尾詞及階位、姓名下數句，並所除之官而讀之，不盡宣也。聽訖，知閤門官以授參政，參政付中書吏，百官不拜而退。若大詔令及冊後之類，則宰執、文武百僚俱入，文亦盡讀，拜舞，然後退。

【校】

①閤門：明鈔本、四庫文忠集本、傅校本作「閣門」，四庫單行本作「閤門」。
②摘：明鈔本、「四庫」單行本作「擿」，四庫文忠集本、傅校本作「摘」。「擿」通「摘」，故校爲「摘」。

【箋】

〔一〕被旨：承奉聖旨。賓退錄卷一：「（林）靈素被旨脩道書，改正諸家醮儀，校讎丹經靈篇，刪脩注解。」（叢書集成初編第三一四冊，商務印書館一九三九年版，頁四）

〔二〕關報：報告。宋趙鼎建炎筆錄卷一：「初，黄州關報金人侵犯，從衛三省移赴虔州。」（叢書集成初編第三八九〇冊，商務印書館一九三九年版，頁八）

〔三〕職事官：唐长孙元忌等撰唐律疏議卷一名例・八議之議貴疏曰：「議曰：依令：『有執掌者爲職事官，無執掌者爲散官。』」（中華書局一九八三年版，頁一八）舊唐書卷四二職官志一載：「職事者，諸統領曹事，供命王命，上下相攝，以持庶績。近代已來，又分爲文武二職，分曹置員，各理所掌。」（中華書局一九七五年版，頁一八〇四）「武德七年定令：以太尉、司徒、司空爲三公；尚書、門下、中書、秘書、殿中、内侍爲六省；次御史台；次太常、光祿、衛尉、宗正、太僕、大理、鴻臚、司農、太府爲九寺；次將作監；次國子學；次天策上將府；次左右衛、左右驍衛、左右武衛、左右領軍、左右武候、左右監門、左右屯、左右領爲十四衛府。東宮，置三師、三少、詹事府、門下典書兩坊；次内坊；次家令、率更、僕三寺；次左右衛率府、左右宗衛率府、左右虞候率府、左右監門率、左右内率府爲十率府。王公以下置府佐國官。公主置邑司已下。並爲京職事官。州縣、鎮戍、兵瀆、關津爲外職事官。」（頁一七八三）北宋前期，省、部、寺、監之官多爲寄祿官，以「差遣」爲職事官。宋神宗元豐改制後，復行唐制。

〔四〕承務郎：隋煬帝大業三年（六〇七）置爲掌籍帳之官，以取代原尚書省二十四司員外郎。唐張九齡唐六典卷二尚書吏部李林甫注曰：「煬帝三年，又廢二十四司員外郎，每司減一郎，置承務郎一人，同開皇員外郎之職。」（景印文淵閣四庫全書第五九五冊，臺灣商務印書館二〇〇八年影印本，頁一三）唐朝改置爲八品下文散官。新唐書卷四六百官志一注曰：「（高祖）武德三年，改諸司郎爲郎中，承務郎爲員外郎。」（中華書局一九七五年版，頁一一八六）北宋前期沿唐制。元豐改制改爲新寄祿官，從八品，取代舊寄祿官秘書省校書郎、正字、將作監主簿等。參見宋史卷一六九職官志九。

〔五〕釐務官：釐務者，管理政事也。宋趙昇朝野類要卷三之職任·不釐務：「添差之官，則不理政事也。若許干預則曰仍釐務。」（中華書局二〇〇七年版，頁七七）宋代釐務員統稱朝廷派駐各地專管財務，如諸路提舉茶鹽、茶馬、坑冶、市舶，管勾公事等官及諸州茶鹽酒稅場務、征輸、冶鑄監當官等爲釐務官。金史·百官志記載，警巡、市令、錄事、勘事、勘判爲釐務官。宋宋敏求撰春明退朝錄中注曰：「唐有職事者，謂之常參。今隸外朝不釐務者，謂之常參。」（中華書局一九八〇年版，頁二七）

〔六〕通直郎：文散官名，南北朝始置。唐爲從六品下，宋爲從六品。金元不置。文獻通考卷六四職官考一八·文散官：「通直郎，隋置三十人。蓋采晉、宋以來諸官皆有通直，謂官高下而通爲宿直也，因此爲名。唐因之（品與朝散郎同）。宋元豐更官制，以通直郎換太子中允、贊善大夫、洗馬。自通直郎以上係升朝官。」（中華書局一九八六年影印本，考五七七）

四〇　禁中以鎖院爲重

禁中以鎖院爲重。淳熙三年〔一〕慶壽赦，凡降麻官合加恩者，用辛巳明堂例〔二〕，免鎖院，宣制仍勿辭免。九月三日，中書進熟狀，魏王愷、恩平郡王璩〔三〕、永陽郡王居廣〔四〕並加食邑、食實封，祇乞降付院草制，內夫人〔五〕失于詳閱，宣鎖。程直院是夜進草，明日告廷如式。又明日，內批付密院：典字〔六〕直筆吳慶慶降充紫霞帔〔七〕，不令供職；主管大內公事、慶國淑懿夫人劉從信①降兩字夫人〔八〕。蓋懲其誤也。

【校】

①劉從信：清徐松輯宋會要輯稿作「李從信」。宋會要輯稿・后妃四之二一：「（淳熙）二年二月二十四日詔主管大內公事、知尚書內省事、兼提舉十閤分事、慶國夫人李從信特加封淑懿夫人（三年正月四日，以失點檢加恩鎖院，降授慶國夫人，是年五月復慶國淑懿夫人，依前主管大內公事、知尚書內省事、兼提舉十閤分事。）」（中華書局一九五七年影印本，頁二七五）

【箋】

〔一〕淳熙三年：即公元一一七六年。

〔二〕辛巳明堂禮：參見第三七條「明堂禮復舊制」。

〔三〕恩平郡王璩：宋史卷二四六宗室傳三・信王璩：「信王璩字潤夫，初名伯玖，藝祖七世孫，秉義郎子彥之子也。生而聰慧。初，伯琮以宗子被選入宮，高宗命鞠于婕妤張氏；吳才人亦請於帝，遂以伯玖命才人母之，賜名璩，除和州防御使，時生七歲矣。伯琮以建國公就傅，璩獨居禁中。俄拜節度使，封吳國公，宰執趙鼎、劉大中、王庶等堅持之，命不果行。會秦檜專政，遂除保大軍節度使，封崇國公。尋詔赴資善堂聽讀。紹興十五年，加檢校少保，進封恩平郡王，出就外第。時伯琮已封普安郡王，璩官屬禮制相等夷，號東、西府。逾年，改武昌軍節度使。二十二年，子彥卒，璩去官持服，終喪，還舊官。顯仁太后崩，普安郡王始立爲皇太子，璩因加恩稱皇侄，名位始定。遷開府儀同三司，判大宗正事，置司紹興府。孝宗即位，璩表請入賀，許之，特授少保，改靜江軍節度使。頃之，省紹興府宗正事，改判西外宗正司。璩累章乞閑，改醴泉觀使。淳熙中，除少傅。高宗崩，奔赴得疾，逾年而薨，年五十九，追封信王，累贈太保、太師。始，璩之入宮也，儲位未定者垂三十年，中外頗以爲疑。孝宗既立，天性友愛，璩入朝，屢召宴內殿，呼以官，不名也，賜予無算。」（中華書局一九七七年版，頁八七三一）

〔四〕永陽郡王居廣：即外戚楊次山。宋史卷四六五外戚傳下・楊次山：「楊次山，字仲甫，恭聖仁烈皇后兄也，其先開封人。曾祖全，以材武奮，靖康末，捍京城死事。祖漸，以遺澤補官，仕東南，家于越之上虞。次山儀狀魁偉，少好學能文，補右學生。後受職宮中，次山遂沾恩得官，積階至武德郎。后爲貴妃，累遷帶御器械、知閤門事。丐祠，除吉州刺史，提舉佑神觀。后受册，除福州觀察使，尋拜岳陽軍節度使。后謁家廟，加太尉。韓侂胄誅，加開府儀同三司。尋進少保，封永陽郡王。南郊恩加少傅，充萬壽觀使。致仕，加太保，授安德軍、昭慶軍節度使，改封會稽郡王。次山能避權勢，不預國事，時論賢之。嘉定十二年，卒，年八十一，贈太師，追封冀王。子二人。」（中華書局一九七七年版，頁一三五九五—一三五九六）又據宋史二四三后妃傳下·寧宗恭聖仁烈楊皇后載：「恭聖仁烈楊皇后，少以姿容選入宮，忘其姓氏，或云會稽人。慶元元年三月，封平樂郡夫人。三年四月，進封婕妤。有楊次山者，亦會稽人，后自謂其兄也，遂姓楊氏。」（頁八六五六）

〔五〕内夫人：漢、唐、宋時宫廷女官名，侍帝左右，記其起居。元陶宗儀南村輟耕錄卷一九之宋朝家法：「近周申父言：先表叔祖金二提舉，住杭州，暗問其室氏，乃宋内夫人，餘年十四五，尚猶識之，但兩鬢俱禿。問知，在宫中任此職者，例裹巾，巾帶之末，各綴一金錢，每晨用以掠發入巾，故久而致然也。因曰：『吾爲内夫人日，每日輪流六人侍帝左右，以紙一番，從後端起筆，書帝起居，旋書旋卷。至暮，封付史館。』内夫人別居一宫，宫門金字大牌曰：『官家無故至此，罰金一鎰。』」（中華書局一九五九年版，頁二二八—二二九）

〔六〕典字：宋代后宫女官第二等第十六級。據宋無名氏趨朝事類（陶宗儀説郛卷三四）記載宋代内廷命婦等級：「一等：貴妃、淑妃、德妃、賢妃、貴儀、淑儀、淑容、順容、婉儀、婉容、昭儀、昭容、昭媛、脩容、脩媛、脩儀、充媛婕妤、美人、才人，侍郎郡太夫人、郡夫人、十字國夫人、八字國夫人、六字國夫人、兩國四字夫人、四字國夫人、兩國兩字夫人、兩字國夫人、國夫人；二等：尚字、尚正、尚宫、尚儀、尚食、尚服、尚寢、司字、司衣、司賓、司室、司設、司闈、典衣、典賓、典字、典室、典飾、典制、典團、典籍、典醋、典珍、典樂、掌字、掌衣、掌記、掌錄、掌樂、掌圍、掌籍、掌醞、紅霞帔、知尚書内省事、小殿直都知、小殿直押班；三等：紫霞帔、尚書省都事、大侍御、小殿直等一等長行、仙韶都頭；四等：聽宣、尚書省内事、錄事、中殿直等一等長行、仙韶色長行；五等：殿直、散直、散手、書省、小侍御、皇后閣祗候、小殿直，頁三等長行著緋著綠女童。」（中國書店一九八六年據涵芬樓一九二七年版影印）

〔七〕紫霞帔：宋代后宮女官第三等第一級。參見「典字」注。筆者按，霞帔原爲唐宋時命婦之服。宋程大昌演繁露卷二之霞帔：「唐睿宗召司馬承禎問道，遂賜絳霞、紅帔以還，公卿賦詩送之。今世之謂霞帔者，貽起此耶。（出實賓錄二十五）」（景印文淵閣四庫全書第八五二冊，臺灣商務印書館二〇〇八年影印本，頁八〇—八一）清顧雪亭輯風土錄卷三之霞帔（音被）：「命婦服有霞帔。按，三儀實錄云：披帛始于秦，帔始于晉，唐令三妃以下通服之。宋代帔有三等，霞帔非恩賜不得服，爲婦人之命服，而直帔通於民間。是霞帔之制，始于宋，其名則起于唐肅宗賜司馬承禎紅霞帔。帔，背子也，以其覆於肩背，故名。見程大昌演繁露：太白受道籙於齊，有青綺冠帔一副，見魏顥。李翰林集序：是男子學道者，亦可服。元制命婦服金搭子，即帔也。」（中國風土志叢刊，廣陵書社二〇〇三年影印本）

〔八〕兩字夫人：當指劉從信降爲慶國夫人（參見「劉從信」注），即兩字國夫人，此爲后宮女官第一等第二層次第九級，僅高於國夫人。參見「典字」注。另，關於吳慶慶、劉從信事，明沈德符萬曆野獲編卷三之宮人姓名載：「偶閱宋周平園雜記，其爲翰林學士時，淳熙三年，內中夫人誤傳鎖院，次日御批出，典字直筆吳庭慶（筆者按：此處吳庭慶當爲吳慶慶），降充紫霞帔主，（筆者按：此處標點應放在『帔』字之後）管大內宮事慶國淑懿夫人劉從信，降兩字夫人。其名與朝士無異。」（中華書局一九五九年版，頁九九）

四一　非時宣召院官

凡非時宣召院官（侍從以下及外官而內引者同），紫窄衫〔一〕絲絇〔二〕行入殿廊。有小黃門來導至便坐。上服紅半臂〔三〕（忌前用黃），黃門贊拜揖，升殿奏對。訖，上曰：「且坐。」先已設小杌子〔四〕，得旨則側身虛揖而坐。將退，黃門贊云：「宣坐賜茶。」於是中官進御，前者忠佐授臣僚者賜酒亦然。所用杯不同，侑以果實一飣，其器分大小。若二府，則黃門雙導，上亦服窄衫，宰相、樞使坐高杌子，執政紫團坐而低，賜茶酒亦如之。或曲宴〔五〕，則酒五行，亦或加多，每杯賜食，初無定制。

【箋】

〔一〕紫窄衫：宋羅大經鶴林玉露乙編卷之一紫窄衫：「渡江以來，士大夫始衣紫窄衫，上下如一。紹興九年，詔公卿長吏毋得以戎服臨民，復用冠帶。論者以爲擾，於是士大夫皆服涼衫。乾道中，李獻之上言：『會聚之際，顔色可憎，今陛下上承兩宫，宜服紫衫爲便。』上從之。蓋人情樂簡便久矣。昔節孝先生徐仲車事母至孝，一日，竦然自省曰：『吾以襴襆謁貴人，而不以見母，是敬母不如敬貴人也，不可。』乃日具襴襆揖母，人皆笑之。節孝行之終身。近時靜春先生劉子澄，朱文公高弟也，守衡陽，日以冠裳莅事。憲使趙民則嘗紫衫來見，子澄不脱冠裳見之。民則請免冠裳，子澄端笏肅容曰：『戒石在前，小臣豈敢！』民則皇恐，退具冠裳以見，然由是不相樂。夫襴襆揖母，冠裳臨民，常事也，而世俗且笑，且難之。至於紫窄袖衫，乃戎服也，出於兵興一時權宜，而相承至今不能改，然則古道何時而可復乎？」（中華書局一九八三年版，頁一二〇—一二一）宋李心傳建炎以來朝野雜記甲集卷九紫衫：「自軍興，士大夫始衣紫窄衫，上下如一。紹興九年八月甲子，詔公卿長吏毋得以戎服臨民，復用冠帶。然迄不行。秦會之死，魏道弼秉政，復舉行之。論者以爲擾，士人貧者尤患苦之。未幾，道弼爲台諫所攻，遂罷。攻章中數事，此其一也。於是紫衫既廢，士大夫皆服涼衫。」（中華書局二〇〇〇年版，頁一八八）

〔二〕絲絇：古代鞋上的絲制飾物，有孔，可以穿係鞋帶。黄暉撰論衡校釋卷第一二之謝短篇之「著絇于履，何備？」注曰：「絇」舊作「鉤」。先孫曰：「鉤」當爲「絇」。儀禮・士冠禮鄭注云：「絇之言拘，以爲行戒，狀如刀衣鼻，在屨頭。」暉按：「絇」亦作「句」。漢書・王莽傳作「句履」。孟康注：「今齋祀履舄頭飾也。出履二寸。」師古曰：「其形岐頭，句音巨俱反。」宋祁曰：韋昭云：「句，履頭飾，形如刀鼻，音劬，禮作絇，亦是。」（新編諸子集成，中華書局一九九〇年版，頁五七五）

〔三〕半臂：宋陳元靚事林廣記後集卷一〇服飾類・服用原始：「半臂，實録曰：隋官多服半臂，即長袖也；唐高祖減其袖，謂之半臂，今背子也。江淮間或曰綽子。士人競服之。」（續修四庫全書第一二一八冊，上海古籍出版社一九九五—二〇〇二年影印本，頁三七二）宋程大昌演繁露卷三之背子中禪：「今人服公裳必衷以背子。背子者，狀如單襦袷襖，特其裾加長，直垂至足焉耳。其實古之中禪也。禪之字或爲單，皆音單也。古人法服朝服，其内必有中單。中單之制，正如今人背子，而兩腋有交帶橫束其上，今世之慕古者，兩腋各垂雙帶，以准禪之帶，即本此也。」（景印文淵閣四庫全書第八五二册，臺灣商務印書館二〇〇八年版，頁九二）

〔四〕杌子：與椅子相類之坐具，其名始于宋代。宋陸遊老學庵筆記卷四：「徐敦立言：往時士大夫家，婦女坐椅子兀子，則人皆譏笑其無法度。梳洗床、火爐床家家有之，今猶有高鏡臺，蓋施床則與人面適平也。或云禁中尚用之，特外間不復用爾。」（中華書局一九七九年版，頁四七）元史卷七九輿服志二：「杌子，四腳小床，銀飾之，塗以黄金。」（中華書局一九七六年版，頁一九五九）清顧雪亭土風錄卷三：「椅子之名，見丁晉公談錄：竇儀雕起花椅子二，以備右丞及太夫人同坐。又王銍默記：李後主入宋後，徐鉉往見，李卒取椅子相待。鉉曰：但正衙一椅足矣。引椅偏乃坐。（『椅』本作『倚』，以可倚靠也。正韻始作『椅』，蓋以木所成，故從木，讀『倚』。杌子之名，亦起于宋，見周益公玉堂雜記。）」（中國風土志叢刊，廣陵書社二〇〇三年影印本）清錢大昕著、陳文和主編嘉定錢大昕全集八之恒言錄卷五之杌子：「通鑑長編：『丁謂罷相，入對於承明殿，賜坐。左右欲設墩，謂顧曰：「有旨復平章事。」乃更以杌子進。』（常生按：錢世昭錢氏私志：『賢穆有荊雍大長公主金撮角紅藤下馬杌子。聞國初貴主乘馬，故有之。』）」（江蘇古籍出版社一九九七年版，頁一四九）

〔五〕曲宴：古代帝王賜宴的一種，多在禁中舉行，最早可追溯至漢代，宋代最爲興盛，參加者主要有宗室成員、侍從近臣、外國使臣等。最早確切記載的是晉陳壽三國志卷五魏書五・后妃傳第五：「景初元年，帝遊後園，召才人以上曲宴極樂。（郭）元后曰『宜延皇后』，帝弗許。」（中華書局一九五九年版，頁一六八）宋趙升朝野類要卷第一之故事・曲宴：「有旨内苑，留臣下賜宴，謂之曲宴，與大宴不同之義也。」（中華書局二〇〇七年版，頁三二）宋史卷一一三禮志六六：「曲宴。凡幸苑囿、池籞、觀稼、畋獵，所至設宴，惟從官預，謂之曲宴。或宴大遼使副於紫宸殿，則近臣及刺史、正郎、都虞候以上預。暮春後苑賞花、釣魚，則三館、秘閣皆預。」（中華書局一九七七年版，頁二六九一）清朝野史大觀卷二清宮遺聞卷二之曲宴宗室：「每歲元旦及上元日，點皇子皇孫及近支王貝勒公，曲宴於乾清宮及奉三無私殿。皆用高椅盛饌，每二人一席，賦詩飲酒，行家人禮。」（上海書店出版社一九八一年版，頁一四）

四二　除拜節鉞以上多由中書進熟狀

中興後，凡除拜節鉞〔一〕以上，多由中書進熟狀。院吏云：「鎖中左者，文臣也；右選者，武臣也。」逐房臨時呼院吏取索，是以知之。惟草后、妃、太子、宰相麻則不容知。快行數十輩來宣召，云：「鎖小殿子。」既至便殿，上服帽帶，諭以除授之意。御前列金器，如硯匣〔二〕、壓尺〔三〕、筆格〔四〕、糊板、水滴〔五〕之屬，幾二百兩。既書除目，隨以賜之。隆興初，猶用此例。乾道以後，止設常筆硯而已。退則有旨，打造不及，例賜牌子金百兩，立后、升儲倍之。

【箋】

〔一〕節鉞：本意爲符節與斧鉞，授與官員或將帥，作爲加重權力的標誌。秦孔鮒孔叢子·卷中·問軍禮第二十：「天子當階南面命授之節鉞，大將受。天子乃東向西面而揖之，亦弗御也。」（叢書集成初編第五一七冊，商務印書館一九三六年版，頁一三九）唐宋時，節度使的別稱。宋洪邁容齋三筆卷七之節度使稱太尉：「唐節度使帶檢校官，其初隻左右散騎常侍，如李愬在唐、鄧時所稱者也。後乃轉尚書及僕射、司空、司徒，能至此者蓋少。僖、昭以降，藩鎮盛強，武夫得志，纔建節鉞，其資級已高，於是復升太保、太傅、太尉，其上惟有太師，故將帥悉稱太尉。元豐定官制，尚如舊貫。崇寧中，改三公爲太師、太傅、太保，而以太尉爲武階之冠，以是凡管軍者猶悉稱之。紹興閑，葉夢得自觀文殿學士，張澄自端明殿學士拜節度。葉嘗任執政，以暮年擁旄，爲儒者之榮，自稱葉太尉。張微時用鄧洵武給使恩出身，羞爲武職，但稱尚書如故，其相反如此。」（中華書局二〇〇五年版，頁五一〇—五一一）參見卷中「節度使」條。

〔二〕硯匣：貯硯之盒。宋陳槱負暄野錄卷下之論筆墨紙硯：「愛硯之法，當以髹匣相之。不惟養潤，亦可護塵。」（景印文淵閣四

庫全書第八七一冊，臺灣商務印書館二〇〇八年影印本，頁三九）

〔三〕壓尺：亦作鎮紙、玉鎮紙、金犀牛、界方、昭文帶、書尺、書鎮、邊都護等，多用銅、玉、竹、木、石等爲之，用以鎮壓書頁或紙張，常製成禽獸鱗介諸形，故有多種不同稱謂。明文震亨長物志卷七：「壓尺，以紫檀烏木爲之，上用舊玉彘爲紐，俗所稱昭文帶是也。」（景印文淵閣四庫全書第八七二冊，臺灣商務印書館二〇〇八年影印本，頁六六—六七）清厲荃輯、關槐增輯事物異名錄卷二一文具部之鎮紙：「文房圖贊：『邊都護，名鎮，字叔重，號句曲山民。又名妥，字元安，號如石靜君。』按：此乃鎮壓紙旁之物，今所謂界方是也。」（續修四庫全書第一二五三冊，上海古籍出版社一九九五—二〇〇二年影印本，頁二六）宋王君玉國老談苑卷一：「（太宗）又以栢爲界尺，長數寸，謂之隔筆簡。每御制或飛宸翰，則用以鎮所臨之紙。」（景印文淵閣四庫全書第一〇三七冊，臺灣商務印書館二〇〇八年影印本，頁六三四）

〔四〕筆格：卽筆架。宋趙清鵠洞天清錄集·筆格辨：「筆格惟黑白琅玕三種玉可用，須鐫刻象山峰聳秀而不俗方可，或碾作蛟螭尤佳。嘗見一士人家用玉作二小兒交臂作劇，面白頭黑而衣紅，腳復白，以之爲筆格，奇絕。或以小株珊瑚爲之，以其有枝爲格也。……象牙烏木作小案，面上穴四竅，下如座子，洗筆訖，倒插案上，水流向下，不損爛筆心。」（叢書集成初編第一五五二冊，商務印書館一九三九年版，頁一七）

〔五〕水滴：亦作硯滴，磨墨時滴水於硯的用具。不同時代有不同材質製成不成形狀，如南宋時龍泉窰燒制魚形硯滴，造型別致，釉色青翠。宋趙清鵠洞天清錄集·水滴辨：「古人無水滴，晨起則磨墨汁盈硯池，以供一日用。墨盡復磨，故有水盂。」（叢書集成初編第一五五二冊，商務印書館一九三九年版，頁一七）宋杜綰雲林石譜中卷之祈闍石：「鼎州祈闍山出石，石中有黃土，目之爲太乙餘糧。色紫黑，其質磊魄，大小圓扁，外多沾綴碎石，滌盡黃土，卽空虛，閑有小如拳者，可貯水爲硯滴，或栽植菖蒲水窠，頗佳。」（叢書集成初編第一五〇七冊，商務印書館一九三七年版，頁二〇）

四三　官在都下者除拜加恩

凡除拜加恩，官在都下者，既宣麻，而院吏私録本走報，希覬〔一〕贈遺，初無公移〔二〕也。而被受之官辭免者，多云准學士院報麻除授云云。此非典故，不應相承以爲例。

【箋】

〔一〕覬：希望得到。柳宗元童區寄傳：「自毁齒已上，父兄鬻賣，以覬其利。」

〔二〕公移：舊時謂不相統屬的官署間的公文。明徐師曾文體明辨序説・公移：「按公移者，諸司相移之詞也；其名不一，故以『公移』括之。唐世，凡下達上，其制有六：其二曰狀，百官於其長亦爲之。其五曰辭，庶人言爲辭。其六曰牒，有品以上公文皆稱牒。諸詞自相質問，其義有三：一曰關，謂關通其事也；二曰刺，謂刺舉之也；三曰移，謂移其事于他司也。宋制：宰執帶三省樞密院事出使者，移六部用劄；六部移宰執帶三省樞密院事出使者，及從官任使副移六部，用申狀；六部相移用公牒。今皆不能悉存，姑取其著者列之。」（人民文學出版社一九六二年版，頁一二七）

四四　獎諭臣僚自有定式

獎諭臣僚，或降詔，或敕書，院中自有定式。近歲如大理獄空〔一〕及監司守臣有勞績，若是庶僚，皆合降敕書，三省、樞密院往往誤批降詔，院吏隨所得旨而行，不敢正也。

【箋】

〔一〕獄空：舊時謂監獄空無一人。此爲古代獄政理想，逸周書・逸文卽已提出：「文王曰：『法寬刑緩，囹圄空虛。』」而獄空制度則始于宋代，宋會要輯稿·刑法四·獄空之八五：「凡諸州獄空，舊制皆除詔敕獎諭。若州司、司理院獄空及三日以上者，隨處起建道場，所用齋供之物並給官錢，節鎮五貫，諸州三貫，不得輒擾民吏。」（中華書局一九五七年影印本，頁六六六四）九〇：「淳熙十六年閏五月二十三日，大理卿陳倚等言大理獄空，乞上表稱賀。詔免上表，令學士院降詔獎諭。」（頁六六六六）

四五　翰林學士院印

翰苑印以「翰林學士院印」六字爲文，背鐫「景德二年〔一〕少府監〔二〕鑄」，上兩字微刓〔三〕。自南渡，京百司印無如此久者。尚書六曹惟禮部印是舊物，然亦元豐改官制後所鑄，蓋文書稍簡，故不刓耳。

【箋】

〔一〕景德二年：即公元一〇〇五年。景德爲宋眞宗第二個年號，時間爲一〇〇四—一〇〇七年。眞宗還有其它三個年號，即咸平（九九八—一〇〇三），大中祥符（一〇〇八—一〇一六），天禧（一〇一七—一〇二一），乾興（一〇二二）。

〔二〕少府監：宋高承事物紀原卷六之少府：「秦置少府，而不治府，漢始有之。隋煬帝大業五年，始曰少府監。」（中華書局一九八九年版，頁三四〇）宋史卷一六五職官志五：「少府監舊制，判監事一人，以朝官充。凡進御器玩、后妃服飾、雕文錯采工巧之事，分隸文思院、後苑造作所，本監但掌造門戟、神衣、旌節，郊廟諸壇祭玉、法物，鑄牌印朱記，百官拜表案、褥之事。凡祭祀，則供祭器、爵、瓚、照燭。元豐官制行，始制少監、丞、主簿各一人。監掌百工伎巧之政令，少監爲之貳，丞參領之。凡乘輿服御、寶冊、符印、旌節、度量權衡之制，與夫祭祀、朝會展采備物，皆率其屬以供焉。庀其工徒，察其程課、作止勞逸及寒暑早晚之節，視將作匠法，物勒工名，以法式察其良窳。凡金玉、犀象、羽毛、齒革、膠漆、材竹，辨其名物而考其制度，事當損益，則審其可否，議定以聞。少府所掌，舊有主名，其工作之事，則監自親之。」（中華書局一九七七年版，頁三九一七）

〔三〕刓：本義爲削去棱角，此當爲挖、損壞之意。說文解字四篇刀部：「刓，剸也。从刀，元聲。一曰齊也。」（上海古籍出版社一九八一年影印本，頁一八下）漢書卷三四韓信傳：「（韓）信再拜賀曰：『……人有病疾，涕泣分食飲，至使人有功當封爵，刻印刓，忍不能予，此所謂婦人之仁也。……』」（中華書局一九六二年版，頁一八六四）蘇林曰：「刓，音刓角之刓。刓，與摶同。手弄角訛，不忍授也。」（顏）師古曰：「刓，音五丸反。摶，音大官反，又音專。」（頁一八六五）

四六　以學士院爲欽宗几筵殿

紹興辛巳五月，詔學士院權寓皇城司〔一〕，而以院爲欽宗几筵殿〔二〕。終制復舊。

【箋】

〔一〕皇城司：宋高承事物紀原卷六之皇城司：「宋朝會要曰：本名武德司，太平興國六年十一月，改爲皇城司。東京記曰：掌皇城管鑰、木契，及命婦朝參顯承殿内取索事。」（中華書局一九八九年版，頁三三三）宋史卷一六六職官志六：「皇城司。幹當官七人，以武功大夫以上及内侍都知、押班充。掌宮城出入之禁令，凡周廬宿衛之事、宮門啟閉之節皆隸焉。每門給銅符二、鐵牌一，左符留門，右符請鑰，鐵牌則請鑰者自隨，以時參驗而啟閉之。總親從、親事官名籍，辨其宿衛之地，以均其番直；人物偽冒不應法，則譏察以聞。凡臣僚朝覲，上下馬有定所，自宰相、親王以下，所帶人從有定數，揭榜以止其喧哄。」（中華書局一九七七年版，頁三九三二一—三九三三）

〔二〕几筵殿：宋李心傳建炎以來朝野雜錄卷二之永佑永獻喪制：「欽宗之喪，舉哀于天章閣南，以學士院爲几筵殿，遙上陵曰永獻。暨乾道中，朝廷遣使求陵寢地，虜人許以還奉，且並歸靖康梓宮。朝廷難之，虜人乃以禮陪葬於鞏縣云。」（中華書局二〇〇〇年版，頁八七）

四七　學士院舊號北門

學士院舊號北門〔一〕，今在行宮和寧門內，蓋沿北門之制。地迫皇城，極爲窄隘，汪尚書應辰〔二〕兼權學士時，上屢令增葺，竟以無地步而輟。廳後即堂緣。近歲院官止二員，故分東西兩閣，中有小龜頭，榜曰「摛文堂〔三〕」，蓋在京徽宗因廣直廬，御書以賜強承旨淵明〔四〕。今乃汪彥章、內翰藻所篆。太上又嘗書「玉堂」二字賜學士，周茂振麟之〔五〕刻石廳上。

【箋】

〔一〕學士院舊號北門：明李濂汴京遺跡志三：「宋學士院在樞密、宣徽院之北，表其深嚴宥密。又謂之北扉，在浴堂之南，便於應詔也。」（景印文淵閣四庫全書第五八七冊，臺灣商務印書館二〇〇八年影印本，頁五三八）夢溪筆談卷一故事一：「唐制，自宰相而下，初命皆無宣召之禮，惟學士宣召。蓋學士院在禁中，非內臣宣召，無因得入，故院門別設復門，亦以其通禁庭也。又學士院北扉者，爲其在浴堂之南，便於應召。今學士初拜，自東華門入，至左承天門下馬待詔，院吏自左承天門雙引至閤門。此亦用唐故事也。唐宣召學士，自東門入者，彼時學士院在西掖，故自翰林院東門赴召，非若今之東華門也。至如挽鈴故事，亦緣其在禁中，雖學士院吏，亦止於玉堂門外，則其嚴密可知。如今學士院在外，與諸司無異，亦設鈴索，悉皆文具故事而已。」（叢書集成初編第二八一冊，商務印書館一九三七年版，頁一—二）宋葉夢得石林燕語卷七：「唐翰林院在銀台之北。乾封以後，劉禕之、元萬頃之徒，時宣召草制其間，因名『北門學士』。今學士院在樞密之後，腹背相倚，不可南向，故以其西廊西向，爲院之正門；而後門北向，與集英相直，因榜曰『北門』。兩省樞密院皆無後門，惟學士院有之。學士朝退入院，與禁中宣命往來，皆行北門，而正門行者無幾。不特取其便事，亦以存故事也。」

（中華書局一九八四年版，頁九六）宋潛說友咸淳臨安志卷之二宮闕二・學士院：「在和寧門内，蓋沿唐北門之制也。」（宋元方志叢刊，中華書局一九九〇年影印本，頁三三七〇）宋程大昌雍録卷第四學士宣召：「沈氏（按：沈括夢溪筆談）又曰：學士院北扉，其爲在浴堂之南，便於應召。此又誤也。學士院在紫宸、蓬萊殿之西，浴堂殿自在紫宸之東，不在學士院南也。」（中華書局二〇〇二年版，頁七五—七六）卷第四之唐翰林院位置：「李肇記曰：『翰林院在少陽院南，其東當三院結鄰樓、鬱儀樓。』即三院之東西廊也。『其西北並禁軍營』。韋執誼則曰：『任銀臺門内麟德殿西重廊之後』。又曰：『北苑之置尤爲近切，左接寢殿，右瞻彤樓。』會此數說而求之，則其方鄉尚略可考也。三殿者，麟德殿也，一殿而有三面，故名三殿。三院即三殿也。李絳爲中書舍人，嘗言爲舍人踰月不得賜對，有詔明日對三殿也。不獨此也，凡蕃臣外夷來朝，率多設宴於此，至臣下亦多召對於此也。結鄰樓即三殿之西廊也，鬱儀樓即三殿之東廊也，鬱儀又東，即寢殿矣。鬱儀、結鄰皆是重廊。翰林院、學士院皆在三殿西廊之外，其廊既爲重廊，其門必爲重門也。自翰苑穿廊而趨宣召，必由重門而入，故謂復門之召也。李肇便以學士院胡門定爲復門者，誤也。寢殿既在翰苑之左，而金鑾殿又在學士院之左，則金鑾益近寢殿矣。自有金鑾殿後，宣對多在金鑾，則知其謹並寢殿矣，以其近也。德宗既已上僊，召學士鄭絪至金鑾殿立憲宗爲太子，當如此倉卒，學士遽能入至金鑾殿，則可見矣。翰林院又北則近内苑，其宮城垂轉北處，城之西北角有九仙門，文宗引入鄭注，即自此門也。又門外即列禁軍營，順宗之爲太子也，德宗已上僊矣，太子有疾，仍紫衣麻，力疾出九仙門，召見諸軍，以示不病，即此地也。惟其與寢殿相切近，故可以如此也。凡此所考，皆大明宮銀臺門、翰林院及兩學士院位置也。若駕在大内，則於明福門置，駕在興慶宮，于金明門内置院，亦名翰林院與此大明宮制不同。」（頁七一—七二）

（二）汪應辰：初名洋，字聖錫。信州玉山（今江西玉山）人。生於徽宗政和元年（一一一八），卒於孝宗淳熙三年（一一七六）。紹興五年（一一三五），舉進士第一。授鎮東軍簽判，召爲秘書省正字。與秦檜忤，通判靜江府，逾期不得代，乃沿檄歸省其母。繼差通判廣州。檜卒次年，召爲吏部郎官，遷右司。尋丁内艱去，廬於墓側。服闋，除秘書少監，遷權吏部尚書。紹興三十二年建儲，以孝宗名與唐廬江王、晉楚王同，詔改爲「瞱」，應辰以爲與昭宗同，白左相陳康伯，遂改名。又議改元「重熙」，應辰謂契丹嘗以紀年，遂改隆興。一朝大典禮，多應辰所定。應辰連乞補外，遂知福州。未幾，升敷文閣待制，舉朱熹自代。在鎮二年，會朝廷謀蜀帥，乃以敷文閣直學士爲四川制置使、知成都府。後除吏部尚書，尋兼翰林學士並侍讀。在朝多革弊事，以端明殿學士知平江府。遭韓玉劾，連貶秩。力疾請祠，自是臥家不起矣，以淳熙三年二月卒於家。宋史卷三八七有其本傳。有文定集二十四卷行於世。

〔三〕摛文堂：宋潛說友咸淳臨安志卷之二宮闕二・摛文堂：「在玉堂之後，東西兩閣以處詞臣。寧宗皇帝用。政和五年賜承旨強淵明，故事，御書扁賜學士。高文虎有記。」（宋元方志叢刊，中華書局一九九〇年影印本，頁三三七一）宋史卷一六二：「凡初命爲學士，皆遣使就第宣詔旨召入院。上日，敕設會從官，宥以樂。元豐中，始命佩魚，自蒲宗孟始。見執政議事則繫鞵，蓋與侍從異禮也。政和三年，強淵明請以前後所被旨及案例，修爲本院敕、令、格、式。五年，御書『摛文堂』榜賜學士院。靖康元年，吳幵等奏：『大禮鎖院，麻三道以上，係雙學士宿直分撰，乞依故事。』從之。」（中華書局一九七七年版，頁三八一二）

〔四〕強淵明：宋史卷三五六本傳：「強淵明，字隱季，杭州錢塘人。父至，以文學受知韓琦，終祠部郎中。淵明進士第（按：元豐八年，一〇八五），調海州司法參軍，歷濟、杭二州教授，知蔡州確山縣，通判保定軍。入爲太府丞、軍器少監、國子司業。與兄浚明及葉夢得締蔡京爲死交，立元祐籍，分三等定罪，皆三人所建，遂濟成黨禍。淵明以故亟遷秘書少監、中書舍人、大司成、翰林學士。大觀三年，京罷相，以龍圖閣直學士知永興軍，徙鄭、越二州。召爲禮部尚書，復拜學士，進承旨。翰林廣直廬，帝書『摛文堂』榜賜之。兼太子賓客。以疾，改延康殿學士、提舉醴泉觀兼侍讀、監修國史。卒，贈金紫光祿大夫、資政殿學士，謚曰文憲。浚明早死。」（中華書局一九七七年版，頁一一二〇九）

〔五〕周麟之：字茂振。海陵（治今江蘇泰州）人。生於徽宗政和八年（一一一八），卒於孝宗隆興二年（一一六四）。紹興十五年（一一四五），進士及第，調常州武進縣尉。紹興十八年（一一四八）三月，又中博學宏詞科。（建炎以來繫年要錄卷一五七，下仅标卷数）紹興十九年（一一四九）十一月，以左脩職郎行太學錄。（卷一六〇）紹興二十一年（一一五一）五月，以太學錄兼權秘書省校勘書籍改充敕令所删定官；九月，以左承事郎爲秘書省正字。（卷一六二）紹興二十三年（一一五三）九月，罷秘書省正字兼權中書舍人。（卷一六五）紹興二十五年（一一五五）十月，以右宣教郎添差通判衢州（卷一六九）；十二月，以左宣教郎、徽州通判爲著作佐郎（卷一七〇）。紹興二十六年（一一五六）八月，爲秘書省著作郎，尋爲試起居舍人。（卷一七四）紹興二十七年（一一五七）六月，以起居舍人爲試中書舍人。（卷一七七）紹興二十八（一一五八）二月，兼權直學士院（卷一七九）；八月，兼同脩國史；十二，試給事中（卷一八〇）。紹興二十九年（一一五九）閏六月，爲翰林學士脩國史（卷一八二）；八月，兼侍讀（卷一八三）；九月，爲大金奉表哀謝使（卷一八三）。紹興三十年（一一六〇）五月辛巳，高宗書「玉堂」二字賜翰林學士周麟之。麟之奏依淳化故事，就都堂宣示宰執，仍以石本分賜，侍從、館閣官從之；六月，權吏部尚書，又同知樞密院事。（卷一八五）紹興三十一年（一一六一）七月，以左中大夫責授左朝奉大夫、秘書少監，分司南京，筠州居住。（卷一九一）著有海陵集二十三卷。另，周麟之刻石廳記參見宋潛説友咸淳臨安志卷之二宫闕二·玉堂。

四八　學士院記

東閣窗下甃〔一〕小池，久無雨則涸，旁植金沙月桂之屬，又有海棠、郁李、玉繡球各一株。西邊植金橘，逼城根，株不能大，花開時香滿院，結實雖小而甘，浙中未易得也。淳熙己亥〔二〕夏，侍講兵部尚書兼給事中王仲衡入直，示兩絶句云：玉堂晝永〔三〕暑風微，蔌蔌飛花落①（張本作落）小池。徙倚〔四〕幽欄憑問訊〔五〕，夏鶯飛出萬年枝〔六〕。小池倒影弄餘輝，照耀虚簷〔七〕極出奇。木杪〔八〕不鳴風力軟，闖萍翻藻有魚嬉。予次韻云：東省〔九〕南宫〔一〇〕切太微〔一一〕，夔、龍行集鳳凰池〔一二〕。更哦殿閣薰風句，坐覺微涼生桂枝〔一三〕。紫禁〔一四〕同依日月輝，蒼顔獨愧羽毛〔一五〕奇。水如明鏡雖堪俯，笑汝星星〔一六〕誰肯嬉。予嘗發策試仲衡，至是同爲八座，俱在講筵，唱酬頗多。是時詩及院中景物，故記於此。

【校】

①落：傳校本改爲「落」，原作「點」。

【箋】

〔一〕甃：原意爲用磚砌的井壁，此當指用磚砌的池子。周易卷五之井：「六四。井甃無咎。」唐孔穎達疏引子夏傳曰：「甃，亦治也。以磚壘井，脩井之坯，謂之爲甃。」（十三經注疏之周易正義，上海古籍出版社一九九七年影印本，頁六〇中）

〔二〕淳熙己亥：即淳熙六年，公元一一七九年。

〔三〕晝永：白晝漫長。宋林逋病中謝馬彭年見訪詩：「山空門自掩，晝永枕頻移。」宋辛棄疾滿江紅・暮春：「晝永暖翻紅杏雨，風晴扶起垂楊力。」

〔四〕徙倚：逡巡，徘徊。宋朱熹石馬斜川之集分韻賦詩得燈字：「徙倚綠樹蔭，摩挲蒼石稜。」宋陸游步出萬里橋門至江上：「徙倚萬里橋，寒日墮前洲。」

〔五〕問訊：問候，慰問。宋陸游次季長韻回寄：「野人蓬戶冷如霜，問訊今惟一季長。」宋李曾伯水調歌頭・送館人管順甫父子赴省：「趁霜晴春小，南宮問訊，又同奏、明光賦。」

〔六〕萬年枝：即冬青樹。宋吳曾能改齋漫錄卷八沿襲・萬年枝：「唐上官儀詠雪詩：『幸因千里鴈。還繞萬年枝。』謝玄暉中書省詩：『風動萬年枝。』晏元獻詩：『萬年枝上凝煙動，百子池邊瑞日長。』盧多遜新月詩：『太液池邊看月時，好風吹動萬年枝。』王維史館山池云：『春池百子內，芳樹萬年餘。』晏用此也。萬年枝，江左謂之冬青，惟禁中則否。韓子蒼冬青詩云：『離宮見爾近天墀，雨露常私養種時。惆悵一株嵐霧里。無人識是萬年枝。』百子池，見西京雜記：『戚夫人侍高祖，七月七日，臨百子池。』何晏景福殿賦：『綴以萬年。』注引晉宮闕銘曰：『華林園萬年樹十四株。』」（上海古籍出版社一九七九年版，頁二一八）

〔七〕虛簷：亦作「虛簷」，淩空的房檐。宋蘇軾滿庭芳：「雙歌罷，虛簷轉月，餘韻尚悠揚。」宋張元幹永遇樂・爲洛濱橫山作：「曲檻披風，虛簷掛月，據盡登臨要。」

〔八〕木杪：樹梢。夢溪筆談卷第九：「（石曼卿）每與客痛飲，露發跣足，著械而坐，謂之『囚飲』。飲於木杪，謂之『巢飲』。以槁（按：同稿）東之，引首出飲，復就東，謂之『鱉飲』。」（叢書集成初編第二八一冊，商務印書館一九三七年版，頁六六）宋黃應武念奴嬌：「石磴盤空行木杪，天柱屹然中立。」另，說文解字六篇木部：「杪，木標末也。从木，少聲。」（上海古籍出版社一九八一年影印本，頁二五〇上）

〔九〕東省：唐時門下省別稱，宋時襲之。宋時參知政事、宰相等亦有東省之習稱。宋程大昌雍錄卷第二未央宮著事蹟者·端門掖門（謻門、側門）：「唐門下比省在日華門，名左掖，亦名東省。」（中華書局二〇〇二年版，頁二八）卷第八職官·政事堂：「政事堂在東省，屬門下。自中宗後徙堂於中書省，則堂在右省也。」（中華書局二〇〇二年版，頁一六九）宋趙升朝野類要卷第二之兩省：「給舍並左右史也。東省繳章，西省掌詞頭記注。」（中華書局二〇〇七年版，頁四四）宋王應麟玉海卷一二一唐門下省：「時謂尚書省爲南省，門下、中書省爲北省，亦謂門下省亦爲左省，中書爲右省，或通謂之兩省。」（景印文淵閣四庫全書第九四六冊，臺灣商務印書館二〇〇八年影印本，頁二三七）

〔一〇〕南宮：唐及以後，尚書省或禮部的別稱。後漢書卷三三鄭弘傳：「建初初，爲尚書令。舊制，尚書郎限滿補縣長令史丞尉。弘奏以爲台職雖尊，而酬賞甚薄，至於開選，多無樂者，請使郎補千石令，令史爲長。帝從其議。弘前後所陳有補益王政者，皆著之南宮，以爲故事。」宋陸遊老學庵筆記卷六：「唐人本以尚書省在大明宮之南，故謂之南省。」（中華書局一九七九年版，頁八一）按，南宮，即南省。清梁章鉅稱謂錄卷一六禮部·南省舍人南宮舍人：「國史補：禮部爲南省舍人。徐度卻掃編：唐制，禮部郎官掌百官牋表，謂之南宮舍人。聞見錄：禮部掌省中文翰，謂之南宮舍人。案宋敏求春明退朝錄載：唐以前以禮部郎中掌省中文翰，謂之南宮舍人，百日內須知制誥。王元之與宋給事詩『須知百日掌絲綸』。考南省、南宮，古爲尚書省之通稱。通典云：唐尚書有亦謂之南省。又，後漢陳忠爲尚書令，前後聽奏悉條於南宮閣上，以爲故事。……自禮部掌文翰，始以南宮之稱志屬於禮部耳。今登進士曰捷南宮，蓋亦取禮闈之義。」（續修四庫全書第一二五三冊，上海古籍出版社一九九五——二〇〇二年影印本，頁四三一）

〔一一〕太微：本爲古代星官名，三垣（按：紫微垣、太微垣、天市垣）之一，位於北斗之南，軫、翼之北，大角之西，軒轅之東。此指朝廷或皇帝居住的地方。宋沈遘謝兩府三啟：「抱槧懷鉛，出入乎承明之署；荷囊持橐，上下乎太微之廷。」

〔一二〕夔、龍行集鳳凰池：夔、龍，相傳爲舜時二名臣。夔爲樂官，龍爲諫官。尚書・虞書・舜典：「伯拜稽首，讓於夔、龍。」孔安國傳曰：「夔、龍，二臣名。」（十三經注疏之尚書正義，上海古籍出版社一九九七年影印本，頁一三一頁中）後喻指輔弼良臣。宋仲並鷓鴣天・贈外孫夔：「他年身致夔龍列，少日心存翰墨邊。」鳳凰池，亦作「鳳池」、「鳳沼」，中書省別稱。唐杜佑通典卷二一職官三「魏晉以來，中書監令掌贊詔命，記會時事，典作文書。以其地在樞近，多承寵任，是其人固其位，謂之『鳳凰池』焉。」（中華書局一九八八年版，頁五六一）筆者按，上述二句詩化唐杜甫詩紫宸殿退朝口號（全唐詩卷二二五）：「宮中每出歸東省，會送夔、龍集鳳池。」宋程大昌雍録卷第八職官・政事堂：「杜甫爲左拾遺，作紫宸殿退朝詩云：『宮中每出歸東省，會送夔、龍集鳳池。』鳳池者，中書也。左省官方自宮中退朝而出，則歸東省者，以本省言也。已又送夔、龍集于鳳池者，殆東省官集政事堂白六押事耶？杜之爲左拾遺也，在中宗後肅宗時，則政事堂已在中書矣。故出東省而集於西省者，就政事堂見宰相也。」（中華書局二〇〇二年版，頁一六九）

〔一三〕更哦二句：典出舊唐書卷一六五柳公權列傳：「文宗夏日與學士聯句。帝曰：『人皆苦炎熱，我愛夏日長。』公權續曰：『薰風自南來，殿閣生微涼。』時丁、袁五學士皆屬繼，帝獨諷公權兩句，曰：『辭清意足，不可多得。』乃令公權題於殿壁，字方圓五寸，帝視之歎曰：『鍾、王復生，無以加焉！』」（頁四三一一）宋周密齊東野語卷一八之薰風聯句：「唐文宗詩曰：『人皆苦炎熱，我愛夏日長。』柳公權續云：『薰風自南來，殿閣生微涼。』或者惜其不能因詩以諷，雖坡翁亦以爲有美而無箴，故爲續之云：『一爲居所移，苦樂永相忘。願言均此施，清陰分四方。』余謂柳句正所以諷也。蓋薰風之來，惟殿閣穆清高爽之地始知其涼。而征夫耕叟，方賓士作勞，低垂喘汗於黃塵赤日之中，雖有此風，安知所謂涼哉？此與宋玉對楚王曰『此謂大王之風耳，庶人安得而共之者』同意。」（中華書局一九八三年版，頁三二八—三二九）另，「薰風句」，三國魏王肅注孔子家語卷八辯樂解第三十五：「昔者舜彈五弦之琴，造南風之詩，其詩曰：『南風之薰兮，可以解吾民之慍兮；南風之時兮，可以阜吾民之財兮。』」（四部叢刊初編本）

〔一四〕紫禁：古以紫微垣比喻皇帝的居處，因稱宮禁爲「紫禁」。梁蕭統編、唐李善注文選卷五七之謝莊宋孝武宣貴妃誄：「掩綵瑤光，收華紫禁。」李善注：「王者之宮，以象紫微，故謂宮中爲紫禁。」（上海古籍出版社一九八六年版，頁二四八〇）

〔一五〕羽毛：羽旗。左傳・襄公十四年：「范宣子假羽毛於齊而弗歸，齊人始貳。」杜預注曰：「析羽爲旌，王者遊車之所建，齊

私有之，因謂之羽毛。」（十三經注疏之春秋左傳正義，上海古籍出版社一九九七年影印本，頁一九五八下—一九五九上）

〔一六〕星星：一點點，狀其小。宋周邦彥蝶戀花・柳：「柳眼星星，漸欲穿窗牖。」

四九　朝殿日

朝殿日，皇太子、宰相、親王、使相、參政，各有朱衣吏二人，自下馬處前導至殿門（樞密使恩數依宰臣者同，若知院及副樞、簽書則紫衣）。此外，惟翰林學士有之〔一〕。又禁門內許以茶鐐〔二〕擔子自隨，與執政等。

【箋】

〔一〕惟翰林學士有之：宋江少虞宋朝事實類苑卷二九詞翰書籍・學士朱衣雙引：「故事，學士在內中，院吏朱衣雙引。太祖朝，李昉爲學士，太宗在南衙，朱衣一人前引而已，昉亦去其一人，至今如此。」（上海古籍出版社一九八一年版，頁三六六）

〔二〕茶鐐：亦作茶燎，是用於燒湯烹茶的炭爐。或又作鐐子、燎爐。宋會要輯稿・禮六二之五二：「（政和）六年五月十四日，詔賜太師蔡京出入金銀從物：金鍍銀燎籠一副，湯茶合子二具，各匙子全大湯瓶二隻，中湯瓶二隻，湯茶託子一十隻，……」（中華書局一九五七年影印本，頁一七二〇）宋會要輯稿・禮六二之六五至六六：「（紹興十五年）十月三日，上遣中使賜太師、尚書左僕射、同中書門下平章事秦檜御書閣牌，曰『一德格天之閣』，就第賜御筵，仍賜金鍍銀鈔鑼唾盂、照匣、手巾筒子、罐子、裝釘頭籠茶燎子、熟水榼子各一，金鍍銀湯瓶二，灰匙大筯一，黑漆桌子、杌子各一，銀絲劄柄青羅撒一，金鍍銀太平花腰帶、紫羅單四䙆衫、眞經羅直係各五十事。」（中華書局一九五七年影印本，頁一七二七）上文中的「金鍍銀燎籠」與「裝釘頭籠茶燎子」即是上層社會使用的茶鐐。另，宋佚名春遊晚歸圖（中國繪畫全集・五代宋遼金第五冊）畫有一僕人挑茶鐐擔子，跟隨顯宦重臣之後。

五〇　車駕將出孟享或過宮

車駕將出孟享〔一〕或過宮，則應奉官及侍從以上朝於後殿。宰執有奏事，侍從先退，例過玉堂少憇①。若值冬至、元正〔二〕，則團拜堂上，俟駕過，就院門外上馬以從。

【校】

①憇：四庫單行本作「憩」，明鈔本、四庫文忠集本、傅校本作「憩」。筆者按，「憇」同「憩」。

【箋】

〔一〕孟享：亦作「孟饗」。帝王宗廟祭禮，常于每年的孟春、孟夏、孟秋、孟冬舉行，故有此謂。宋孟元老夢華錄序：「瞻天表則元夕教池，拜郊孟享。」（中華書局一九八二年版，頁四）宋吳自牧夢粱錄卷四之七月：「七月孟秋，例於上旬內車駕詣景靈宮，行孟享之禮。」（叢書集成初編第三二一九冊，商務印書館一九三九年版，頁二三）宋周密癸辛雜識別集卷上之德壽買市：「孝宗冬月正月孟享回，且就看燈買市。」（中華書局一九八八年版，頁二二三）宋宋敏求春明退朝錄卷中：「（太宗皇祐二年七月）二十四日太廟孟饗，在輟朝之內。」（中華書局一九八〇年版，頁三〇）宋史卷一〇八禮志十一：「眞宗景德三年正月，畫日乙卯孟享太廟。其日以鄆王外欑，改用辛酉。十月十日，孟冬薦享。其月，明德皇后園陵，有司言：『故事，大祠與國忌日同日者，其樂備而不作，今請如例。』從之。四年七月，以莊穆皇后祔享，權停孟享。」（中華書局一九七七年版，頁二五九四）

〔二〕元正：正月元日，即今之春節。宋周密武林舊事卷第二之元正：「朝廷元日、冬至行大朝會儀，則百官冠冕朝服，備法駕，設黃麾仗三千三百五十人，（視東京已減三之一）用太常雅樂宮架登歌。太子、上公、親王、宰執並赴紫宸殿立班進酒，上千萬歲壽。上公致詞，樞密宣答，諸國使人及諸州入獻朝賀，然後奏樂，進酒賜宴。此禮不能常行，每歲禁中止是。以三茅鐘鳴駕興，上服袱頭、玉帶、靴袍，先詣福寧殿龍墀及聖堂炷香，（用蠟沈腦子）次至天章閣祖宗神御殿行酌獻禮，次詣東朝奉賀，復回福寧殿受皇后、太子、皇子、公主、貴妃，至郡夫人、內官、大內已下賀。賀畢，駕始過大慶殿、御史台閤門，分引文武百僚追班稱賀。大起居十六拜，致詞上壽。樞密宣答禮畢，放仗。是日，後苑排辦御筵於清燕殿，用插食盤架。午後，修內司排辦晚筵於慶瑞殿，用煙火，進市食，賞燈，並如元夕。」（景印文淵閣四庫全書第五九〇冊，臺灣商務印書館二〇〇八年影印本，頁一九一—一九二）

五一　朝臣遇節序賜予多權停

南渡以來，朝臣遇節序，賜予多權停。今經筵，寒食、重午、冬至尚賜節料錢酒，其他侍從，則三大①節客省〔一〕簽賜羊酒米麪②，而學士院官若侍從以上兼領。自從本官，或庶僚、權直院，獨三伏賜冰一擔，時果五品，品才一楪〔二〕，亦因與經筵官輪宿而得之（書局自有中官承受，凡遇時節例賜茶酒，學士院無承受故也）。淳熙乙未初伏，某以待制、侍講、經筵賜流香酒〔三〕四斗（後二年減半），時果七楪，冰一擔，視庶官、直院爲稍增。以短表謝，支快行家食錢三千，又折酒錢三百，別賜冰一擔（翰林司〔四〕闕子〔五〕云：限日下支，不許次日），支食錢一千，蓋侍從所得者。

【校】

①大：明鈔本作「太」，四庫二本、傅校本均作「大」。

②麪：四庫文忠集本作「麵」，明鈔本、四庫單行本、傅校本作「麪」。「麪」、「麵」均為「面」的異體字。

【箋】

〔一〕客省：南朝始置。宋司馬光資治通鑑卷一二四宋紀六・文帝元嘉二十二年（四四五）：「其夜，呼（范）曄置客省。」胡三省注：「客省，凡四方之客入見者居之，屬典客令。」（中華書局一九五六年版，頁三九一八）隋大興宮亦置，唐李延壽北史卷七一元德太子昭傳：「及聞蕭妃在并州有娠，迎置大興宮之客省。」（中華書局一九七四年版，頁二四七四）唐初置於太極宮，故謂內客省，代宗時遷至大明宮右銀臺門內，始爲宮內機構。宋王溥唐會要卷六六鴻臚寺：「大歷四年七月，詔罷給客省之廩，每歲一萬三千斛。永泰已後，益以多事，四方奏計，或連歲不遣，仍於右銀臺門置客省以居之。」（叢書集成初編第冊，商務印書館一九三六年版，頁）五代沿置，宋代爲內儲司之一。宋孟元老東京夢華録卷之一內諸司：「內客省，掌四方進奉及四夷朝貢、牧伯朝覲、酒饌饔餼、宰相近臣禁衛將校節儀、諸州進奉賜物回詔之事。」（中華書局一九八二年版，頁四一——四二）元豐改制前，置使、副使，爲武臣階官，另設判客省事、管色客省公事主管本省事；元豐改制後，置客省使、副使爲其長貳。徽宗政和二年（一一一二）改客省使爲中亮大夫，客省副使爲改亮郎，另置知客省事二人。南宋初，並歸東上閤門。遼、金、元均有置，遼隸宣徽院，元隸中書省。

〔二〕楪：同「碟」，盛食物的小盤。

〔三〕流香酒：老學庵筆記卷七：「壽皇時，禁中供御酒名薔薇露，賜大臣酒謂之流香酒。分數旋取旨，蓋酒戶大小已盡察矣。」（中華書局一九七九年版，頁九五）

〔四〕翰林司：唐宋時即茶酒司，內諸司之一。宋江少虞宋朝事實類苑卷二九詞翰書籍・翰林院故事：「唐翰林院在禁中，乃人主燕居之所，玉堂、承明、金鑾殿皆在其間，應供奉之人，自學士已下，工伎群官司隸籍其間者，皆稱翰林，如今之翰林醫官、翰林待詔之類是也。惟翰林茶酒司止稱翰林司，蓋相承闕文。」（上海古籍出版社一九八一年版，頁三六九）宋孟元老東京夢華録卷之一：「翰林司，即茶酒司也。」（中華書局一九八二年版，頁四二）

〔五〕鬬子：空白執照。宋陸遊老學庵筆記卷一：「宣和間，親王公主及他近屬戚里，入宮輒得金帶鬬子。得者旋填姓名賣之，價五百千。」（中華書局一九七九年版，頁四—五）清俞樾茶香室三鈔卷一二之金帶關子：「按，宋時所謂關子，殆即今之空白執照也。」（續修四庫全書第一一九九冊，上海古籍出版社年版，頁四）另，關子還爲南宋時的一種紙幣。宋史卷六六五行志四：「宋初，陳摶有紙錢使不行之說，時天下惟用銅錢，莫喻此旨。其後用交子、會子，其後會價愈低，故有『使到十八九，紙錢飛上天』之謠。（賈）似道惡十九界之名，乃名關子，然終爲十九界矣，而關子價益低，是紙錢使不行也。」（中華書局一九七七年版，頁一四五〇）

五二　十月旦賜襖子錦

十月旦，賜錦襖子〔一〕。學士、觀察使簇四金鵰，賜尚書、執政八搭暈錦，宰臣、使相天下樂。例從左帑幫支，得不以時，臨期隨品色假爲領袖施之，朝服三日而止，識者非之。予自翰苑遷八座。己亥十月，值從駕恭謝景靈宮，兵部尚書王仲衡未達朝儀，第用市錦。予告之故，計無所出。予輟所服與之，而馳取舊金鵰者自用。暨追班，閤門吏魁趙軫與其徒顧予誶語〔二〕。予悟其意，呼而告以雖班尚書猶兼翰林學士，故可舍高從卑。軫等愧謝而退。

【箋】

〔一〕錦襖子：亦即蜀錦襖子錦，包括下文之簇四金鵰錦、八搭暈錦、天下樂錦。宋江少虞宋朝事實類苑卷二九之學士新入院：「舊規云：十月初別賜錦長襖子。國初以來，賜翠毛錦。淳化中，蘇易簡入院，改賜黃盤雕，與觀察使同。其諸賜賚，今古小異者，即具在李昌武翰林雜記矣。」（上海古籍出版社一九八一年版，頁三七七）元費著蜀錦譜：「轉運司錦院織錦名色（即成都府錦院）：上貢錦三疋，花樣：八答暈錦；官告錦四百疋，花樣：盤毬錦、簇四金鵰錦、葵花錦、八答暈錦、六答暈錦、翠池獅子錦、天下樂錦、雲鴈錦；臣僚襖子錦八十七疋，花樣：簇四金鵰錦、八答暈錦、天下樂錦。」（景印文淵閣四庫全書第五九〇冊，臺灣商務印書館二〇〇八年影印本，頁四四〇—四四一）上述襖子錦僅在圖案上有異，如簇四金鵰錦爲幾何填花式，八搭錦爲組合幾何式，天下樂錦則繡有燈籠圖案。

〔二〕誶語：斥責，責罵。漢書卷四八賈誼傳：「毋取箕帚，立而誶語。」（中華書局一九六二年版，頁二二四四）服虔注曰：「誶，猶罵也。」張晏注曰：「誶，責讓也。」顔師古注曰：「張說是也。誶，音碎。」（頁二二四五）

五三　寓直敢同東道主

渡江後，每遇開講、罷講，臨安治具〔一〕侍講讀、脩注官〔二〕。紹興三十二年〔三〕冬，予爲左史〔四〕，趙清卿子潚〔五〕知臨安，初獻議盡罷百司饋送及所供飲饌。時洪景嚴以内翰兼侍讀，開講日學士院自置酒五行，是後遂爲例。乾道六年〔六〕，予與鄭仲益兼直院，鄭兼侍講。是秋開講，鄭主席，謂予亦院官當與其事。予但簽書招客之目，而以不兼講讀不赴坐。時胡邦衡銓以工侍兼侍講，坐中賦覃字韻詩見及，予次其韻有云：「寓直敢同東道主？」蓋謂是也。

【箋】

〔一〕治具：原指治理國家的措施，多指法令。莊子·天道：「聚而語形名賞罰，此有知治之具，非知治之道。」韓愈進學解：「方今聖賢相逢，治具畢張。」此指運用法令來管理。

〔二〕脩注官：參見卷下「脩注」。

〔三〕紹興三十二年：公元一一六二年。

〔四〕左史：亦即起居郎。宋周綸周益國文忠公年譜之「紹興三十二年壬午公年三十七」：「八月……丁亥，除起居郎。」（宋集珍本

叢刊第五一冊，線裝書局二〇〇四年影印本，頁一〇五）

〔五〕趙子潚：宋史卷二四七宗室傳四：「子潚字清卿，秦康惠王後，孝靖公令奥之子也，七歲而孤，家貧力學。登宣和中進士第。調眞州刑曹掾，與守爭獄事，解官去。改衢州推官。胡唐老奇其才，任之。屬時多故，子潚佐唐老繕完城具，苗、劉兵至城下，不能攻，以功進一秩。累官吏部郎中，求補外，遷戶部郎中，總領江、淮軍馬錢糧。諸司饋禮，月以千緡，悉歸之公帑。除直秘閣、兩淮轉運副使。朝廷遣人檢沙田蘆場，欲概增租額，子潚以承買異冒占，力止之。……明州守趙善繼治郡殘酷，子潚率諸監司劾罷之。除直敷文閣、知臨安府，吏不能欺，禁權家僦人子女爲僕妾者。詔權戶部侍郎，陞華文閣待制，復知臨安府。調三衙卒修築都城，不擾而辦。金主亮渝盟，子潚獻助軍錢十五萬緡，特遷一秩。帝幸建康，充行宮留守參謀官。扈蹕還，復知臨安府。金人來議和，子潚謂事情叵測，宜以軍禮待之。孝宗嗣位，志圖恢復，子潚練兵，習爲『鵝鸛魚麗陣』，上觀於便殿，嘉之，賜金帶。擢敷文閣直學士，移知明州、沿海制置使。……升龍圖閣直學士、知福州。年饑，告糴旁郡，米價頓平，民賴以濟。進龍圖閣學士，移知泉州。……乾道二年卒於官，年六十六。」（中華書局一九七七年版，第八七四六—八七四八頁）宋周應合景定建康志卷二六：「趙子潚。左朝散大夫、尚書戶部郎中。紹興二十七年五月十六日到八月內，除直秘閣兩浙路轉運副使。」（宋元方志叢刊，中華書局一九九〇年影印本，頁一七五二）宋周淙乾道臨安志第三卷：「趙子潚。紹興二十九年閏六月初九日，左朝請大夫、直秘閣、權發遣兩浙路計度轉運副使趙子潚，除直敷文閣、權發遣臨安府。三十年二月十五日，除戶部侍郎。」（宋元方志叢刊，中華書局一九九〇年影印本，頁三二五三）「趙子潚（再除）。紹興三十一年正月十九日，左朝議大夫、權尚書戶部侍郎趙子潚，除敷文閣待制、知臨安府。三十二年九月十七日，除尚書戶部侍郎，仍兼知府事。隆興元年正月十八日，罷。」（頁三二五四）宋羅濬等寶慶四明志卷第一：「趙子潚。龍圖閣直學士、左通議大夫兼沿海制置使。隆興元年六月初三日，到任；二年六月初八日，除知福州。」（宋元方志叢刊，中華書局一九九〇年影印本，頁五〇〇四）

〔六〕乾道六年：公元一一七〇年。

五四　翰林學士初上，舊制敕設甚盛

翰林學士初上，舊制敕設甚盛〔一〕。中興後，不復舉行。予直院時，除王日嚴爲學士，院中支餐錢，具五杯而已。

【箋】

〔一〕舊制敕設甚盛：宋江少虞宋朝事實類苑卷三〇之學士拜命：「學士凡拜命，先合門受制書，于常朝殿門之堦上（舊體，召入院後，差中使賜）。拜伏跪受訖，求於便殿對敭，陳述寵用遭值之由，謂之告謝，上必從容賜坐，獎飾戒諭而退。選日謝恩，前一日，待詔一人就宅宣召，預於庭設茵褥，堂設酒醴。待詔稱有勑，望皇居拜伏聽命，其詞皆褒獎嚴召之意，（於本院舊學士處請本。）又舞蹈訖，升堂飲饌，以謝恩奏狀，拜伏跪授之。來日待詔迎於待漏院，與新學士偕行，引至閤門而退。閤門舍人始引入中謝，賜對衣金帶金塗鞍勒馬。（近例，就院轉官，惟承旨別賜分物，勑設如初拜之例，餘不得比矣。）入本院上事，宣徽院告報敕制，儀鸞宿陳帟幕。大官備珍饌，設尊酒，茗果畢至，赴是設者，止鳳閣舍人，餘不得預坐。（舊體，禁中上事，元無樂，前代或令伎藝人弄獮猴及藏珠之戲。）」（上海古籍出版社一九八一年版，頁三八二—三八三）宋蘇易簡續翰林志：「太宗曰：『詞臣，實神仙之職也。』玉堂東西壁悉畫水以布之，風濤浩渺，瀛州之象也。修篁皓鶴，悉圖廊廡，奇花異木，羅植軒砌，風傳禁漏，月色滿庭，眞人世之仙境。」（說郛卷六，商務印書館一九二七年活字本）宋會要輯稿・職官六之四七：「帝曰：『學士之職，清切貴重，非他官可比。』故事：赴上有勑設及弄獮猴之戲。」（中華書局一九五七年影印本，頁二五二〇）

五五　學士院爲館閣官具食

故事：大宴未再坐間，學士院常爲館閣官具食，蓋祖宗時，內外制官無不自三館出，館中之人往往前日僚友之舊，道義之交，不專以勢利高下爲心，故每於是日小集，從容談笑也。近時，具食雖如故，乃設於學士院門幕次內，蓋未嘗見玉堂主人也。竊意前輩不爾。淳化中，太宗以飛白玉堂等四字賜翰林〔一〕，而學士承旨蘇易簡〔二〕會兩制於玉堂，直秘閣〔三〕潘慎①修〔四〕與焉，略可見也。已上乃近世程致道俱〔五〕麟臺故事〔六〕所記。乾道七年〔七〕，天申節〔八〕，貢院賜齋筵，予時以少蓬兼內直，乃督院吏治具。吏白廚庫乏錢，兼近已不講。予曰：「故事既難廢，況子身貳秘書，而罷此禮乎？」命如故例，然不過盤飧之類爾。

【校】

①慎：明鈔本、四庫二本、傅校本等均作「謹」，現據宋史卷二九六本傳改。

【箋】

〔一〕「淳化中」句：參見卷上「玉堂」條。

〔二〕蘇易簡：宋史卷二六六蘇易簡傳：「蘇易簡字太簡，梓州銅山人。父協舉蜀進士，歸宋，累任州縣，以易簡居翰林，任開封縣兵曹參軍，俄遷光祿寺丞，卒，特贈秘書丞。易簡少聰悟好學，風度奇秀，才思敏贍。太平興國五年，年逾弱冠，舉進士。太宗方留心儒術，貢士皆臨軒覆試。易簡所試三千餘言立就，奏上，覽之稱賞，擢冠甲科。解褐將作監丞，通判升州，遷左贊善大夫。八年，以右拾遺知制誥。雍熙初，以郊祀恩進秩祠部員外郎。二年，與賈黃中同知貢舉。有詔，凡親屬就舉者，籍名別試。易簡妻弟崔範，匿父喪充貢，奏名在上第；又王千里者，水部員外郎孚之子，協爲孚門生，千里預薦。上聞，坐範及千里罪。易簡緣是罷知制誥，以本官奉朝請。未幾，復知制誥。三年，充翰林學士。……淳化元年，丁外艱。二年，同知京朝官考課，遷中書舍人，充承旨。……易簡續唐李肇翰林志二卷以獻，帝賜詩以嘉之。帝嘗以輕綃飛白大書『玉堂之署』四字，令易簡榜於廳額。易簡會韓丕、畢士安、李至等往觀。上聞，遣中使賜宴甚盛，至等各賦詩紀其事，宰相李昉等亦作詩頌美之。……會郊祀，充禮儀使。先是，扈蒙建議以宣祖升配。易簡引唐故事，請以宣祖、太祖同配。從之。知審官院，言初任京朝官，未嘗歷州縣，不得擬知州、通判。詔可。改知審刑院，俄掌吏部選，遷給事中、參知政事。……明年，易簡亦以禮部侍郎出知鄧州，移陳州。至道二年，卒，年三十九，贈禮部尚書。易簡外雖坦率，中有城府。由知制誥入爲學士，年未滿三十。屬文初不達體要，及掌誥命，頗自刻勵。在翰林八年，眷遇夐絕倫等。李沆後入，在易簡下，先參知政事，故以易簡爲承旨，錫賚均焉。太宗遵舊制，且欲稔其名望而後正台輔，易簡以親老急於進用，因亟言時政闕失，遂參大政。……易簡常居雅善筆劄，尤善談笑，旁通釋典，所著文房四譜、續翰林志及文集二十卷，藏于秘閣。」（中華書局一九七七年版，頁九一七一—九一七三）

〔三〕直秘閣：宋史卷一六二職官志二：「直秘閣國初，以史館、昭文館、集賢院爲三館，皆寓崇文院。太宗端拱元年，詔就崇文院中堂建秘閣，擇三館眞本書籍萬餘卷及內出古畫、墨蹟藏其中，以右司諫直史館宋泌爲直秘閣。直館、直院則謂之館職，以他官兼者謂之貼職。元豐以前，凡狀元、制科一任還，即試詩賦各一而入，否則用大臣薦而試，謂之入館。官制行，廢崇文院爲秘書監，建秘閣於中，自監少至正字列爲職事官。罷直館、直院之名，獨以直秘閣爲貼職，皆不試而除，蓋特以爲恩數而已。故事，外官除館職如秘閣校理、直秘閣者，必先移書在省執事，敘同僚之好，乃即館設盛會宴之。自崇寧以來，外官除館職既多，此禮浸廢。」（中華書局一九七七年版，頁三八二二）

〔四〕潘慎修：宋史卷二九六本傳：「潘慎修字成德，泉州莆田縣人。父承祐，仕閩，後歸江南，仕李景，至刑部尚書致仕。慎修少以父任爲秘書省正字，累遷至水部郎中兼起居舍人。開寶末，王師征江南，李煜遣隨其弟從鎰入貢買宴錢，求緩兵。留館懷信驛。旦夕捷書至，邸吏督從鎰入賀。慎修以爲國且亡，當待罪，何賀也？自是每群臣稱賀，從鎰即奉表請罪。太祖嘉其得禮，遣中使慰諭，供帳牢餼悉加優給。煜歸朝，以慎修爲太子右贊善大夫。煜表求慎修掌記室，許之。煜卒，改太常博士。歷膳部、倉部、考功三員外，通判壽州，知開封縣，又知湖、梓二州。淳化中，秘書監李至薦之，命以本官知直秘閣。慎修善弈棋，……俄與直昭文館韓援使淮南巡撫，累遷倉部、考功二部郎中。咸平中，又副邢昺爲兩浙巡撫使，俄同修起居注。景德初，上言衰老，求外任。眞宗以儒雅宜留秘府，止聽解記注之職。數月，擢爲右諫議大夫、翰林侍讀學士。從幸澶州，遘寒疾，詔令肩輿先歸。明年正月，卒，年六十九。賻錢二十萬，絹一百匹。慎修風度蘊藉，博涉文史，多讀道書，善清談。……當時士大夫與之游者，咸推其素尚。然頗恃前輩，待後進倨慢，人以此少之。有集五卷。」（中華書局一九七七年版，頁九八七四—九八七五）

〔五〕程俱：宋史卷四四五本傳：「程俱字致道，衢州開化人。以外祖尚書左丞鄧潤甫恩，補蘇州吳江主簿，監舒州太湖茶場，坐上書論事罷歸。起知泗州臨淮縣，累遷將作監丞，近臣以撰述薦，遷著作佐郎。宣和二年，進頌，賜上舍出身，除禮部郎，以病告老，不俟報而歸。建炎中，爲太常少卿，知秀州。會車駕臨幸，賜對。……高宗嘉納之。金兵南渡，據臨安，遣兵破崇德、海鹽，馳檄諭降。俱率官屬棄城保華亭，留兵馬都監守城，朝廷命俱部金帛赴行在，既至，以病乞歸。紹興初，始置秘書省，召俱爲少監。奏修日曆，秘書長貳得預修纂，自俱始。時庶事草創，百司文書例從省記，俱摭三館舊聞，比次爲書，名曰麟台故事上之。擢中書舍人兼侍講。……徐俯爲諫議大夫，俱繳還，……後二日，言者論俱前棄秀州城，罷爲提舉江州太平觀。久之，除徽猷閣待制。俱晚病風痹，秦檜薦俱領史事，除提舉萬壽觀、實錄院修撰，使免朝參，俱力辭不至。卒，年六十七。俱在掖垣，命令下有不安於心者，必反覆言之，不少畏避。其爲文典雅閎奧，爲世所稱。」（中華書局一九七七年版，頁一三一三六—一三一三八）

〔六〕麟臺故事：清徐松輯宋會要輯稿·崇儒五之三十：「（高宗紹興元年）九月十九日，秘書少監程俱上所編麟台故事五卷。詔送秘書省。」（中華書局一九五七年影印本，頁二二六一）宋程俱進麟台故事申省原狀：「朝奉大夫秘書少監程俱奏：『竊見車駕移蹕以來，百司文書，例從省記，按以從事，蠹敝或生。日者朝廷復置秘書省，稽參舊章，稍儲俊造，而臣濫膺盛選，待罪省貳。竊以謂典籍之府，憲章所由，當有記述，以存一司之守。輒采摭見聞，及方冊所載，法令所該，比次爲書，凡十有二篇，列爲五卷，名曰麟台故事。繕寫成二冊，詣通進司投進，如有可采，許以副本藏之秘省，以備討論。』謹錄奏聞，伏候敕旨。九月十九日奉聖旨：依奏，右劄送中書程舍人。紹興元年九月二十日。」（中華書局二〇〇〇年版，頁五）宋晁公武郡齋讀書志卷七「職官類」：「麟台故事五卷右皇朝程俱撰。紹興初復館職，俱首入館，纂集舊聞成十二篇。予所藏書，斷自南渡之前，獨此書以載官制後事爲詳，故錄之。」（郡齋讀書志校證上海古籍出版社一九九〇年版，頁三二二）宋陳振孫直齋書錄解題卷六「職官類」：「麟台故事五卷，中書舍人信安程俱致道撰。中興之初，復置館職，俱爲少蓬采摭舊聞，參考裁定條上。既略施行，而爲書十有二篇以進。俱在承平時，凡三入省，故其見聞爲詳。」（上海古籍出版社一九八七年版，頁一七八）

〔七〕乾道七年：公元一一七一年。

〔八〕天申節：宋王明清揮麈前録卷之一：「唐明皇實録云：『開元十七年秋八月，上降誕之日，大置酒合樂，燕百僚於華萼樓下。尚書左丞相源乾曜、右丞相張説率百官上表，願以八月五日爲千秋節，著之甲令，布於天下，咸使燕樂，休假三日。詔從之。』誕日建節，蓋肇於此。（本朝）太上皇（按：高宗）五月二十一日生，爲天申節。」（中華書局一九六一年版，頁一一二）

五六　在翰苑，獨員之日常多

某久在翰苑，獨員之日常多，率數月，輒丐去，上必批降詔不允。院吏申省乞時暫差官撰述，乃委中書舍人。如此再三，遂爲定例，徑封奏劄付中書後省。

五七　上數令薦詞臣爲代

數年來，上數令薦詞臣〔一〕爲代，明示大用意，某每退避。戊戌九月丁丑〔二〕，御藥院傳旨，問近例院官有無三員者。吏具上初政承旨洪遵、學士史浩、直院劉珙〔三〕。又問紹興間故事，吏復具。八年，曾開〔四〕、勾龍如淵〔五〕皆爲直院，而召孫近〔六〕承旨。三十一年，何溥爲學士，虞允文、劉珙並直院。後旬餘，崔大雅服闋（院本有「服闋」二字）還朝，上曰：「卿來適其時。」遂再兼權直。十月，復增莫子齊濟〔七〕。尋卒。其後，繼增趙大本彦中〔八〕、熊子復克〔九〕。予遂參預。

【箋】

〔一〕詞臣：舊指文學侍從之臣，如翰林學士等。宋王欽若等編册府元龜卷第五五〇詞臣部·總序：「夏、商之前，詞臣之制蓋未詳聞。說命云：『其代予言，則其事也。』周禮·春官之屬大祝，作六辭以通上下、親疏、遠近。一曰辭、二曰命、三曰誥、四曰會、五曰禱、六曰誄。內史掌王八柄之法，凡命諸侯及孤卿大夫，則策命之。王制祿，則贊爲之，以方出之。外史掌書外令，若以書使于四方，則書其令。御史掌贊書，皆司言之任也。……夫代王言，須憲度，或以褒功德，或以出爵祿，或以撫郡國，或以制刑辟，皆萬方之瞻仰，百世之流布，必在其言雅正，其理流暢，可以發揮於治體，可以感動于人心，與典誥而同風，將流俗而殊貫，然後謂之稱職，協乎得人矣。」（中華書局一九八九年影印本，頁一五二一）

〔二〕戊戌九月丁丑：戊戌爲孝宗淳熙五年（一一七八），九月丁丑爲九月十七日（十月二十九日）。

〔三〕劉珙：宋史卷三八六本傳：「劉珙字共父，子羽長子也。生有奇質，從季父子翬學。以蔭補承務郎，登進士乙科，監紹興府都稅務。請祠歸，杜門力學，不急仕進。主管西外敦宗院，召除諸王宮小學教授，遷禮部郎官。秦檜欲追謚其父，召禮官會問，珙不至，檜怒，風言者逐之。檜死，召爲大宗正丞，遷吏部員外郎。置令式庭中，使選集者得自審閱，與吏辨，吏無得藏其巧。兼權秘書少監，兼權中書舍人。……從幸建康，兼直學士院。……出知泉州，改衢州。……湖南旱，郴州宜章縣李金爲亂，朝廷憂之，以珙知潭州、湖南安撫使。……除翰林學士、知制誥兼侍讀，……拜中大夫、同知樞密院事，辭不獲，……除資政殿學士、知荊南府、湖北安撫使，以繼母憂去。起復同知樞密院事、荊襄安撫使。珙六上奏懇辭，引經據禮詞甚切，……服闋，再除知潭州、湖南安撫使。過闕入見，極論時事，言甚切至，上再三加勞，進資政殿大學士以行。……淳熙二年，移知建康府、江東安撫使、行宮留守。……進觀文殿學士，屬疾，請致仕。……死，年五十七。贈光祿大夫，謚忠肅。珙精明果斷，居家孝，喪繼母卓氏，年已逾五十，盡哀致毀，內外功緦之戚，必素服以終月數。喜受盡言，事有小失，下吏言之立改。臨數鎮，民愛之若父母，聞訃，有罷市巷哭相與祠之者。」（中華書局一九七七年版，

頁一一八四九—一一八五三）

〔四〕曾開：字天遊。其先贛州人，徙河南府。曾幾兄，吳敏妻兄。宋史卷三八二本傳：「崇寧間（按：二年，一一〇三年）登進士第，調眞州司戶。累遷國子司業，擢起居舍人，權中書舍人。掖垣草制，多所論駁，忤時相意，左遷太常少卿，責監大寧監鹽井，匹馬之官，不以自卑。召還，時相復用事，監杭州市易務。除直秘閣，知和州，徙知恩州。請祠，得鴻慶宮，判南京國子監。復爲中書舍人，罷。提舉洞霄宮。欽宗卽位，除顯謨閣待制、提舉萬壽觀，知潁昌府，兼京西安撫使。奪職，奉祠。建炎初，復職，知潭州、湖南安撫使。逾年求去，復得鴻慶宮，起知平江府、廣東經略安撫使。奉詔駐潮陽招捕虔寇，訖事，乃之鎮。居二年，盡平群盜。提舉太平觀。復以中書舍人召，……屢請去，進寶文閣待制，知鎮江府兼沿江安撫使。……召爲刑部侍郎。……遷禮部侍郎兼直學士院。時秦檜專主和議，開當草國書，辨視體制非是，論之，不聽，遂請罷，改兼侍讀。……會樞密編修胡銓上封事，痛詆檜，極稱開，由是罷，以寶文閣待制知婺州。……力請歸，檜議奪職，同列以爲不可，提舉太平觀、知徽州。以病免，居閑十餘年。黃達如請籍和議同異爲士大夫升黜，卽擢達如監察御史，首劾開，褫職。引年請還政，僅復秘閣修撰，卒，年七十一。檜死，始復待制，盡還致仕遺表恩數。開孝友厚族，信于朋友。其守歷陽也，從遊酢學，日讀論語，求諸言而不得，則反求諸心，每有會意，欣然忘食。其留南京，劉安世一見如舊，定交終身。故立朝遇事，臨大節而不可奪，師友淵源，固有所自云。」（中華書局一九七七年版，頁一一七六九—一一七七一）

〔五〕勾龍如淵：宋史卷三八〇本傳：「勾龍如淵字行父，永康軍導江人。勾姓本出古勾芒，高宗卽位，避御名，更勾龍氏。政和八年，登上舍第。沉浮州縣二十年，以張浚薦，召試館職。紹興六年，除秘書省校書郎。歷著作佐郎、祠部員外兼禮部、起居舍人。……八年，兼給事中、同知貢舉，除中書舍人兼侍讀，兼直學士院。……時（秦）檜方得君，如淵猶恐委檜未專，故及之。除御史中丞。……（如淵附檜），檜大喜，卽擢如淵中司。……初，如淵與莫將及（施）庭臣皆力主和議，如淵緣此擢中司，而將及庭臣緣此皆峻用。張燾、晏敦復上疏專以三人爲言。如淵入言路，卽劾二人，至是與庭臣俱罷。其後檜擬如淵知遂寧府，帝曰：「此人用心不端。」遂已。兩奉祠，卒，年六十二。如淵始以張浚薦召，而終乃翼秦檜擠趙鼎，仇呂本中，逐劉大中、王庶，心跡固可見矣。」（中華書局一九七七年版，頁一一七一七—一一七二〇）

〔六〕孫近：字叔詣。武進（治今江蘇常州）人（建炎以來繫年要錄卷四八，下文仅标卷数）。孫覿兄。徽宗崇寧二年（一一〇三）進士及第。崇寧五年（一一〇六），復中博學宏詞科。高宗紹興元年（一一三一）十月，由秘閣修撰爲戶部郎中（卷四八）；十二月，充秘閣修撰，提點兩浙東路刑獄公事（卷五〇）。紹興三年（一一三三）二月，爲秘書少監，並限三日赴行在（卷六三）；五月，行起居郎（卷六五）；七月，守中書舍人（卷六七）；十二月，守給事中（卷七一）。紹興四年（一一三四）九月，吏部侍郎兼直學士院孫近兼侍講（卷八〇）；十一月，兼侍讀（卷八二）。紹興五年（一一三五）二月，爲翰林學士（卷八五）；十一月，試吏部尚書兼權翰林學士（卷九五）。紹興六年（一一三六）八月，充龍圖閣學士，復知紹興府（卷一〇四）；十二月，兼沿海制置使（卷一〇七）。紹興七年（一一三七）正月，兼史館修撰，尋又兼侍讀（卷一〇八）；六月，引疾乞奉祠（卷一一一）；九月，復爲龍圖閣學士，知紹興府，兼沿海制置使（卷一百十四）。紹興八年（一一三八）十月，爲翰林學士承旨（卷一二二）；十一月，爲參知政事，尋兼權同知樞密院事（卷一二三）。紹興十一年（一一四一）四月，充資政殿學士，提舉臨安府洞霄宮（卷一四〇）。紹興十二年（一一四二）正月，落職，以左通議大夫責授左朝散郎、秘書少監，漳州居住。以萬俟卨論其謫輕也（卷一四四）。紹興十四年（一一四四）四月，復三官，提舉江州太平觀，近興化軍同池州居住；六月，降三官移南安軍住。（卷一五一）紹興二十年（一一五〇）八月，移處州（卷一六一）。紹興二十三年（一一五三），贛州亂，走吉州避之，至是復還其州。未幾，卒。熊克（中興）小曆稱：「近以秘書少監，分司南京謫居。」按，近落分司已久。紹興十四年六月癸未，自左朝散大夫提舉江州太平興國宮興國軍居住，坐奏薦事，降三官移南安軍。二十年八月，又移虔州，依舊宮祠。克恐差誤。（卷一六四）

〔七〕莫濟：宋談鑰嘉泰吳興志卷一七：「紹興十五年劉章榜……莫濟……」（宋元方志叢刊，中華書局一九九〇年影印本，頁四八三〇上）明陳頎等成化湖州府志卷一九：「莫濟仕孝宗朝爲給事中。時，李衡爲侍御史，以論張說不行，致仕而歸。濟不書敕，直學士周必大不草制，諫官王希呂與衡相繼論奏不報。四人同時去國。莊治賦四賢詩以紀之。其後，衡之孫灊作堂於家盡四賢像並祠於中。濟仕至司農少卿。」（日本藏中國罕見地方志叢刊，書目文獻出版社一九九一年影印本，頁一七一）

〔八〕趙彥中：字大本。魏王廷美七世孫。孝宗乾道五年（一一六九），進士及第。淳熙五年（一一七八），除秘書省正字，轉秘書郎。累遷著作佐郎，權直學士院。淳熙十年（一一八三），爲起居舍人兼國史院編修官。淳熙十一年（一一八四），除中書舍人。

〔九〕熊克：宋史卷四四五本傳：「熊克字子復，建寧建陽人，御史大夫博之後。將生，有雀翠羽翔臥內。克幼而翹秀，既長，好學善屬文，郡博士胡憲器之，……紹興中進士第，知紹興府諸暨縣，……部使者芮輝……爲表薦之，入爲提轄文思院。嘗以文獻曾覿，覿持白于孝宗，孝宗喜之，內出御筆，除直學士院。宰相趙雄甚異之，……乃以爲校書郎，累遷學士院權直。……克自以見知於上，數有論奏。……除起居郎兼直學士院，以言者出知台州，奏祠。克博聞強記，自少至老，著述外無他嗜。尤淹習宋朝典故，有問者酬對如響。家素儉約，雖貴不改，舊所居卑陋，門不容轍，雖部使者、郡守至，必降車乃入。嘗愛臨川童子王克勤之才，將妻以女而乏資遣，會草制獲賜金，遂以歸之，人稱其清介。卒，年七十三。」（中華書局一九七七年版，頁）據宋史・藝文志載，熊克著有九朝通略一百六十八卷、中興小曆四十一卷、鎮江志十卷、京口詩集十卷、館學喜雪唱和詩二卷。

附錄一：跋語與提要

丁朝佐跋語

朝佐頃者官桂陽，獲觀今丞相周公鑾坡錄，愛而傳之。茲如武林，又得其玉堂雜記，益聞所未聞。蓋中興以來，九重之德美，前輩之典刑，恩數之異同，典故之沿革，皆因事而見之，此尤不可不傳也。乃手鈔一通藏於家。竊聞公在翰苑，知無不言，朝廷有大命令，人所不也議者，公從容敷奏，皆當上意。凡所以障隄狂瀾，護養元氣者，豈止一事，而公不書，何其謙也。然盛德偉烈，表表在人耳目，公雖不書，其能使之弗傳哉？紹興元年重午日，樵溪丁朝佐謹書。

蘇森跋語

丞相益公玉堂雜記一編，森得之久矣。字畫間有舛誤，每苦其難讀。近訪丁懷忠，觀甘泉書藏，懷忠不知森有此書，出以相示。森曰：「明月夜光，天下之所同寶也。子獨能私有之乎？」亟假其本而參訂之，因系風月於後。紹熙辛亥仲夏一日，眉山蘇森謹題。

毛晉識語

公集中有奉詔、親征、龍飛、閒居、思陵諸錄，托言未刊，爲多傷時事，不欲令人見耳。茲記亦在隱顯之間，然多載朝制及君臣禮遇、同官一心之事，堪補全史之遺，非若小說家瑣褻眩目也。至其始末，已詳具本序及丁、蘇兩公跋語云。湖南毛晉識。

四庫全書總目提要

臣等謹案：玉堂雜記，三卷。宋周必大撰。必大字子充，一字洪道，廬陵人。紹興二十一年進士，中宏詞科，權中書舍人。孝宗朝歷右丞相，拜少傅，進益國公。寧宗朝以少傅致仕。卒謚文忠。事蹟具宋史本傳。此書皆記翰林故事，後編入必大文集中，此乃其別行之本也。宋代掌制，最號重職，往往由此致位二府。必大受知孝宗，兩入翰苑，自權直院至學士承旨，皆徧爲之。凡鑾坡制度沿革，及一時宣召奏對之事，隨筆紀錄，集爲此編。所紀如奉表德壽署名、賜安南國王嗣子詔書之類，皆能援引古義，合於典禮。其他瑣聞遺事，亦多可資談柄。洪遵翰院羣書所錄，皆唐代及汴都故帙，程俱麟臺故事亦成於紹興間，其隆興以後翰林故實，惟稍見於館閣續錄及洪邁容齋隨筆中，得必大此書互相稽攷，南渡後玉堂舊典亦庶幾乎釐然具矣。乾隆四十六年十月恭校上。

總纂官臣紀昀、陸錫熊，臣孫士毅

總校官臣陸費墀

附録二：周必大主要傳記資料

宋史本傳

周必大字子充，一字洪道，其先鄭州管城人。祖詵，宣和中卒廬陵，因家焉。父利建，太學博士。必大少英特，父死，鞠於母家，母親督課之。

紹興二十年，第進士，授徽州戶曹。中博學宏詞科，教授建康府。除太學録，召試館職，高宗讀其策曰：「掌制手也。」守秘書省正字。館職復召試自此始。兼國史院編修官，除監察御史。

孝宗踐祚，除起居郎。直前奏事，上曰：「朕舊見卿文，其以近作進。」上初御經筵，必大奏：「經筵非爲分章析句，欲從容訪問，裨聖德，究治體。」先是，左右史久不除，並記注壅積，必大請動必書，兼修月進。乃命必大兼編類聖政所詳定官，又兼權中書舍人。侍經筵，嘗論邊事，上以蜀爲憂，對曰：「蜀民久困，願詔撫諭，事定宜寬其賦。」應詔上十事，皆切時弊。

權給事中，繳駁不辟權幸。翟婉容位官吏轉行礙止法，争之力，上曰：「意卿止能文，不謂剛正如此。」金索講和時舊禮，必大條奏，請正敵國之名，金爲之屈。

曾覿、龍大淵得幸，台諫交彈之，並遷知閤門事，必大與金安節不書黄，且奏曰：「陛下于政府侍從，欲罷則罷，欲貶則貶，獨於二人委曲遷就，恐人言紛紛未止也。」明日宣手詔，謂：「給舍爲人鼓扇，太上時小事，安敢爾！」必大入謝曰：「審爾，則是臣不以事太上者事陛下。」退待罪，上曰：「朕知卿舉職，但欲破朋黨、明紀綱耳。」旬日，申前命，必大格不行，遂請祠去。

久之，差知南劍州，改提點福建刑獄。入對，願詔中外舉文武之才，區別所長爲一籍，藏禁中，備緩急之用。除秘書少監、兼直學士院，兼領史職。鄭聞草必大制，上改竄其末，引漢宣帝事。必大因奏曰：「陛下取漢宣帝之言，親制贊書，明示好惡。臣觀西漢所謂社稷臣，乃鄗朴之周勃，少文之汲黯，不學之霍光。聖于公孫弘、蔡義、韋賢、號曰儒者，而持祿保位，故宣帝謂俗儒不達時宜。使宣帝知真儒，何主雜伯哉？願平心察之，不可有輕儒名。」上喜其精洽，欲與之日夕論文。

德壽加尊號，必大曰：「太上萬壽，而紹興末議文及近上表用嗣皇帝爲未安。按建炎遙拜徽宗表，及唐憲宗上順宗尊號冊文，皆稱皇帝。」議遂定。趙雄使金，賚國書，議受書禮。必大立具草，略謂：「尊卑分定，或較等威；叔侄親情，豈嫌坐起！」上褒之曰：「未嘗諭國書之意，而卿能道朕心中事，此大才也。」

兼權兵部侍郎。奏請重侍從以儲將相，增台諫以廣耳目，擇監司、郡守以補郎官。尋權禮部侍郎、兼直學士院，同修國史、實錄院同修撰。

一日，詔同王之奇、陳良翰對選德殿，袖出手詔，舉唐太宗、魏徵問對，以在位久，功未有成，治效優劣，苦不自覺，命必大等極陳當否。退而條陳：「陛下諫兵以圖恢復而將數易，是用將之道未至；擇人以守郡國而守數易，是責實之方未盡。諸州長吏，倏來忽去，婺州四年易守者五，平江四年易守者四，甚至秀州一年而四易守，吏奸何由可察，民瘼何由可蘇！」上善其言，爲革二弊。江、湖旱，請捐南庫錢二十萬代民輸，上嘉之。

兼侍講，兼中書舍人。未幾，辭直學士院，從之。張說再除簽書樞密院，給事中莫濟封還錄黄，必大奏曰：「昨舉朝以爲不可，陛下亦自知其誤而止之矣。曾未周歲，此命復出。貴戚預政，公私兩失，臣不敢具草。」上批：「王曮疾速譔入。濟、必大予宮觀，日下出國門。」說露章薦濟、必大，於是濟除溫州，必大除建寧府。濟被命即出，必大至豐城稱疾而歸，濟聞之大悔。必大三請祠，以此名益重。

久之，除敷文閣待制兼侍讀、兼權兵部侍郎、兼直學士院。上勞之曰：「卿不迎合，無附麗，朕所倚重。」除兵部侍郎，尋兼太子詹事。奏言：「太宗儲才爲真宗、仁宗之用，仁宗儲才爲治平、元祐之用。自章、蔡沮士氣，卒致裔夷之禍。秦檜忌刻，逐人才，流弊至今。願陛下儲才于閒暇之日。」

上日御球場，必大曰：「固知陛下不忘閱武，然太祖二百年天下，屬在聖躬，願自愛。」上改容曰：「卿言甚忠，得非虞銜橛之變乎？正以讎恥未雪，不欲自逸爾。」陞兼侍讀，改吏部侍郎，除翰林學士。

久雨，奏請減後宮給使，寬浙郡積逋，命省部議優恤。內直宣引，論：「金星近前星，武士擊球，太子亦與，臣甚危之。」上俾語太子，必大曰：「太子人子也，陛下命以驅馳，臣安敢勸以違命，陛下勿命之可也。」

乞歸，弗許。上欲召人與之分職，因問：「呂祖謙能文否？」對曰：「祖謙涵養久，知典故，不但文字之工。」除禮部尚書兼翰林學士，進吏部兼承旨。詔禮官議明堂典禮，必大定圜丘合宮互舉之議。被旨撰選德殿記及皇朝文監序。必大在翰苑幾六年，制命溫雅，周盡事情，爲一時詞臣之冠。或言其再入也，實曾覿所薦，而必大不知。

除參知政事，上曰：「執政于宰相，固當和而不同。前此宰相議事，執政更無語，何也？」必大曰：「大臣自應互相可否。自秦檜當國，執政不敢措一辭，後遂以爲當然。陛下虛心無我，大臣乃欲自是乎？惟小事不敢有隱，則大事何由蔽欺。」上深然之。久旱，手詔求言。宰相謂此詔一下，州郡皆乞振濟，何以應之，約必大同奏。必大曰：「上欲通下情，而吾儕阻隔之，何以塞公論。」

有介椒房之援求爲郎者，上俾諭給舍繳駁，必大曰：「台諫、給舍與三省相維持，豈可諭意？不從失體，從則壞法。命下之日，臣等自當執奏。」上喜曰：「肯如此任怨耶？」必大曰：「當予而不予則有怨，不當予而不予，何怨之有！」上曰：「此任責，非任怨也。」除知樞密院。上曰：「每見宰相不能處之事，卿以數語決之，三省本末可輟卿也。」

山陽舊屯軍八千，雷世方乞止差鎮江一軍五千，必大曰：「山陽控扼清河口，若今減而後增，必致敵疑。揚州武鋒軍本屯山陽者，不若歲拔三千，與鎮江五千同戍。」郭杲請移荊南軍萬二千永屯襄陽，必大言：「襄陽固要地，江陵亦江北喉襟。」於是留二千人。上諭以金既還上京，且分諸子出鎮，將若何？」必大言：「敵悃疑虛喝，正恐我先動。當鎮之以靜，惟邊將不可不精擇。」

拜樞密使。上曰：「若有邊事，宣撫使惟卿可，他人不能也。」上諸軍陞差籍，時點召一二察能否，主帥悚激，無敢容私。創諸軍點試法，其在外解發而親閱之。池州李忠孝自言正將二人不能開弓，乞罷軍。上曰：「此樞使措置之效也。」金州謀帥，必大曰：「與其私舉，不若明揚。」令侍從管軍薦舉。或傳大石林牙將加兵于金，忽魯大王分據上京，邊臣結約夏國。必大皆屏不省，勸上持重，勿輕動。既而所傳果妄。上曰：「卿真有先見之明。」

淳熙十四年二月，拜右丞相。首奏：「今內外晏然，殆將二紀，此正可懼之時，當思經遠之計，不可紛更欲速。」秀州乞滅大軍總製錢二萬，吏請勘當，必大曰：「此豈勘當時耶？立蠲之。」封事多言臣同異，必大曰：「各盡所見，歸於一是，豈可尚同？陛下復祖宗舊制，命三省覆奏而後行，正欲上下相維，非止奉行文書也。」

高宗陞遐，議用顯仁例，遣三使詣金。必大謂：「今昔事殊，不當畏敵曲徇。」止之。賀正使至，或請權易淡黃袍御殿受書，必大執不可，遂爲縞素服，就帷幄引見。十五年，思陵發引，援熙陵呂端故事，請行，乃攝太傅，爲山陵使。明堂加恩，封濟國公。

十一月，留身乞去，上獎勞再三。忽宣諭：「比年病倦，欲傳位太子，須卿且留。」必大言：「聖體康寧，止因孝思稍過，何遲至倦勤。」上曰：「禮莫大於事宗廟，而孟饗多以病分詣；孝莫重於執喪，而不得自至德壽宮。欲不退休，得乎？朕方以此委卿。」必大泣而退。

十二月壬申，密賜紹興傳位親劄。辛卯，命留身議定。二月壬戌，又命預草詔，專以奉几筵、侍東朝爲意。拜左丞相、許國公。參政留正拜右丞相。壬子，上始以内禪意諭二府。二月辛酉朔，降傳位詔。翼日，上吉服御紫宸殿。必大奏：「陛下巽位與子，盛典再見，度越千古。顧自今不得日侍天顔。」因哽噎不能言，上亦泫然曰：「正賴卿等協贊新君。」

光宗問當世急務，奏用人、求言二事。三月，拜少保、益國公。李巘草二相制，抑揚不同，上召巘令帖麻改定，既而斥巘予郡。必大求去。

何澹爲司業，久不遷，留正奏遷之。澹憾必大而德正，至是爲諫長，遂首劾必大。詔以觀文殿大學士判潭州。澹論不已，遂以少保充醴泉觀使。判隆興府，不赴，復除觀文殿學士、判潭州，復大觀文。坐所舉官以賄敗，降滎陽郡公。復益國公，改判隆興，辭，除醴泉觀使。

寧宗即位，求直言，奏四事：曰聖孝，曰敬天，曰崇儉，曰久任。慶元元年，三上表引年，遂以少傳致仕。

先是，布衣呂祖泰上書請誅韓侂胄，逐陳自強，以必大代之。嘉泰元年，御史施康年劾必大首唱僞徒，私植黨與，詔降爲少保。自慶元以後，侂胄之黨立僞學之名，以禁錮君子，而必大與趙汝愚、留正實指爲罪首。

二年，復少傳。四年，薨，年七十有九。贈太師，謚文忠。寧宗題篆其墓碑曰「忠文耆德之碑」。

自號平園老叟，著書八十一種，有平園集二百卷。嘗建三忠堂於鄉，謂歐陽文忠修、楊忠襄邦乂、胡忠簡銓皆廬陵人，必大平生所敬慕，爲文記之，蓋絕筆也。一子，綸。（宋史卷三九一）

少傅觀文殿大學士致仕益國公贈太師謚文忠周公神道碑

孝宗皇帝在位二十八年，厲精求治，久而不倦，聖德日新，先紹祖宗。宰相凡十有五人，明良會遇，可謂盛矣。求其相爲終始，全德備福，亦未有如益國周文忠公者。始，公親見龍飛，御名之立，已嘗預議。中間再以力排權倖，沮其枋用，忤旨去國，略不少貶。士大夫之過計者，謂公不復用矣。聖明洞照，愈加褒擢，遂至元宰，任天下之重，周旋密勿，終贊與子之決。以孝宗之實睿實聰，公之明敏肅給，眞千載之遇。而又事光宗于春宮，夾輔初政，功成身退。既掛衣冠，猶被主上寵光者十年。嗚呼，其可謂聖朝之宗臣矣。公薨之二年，嗣子綸以書抵四明樓鑰曰：「先公既葬而隧碑未立。」謂鑰荷公之知，晚而益深，又嘗待罪太史氏，俾爲之辭，且示以今參知政事李公壁所作行狀。鑰不佞，謹摭其大槩，洎平日見聞之實而書之。公諱必大，字子充，一字洪道，世爲鄭州管城縣人。曾祖衎，朝奉郎。祖詵，左朝散大夫。父利建，以上舍魁登第，終左宣教郎、太學博士。以公貴，三世俱贈太師、秦國公。曾祖妣郭氏，祖妣潘氏、李氏、張氏，妣王氏，俱贈秦國夫人。宣和中，祖爲吉州通判，因家焉。外祖給事中靚知平江府。靖康元年，公生于郡治。幼孤，歸信州外家，從泒人陳持學。太夫人躬督誦書，率至夜分。十三而太夫人卒。公記誦絶人，徒手入舉場，有問者應如響。文又工緻，遂名薦書。紹興二十一年擢進士第，授左迪功郎、徽州司戶參軍，改監行在和劑局門，以鄰火罷。二十七年，中博學宏詞科，循左修職郎、建康府府學教授。三十年，除太學錄，召試館職。高宗稱奏篇，謂他日可掌制。除秘書省正字，循左文林郎。三十一年，改左宣教郎、兼權國史院編修官。三十二年五月，除監察御史。六月，孝宗即位。八月，除起居郎，直前奏事。上曰：「朕舊見卿文，有近作進來。」此眷注之始也。侍立講筵，奏：「勸講非爲分章析句，正欲從容訪問，以裨聖聽，究治體。」兼編類聖政所詳定官，暫權給事中，兼權中書舍人。嘗論邊事，上以蜀爲憂，對曰：「蜀民久困征求，願降詔撫諭。」許以事定寬其力。又奏比歲史官不備，故記注多闕。欲先自六月十一日修纂，前未備者併修之。論翟婉容位官吏轉行礙止法事。上曰：「初謂卿止能文，不謂剛正如此。」公奏：「前宰執、侍從依赦復職，亦有不合人望，當繳奏者。」上曰：「固然。卿論事但令適中，朕無不從也。」應詔條上十事，皆切中時病。其一嚴銓試之法。又奏羣臣六參，除朔望過宮外，勿改舊制，至今行之。安穆皇后追冊祔饗，公奏神主謁諸室前殿，則不以欽宗服而廢祖宗之樂；别廟奉安，則乞備而不作。金人來邀舊禮，詔從臣指陳定論。公率同列奏：「向者祐陵未卜，慈寧未返，以講好之故，寧親寧神。兩遂所欲，禮雖屈而志則伸。今而遽許之，必謂我怯，將有難塞之請。使者之行，當再用鄰國之禮。彼或有辭，則告以通好于用兵之後，以何名而屈，以何名而受耶？」事有當駁者，皆極論其不可。上亟加獎歎，公亦言：「陛下有納諫之資，故臣輩各思自竭。」龍大淵、曾覿除知閤門事，公同給事中金安節奏：「大淵罷副都承旨，覿罷帶御器械，俱以閤門處之，實遷也。若以攀附舊恩，尚有可諉，正以搢紳指目，臺諫有言，外議方喧而除命遽加，陛下于將相要官或罷或貶，一付公論，略無適莫，獨此二人乃爲之遷就諱避，殆非舍己從人之義也。」有旨：「罷劇就閒，已允公論，尚兹回繳，可特依奏。」已而二相宣示御札，謂：「給舍爲人鼓惑，議論羣起，小事豈應如此？」公等奏言：「昧于事體，專徇流俗，輕瀆天威，居家俟罪，再乞重賜竄責。」俱不允。入謝，上曰：「朕察卿務舉職，但朕欲破朋黨，振紀綱耳。」旬日，二相又道上意，已再除兩知閤，且云：「後省想亦無他。」公曰：「前已反汗，今復申命，豈敢但已！」格除目不下。右揆以聞，越三日不獲命，以信州遷奉請祠，兩任主管台州崇道觀。乾道四年，權發遣南劍州，未赴。六年，改福建路提點刑獄公事。陛對，論帥臣有名而無其實，將副具官而非其人。又論雜舉中外文武之才，以備選用。益縣令之俸，而責其廉。及捕盜官候六攷行賞。執政奏擬秘書少監，上可之，仍令兼直學士院，會草晁公武知揚州不允詔，御筆改定，公引故事乞罷，不許。兼國史院編修官。初，鄭聞草公制，上改首尾詞，公奏：「陛下取漢宣帝之言，親制贊書，明示好惡，敢因訓詞推廣聖意。臣觀漢社稷臣乃在乎周勃之鄙樸，汲黯之少文，霍光之不學。至于儒者持禄保位，則公孫弘輩實爲之，故宣帝嫉之，以爲俗儒不達時宜，蓋有激而云爾。使宣帝求真儒用之，何至雜霸哉！陛下以漢爲監，則士風趨向歸于正矣。」上曰：「卿學術精深，記問該博。」又嘗曰：「平昔所蘊，可以自見矣。自此當日夕與卿論文。」兼實錄院檢討官。加上德壽尊號，公謂：「太上萬壽，而紹興末議文及近上表例用『嗣皇帝』爲未安。按建炎以後遥拜徽宗表及唐憲宗上順宗尊號冊文，皆稱『皇帝』。」議遂定。趙丞相雄以中書舍人奉使，賀金主生日，宗室伯驌爲介。御札生辰使兼齎國書一封，理會受書。公立具草，有云：「尊卑分定，或校等威；叔姪情親，豈嫌坐起？」後四日對秘殿，上曰：「朕未嘗諭國書之意，而卿能道朕心中事，可謂大才。」賜坐久之，欲退而不記來路。上指示之，命内侍導而出。七年，奏四事：重侍從以儲將相；增臺諫以廣耳目；郎官專以旌外庸；監司、郡守皆當久任。上稱其爲要務。皇太子領臨安尹，公既草制，因奏恐别無被受，欲依詔書體式降付東宮。兼權兵部侍郎。上云：「學士院湫隘。」公奏：「宫城不容增廣，陛下欲卑宫室，臣等居此亦過矣。若遴選名儒而信任之，不在棟宇之麗也。」除權禮部侍郎，仍兼直學士院，陞同修國史實錄院修撰。有旨，公與吏部侍郎王之奇、太子詹事陳良翰對選德殿。袖出御札，引唐太宗、魏徵問對，以在位之久，功未有成，治效優劣，苦不自知，各極陳其當否。公退而條陳：「練兵以圖恢復，而用將之道未盡；擇人以守郡國，而責實之方未至。」又指陳大將郡守數易之弊，且言：「貞觀政要四十篇，既先之以魏徵論爲君之道，又著不克終之戒于編末，蓋是時惟徵爲善諫。願思太宗廣諫諍之德，使嘉言日聞，治道日興。」上嘉納，且曰：「方圖力革二弊。」又奏：「諫官虚位，願早擇正人。先朝參用古制，卑其品而厚其禮，責其盡言，使姦邪望風畏戢，消患未形。如近歲張松、韓玉等，使臺諫無所顧忌，早爲力言，豈至勞民費財，始勤英斷？雖天縱濬哲，安能盡見？」上曰：「如人奕碁，當局多誤，惟旁觀乃見之。朕自此知戒矣。」又奏：「人主無職事，惟在察臣下邪正。凡輕于任事而速于求售者，他日必至敗事，不可不察。若疑儒者不足用，而專謂才臣能趣辨，今既累年，其效可睹。唐太宗之臣即隋之臣，藝祖之臣即五代之臣，非前愚而後智，顧人主用之如何耳。」又論：「臣寮務爲新説，欲徼奇功。王安石以堯、舜之道告人主，實行管、商之術。指司馬光、蘇軾輩爲流俗，尤當深察之。」上曰：「蘇軾却是流俗，可謂顛倒。」嘗奏江、湖大旱，上稱龔茂良措置有理，公請：「出南庫緡錢二十萬代民租，乃不乏事。非不知大農急闕，然艱食則起，盜起則調兵，費可省乎？盜上曰：「卿議論殊善，使朕聞所未聞。」謝曰：「臣惟以不欺事陛下。」兼侍講，上以雨雪愆亢，欲加精禱。公奏：「洪範『肅時雨若』，此殆言路曠官之證。臺端一日不可闕，今乃五旬不除。」上言未有人，公奏：「百執事何至乏才？兼御史臺令，殿中闕，具察官姓名取旨差權。苟未欲輕用人，亦可舉行此制。」上驚曰：「朕不知此。」遂宣諭宰相具上。又奏：「近奉詔，以僕射名官非古，欲更其名。周之太宰，卿也；小宰，中大夫也。中間所改，亦未可用。」上曰：「太宰今吏部尚書爾。止欲爲左、右丞相，如『同中書門下平章事』皆可削。」公遂歷奏前古沿革而退。八年，權中書舍人。公奏：「西浙爲今日根本之地，而賦稅供億反重于他路。且户部既理財，朝廷又理財，争肆漁取，致以隱漏爲名，增無實之稅。」上曰：「此漕臣之繆。」公曰：「陛下既知，何不改正？」因辭西掖，且言：「外制之設，正欲謹于出令，凡有未當，欲其繳奏，非專責以詞翰也。」上曰：「正有望于卿。」因奏：「閩漕陳峴議變鹽法，恐擾民難行。」又奏曹粡除府推事，上曰：「知其人才，欲與寺丞。」公曰：「臣即有文字。」上意不悦，退而繳詞頭：「願別擇俊寮，協贊元良。」粡知嚴州，公亦免兼矣。張説再除簽書樞密院，王之奇賜出身，並命公當草不允詔，奏謂：「昨者舉朝以爲不可，陛下欣然聽納。嘗云『兹事誠誤』，旋即改命。曾未周歲，復有此除，貴戚預政，公私兩失。若謂西府間以武臣，願擇大將有威望者畀之。臣非欲專任文吏也。且當是時，之奇亦曾論奏，今乃與説同陞，恐亦未當遽受也。臣未敢具草。」時權給事中莫濟再封還御筆，遂俱與外祠。又趣公出門，匹馬便面，翩然徑行。九年，除知建寧府，再辭，不允。中道引疾，提舉江州太平興國宫，天下愈高之。淳熙元年，除右文殿修撰。説罷，召還除敷文閣待制兼侍講。六月，兼權兵部侍郎。嘗論改官舉削到部放散之制，後雖潤色然自公發之。八月，兼直學士院。上稱公持重，不迎合，無附麗。除兵部侍郎，仍兼侍講。進太上尊號詔草，上曰：「此文難于言，而温純典雅，無一字可議。」公奏：「向者初上光堯之號，臣已預議。庚寅之詔，亦出臣手。」上愕然曰：「前詔亦卿所草耶？」兼太子詹事，上論史事，公奏：「李燾于史學如嗜飲食，長編攷證異同，罕見其比。」嘗論：「用人惟上智與下愚不移，中人惟上所御。爲官擇人，則引中人爲君子；若爲人擇官，則引中才爲小人。今不及數月，已望遷擢，後將無官可遷。願力革此風，愛惜名器。」又奏兵將官刻削等事，上曰：「今不如此。」且言：「王友直極廉，安有刻下？」公曰：「昨聞殿司進羨餘二十萬緡，此何從而得？」上曰：「朕已不受。」公曰：「雖則不受，當思其所自來。」上曰：「統制官不治財賦，統領却治之，可相關防，不致妄費。」公則曰：「此尤非也。主將而下須令各得懽心，今因小利更相猜察，情既不通，緩急何由得其死力？」又奏：「聞陛下日御毬場，固知不忘閱武。然太祖二百餘年之天下屬在聖躬，可不自愛？」上作色曰：「卿言甚忠，得非憂銜橜之虞乎？正以讎恥未雪，不欲自逸耳。」又奏：「聞金星近前星。」上曰：「止是略近。」公曰：「天道高遠，當論人事。武士擊毬，太子亦預，臣甚危之。」上曰：「卿可語太子。」公曰：「太子，人子也。陛下命以驅馳，臣安敢勸以違命？陛下勿命之可也。」陞兼侍讀。大禮執綏，備顧問，除吏部侍郎。奏：「朝廷守至公之道，有司持一定之法，行以無私，孰不心服？近乃有任怨之説。法行以公，人自無怨。」上曰：「朕每諭大臣彌縫人情，無有是處。」四年，除翰林學士。奏：「自唐至本朝，優待詞臣，以其無簿書之冗，可以朝夕論思，或有補于治道。得人固多，最可慕者，陸贄、歐陽修而已。若乃進則有隱，退則不密，擠人而利己，揚己以取名，安能逃日月之照哉！」上曰：「學士宴見無時，至爲親近。」五年，爲御試詳定官，屢乞去。上問文士可代者。聞吕祖謙能文，公謂翰苑須用有學問者。祖謙涵養既久，習知典故，史院甚得其力，不但文字之工也。得旨撰選德殿記，又命書之。後内直宣對，別令中使引至碑下，傳旨：「記文詞采贍蔚，召卿觀覽。」既見，上又有博美之稱。歸至玉堂，御書白居易七德舞賜之，墨猶濕也。後進呈皇朝文鑑序，上曰：「卿之文在廷莫及，真匠手也。」除禮部尚書兼翰林學士。嘗論本朝專以仁立國，兵非不用，而以禁暴安人爲本。上曰：「兵勢似弱。」公曰：「仁故似弱，實非弱也。社稷靈長，職此之由。」上曰：「所以竝無禍亂。」公曰：「本朝似周，彼秦兵雖彊，興衰竟如何？」六年，詔禮官詳議明堂典禮。公奏：「祀帝祀天，以祖宗配，此前朝已行之制。世俗止誦孝經之語，未嘗深攷其義，致以今日爲疑。」由是定圜丘合宫互舉之議。公再執綏草赦，引周、漢故事，有曰：「俶經路寢，有皇祐之彝儀；偏秩羣神，有紹興之近制。蓋明著古禮，以示來世也。」禮成獻詩，又進動天之誠。上曰：「動天誠當以德，惟知道，乃可語此。」公曰：「皇天親有德，饗有道，此豈聰明作爲所能爲哉！」除吏部尚書兼翰林學士承旨。論六部長貳判「依」字，遂改爲「從」。嘗奏：「祖宗涵養善類，名卿才大夫相望。自章、蔡沮士氣以壞風俗，獎讒諂以植黨與，卒致播遷之禍。中興一洗前弊，得人爲多。秦檜以患失之心，濟忌刻之資，引庸人以充侍從，對畢輒納副封。既出其門，無所不有。人才衰落，貽患至今。論思之職，上規人主，次及大臣，下及四方，安可納副封耶？願博求文武之英，布列中外。」上曰：「如曾開輩，今豈易得？」又及：「舜之無爲，非皆無所爲也，特不爲期會之屑屑耳。」又言：「自古上自人君，下至士庶，鮮有不爲左右前後之人所牽制者。」上謂公視草勞甚，公奏：「臣素無汗馬之勞，致此爵位，正使宣力文字之間，未爲勞也。」上曰：「翰墨之功，豈小補哉！若大述作，固當煩卿。」七年五月，除參知政事。上曰：

「近見卿遇事殊不依違，執政之于宰相事任非遠，自當和而不同。」公曰：「韓琦、歐陽修殿上日有所争，退則懽然無間，最爲可法後。」又嘗曰：「前此宰相議事，執政更無語，今乃肯各述所見。」公奏：「大臣自應互相可否，秦檜用事，執政至不敢措一辭，後遂以爲當然。臣嘗以紹興初聖語示同列，勉其協濟。況陛下虚心無我，惟恐臣下不言，人臣乃欲自是乎？惟小事不敢有隱，則大事何緣蔽欺？」八月，以久旱，御筆付三省求直言。初，回奏慮所在因是皆有賑濟之請，公言：「上明目達聰，而吾儕不能將順，獨不愧于心乎？萬一上自行之，或以此奏示外，豈不獲罪公議？」相亟從之。又奏：「聖明在上，星變旱災殆繇臣等所致。」上曰：「若封事及大臣，朕須留中。」公曰：「付出何害，未聞有過而人不知也。」昌化有箣穀得米，相以上再三。及此議宣示外廷，公曰：「天若爲瑞，必無水旱。乾道間有以九華山竹米爲瑞而得罪者。且宣和有此，豈是休徵？」遂已。有乞改常平不以赦原之法，公奏：「紹興中因孔括申請，遂與謀叛等同科。乞令削去，祇從海行法，遇兩赦或非次赦聽原。」公嘗極陳民困之由，上問其故，公曰：「且以平江府論之，二十年前歸正添差等官歲用五萬緡，今乃數倍，支移折變之數日有所增，齊民安得不困？此特其一爾。」上爲之悵然。進呈湖北月樁錢數，公曰：「固出于不得已，亦須平時有以存卹。去歲旱荒，若非陛下先事賑救，禁戢苛暴，何以免流殍之苦？舒州汪革始謀不善，若如前代失軍民之心，則乘災唱亂，必致蠭起，彼亦安肯束身自歸于司敗？所貴得民，正爲是耳。此非倉猝所能成，其來有漸矣。」上大以爲然。上嘗謂樞密非古官，公奏：「在唐止司傳導，五代始置崇政院，分宰相之權。神宗亦有意廢併，聖諭可謂盡善。但二百年官制難以驟改，不若且令二府互領，更加熟慮。」有侍長樂之援求爲郎者，上俾諭給舍。公奏：「臺諫給舍與三省相維持，豈可諭意？不從則失體，從之則壞法。命下之日，臣等自當執奏。」上曰：「卿等肯如此任怨。」公曰：「當與而不與，則有怨，不當與而不與，何怨之云？」上歎曰：「此所謂任責非任怨也。」上嘗言唐鑑一書興衰治亂之理甚明，公奏：「祖禹著書，皆可備乙夜之覽，篇篇即是諫疏。」九月，除知樞密院事。上曰：「卿才堪其任，三省本末可輟。卿每見難處之事，卿以數語決之，可謂敏矣。」上謂公如統制官之類，可時與之接，以觀其才。公因奏：「雷世賢説淮南地形緩急，欲守滁。臣謂不然。廬、和則當其衝，滁沮山林，可自守而不可以禦敵。」楚州舊屯軍八千，雷世方乞止差鎮江軍五千人。公奏：「山陽控扼清河口，韓世忠實屯重兵。今無故減戍，他時或增，必致敵疑。揚州武鋒軍有衆八千，本屯山陽，若歲撥三千同戍，誠爲兩便。」十年，奏：「白氣自西南亘天，宜爲兵備。」上曰：「日脚之氣，冬常有之。」公言：「此日官相寬之詞，然有備乃能無患。」上嘗歎養兵費邦賦之八，公奏：「自古未有五十年屯兵不解。古者講和則罷兵，今既有歲幣而兵不敢徹，所以倍費。」文州蕃部刧殺二漢人，吳挺止申照會。公請：「督其根治，使知朝廷事必留意，不敢忽略。日有萬幾，不察于微，弊不勝救」。上曰：「自昔多因不防其微，馴致禍敗。」温州軍士喧悖憲司，欲先定汪義端刻削之罪，仍正紀律。公奏：「此風不可長，恐兵愈驕。」郭杲請移江陵萬二千人，與其弩永屯襄陽，公言：「止當以兵之半分戍。」杲謂襄陽爲要地，而江陵亦在江北，爲吳楚喉衿，争辯甚力，乃許萬人，且令騎兵盡行。上眷公益深，嘗奏事退，特命中使賜御筆：「卿臨事明敏而有決，朕每嘉之。」宣諭：「金主避暑壽安，所徙器用倍多，且分諸子出鎮。或謂欲至東都，秋間議過上京。」公奏當豫爲之備甚詳。上稱公：「通練軍政，深副朕擢用之意。」公謝曰：「臣本以文墨受知，豈能曉暢武事？誤蒙任使，不敢不勉。彼方恫疑虛喝，正恐我或先動。所當精擇邊將，鎮之以靜。」上曰：「朕嘗戒臣下以公心，人自無説。」公曰：「所以私者，欲收人情，其來無窮，得者寡，不得者衆。若不裁以公道，恐譽者不若毁者之多。以陛下聖明，臣等智慮所不及則有之，何敢有所欺也。」十一年，奏：「廣中鹽法既更，州縣空乏，事勢可憂。詹儀之、胡庭直皆賢而才短，故鋭乎革弊而不能計其後。」已而果然。公言：「趙汝愚在福州百廢具舉，孜孜國事，殆不多得。王希呂緩急可當一面，彼小廉曲謹，雖無瑕可指，却恐誤事。」上曰：「如趙雄、汝愚、希呂皆帥才也。」義勝軍皆契丹、渤海漢兒慕義來歸，屯于興元，御筆以金、商山險，欲移襄陽用騎之地。聞其營砦遭火，因以遷之。公奏：「路經金、洋，當先計人馬之數，使郭杲于襄陽豫辦，方可議遷。更令彭杲具以此意深察衆情。」御批：「卿謀慮深遠，良用嘉賞。」六月，拜樞密使。上曰：「卿在西府光前絶後，若有邊事，宣撫使惟卿可，他人不能也。」呈諸軍陞差籍，公奏：「已及一季，欲間召一二。雖不專用此取人，亦因以察其能否，使主將不敢容私。」上令赴樞密院審察。後池州李思孝自言正將二人不能開弓，乞與罷軍。上曰：「此皆樞使措置之效。」北牒以上京道遠，權止賀正生辰使一年。宣諭：「卿等料未必遣使，今果不來，可謂廟謨矣。」王希呂乞增兵戍廬州，上以萬弩手民兵已多，止可分數千人。公奏：「須與萬人。蓋當以正軍爲主，則帥司可立。帥司既立，則沿淮歸正山水寨民兵皆爲我用矣。」十二年，留正申西兵已免起二年，今年取旨。上以三衙不可闕，欲令發來。公奏：「襄陽兵少，閻世雄欲得此人，敵不得志于四川，又嘗送死淮南，深恐睥睨荆襄。」遂與一年。金州謀帥，公欲令侍從、管軍薦舉。上曰：「大帥當自上除授。」公曰：「舜用九官，皆咨四岳，與其私薦，不若明揚。若能攷實，孰敢妄舉？」因論邊報異同，上獎諭云：「事無大小，卿皆究心。」公又曰：「天下安有不可措置之事？上曰：「昨密問一事，卿便條上數端，深謀遠慮，朕所不及也。」上謂王藺論事頗偏，公奏：「藺雖稍過，然汲黯在朝，淮南寢謀。盡言而不顧身者，陛下左右豈可無此等人？況以獻納爲職，若上下相蒙，非國家之福也。」先是，御筆：「大石契丹欲加兵于金，果有之，在我豈得漠然？固不可違誓，或有釁端，何以爲詞？」公奏：「彼一方小警，何至移文宿、泗？若果有釁，何患無詞？急在間探精審耳。」至是又諭結約夏國事，公奏：「頃嘗因任令公帛書通信，金以示范成大，夏國難保如此，似未可也。」後又報呼嚕大王據上京，上問公，公奏：「兹事體大，當隨機應之。」未幾上諭公：「所傳皆妄，樞使真有先見之明矣。」廣東帥潘時以擅斬逃兵自劾，上批無罪，公奏：「帥無便宜之文，不經錄問詳覆而斬四人，雖銳于除惡，然人命至重，不可輕許。洪邁守婺，誅首亂六人，止是放罪，後不妨旌賞。」十四年二月乙亥，宣諭：「卿在樞筦，凡事無不經心，更旬日拜相，後人難繼。」丁亥，拜右丞相，尋兼提舉國史院會要所、敕令所。上諭以擢用人才及委任之意，公奏：「東府事繁，非西樞比，自古鮮有無事時。今賴陛下勤政，内外晏然，殆將二紀。此正可懼之時，當思經遠之計。」又奏：「舜、禹君臣相戒，唐太宗不存形迹，臣等過失，望陛下隨事戒勑，免積罪戾。臣有所見，不敢廢弼直之義。日有論奏，動係天下休戚。比至給舍繳駮，臺諫論列，已爲後時，不若致審于初。」又奏：「人才不失之虚夸，則失之緘默凡冗。宜求篤實爲國者」。大旱，求退甚力。上曰：「方賴卿等協贊，若捨朕而去，誰與共此？」又請依慶曆中例，降秩一等，亦不許。偏禱羣望，下詔求言，遂奏：「實惠及民，莫若寬減夏税。施德當自近始。會稽和買詭避至多，請權免一年，徐議釐正。」秀州乞權減大軍總制錢二萬餘緡，吏擬勘當。公曰：「此豈勘當時耶？」奏蠲之。上方篤意救荒，其所以贊寬仁之政，不可勝紀。封事多言大臣同異，公奏：「豈可尚同？要當各盡所見，臣每謂同心體國，苟有未然，雖面相詰責，何害？止欲歸于是耳。若人才邪正，政事得失，安危治忽所繫，自當反覆論難。陛下復祖宗密白之制，使三省官覆奏而後行，正欲斟量可否，上下相維，非止奉行文書也。」高宗上仙，始末稽攷制度，奏置山陵五使，贊成聖孝，哀禮兩備。初欲用顯仁例遣三使，公固謂事體不同，不當曲徇。會賀生辰使至，上在喪次，議令館伴使發遣。公奏：「賀禮固不可行，但彼遠來，朝無一辭，于理未安。」遂口占數語，使歸報。後正旦使將至，或請權易淡黄袍御殿受書，然後素幄見使者。公力陳不可，止以縞素引見，使者果心服。手詔討論皇太子參決庶務典禮，初欲開資善堂，公奏：「天禧時仁廟尚幼，始見輔臣，恐不可用。西晉有宣猷堂，今作議事堂可也。」十五年正月戊戌，公請上特御延和殿，令宰執奏事畢，然後過議事堂。思陵發引，公奏：「陛下既行三年之喪，又用七月之制，永熙故典，呂端一相，猶攝太傅親往，而有司欲用顯仁舊例，非是。」遂再拜請行，乃以公攝太傅。上慮使人堅欲上壽，公奏：「引見受書，即是成禮。上壽時，不過隨班拜舞。若奉觴致詞，皆無所預，臣等保無争執。」上欲先令侍從、臺諫集議，公曰：「國家大事，謀之帷幄中，有不必詢衆者。況事理曉然，不必徒爲紛紛。」上尤稱獎：「卿能任責如此，國之幸也。」仲冬之初，留身，奏：「臣歸自陵下，即欲求外。緣京鏜使回，聖慮來賀者求報，復令臣少待。人使已行，願乞體骨。」上獎勞再三，忽宣諭：「比年病倦，欲傳位太子，卿須且留。」公奏：「聖體康寧，止因孝思稍過，豈應遽爾勌勤？」上曰：「禮莫大于事宗廟，而孟饗多以病而分詣；孝莫大于執喪，而不得日至德壽。欲不退休，得乎？朕方以此委卿。」公泣而退。十二月壬申，密賜紹興傳位親札。辛卯，留身，議定二月壬戌之吉，又命公草詔專以奉几筵侍東朝爲意。十六年正月己亥，拜左丞相。壬子，始因奏事宣諭二府：「旬日當内禪。」又令公留身呈詔草，兼提舉玉牒及監修日曆。二月辛酉朔，降傳位詔。翌日，上吉服御紫宸殿，公奏：「陛下巽位與子，古今盛典，再見聖朝，中外同慶。臣等輔政無狀，自此無由日侍天顔，無任依戀之至。」哽噎幾不能言，上亦泫然曰：「正賴卿等協贊新君。」光宗問當世急務，公奏用人求言二事，尋即降詔，公積階至特進，爵自管城縣開國男至滎陽郡公，歷封濟、許二國。三月，拜少保、益國公。公以三孤之官不應以霈恩而得，力辭不可。又乞回授至于四五，不得已而後受焉。奏以朔望之次日朝重華宫。五月，求去甚力。既而諫省有言，請益切。除觀文殿大學士，判潭州。言者不已，副端助之，遂以少保充醴泉觀使而歸，孝宗賜金器勞問。紹熙改元，判隆興府，辭不赴。二年，除觀文殿學士判潭州，親理郡政，不以簡貴自居。罷倍税牙契錢二十萬緡。三年四月，復元職。七月，坐所舉官以賄敗，降滎陽郡公。四年八月，復舊封。冬，易鎮隆興。五年，力求奉祠。主上踐阼，詔求言于舊弼。公奏四事，曰聖孝，曰敬天，曰崇儉，曰久任，皆訏謨也。遣閤門官賜少傅告，一再辭免，始許貤恩。慶元元年，公于是年七十矣，三上表引年，遂以少傅致仕。嘉泰元年，布衣上書及公姓名，臺評降一官。明年，乃復。四年十月庚寅朔薨，年七十有九。累食邑一萬五千六百户，食實封五千八百户。遺奏聞，上爲震悼，輟朝兩日，贈太師，賻銀絹各千。仍命弟之子縝添差江南西路轉運司主管帳司，以護襄奉。尋賜謚文忠，娶王氏，監察御史葆之女，封益國夫人，先一年薨。一子，即綸也，朝請大夫，行大理司直。孫顥，宣義郎、新監饒州浮梁縣景德鎮兼烟火公事。孫女五人：長適承事郎、監嘉興府糴納倉蕭象，餘尚幼。初，益國夫人葬廬陵縣斗岡之原。十二月丙申，奉公之喪合焉。公在高宗朝已擢臺察，事孝宗最久。始皆以詞章受知，可以平挹美官，而秉心不欺，遇事輒發，不復顧身，屢跲復奮，上久而深察其精忠。北門之官有四，公徧爲之，前後十年，兩宫極孝治之盛。講慶壽，加尊號，親祠，赦宥，立后，陞儲，過宫，出郊，無非盛事大典，公皆在屬車間，鋪張揚厲，實有以佐宋之光明。若水旱災異、夷狄寇盜之辭，咸無焉。自參預樞筦，以歷二揆，又涉十年，榻前論事，出入經史，練習典章，動有援據，不爲空言，故天子聳聽嘉獎，而同列自以爲不及。以國事爲己任，進退人才，一本公道，養民擇守，憂邊訓兵，仰贊睿謨，慮周而敏，被遇日隆，數當大事典禮，論議裁處曲當。內禪尤爲至重，吉日徽稱，宫名母后，孝宗獨與公素定于數旬之前。近將浹旬，始諭宰執，注意委任，可謂不膠漆而固矣。天資超穎，非凡材可及。而體夫子忠恕之道，大易勞謙之義，孝友淳篤，事從兄如諸父。自奉甚約，絶聲色之娱。周卹族姻，具有恩意。官同姓者六，異姓者五。少自號「省齋居士」，中年曰「青原野夫」，既貴而閒，曰「平園老叟」。孝宗生于丁未，一時輔相多在丙午丁未間。公及丞相王公淮、參政錢公良臣同爲參樞，人謂三府，爲丙午坊。公嘗作詩，用文潞公同生丙午之韻。告老之後，猶引故等夷之齊年者，遇生朝同會，用韻賦詩者數年。方其端委廟堂，一介之善，收拾如恐不及。退而均逸，汲引無虚日，士類莫不歸心焉。以文苑英華及六一居士集訛舛太甚，率同志者朱黄手校，如老書生，鋟板家塾，以惠學者。卜築貢院故基，公實預薦此地，故以「充賦」名堂。作唐虞二典，閣藏兩朝內禪詔書洎崇陵宸翰。又爲「玉和」、「蜀錦」二堂，皆自爲之記。晚歲康强，神明不衰，天下猶望公之再起，不謂天之不憖遺也。嗚呼！殄瘁之痛，四海所同。有如鑰之不肖，素辱知遇。假守東嘉，屢有收用之意，未滿秩而公已歸，比忝代言，公之除少傅暨加恩，兩預草制，又四作不允詔書，嘗蒙摘句稱賞。投閒以來，書函詩筒倍加奬予。當世銘記多求于公，間使鑰書之。公已書丹，或徑以賤姓名題蓋，此意甚厚，皆非所敢當也。嘗竊謂公初入禁林，自謂所慕者惟陸宣公、歐陽文忠公。公之始卒，絶似二公者。無事不言，無言不盡，而卒至大用。上不負天子，下不負所學，既不媿于宣公，而得時遇主，無追仇盡言之患。文忠晚居于潁，望瀧岡而不得歸。公乃優游平園，使里人矜式，是兼二公之美，而又無遺恨者也。若克勤小物，誘掖後進，皆公之細，不勝書。有省齋文藁、別藁、平園續藁、掖垣叢藁、玉堂類藁、詞科舊藁、政府應制藁、歷官表奏、奏議、奉詔錄、承明集、玉堂雜記、龍飛錄、親征錄及閒居紀錄等書，總二百卷，藏于家。其行于世者已多，屬文之士傳誦以爲模楷。公之文不待贊揚，微至題跋之語，攷古證今，歲月先後，通徹明白，讀者歎服。末爲三忠堂記謂歐陽文忠、楊忠襄、胡忠簡皆郡人，也精確簡嚴，幾于絶筆。嗚呼！一代風流，于焉盡矣，鑰何足以銘公！銘曰：

世非乏才，何謂才難？有君無臣，自古所歎。吝驕平凡，動則爲己。不合是憂，安得奇偉。直道而行，無患失心。一有遇合，奚翅斷金。於皇孝宗，才選于衆。誕謾畏縮，慨不足用。堂堂益公，負王佐才。始以文名，芸省蘭臺。高文大冊，追配古作，獨步禁林。不負所學，二十八年，相爲始終。屢踣而奮，致身上公。堯既授舜，舜亦命禹。首贊大議，龍飛再覩。功成身退，樂哉平園。晚陳四事，不已于言。既挂衣冠，無與世道。胡不百年，遺此一老。星隕于堂，人之云亡。不亡者存，文章光芒。惟子是似，觀行取則。後其有興，視此銘刻。（宋樓鑰攻媿集卷九四）

周文忠公行狀（開禧元年十二月）

公諱必大，字子充，初字洪道，世爲鄭州管城人。宣和中朝散公通判吉州，因家焉。曾祖衎，故任朝奉郎，累贈太師秦國公，妣潘氏、李氏、張氏俱累贈秦國夫人。考利建，早游成均，冠釋褐選，終左宣教郎、太學博士，累贈太師秦國公；妣王氏，贈秦國夫人，給事中覿之女；母衛國夫人宋氏，元憲公之孫、龐莊敏公之甥也。靖康丙午，外祖給事守平江，公以是年七月十五日生於郡治。公幼孤，母夫人課公讀書，每至夜分，聞汴人陳持之賢，使公從之。公敏慧夙成，刻苦自礪，出語綴文，見者驚異。登紹興二十一年進士第，授徽州司户參軍，改差監行在和劑局門。與運屬王其姓者共席屋數椽，王不戒於火，延燒及公家。官知火自王氏，以其連姻臺察不敢問，執公蒼頭，抑使伏辜，公坐是免去。朝士勸公直之，公不校也。二十七年，中博學宏詞科，授建康府府學教授。三十年，除太學錄，召試館職，奏篇上，高宗稱其文，諭丞相云：「他日可令掌制。」除祕書省正字。明年，兼國史院編修官。三十二年五月，除監察御史。六月，孝宗即位。八月，除起居郎，直前奏事。上曰：「朕數年前見卿文，有近作可多進來。」屬初御經筵，公奏：「祖宗置經筵非爲分章析句，正欲人主從容訪問，以裨聖德，究治體，惟陛下留意。」兼編類聖政，以正得失時。暫權給事中，兼權中書舍人，講筵留身，論邊事，上曰：「淮南不足憂，所憂者蜀耳。」公奏：「蜀民久困征求，願降詔撫諭，許以事定寬其力。」先是，左右史不常置，而記注多闕書，公奏：「乞斷自今年六月十一日以後，先次修纂，每月投進，其積壓未修者依舊疾速帶修，庶幾陛下始初清明，言動必書，足以示後。」婉容翟氏位官吏轉行有礙正法者，公言：「上皇扈從之賞，陛下登極之恩，事體至重，然法當回授者未嘗轉行，豈容掖廷奉事之人獨越此例？」上曰：「朕初以卿止能文，不謂剛正如此。」公奏：「近日前報政侍從，並依赦復職名，其間亦有不合人望當繳者。」上曰：「固然，卿論事但令適中，朕無不從也。」崇國正夫人位手分罷去，差錢塘縣貼書填其闕，公奏四方聞知，謂敕差貼書，無乃傷國體乎？蔡仍復官，公具奏蔡卞陰賊險狠，遠出京右，使其子得以赦原，亟簉郎選，則宿姦巨蠹之後，皆可並緣以進，失政刑矣。有詔求言，公奏：「名器輕假，無甚此時。陛下試命有司，取畢仲衍中書備對，以熙寧官吏之數板今日之籍，遂項比類，修寫圖則，多寡蓋可見矣。」又云：「祖宗朝甚重諸路總管、鈐轄、將、副將差遣，或待有功之士，或儲將帥之才。乞下樞密院，自今進擬，先取本人脚色聯粘於敕黄之前，照祖宗舊法，毋使背戾。雖有内降，亦須依此。」又云：「朝廷知外虞之當先，而忘諸道之無備，願於湖南、二廣、福建量屯軍馬數百，控扼要害。遴諸州都監之選，而稍重其權，使禁軍漸知階級。」時金人來索舊禮，上命從臣條對，公奏：「太上皇向以祐陵未卜、慈寧未返，一旦以講好之故，寧親寧神，兩遂所欲，禮雖屈而志則伸矣。今彼以數寸之檄邀我厚禮，而遽聽之，安知不謂我怯而繼以難從之請乎？今使之行，臣願再以敵國之禮嘗之。彼納吾使，吾又何求？如必俟舊而後受，則告之曰：『太上皇帝前日之屈爲親也，今通好於用兵之後，主上欲以何名而屈，北朝欲以何名而受？願以爲請。』彼雖貪利無厭，亦將思所處矣。」論者韙之。隆興元年，有旨押行門張宏特與支破遥郡請給，公奏：「臣檢照事因，既非御筆，又非寶批，止用一白劄子，臣不知此命何自而出？幸付三省，尚可進呈。設若指授百司亦用方寸之紙，奉行則難辨真僞，不行則輕損命令。况宏一班直之長耳，去秋已嘗特支全分請給，户部執奏而止。今才數月，乃復紊煩天聽，不可以無懲。」經筵取三月十一日開講，公奏：「國朝之制，春以二月上旬，今乃遠用三月。陛下收召英髦，並直經幄，彼皆日夜望賜清閒之燕，致緝熙之助，若緩其所當急，而使講藝論道之風稍闕於初政，甚未可。」又奏：「邵宏淵能還軍中冒濫之恩，併録戰功，而除正任觀察使，此信賞也。郭振僅一對内殿，既無舊勞，又無新功，亦以觀察使與之則重矣。陸廉以貪贜配流，此必罰也；張耘賊殺士卒，盗沒軍資，有司當以殊死，而亦與廉同辠，則輕矣。臣願陛下大明賞罰，賞罰明則名實辨，名實辨則政事修，而夷狄可攘矣。」樞密副都承旨龍大淵、帶御器械曾覿除知閤門事，公與給事中金安節繳奏曰：「臣等於大淵、覿功過能否，初不詳知。近聞皆以臺諫論列，故有此除。陛下自即位以來，凡臺諫有所彈奏，雖兩府大將、侍從要官，欲罷則罷，欲貶則貶，一付公論。獨於二人，乃爲遷就，殆非帝堯舍己從人之義也。臣等若奉明詔，則臣等負中外之謗；大臣若不開陳，則大臣來中外之責，陛下若不俯從，則深恐中外紛紛未止也。」依奏，龍大淵別與差遣，曾覿仍舊帶御器械。翌日，公又奏入云：「適蒙宰相宣示御札，謂臣等爲人扇動，議論羣起，且以在太上時小事不敢如此，則是臣等不以事太上皇帝者事陛下，專徇流俗，輕瀆聖明，死有餘責。臣等見歸家待辠。」有旨無罪可待。上從容語公曰：「朕察卿務舉職，但朕欲破朋黨振紀綱耳。」未幾二相道上意，再除兩知閤，公曰：「命令反復尤不可。」遂留除命不下，上章乞祠，差台州崇道觀。乾道四年，除權發遣南劍州，未赴。六年，改福建提點刑獄。入對，論：「人才平居選擇則易，緩急求之實難，願深詔執事雜舉中外文武之才，區別所能，總爲一籍，藏之禁中，副在二府，無事之日預加審覈，或有任使，按圖而取。」上然之。除秘書少監、直學士院、兼國史院編修官，公奏：「陛下取漢宣帝之言，親制贊書，明示好惡，使臣下知所趨向。臣觀西漢所謂社稷臣者，乃在乎周勃之鄙樸、汲黯之少文、霍光之不學，至於服儒衣冠，持禄保位，則公孫弘、蔡義、韋賢輩實爲之，故宣帝謂俗儒不達時宜，好是古非今，使人眩於名實，不知所守。然使宣帝知求真儒而用之，何至雜霸哉？臣願陛下平心而察之，不可有輕儒生之名。」兼實録院檢討官。加上德壽徽號，公以高宗萬壽而冊文稱嗣皇帝爲嫌，因閱建炎以後遇節朔遥拜徽宗表本止稱皇帝，按唐憲宗上順宗尊號册文亦止稱皇帝，議遂定。七年，兼權兵部侍郎，奏四事：曰重侍從以儲將相，曰增臺諫以廣耳目，曰擇監司郡守以補員郎之闕，曰久任監司郡守上，曰皆今日要務也。上問：「越謀吳甚難，何也？」奏曰：「越已爲吳所殘，勾踐男爲吳臣，女爲吳妾，以小復大，以弱報强，此其所以甚難。然觀其與范蠡謀吳，固有先後之序，非如後世規模不定，僥倖戰勝。」上曰：「卿議論甚當朕心，朝夕除卿侍從。」退即有旨，除權禮部侍郎，仍兼直學士院，陞同修國史、實錄院同修撰。公奏：「陛下練兵以圖恢復，而用將之道或未盡，擇人以守郡國，而責實之方或未至。且如江州一軍，自陛下即位始付苗定，其後戚方繼之，甫一年而定復至，又數年王明繼之，纔半年而皇甫倜又繼之。池州一軍，始付時俊，其後王琪繼之，甫半年而秦琪繼之，纔十月而吳總繼之，數易如此，平居猶慮其乏事，何暇議進取哉？諸州長吏倏來忽去，且以二浙言之，婺州四年之間易守者五，平江四年之間易守者四，又其甚則秀州一年而四易守，用度何爲而不窘，吏姦何爲而不滋，民瘼何由而可蘇？」上旋召公謂曰：「卿近所論甚善。朕方力革二者之弊。」公奏：「人主無職事，惟在察臣下邪正，凡輕於任事速於求售，他日必誤國。願陛下察之。」公又言：「江湖大旱，嗣歲尚遠，而諸州賑濟之策已盡，須朝廷於南庫支撥一二十萬緡代民租。臣非不知大農匱闕，然艱食則盜起，盜起則調兵，當是時能惜費乎？」上曰：「聞所未聞。」公再拜謝曰：「臣惟以不欺事陛下。」上曰：「正賴卿裨補不逮耳。」兼侍講，公奏臺端繩糾中外，一日不可闕官，今乃五十日不除，上曰：「未有人故也。」公曰：「御史臺令殿中闕具察官姓名，取旨差權。」上驚曰：「朕不知此，宰執亦不言，蓋避嫌耳。」公曰：「臣嘗爲察官，是以知之，宰執未必知也。」上謂都承旨葉衡：「周某奏御史臺舊法，卿可諭宰相具來。」八年，兼中書舍人，公奏：「中興以來，駐蹕兩浙踰四十年，蓋今日根本之地，而賦稅供億反重於他路。如近日越、婺諸郡以隱落爲名，增無實之稅是也。」上曰：「此胡堅常之謬。」奏曰：「陛下既知，何不改正？」上曰：「當令理會。」公屢請免兼西掖，有旨從之。張説再除簽書樞密院事，與王之奇賜出身並命，公時在翰苑，適當答詔，入奏云：「昨除張説簽樞，舉朝皆曰不可，陛下旋即改命。曾未周歲，復有此除。若謂西府當間以武臣，則願於大將中擇有威望者畀之。去年羣臣爭論之際，傳聞聖諭茲事誠誤。以此觀之，用説非陛下意明矣。所有二人辭免不允詔書，未敢具草。」草上，批王曮疾速撰入，公與在外宮觀，日下出門。九年，除知建寧府，三請祠，提舉江州太平興國宮。淳熙元年，除右文殿修撰。未幾，召赴行在。二年，除敷文閣待制兼侍講，兼直學士院，上曰：「朕知卿文學固久，今卿不迎合，無附麗，朕所倚重。」除兵部侍郎，仍兼侍講。公言：「儲材當於閒暇，太祖、太宗搜覽豪傑，恢張四維，凡作成之方，無所不用其至。及真宗、仁宗之世，名卿大夫磊落相望，是其效也。仁宗尤以涵養士類爲急，故自治平至元祐，悉獲共用。厥後章、蔡相繼，沮士氣以壞風俗，奨讒慝以植黨與，卒致裔夷之禍。紹興初，將相卿士得人爲多，既而秦檜以患失之心濟忌刻之性，同己者用，異己者逐，人才衰落，貽患至今。」上皆嘉納。上諭公：「卿所進太上尊號詔草，溫純典雅，更無一字可議。」公奏：「向者庚寅之詔，亦臣所草，流落累年，再塵翰苑。」上愕然曰：「前詔亦卿草耶？」公曰：「臣幸甚，方紹興末太上初上尊號，臣已爲察官，預此議。當時不以表請，私切非之，其後適在翰苑，遂援古誼改正此禮。」兼太子詹事。三年，公奏：「前年冬，江西地震，贛州天狗星墜，既而茶寇入境。今聞十二月及正月福州地再震，亦有天狗之變，其事不可不慮。」上曰：「防微杜漸固然。」公曰：「天人相去甚邇，願陛下毋忽。」又奏：「昨聞殿前司進羨餘二十萬貫，此何從得哉？」上曰：「朕已不受，聞軍中有百餘萬矣。」公曰：「雖不受，當思其所自來。」上曰：「軍中財賦自有源流，蓋統制官不治財賦，統領却治財賦，可以相關防，更無滲漏。歲月既久，蓄積浸多。」公奏：「主將須令得統制懽心，統制須令得統領懽心，今因小利却使互爲猜嫌，戚戚然相伺察，情何由通，緩急何由得其死力？」他日公奏：「臣聞陛下日御毬場，固知不忘閱武，然太祖二百年之天下，屬在聖躬，願爲社稷自愛。」上作色曰：「卿言甚忠，得非憂銜橛之變乎？朕每次須再三審視前後，兼南方無好馬，非西北比，正緣讎恥未雪，不欲自逸耳。」陞兼侍讀，除吏部侍郎。四年，除翰林學士，依舊兼職。公奏：「臣觀自唐至本朝，優待詞臣，異乎他官，謂其居近侍之職，無簿書之冗，可以朝夕論思，日月獻納，或有補於治道也。臣所慕者陸贄、歐陽修而已。」十月久雨，公上言：「陰雨已踰兩旬，甚妨收刈。伏聞太祖朝以久雨謂左右曰：『后宮止三百餘人，當更放數十人。』今禁中給使雖少，不知可用太祖故事否。浙中諸郡積欠頗多，不知可降旨少寬期限否。其餘更有寬恤事件，望令三省及户部日下條具取旨。」内直宣引，公奏：「臣在翰苑，無有司之職，所以久不敢請對。」上曰：「學士宴見無時，最爲親近。」公因論時事，遂及「陛下當委任大臣，而使臺諫給舍各舉其職，自無過舉。今風俗委靡，士大夫以簿書期會爲能，不思其職，久而不已，其害將不可勝言。願陛下早正其偏。」又奏：「九月間天文不順，且聞金星近前星。」上曰：「止是畧近，已戒太子勿近外人。」奏曰：「天道高遠，當論人事，武士擊毬，太子亦與，臣甚危之。」上曰：「卿可語太子。」奏曰：「太子，人子也。陛下命使馳驅，臣安敢勸以違命？陛下勿命之可也。」上曰：「近日察官甚舉職。」奏曰：「人臣肯不避怨謗論事，陛下當聽而主張之，且六察止有二員。若更除一員，則每員可分兩察，亦所以示開廣言路之意。」他日，公問上：「太上何所苦？前日陛下不及整輿衛而出，人情疑懼。」上曰：「太上於飲食小失節，當日朕甚倉皇。」因奏德壽宮相去太遠非便。上曰：「前日已曾及此，太上堅不肯遷，如殿前司却多地步，待更力請。」又奏：「人主外寄耳目於監司，臣願明詔部刺史，或月或季，各以部内所當罷行之事，倣成周小行人，所謂萬民之利害，政事教治刑政之逆順，與夫作慝犯令、豐凶和樂之書，條具以聞，毋得用薄物細故塞責。如此，則不惟陛下坐而周知天下之故，亦可於是稽其人之才否，而詔黜陟矣。」公屢乞去，上勿許，且奏：「陛下用臣太過，位序浸高，未免招致人言，且蘇軾在此官，猶請郡至八九，臣實何人，敢不知懼？」上曰：「待召人令與卿分力。」因問吕祖謙能文，公奏祖謙不但能文，極知典故，翰苑須常用有學問之人，乃爲有補。五年十二月，除禮部尚書，兼翰林學士。公奏：「臣竊見本朝昭憲皇后誕生太祖、太宗，聖子神孫，垂裕萬世。宜擇其子孫愿恪有才能者一二人，加之以一命之寵，畀以祠廟之禄，世世勿絶。仍就行在賜屋，使聚族以居，與國無窮，庶幾慰在天之靈，報垂裕之德。」六年，詔禮官詳議明堂典禮，公奏：「祀帝祀天以祖宗配，此本朝已行之制。但世俗誦孝經之語，未嘗深考其義，致以今日爲疑。故前郊李燾申請，雖經羣臣集議，尋爲異説所奪。今既明降旨揮，即與臣下啟請不同。若或中輟，理爲未安。」由是圜丘、合宫始互舉云。講筵留身，論本朝立國專以仁，兵非不用也，而以禁暴安人爲本，上曰：「本朝兵勢大抵似弱。」公奏：「仁故似弱，其實非弱，社稷靈長，職此之由。」上曰：「所以並無禍亂。」公曰：「本朝似周，彼秦雖强，秖以自蹙。」上論前代人物，公奏：「陛下萬幾之暇，潛心聖賢，不爲嗜好所惑。」上曰：「自昔人君，不知道秖爲不學。」公奏：「堯、舜、禹之稽古，高宗之監成憲，故措諸事業，後世莫及。今陛下留意於學，真積力久，此心清明如止水明鑑，物之過者，妍醜真僞，灼然可見，以此應天下之務，安有一事失其當哉？」十一月，除吏部尚書，兼翰林承旨。公奏近日裁減宗室恩數事，上曰：「太濫。」公曰：「若擇服屬疎者許其一依士人應舉取放，既可密減入流，又待之厚，彼自無怨。」上稱善。又奏：「自昔治少亂多，未有數十年常晏然者，今中外幸小康，豈可不防患於未亂？」上曰：「無怠無荒，四夷來王。」公奏云：「明王謹德，四夷咸賓，皆是道也。」又云：「虞舜無爲，非皆無爲也，但不爲簿書期會之屑屑耳。」七年五月，除參知政事，上曰：「朕近見卿理會一二事，殊不依違，執政之於宰相，事任非遠，貴在和而不同，有所見言之，勿以爲嫌。」公對願盡力。上嘗密遣人往昌化覘視箭穀，回云六十年前有此，上以示丞相趙公雄，雄言：「上再三及此，恐合宣示外廷。」公曰：「宣和間有此，豈是休證？」乃不果言。上謂公曰：「秖爲養兵，不免皆取之民。」公因極陳民困之由，上問：「各有名色，何故困民？」公曰：「且以平江府論之，紹興以前歸正添差等官歲用五萬緡，後來乃用二十餘萬緡，則是歲添三倍以上。既無所從出，遂於支移折變中暗增錢數，如苗米一石其耗三斗，州府受納，則令折科，增三斗爲五斗，增五斗爲七斗。如此則有田之家無不被害，安得不困？此特一端耳，他皆類此。」上爲之悵然。八年八月，以久旱降親筆付三省求直言，丞相回奏謂熟多旱少，今此詔一下，所在皆有賑濟之請，何以應之，約公通簽進入，公言：「上明目達聰，欲通下情，而吾儕阻隔不行，萬一上自行之，且以此奏示人，豈不獲罪？」公論相亟從之。上嘗以樞密非古官，欲罷之，公奏：「樞密本唐傳導之官，五代始置崇政院，分宰相之權，慶曆間張方平固嘗以爲非，而神宗亦有廢併之意。今聖諭可謂盡善，但二百年官制一旦驟改，良亦未易。不若且令二府互領。」又及求直言事，公奏：「陛下聖德日躋，而星變旱災如此，殆由臣等所致。」上曰：「若封事言及大臣，朕須留中。」公曰：「付出何害？欲人不知，莫若勿爲。未聞有過，而人不知也。」有介宮闈之援而求爲郎者，上令公諭給舍繳駮，公奏：「臺諫給舍與三省相維持，豈可諭意？不從失體，從則壞法。命下之日，臣等自當執奏。」上喜曰：「卿等肯如此任怨，甚善。」公奏：「不與其所當與，謂之任怨；不與其所不當與，何怨之有？」上曰：「此所謂任責，非任怨也。」公嘗言用人之道，因及著作郎、佐各二人，紹興以來未嘗官備，蓋以職任清高，實爲左右史之儲。近歲習俗奔競，遷進太速，今在館多非久次，望姑養其器業，以厚士風。九年九月，除知樞密院事，上謂公曰：「每見宰相所不能處之事，卿以數語決之，三省本未可輟卿也。」他日，上謂公：「如統制官之類，當時與之接以觀其才。」公奏：「昨雷世賢相見，說淮南地形緩急，欲守滁。臣謂不然，滁有山林之阻，可守而不可禦敵。若廬、和嬰敵衝，此則當備禦。」山陽舊屯軍八千，雷世方請止差鎮江一軍五千人，上欲許之，公奏：「山陽控扼清河口，紹興初韓世忠嘗屯重兵於彼，若無故減戍，他時旋增，必致敵疑。今揚州武鋒軍有衆八千，本屯山陽，若歲撥三千人同鎮江一全軍往戍，似爲兩便。」十年，御帶林憶年丁憂，中官除此闕者數人，公奏：「閹官徒借是以希陞轉，近用王實，今又用王毅，雖是德壽宮人，給舍不知，多來問臣。臣雖具以陛下奉親之意曉之，終非美事。」上曰：「也是，都要轉遥郡。」公奏：「不得已，且令給據亦可。」公又言：「近者白氣自西南亘天，宜爲兵備。」上曰：「日脚之氣，冬常有之。」公言：「此太史局相寬之詞，抑天道固不可知，有備乃無患。」吳挺申交州蕃部刼漢人二名及牛畜而去，挺以事細，止乞照會，公奏：「今欲降旨揮，督其根治，庶幾知朝廷每事留意，不敢忽畧。」國家日有萬幾，若不察之於微，其弊将有不可勝救者。」上曰：「幾者動之微，自古多緣不能防微杜漸，馴致禍亂。」温州軍士因教閲喧悖，郡守汪義端将爲首者决配，憲臣張詔欲先定義端減尅衣糧之罪，然後将軍士明正紀律，公奏：「此風不可長，若稍行遣義端，則今後驕兵苟有所求，必爲刼持計矣。」郭果請移江陵兵萬二千人并家屬永屯襄陽，公言：「江陵兵一萬八千人，自來半戍襄陽，今果謂襄陽極邊，爲門户之要，殊不知江陵亦在江北，爲吳楚喉衿。或金以數萬人綴襄陽之師，自隨、郢直走荆南，則奈何？」上曰：「正爲軍士家屬在荆南，恐或擣虚，牽連士卒心。」公奏：「如此，則江陵遂棄之乎？」争甚力，上乃許果萬人而留八千於江陵。盱眙報金酋今歲避暑壽安宫，所徙器用倍常時，且分諸子出鎮，上謂公此必有避位意，公奏：「當預爲之備，如淮上萬弩手近密令州郡置籍，而諸路民兵闕於教閲，内外諸軍亦久無陞進，欲併擬一指揮，令擇精習武藝者解發赴行在。宰執三衙親行閲試，高者補一兩資，餘第支賞給，亦所以示不忘武備之意。」上曰：「便是，恐人謂放下。」公嘗奏：「祖宗時大臣奏事榻前，互相可否。今陛下虚心無我，有所未至，惟恐臣下不言，豈容人臣却護短自是？夫惟小事不敢於榻前有隱，則大事無由欺蔽矣。」上深以爲然。公言：「近探報敵酋却欲至東京，秋冬議過上京，乞密下諸将究實，且降親劄付蜀中三大帥，令條具攻守之策以聞。」公奏事次，上獨命留身，宣諭云：「金酋既過上京，秋間或傳位興兵，卿留心軍政，甚副朕擢用之意。」公奏：「臣本以文墨荷聖知，戎務本非所習，誤蒙任使，不敢辭耳。今彼恫疑虚喝，正恐我或先動，所當鎮之以静。惟邊将不可不精擇，山陽最爲重地，正當金糧道。今正與尋常州郡一等用人，緩急竊恐誤事。」淮西延璽申，泗州歸正朱現已補承信郎，不曾與告，上曰：「何不與之？」公曰：「元來誓書不得招納叛亡，恐却過北界，引惹邊事。今欲令王希吕更加優恤。」上奬諭再三，曰：「卿處事甚當。」十一年六月，除樞密使，上曰：「卿在西府，備殫忠勞，若有邊事，宣撫使惟卿可，他人不能也。」公奏：「諸軍陞差置籍，今已一季合行點召，雖不專以此取人，亦因以察其能否，使之不測，則主帥自不敢行私。」詔令赴密院審察。王希呂乞增兵守廬，上欲令郭鈞、雷世賢共分數千人與之，又云：「萬弩手、民兵自可爲用，若添得一藩籬，甚好。」公曰：「希呂欲二萬人，少猶半之，盖須以正軍爲主，則帥司可立。帥司既立，則沿淮歸正山水寨、民兵、萬弩手等皆爲我用矣。」十二年，留正申西兵已免起二年，今次取聽朝廷指揮，上令發來，公奏：「襄陽兵少，閻世雄欲得此項人。」上曰：「三衙不可闕。」公言：「頃金不得志於四川，又嘗送死於兩淮，深恐睥睨荆襄，向來猶調他處官軍，不比三衙在近，臨時可以措置。」上悟曰：「與應付一年。」金州闕帥，公奏欲令侍從管軍薦舉，上云：「大帥自合朝廷除授，卿等且更求人。」公曰：「舜用九官，並咨四岳，用否在上，何嫌之有？與其暗薦，不若明揚。仁宗用臺臣，至於列所薦人姓名，已乃考實，誰敢妄舉？」上言：「王藺論事頗偏。」公奏：「藺議論雖時有過當，然人主左右豈可無數人盡言不顧身者？若上下相蒙，合而爲一，殆非國家之福。」盱眙奏報達實林牙領兵犯金國，金下宿、泗等州堤備，御筆賜公等曰：「達實契丹欲興兵，不如所傳則已，有之則在我豈得漠然？他日我徑舉兵則違誓約，若因釁則將何以爲辭？」公奏：「敵中多詐，彼一方小警，何至移文近邊？若果有釁，臨時不患無辭，所急在於間探精審耳。」明年，上又諭公以吴挺約結夏國事，公奏：「陛下念世仇之未報，思境土之未復，夙夜不忘。臣備位於兹，無以少副使令，每切慚負。但夏人自來飜覆，乾道中王炎嘗因任令公用帛書通好，隨即密送金人，范成大奉使日，雍遂出以示之。其難保如此，結約似未可輕。若雍易世，親離衆叛，天相聖明，决有機會」。廣東帥潘時以擅斬犯法軍士自劾待辠，上批「無罪可待」，公奏：「帥無便宜之文，不經錄問詳覆，而斬四人，雖意在除惡，然人命至重，若如此施行，恐開妄殺。祇如洪邁誅婺州唱亂六兵，亦止是放罪，後不妨旌賞。」池州李思學自陳本軍正將二人不能開弓，竊恐被點唤，乞與罷任，上曰：

「此法甚好，皆樞密使措置之效。」楚州報金中呼魯大王占據上京，上批問公曰：「金若中分其國，宜預畫計策。」公奏：「茲事體大，譬如奕棊，須隨着應之，若遂先舉，恐貽後憂。」他日上諭公：「近北使到闕，詢問其三節人，皆云呼魯年已六十餘，因於僧舍，前所報達實林牙亦是妄傳，樞使可謂先見之明。」十四年二月，拜右丞相，公奏：「臣不才備位，初無設施，惟奉行成算。今陛下勤政，内外寧謐，二十餘年，此正可懼之時，當思經遠之計。臣欲具要務，取自聖裁，若其可行，當與王淮等協濟，亦不敢紛更欲速。」上曰：「鋭則易怠，國家無事時，正宜修明政理。」公奏：「大臣朝夕納誨，非如臺諫給舍救之已然。」上曰：「朕有過失，卿宜盡言。」上欲下吏部将知縣有薦舉人先與通判闕，公奏：「莫若籍記與堂除通判，免滋攙奪之風，且壞銓法。」公以旱求退，不允，因奏及民實惠惟寬減夏税，而施德自近始。如會稽和買詭避極多，今乞權免一年，後當差官釐正。秀州申，乞權減大軍總制錢二萬餘緡，吏擬勘當，公曰：「此豈勘當時耶？」奏蠲之。高宗上僊，朝廷欲用顯仁例，遣三使如敵中，公固執不可，謂今昔事體不同，不當畏人而曲狥。金國賀生辰使人到闕，上在喪次，議欲宣諭俾歸。公奏賀禮固不可行，但彼遠來，止是館伴發遣，朝廷更無一辭，於理未安。遂口占數語，令使者歸，附奏，中外咸謂得體。十一月，手詔討論皇太子參决庶務典禮以聞，上欲從天禧舊制，止就資善堂，公奏：「其時太子尚幼，初見輔臣，恐難尊用。昔晉有宣猷堂，今作議事堂，亦可。」十五年，太上山陵，公奏當如祖宗舊法，置使五人。首相意不欲，禮官又引紹興、顯仁例。公言：「今陛下既用七月之制，又行三年之喪，山陵豈可不用大臣？永熙陵差吕端攝太傅，是時一相尚且親往。昭慈在會稽，倉卒間猶命樞臣爲總護使，又差執政張守監掩攢宮。舊章著明，昭然可証。臣備位宰司，當行。」乃以公攝太傅，如端故事。明堂加恩，進封濟國公，公奏：「久塵政路，自思陵歸即欲求去，緣京鏜使北，争執禮文，屢蒙宣諭，恐彼中因賀生辰却求報復，令臣任責，是以遷延少待。今人使已行，求去無嫌，願乞骸骨歸山林。」上奨勞再三，曰：「朕比年殊覺病倦，欲傳位太子，卿須且留數年。」公奏：「陛下聖體方康彊，衹緣哀毀太過，何遽及此？」上曰：「禮莫大於事宗廟，而病不能自力，每直孟享，往往分詣；孝莫大於寧親，而德壽宮隔遠，不得日至，欲不退休，得乎？朕方以此委卿。」公泣而退。十二月壬申，上密付紹興三十二年太上傳位親札，公奏：「陛下躬行舜禹之事，臣願釋政，以内祠事陛下於別宮。」上曰：「丞相得無欲用錢端禮例邪？」上命公草詔，宜以侍几筵奉東朝爲意。十六年正月，拜特進、左丞相，進封許國公。二月壬戌内禪，公奏：「陛下聖壽康寧，巽位與子，古今盛典，再見本朝，中外同慶。臣等輔政無狀，自此不得日侍天顔，無任依戀之至。」哽噎幾不能言，上亦泫然曰：「正賴卿等協贊新君。」光宗即位，公奏：「陛下初政，用人求言爲急，如前宰執侍從首合咨訪。」後三日御筆批出降詔，從公請也。三月，陞少保、益國公。累奏乞回授，上不許，降詔面諭至三四。公在位稍久，士之有求而不獲者多望公，公爲是懼，求去甚力，上不許。既而諫官有言，公請益堅，詔以觀文殿大學士判潭州。言者不已，遂以少保奉祠而歸。孝宗遣中使賜公金器，勞問有加。紹熙改元，判隆興府，辭不赴。除觀文殿學士，判潭州。郡有倍税牙契錢，歲約二十萬緡，公亟罷之。明年六月，復大觀文。七月坐舉官不實，降授榮陽郡公。又明年八月，復益國公，改判隆興。復再入奏祈免，除醴泉觀使。今上即位，詔求直言，公奏陳四事：曰聖孝，曰敬天，曰崇儉，曰久任。且欲倣靖康時譚世勣主管龍德宫，壽皇時命錢端禮爲德壽宮使故事，遴選太上舊臣一二人，使侍燕閒，從遊幸，以廣陛下之孝。本朝提舉司天監，皆委近臣，如神宗初年用司馬光，元豐間用王安禮，今莫若擇侍從之忠直者提舉太史局。此誠格天之一端。上特遣使賜公少傅告，公一再辭，尋許回授。慶元元年三上表告老，詔以少傅致仕。嘉泰元年，有以布衣上書及公姓名者，言者論公，降一官，次年復少傅。四年十月一日薨，年七十有九。訃聞，上輟朝兩日，贈太師，賻銀千兩、絹千疋。公娶王氏，益國夫人，監察御史葆之女，先公一年薨。葬於廬陵縣斗岡之原。十二月八日，奉公柩合焉。子綸，朝請大夫行、大理司直；孫顥，宣議郎、新監饒州浮梁縣景德鎮，兼煙火公事。孫女五人：長適承事郎、監嘉興府糴納倉蕭象，餘未行。公英亮宏達，得於天資，研精覃思，博極書傳，少有大志，常以古人自期。登進士第，繼擢詞科，當官涖事，慮周而識敏，内秉剛方而外和易，人不見其圭角。高宗一見其文，奇之，由臺閣登侍從，標望屹然，凡所獻替，前代之典章、國朝之故實，援引考證，辭婉意切，悉中事宜。在兩制，除拜有非其人者，據正争執，前後兩以祠去，士大夫莫不高其風，而孝宗於是益敬公矣。曁再還朝，旋踐二府，政事之外，尤究心武備，選将練兵，常如敵至，慨然以規恢大義爲不可已，而務存審重，孝宗亦自謂往時以文章知公爲不盡，而始有大用之意矣。既正宰席，以身任天下之重，進盡忠益，退省闕遺，輔贊彌縫，靡不用其極。每與同列奏事上前，有甚公者，公一不顧，反覆辯論，歸於是而已。公於人才務合異同，不主一偏，惟賢是用，尤不樂矯激近名者。其規模建置，大抵本於仁厚，每以愛養民力、久任牧守爲急，於祖宗故事遵守不敢輕易，孝宗将内禪，討論典禮，草定詔册，一出公手，他人莫與。光宗以公甘盤舊學，眷禮尤篤，於是側目者衆。公竟以論去，閒居十五年，自號平園老叟，築堂名曰「玉和」，公自序云：「四氣和謂之玉燭，方今賢和於朝，物和於野，遂使皤然一叟，得俠老於和氣之内。」則知公雖從容緑野，坐遠世氛，而其心未嘗一日不在朝廷也。顧常謂易六十四卦，惟謙六爻皆吉，又誦「一言可以終身行之者，其恕矣乎」，故平生處己以謙，待物以恕，出於自然，無所矯飾。公之爲文温純雅正，不厲聲色，自足如意，近代建言得體，無出公右。晚筆力益遒，四方碑板多以屬公。公自奉甚約，義所當予，畧無所靳。親舊貧不能自給者，廪之終身。事從兄甚嚴，視其顔色以爲戚欣，撫族婣曲有恩意，官同姓者六、異姓者五。公雖貴，遇朋友如貧賤時，澹於聲色，獨嗜書如饑渴。已老，手校文苑英華一千卷，又與同志取歐陽公集反復是正之，遂爲善本。公有省齋文藁四十卷，平園續藁四十卷，省齋別藁十卷，詞科舊稿三卷，掖垣叢稿七卷，玉堂類藁二十卷，政府應制稿一卷，歷官表奏十二卷，奏議十二卷，奉詔錄七卷，承明集十卷，辛巳親征錄一卷，壬午龍飛錄一卷，癸未日記一卷，閒居錄一卷，丁亥游山錄三卷，庚寅奏事錄一卷，壬辰南歸錄一卷，思陵錄二卷，玉堂雜記三卷，二老堂詩話二卷，二老堂雜誌五卷，玉蘂辨證一卷，樂府一卷，書稿十五卷。璧之先君文簡辱交於公，同德比誼，獨相知心。仲兄著作、季兄賢良皆從公游，蒙待以國士，而璧自幼亦荷公期子甚過。追惟三十年間死生離合，感慨增係，自顧駑下，學不加進，有負奬知。今公既葬矣，綸以行述來請，用不敢辭，序始終大畧如右，以俟誌公之墓者，且以備奉常太史氏之采擇云。開禧元年十二月辛未，朝議大夫、試尚書禮部侍郎、兼同修國史、兼實錄院同修撰、兼直學士院、兼樞密都承旨李璧謹狀。（周文忠公集附錄卷二）

忠文耆德之碑（奉敕撰）

嘉泰四年十月庚寅，朔故左丞相、少傅、觀文殿大學士益國周公年七十有九，薨于吉州之里第。十二月丙申，葬于廬陵縣斗岡之原。至嘉定元年，公之子綸告于朝曰：「先臣備位首相，既葬而隧，碑未立，敢泣以請。」天子曰：「嘻，此四朝之宗臣也。」謚以「文忠」，御書「忠文耆德之碑」以賜，且詔臣鑰爲之文。臣鑰不佞，荷文忠公知奬之深，屏居四明，先已撰公隧道之碑矣。聖恩起于告老之餘，待罪翰苑，欲引前碑以辭。綸又曰：「昔歐陽公修已銘程文簡公琳之墓，復以敕命爲之碑。故事甚切，願毋辭。」臣既共二史館，敢不敬承明旨，以荅孝子之請，以揚公之休光，用詔後世？公諱必大，字子充，一字洪道，世家鄭州之管城。曾祖衍，朝奉郎，妣郭氏。祖詵，左朝散大夫，妣潘氏、李氏、張氏。父利建，左宣教郎、太學博士，妣王氏。公既貴，三世俱累贈太師秦國公，妣俱贈秦國夫人。宣和中，祖通判吉州，因家焉。公幼而孤，十三又遭内艱。天資高亮，記問絶人。紹興二十一年，擢進士第，授左迪功郎、徽州司户參軍，改監行在和劑局門。二十七年，中博學宏詞科，建康府府學教授。三十年，除太學録，召試館職。高宗見奏篇，曰：「他日可掌制。」除秘書省正字，次年改左宣教郎、兼權國史院編修官。明年五月，除監察御史。六月，孝宗即位。八月，除起居郎，直前奏事，上曰：「朕舊見卿文，可進近作。」兼編類聖政所詳定官，暫權給事中，兼權中書舍人。嘗論翟婉容位官吏轉行礙正法事，上曰：「初止謂卿能文，不謂剛正如此。」此其被眷注之始也。應詔條上十事，皆切時病。其一嚴銓試之法，又奏羣臣六參，除朔望過宫外，勿改舊制，至今行之。事有未便者不憚極論，上亟奬歎。公亦曰：「陛下有納諫之資，故臣輩各思自竭。」龍大淵、曾覿除知閤門事，公與給事中金公安節同奏：「大淵罷副都承旨，覿罷帶御器械，俱爲知閤。若以攀附舊恩，尚有可諉。正以搢紳指目，臺諫有言，外議方喧，而除命遽加，非舍己從人之義。」有旨：「罷劇就閒，已允公論，尚兹回繳，可特依奏。」既而再除，公曰：「前已反汗，今復申命，豈復但已！」格除目不下。越三日，不獲命，以還奉請祠，兩任主管台州崇道觀。乾道四年，權發遣南劍州，未赴。六年，改福建路提點刑獄公事。陛對，留爲秘書少監，兼直學士院，兼國史院編修官。上改告詞首尾，公奏：「陛下取漢宣帝之意，親制贊書。臣觀漢社稷臣乃在周勃、汲黯、霍光之徒，儒者公孫弘輩皆持禄保位，故宣帝以爲俗儒不達時宜。使宣帝求眞儒用之，何至雜霸哉！」上曰：「卿學術精深，記問該博，所蘊可以自見。當曰夕與卿論文。」兼實録院檢討官。加上德壽尊號，公謂太上萬壽，而紹興末議文及近上表用「嗣皇帝」爲未安。按建炎以後遥拜徽宗表及唐憲宗上順宗尊號册文，皆稱「皇帝」，議遂定。七年奏四事：重侍從以儲將相，增臺諫以廣耳目，郎官專以旌外庸，監司郡守皆當久任，上稱以爲要務。兼權兵部侍郎，上云：「學士院湫隘。」公奏：「宫城不容增廣，陛下欲卑宫室，臣等居此亦過矣。若遴選名儒而信任之，不在楝宇之麗也。」除權禮部侍郎，仍兼直學士院。陞同修國史實録院修撰，有旨公與吏部侍郎王之奇、太子詹事陳良翰對選德殿，出御札引唐太宗魏徵問對，以在位之久，功未有成，治效優劣，苦不自知，使各極陳其當否。公退而條陳練兵以圖恢復，而用將之道未盡；擇人以守郡國，而責實之方未至，又指陳大將郡守數易之弊。且言貞觀政要四十篇，既先之以魏徵論爲君之道，又著不克終之戒于篇末，蓋是時惟徵爲善諫。願思太宗廣諫諍之德，使嘉言日聞，治道日興。上嘉納。又奏：「諫官虛位，願蚤擇正人。先朝參用古制，卑其品而厚其禮，責其盡言，使姦邪望風畏戢，銷患未形。如近歲張松、韓玉等，使臺諫無所顧忌，蚤爲力言，豈至勞民費財，始勤英斷？」上曰：「朕自此知戒矣。」又奏曰：「人主無職事，惟在察臣下邪正。凡輕于任事，速于求售者，必至敗事。若疑儒者不足用，而專用才臣，今既累年，其效可睹。唐太宗之臣即隋之臣，藝祖之臣即五代之臣，非前愚而後智，顧人主用之如何耳。」又論：「臣寮務爲新説，欲徼奇功。王安石以堯舜之道告君，實行管商之術，指司馬光、蘇軾輩爲流俗，尤當察之。」江湖亢旱，上稱龔茂良措置有理。公請出緡錢二十萬代民租，乃不乏事。非不知縣官急闕，然艱食則盜起，盜起則調兵，費可省乎？上曰：「卿議論殊善，使朕聞所未聞。」兼侍講，又奏：「近奉詔，以僕射名官非古，欲更其名。周之太宰，卿也。小宰，中大夫也。中間所改非是。」上曰：「止欲爲左、右丞相，如『同中書門下平章事』皆可削。」公遂奏前古沿革而退。八年，兼中書舍人，固辭，且言：「外制之設，正欲謹于出令。凡有未當，欲其繳奏，非專責以詞翰也。」卒因繳奏而遂免兼。張説再除簽書樞密院，公當草不允詔，奏謂：「昨者舉朝以爲不可，陛下欣然聽納，曾未周歲，復有此除。貴戚預政，公私兩失，臣未敢具草。」時權給事中莫濟亦封還御筆，遂俱與外祠。九年，除知建寧府，再辭，不許。中道引疾，提舉江州太平興國宮，天下愈高之。淳熙元年，除右文殿修撰。説罷，召爲敷文閣待制兼侍講。六月，兼權兵部侍郎。八月，兼直學士院。上嘗稱公持重，不迎合，無附麗。除兵部侍郎兼侍講，進太上尊號詔草，上曰：「此文難于言，而温純典雅，無一字可議。」公奏：「初上光堯之號，臣已預議。庚寅之詔，亦出臣手。」上愕然曰：「前詔亦卿所草耶？」兼太子詹事。嘗論：「用人惟上智與下愚不移，中人惟上所御。爲官擇人，則引中人爲君子，爲人擇官，則引中才爲小人。」又奏：「聞陛下日御毬場，固知不忘閲武。然太祖二百餘年之天下，屬在聖躬，可不自愛？」上作色曰：「卿言甚忠，正以讎恥未雪，不欲自逸耳。」嘗奏：「聞金星近前星，武士擊毬，太子亦預，臣甚危之。」上曰：「卿可語太子。」公曰：「太子，人子也。陛下命以馳驅，臣安敢勸以違命？陛下勿命之可也。」陞兼侍讀，郊祀禋禮，執綏備顧問，除吏部侍郎。奏：「朝廷守至公之道，有司持一定之法，行以無私，孰不心服？」四年，除翰林學士，奏：「自唐至本朝，優待詞臣，以其無簿書之冗，可以朝夕論思，或有補于治道。得人固多，最可慕者，陸贄、歐陽修也。」五年，爲御試詳定官，得旨撰選德殿記及皇朝文鑑序，上尤稱之，賜御書白居易七德舞，墨猶濕也。除禮部尚書兼翰林學士，嘗論：「本朝專以仁立國，而又以禁暴安人爲本。」上曰：「兵勢似弱。」公曰：「仁故似弱，實非弱也。社稷靈長，職此之由。」上曰：「所以並無禍亂耳。」公曰：「本朝似周，秦兵雖强，興衰竟如何。」六年，詔禮官詳議明堂典禮，公定圜丘合宫互舉之議，再執綏草赦，明著古禮，以示來世。禮成，獻詩，又進動天之戒。上曰：「動天誠當以德，惟知道乃可語此。」公曰：「皇天親有德，饗有道，此豈聰明作爲所能爲哉！」除吏部尚書兼翰林學士承旨，論六部長貳判「依」字改爲「從」。上謂公視草勞甚，公奏：「臣素無汗馬之勞，致此爵位，宣力文字之間，未爲勞也。」上曰：「翰墨之功，豈小補哉！若大述作，固當煩卿。」七年五月，除參知政事。上曰：「卿遇事殊不依違，宰執自當和而不同。」公曰：「韓琦、歐陽修殿上日有所争，退則歡然，最爲可法。大臣自應互相可否。秦檜用事，執政至不敢措一辭，後遂以爲當然。陛下惟恐臣下不言，人臣乃欲自是乎？」嘗極陳民困之由，上問其故，公曰：「且以平江府論之，二十年前歸正、添差等官歲用五萬緡。今已數倍，民安得不困？此特其一耳。」上爲之悵然。進呈湖北月椿錢數，公曰在；「固出于不得已，亦須平時有以存卹。去歲荒旱，若非先事賑救，禁戢苛暴，何以免流殍之苦？舒州汪革始謀不善，若如前代失軍民之心，則乘災唱亂，必致蠭起，亦安肯束身自歸于司敗？所貴得民，正爲是耳。此非倉猝所能成也。」上深以爲然。有恃長樂之援，求爲郎者。上俾諭給舍繳奏，公謂：「不可，諭意不從則失體，從之則壞法，命下，臣等自當執奏。」上曰：「卿等肯任怨如此。」公曰：「當與而不與則有怨，不當與而不與，何怨之云？上歎曰：「所謂任責，非任怨也。」九月，知樞密院事，上曰：「三省本未可輟，卿每見難處之事，卿以數語決之，可謂敏矣。」上嘗歎養兵費邦賦之八，公奏：「自古未有五十年屯兵不解。古者講和則罷兵，今既有歲幣，而兵不敢撤，所以倍費。」上眷公益深，嘗奏事退，御筆：「卿臨事明敏而有決，朕每嘉之。」又稱公「通練軍政深副擢用之意。」公謝曰：「臣本以文墨受知，豈曉武事？誤蒙任使，不敢不勉。」十一年，御筆欲移興元義勝軍于襄陽，此軍皆契丹、渤海漢兒慕義來歸者。上以金、商山險，非用騎之地，聞其營砦遺火，因遷之。公奏：「路經金、洋，當先計人馬之數，使郭杲于襄陽豫辦。更令彭杲具以此意深察衆情。」六月，拜樞密使。上曰：「卿在西府光前絶後，若有邊事，宣撫使惟卿可爲也。」先是，金主避暑壽安，過上京，北牒以道遠，權止賀正生辰使一年。宣諭：「卿嘗料未必遣使，今果不來，可謂廟謨矣。」十二年，金州謀帥，公欲合侍從管軍薦舉。上曰：「軍帥當自上除授。」公曰：「舜用九官，皆咨四岳。與其私薦，不若明揚。若能攷實，孰敢妄舉？因論邊報異同，上獎諭云：「事無巨細，卿皆究心。昨密問一事，條上數端，深謀遠慮，朕所不及也。」上謂王藺論事頗偏，公奏：「藺雖稍過，然汲黯在朝，淮南寢謀，盡言而不顧身，帝之左右豈可無此等人？況以獻納爲職，若上下相蒙，非國之福也。」御筆嘗謂達實契丹欲加兵于金，又諭結約夏國，又有忽魯竊據上京之報。公奏：「但當嚴備，隨機應之。」未幾，上諭公所傳皆妄，眞有先見之明矣。十四年二月乙亥，面諭：「卿在樞筦，事皆經心，更旬日拜相，後人難繼也。」丁亥，拜右丞相，尋兼提舉國史院會要所、敕令所。上諭以委任之意，公奏：「自古鮮有無事時，今賴陛下勤政，内外晏然，殆將二紀。此正可懼之時，當思經遠之計。」又奏：「舜、禹君臣相戒，唐太宗不存形迹，臣等過失，望隨事戒敕，免積罪戾。臣有所見，不敢廢弼直之義。日有論奏，動繫天下休戚。比至給舍繳駁，臺諫論列，已爲後時。不若致審于初。又奏：「人才不失之虚夸，則失之緘默凡冗。宜求篤實爲國者。」因旱，求退甚力。請依慶曆中例降秩，皆不許。遂奏實惠及民，莫若寬減夏税，施德當自近始，上方篤意救荒，其所以贊寬仁之政，不可勝紀。封事多言宰執同異，公奏：「要當各盡所見，豈可尚同？既是協心體國，苟有未然，雖面詰何害？若人才邪正，政事得失，安危所繫，自應反覆論難，止欲歸于是耳。陛下復祖宗密白之制，使三省覆奏而後行，正欲上下相維，非止奉行文書也。」高宗陞遐，始末稽攷制度，奏置山陵五使，贊成聖孝，哀禮两備。會賀生辰使至，上在喪次，議令館伴使諭遣，公奏：「賀禮固不可行，但彼行人遠來，而朝無一辭，于理未安。」遂口占數語，使歸報焉。正旦使將至，或請易淡黄袍御殿受書，然後素幄見使者。公力陳不可。止以縞素引見，使者果心服。手詔討論皇太子參決典禮，初欲開資善堂，公奏：「天禧故實，恐不宜于今。不若取西晉宣猷堂爲議事堂。」十五年正月戊戌，公請上特御延和殿，令宰執奏事畢，始過議事堂。思陵發引，公奏：「永熙故典，吕端一相猶攝太傅親往，而欲用顯仁舊例，非是。」遂再拜請行，乃以公攝太傅。上慮使人堅欲上壽，公奏：「必無争執。」上欲先令侍從、臺諫集議，公曰：「國之重事謀之帷幄，有不必詢衆者。」上尤稱奬：「卿能如此，國之幸也。」仲冬之初，奏乞骸骨，忽宣諭：「以病倦欲傳位太子，卿須少留。」公奏：「聖體康寧，止是孝思稍過，豈應倦勤？」上曰：「禮莫嚴于事宗廟，而孟饗多以病而分詣；孝莫重于執喪，而不得日至德壽，欲不退休，得乎？朕以此委卿」。公泣而退。十二月壬申，密賜紹興傳位親札。辛卯，留身，議定二月壬戌之吉。又命公草詔，專以奉几筵，侍東朝爲意。十六年正月己亥，拜左丞相。壬子，因奏事，始諭二府旬日當内禪，又令公獨呈詔，兼提舉玉牒及監修日曆。二月辛酉朔，降傳位詔。翼日，上吉服御紫宸殿，公奏：「陛下巽位與子，古今盛典，再見聖朝，中外同慶。臣等輔政無狀，自此無由日侍天顏，無任依戀之至。」哽噎幾不能言，上亦泫然曰：「正賴卿等協贊新君。」光宗首問當世急務，公奏用人求言二事，尋即降詔，公積階至特進，爵自管城縣開國男至滎陽郡公。歷封濟、許二國公。三月，拜少保，益國公。公以三孤之官不應以覃霈而得，力辭不可。又乞回授至于四五，不得已而始受之。奏以朔望之次日朝重華宮。五月，求去方力，而諫省有言，請益切。除觀文殿大學士、判潭州。言者不已，殿中助之，遂以少保充醴泉觀使而歸。孝宗賜金器勞問。紹熙改元，判隆興府，辭不赴。二年，除觀文殿學士、判潭州。罷倍税牙契錢二十萬緡，郡事皆親理之。三年四月，復元職。七月，坐所舉官以賄敗，降滎陽郡公。四年八月，復舊封。冬，易鎮隆興，力求奉祠。主上登極，求言于舊弼。公奏聖孝、敬天、崇儉、久任四事，皆切于世用。遣閤門官賜少傅告，控免至再，始許貤恩。慶元元年，于是公年七十矣。三表引年，遂以少傅致仕。嘉泰元年，布衣上書及公姓名，臺評降一官。明年乃復。遺奏既聞，上爲震悼，輟朝二日，贈太師，賻銀絹各千，累食邑一萬五千六百戶，食實封五千八百戶。娶王氏，監察御史葆之女，封益國夫人。先一年薨。一子，即綸也，朝請大夫，新知筠州軍州事。孫顥，宣義郎、新監饒州浮梁縣景德鎮兼煙火公事。孫女五人：長適承事郎、監嘉興府糴納倉蕭彖，餘尚幼。嗚呼！天之生公，固授之以間氣。公之出仕，亦可謂千載之遇矣。自決科以至考終，五十有三年，始以文字受知高宗、孝宗，以至位極人臣。晚輔光宗之初政，退被主上之休寵。孝宗在位二十有八年，公實相爲終始。其中以十年出入翰苑，時方承平，極鋪張揚厲之美。以十年輔政，秉鈞盡輔，贊彌縫之妙。兩以逆折姦鋒，深忤上意。事定言驗，得眷愈隆。致身元宰，出處爲時重輕，幾無纖瑕微纇之可指。文章則追配作者，論議則究極古今。風度如張九齡，謀謨如崔祐甫。宋廣平之守文，杜如晦之善斷，公幾兼之。乃所願則尤切切于陸宣公、歐陽文忠，此非臣之私言也。平日著述，爲書十餘種，總爲二百卷，行于世。校之前碑，撮取其名節國事而略其餘，謹再拜特書，以對揚休命。銘曰：

巍巍孝宗，天錫勇智。二十八年，是爲盛際。猗歟益公，善始以終。始進以文終，察其忠。再折姦萌，逆鱗以批。事定言驗，表表忠規。獻納論思，知無不爲。彌縫輔贊，百工惟熙。三聖相授，同守一道。公實佐之，家有宸藻。憂邊思職，具存宏模。臨機輒斷，華夷謐如。告老既休，著書自若。拳拳斯文，以惠後學。天不慭遺，殄瘁興悲。既銘公墓，又勒豐碑。生榮死哀，身美君顯。是爲宗臣，後慶其衍。（宋樓鑰攻媿集卷九三）

祭周益公丞相文

維皇宋嘉泰四年歲次甲子，十月庚寅朔，越十一日庚子，具位楊某謹以清酌之奠，致祭於近故致政、少傅、大觀文、左丞相益國公之靈。嗚呼！六七月間，聞公屬疾。欲往問安，我疾方棘。曾未幾何，聞公有瘳。尚摛鴻文，以應人求。云胡一夕，而遽不起？萎此哲人，騎彼箕尾。乾折天柱，坤隤岱嵩。國虧股肱，道喪師宗。天乎痛哉，一老不慭！自家徂邦，聞者涕隕。公自紹興，奮繇諸生。獨提一筆，萬人莫攖。遂收雙科，遂入三館，遂掌絲綸，遂首輔贊。中興以還，孰冠詞臣？維汪龍溪，學士曰真。公出其後，而出其上。發帝之令，有一無兩。高皇倦勤，遜于孝宗。託子者誰？維陳魯公。孝遜于光，疇纘陳者？公扶日轂，以照天下。昔漢董、賈，玉映文事。彼豈不文，文而不位。有唐房、杜，星垂相勳。彼豈不位，位而不文。維文維位，公俱其尤。其詞典謨，其勳伊周。齡甫七十，健若霜鶻。而掛其冠，而還其笏。歸於午橋，争席漁樵。岫遨川嬉，風哦月謠。酒船淋漓，詩陣跌宕。九老非高，七賢非放。赤松之遊，公其前而。蟠溪之耋，公其肩而。汾陽之祉，公其全而。神清之蜕，公其仙而。公一無憾，我心孔悲。殄瘁之傷，其我之私。嗚呼哀哉，尚饗！（宋楊萬里誠齋集卷一〇二）

祭周益公文

某紹興庚辰，始至行在。見公於途，欣然傾蓋。得居連牆，日接嘉話。每一相從，脱帽褫帶。從容笑語，輸寫肝肺。鄰家借酒，小圃鉏菜。熒熒青燈，瘦影相對。西湖弔古，並轡共載。賦詩屬文，頗極奇怪。淡交如水，久而不壞。各謂知心，絶出流輩。别二十年，公位鼎鼐。我方西遊，荷戈窮塞。歸得臺郎，旋又坐廢。公亦策免，久處於外。見不可期，使我形瘵。斯文日卑，公則崧岱。士昏於智，公則蓍蔡。公老不衰，雷霆百代。每得手書，字細如芥。癡兒騃女，問及瑣碎。孰爲一病，良醫莫差。赴告鼎來，震動海内。奔赴不遑，涕泗澎湃。豈無菲觶，致此薄酹。辭則匪工，聊寄悲慨。（宋陸游渭南文集卷四一）

祭周子充丞相文

公生廬陵，繼六一公，士論推尊，畢世而同。惟公之德，粹然謙恭，玉山珠淵，清明内融。惟公之才，用而不窮，出入屏毗，應變從容。惟公之學，源深流洪，九流七略，靡不究通。惟公之文，旨奥詞雄，衆體兼備，三代同風。奮身紹興，厥聲摩空，烏臺螭坳，寖膺顯庸。隆興、乾道，風虎雲龍，明良遇合，千載一逢。暨于淳熙，治盛功豐。公于是時，蔚爲儒宗。乃掌帝制，勒崇垂鴻；乃陟文昌，獻納輸忠。乃侍講讀，乃翼儲宫，遂登廊肆，開府西東。聚精會神，志合謀從，遂正台鼎，輔相彌縫。密贊親傳，勳業愈隆。紹熙初政，矩疊規重，退而分陝，初不言功。慶元告老，歸從赤松，優游緑野，名壓岱嵩。皇恩涣渥，進階累封，巋然四朝，善始以終。天下慭遺，夢奠告兇。遺奏上聞，震悼宸衷。飾終節惠，哀榮兩崇。思以晚學，夙登崇墉。温顔下問，備聽于聾。帝命册畢，代言非工。宿緣妙契，哀褒是蒙。公每有除授，制詞多思視草。公語思云：『殆是宿緣妙契。』脩門一别，歲月轉蓬。移書相先，訪逮孤蹤。今聞公喪，涕淚沾胸。緘詞寫懷，敬侑一鍾。仰祇英靈，鑑我悃悰。（中大夫、知建寧軍府事倪思撰，文忠集附録卷一）

主要參考文獻

秦孔鮒孔叢子，叢書集成初編，商務印書館一九三六年版。
漢司馬遷史記，中華書局一九五九年版。
漢班固漢書，中華書局一九六二年版。
漢許慎撰、清段玉裁注說文解字注，上海古籍出版社一九八一年影印本。
漢王逸撰楚辭章句，景印文淵閣四庫全書，臺灣商務印書館二〇〇八年影印本。
漢劉熙撰釋名，叢書集成初編，商務印書館一九三九年版。
漢蔡邕琴操，吉聯抗輯琴操（兩種），人民音樂出版社一九九〇年版。
漢應劭撰、清孫星衍校集漢官儀，叢書集成初編，商務印書館一九三九年版。
漢衛宏漢官舊儀，叢書集成初編，商務印書館一九三九年版。
三國魏王肅注孔子家語，四部叢刊初編本。
晉陳壽三國志，中華書局一九五九年版。
晉葛洪西京雜記，古小說叢刊，中華書局一九八五年版。
晉劉欣期撰、清曾釗輯交州記，叢書集成初編，商務印書館一九三七年版。
晉郭璞山海經，景印文淵閣四庫全書，臺灣商務印書館二〇〇八年影印本。
晉皇甫謐撰、徐宗元輯帝王世紀輯存，中華書局一九六四年版。

南朝宋范曄後漢書，中華書局一九六五年版。
南朝宋沈約注竹書紀年，叢書集成初編第三六七九冊，商務印書館一九三七年版。
南朝梁沈约宋書，中華書局一九七四年版。
北齊魏收魏書，中華書局一九七四年版。
唐魏徵等隋書，中華書局一九七三年版。
唐房玄齡等晉書，中華書局一九七四年版。
唐李延壽北史，中華書局一九七四年版。
唐张九龄唐六典，景印文淵閣四庫全書，臺灣商務印書館二〇〇八年影印本。
唐长孙元忌等撰唐律疏議，中華書局一九八三年版。
唐杜佑通典，中華書局一九八八年版。
唐裴廷裕東觀奏記，中華書局一九九四年版。
唐李善等六臣注文選，四部叢刊初編本。
唐李肇翰林志，左氏百川學海第五冊乙集上。
唐劉肅大唐新語，中華書局一九八四年版。
唐徐堅初學記，中華書局一九六二年版。
後晉劉昫等舊唐書，中華書局一九七五年版。
宋薛居正舊五代史，中華書局一九七六年版。

宋歐陽修等新五代史，中華書局一九七四年版。
宋欧阳修、宋祁新唐書，中華書局一九七五年版。
宋李昉等太平御覽，中華書局一九六〇年影印本。
宋李昉等太平廣記，中華書局一九六一年版。
宋王欽若等編冊府元龜，中華書局一九八九年影印本。
宋范鎮東齋記事，中華書局一九八〇年版。
宋宋敏求春明退朝錄，中華書局一九八〇年版。
宋歐陽修歐陽文忠公文集，四部叢刊初編本。
宋沈括夢溪筆談，叢書集成初編，商務印書館一九三七年版。
宋蘇洵嘉祐集，上海古籍出版社一九九三年版。
宋蘇軾蘇東坡集，商務印書館一九三三年版。
宋蘇轍著、陳宏天、高秀芳點校蘇轍集，中華書局一九九〇年版。
宋司馬光資治通鑑，中華書局一九五六年版。
宋司馬光涑水記聞，中華書局一九八九年版。
宋蘇易簡續翰林志，說郛卷六，商務印書館一九二七年活字本。
宋王應辰文定集，叢書集成初編，商務印書館一九三五年版。
宋韓元吉南澗甲乙稿，叢書集成初編，商務印書館一九三七年版。

宋吳曾能改齋漫錄，上海古籍出版社一九七九年版。
宋郭茂倩樂府詩集，上海古籍出版社一九九八年版。
宋李心傳建炎以來繫年要錄，中華書局一九五六年版。
宋李心傳建炎以來朝野雜記，中華書局二〇〇〇年版。
宋李燾續資治通鑑長編，中華書局一九九五年版。
宋孫逢吉職官分紀，景印文淵閣四庫全書，臺灣商務印書館二〇〇八年影印本。
宋程大昌雍錄，中華書局二〇〇二年版。
宋程大昌演繁露，景印文淵閣四庫全書，臺灣商務印書館二〇〇八年影印本。
宋王明清揮麈錄，中華書局一九六一年版。
宋陳振孫直齋書錄解題，上海古籍出版社一九八七年版。
宋晁公武郡齋讀書志，上海古籍出版社一九九〇年版。
宋趙昇朝野類要，中華書局二〇〇七年版。
宋吳自牧夢粱錄，叢書集成初編，商務印書館一九三七年版。
宋葉寘愛日齋叢抄，中華書局二〇一〇年版。
宋葉夢得石林燕語，中華書局一九八四年版。
宋陳世崇隨隱漫錄，中華書局二〇一〇年版。
宋孟元老撰、鄧之誠注東京夢華錄注，中華書局一九八二年版。

宋范成大范石湖集，上海古籍出版社一九八一年版。
宋洪邁容齋隨筆，中華書局二〇〇五年版。
宋高承事物紀原，中華書局一九八九年版。
宋江少虞宋朝事實類苑，上海古籍出版社一九八一年版。
宋耐得翁都城紀勝，古典文學出版社一九五六年版。
宋趙彦衛雲麓漫鈔，中華書局一九九六年版。
宋無名氏趨朝事類，陶宗儀説郛，中國書店一九八六年據涵芬樓一九二七年版影印。
宋張端儀貴耳集，叢書集成初編，商務印書館一九三八年版。
宋王林宋朝燕翼詒謀録，叢書集成初編，商務印書館一九三九年版。
宋邵博河南邵氏聞見後録，叢書集成初編，商務印書館一九三七年版。
宋王應麟困學紀聞，叢書集成初編，商務印書館一九三九年版。
宋潛説友咸淳臨安志，宋元方志叢刊，中華書局一九九〇年影印本。
宋周淙乾道臨安志，宋元方志叢刊，中華書局一九九〇年影印本。
宋梁克家淳熙三山志，宋元方志叢刊，中華書局一九九〇年影印本。
宋談鑰纂修嘉泰吴興志，宋元方志叢刊，中華書局一九九〇年影印本。
宋鮑廉撰、元盧鎮補脩江蘇省琴川志，中國方志叢書，成文出版社一九八三年影印本。
宋史彌堅修、盧憲纂嘉定鎮江志，宋元方志叢刊，中華書局一九九〇年影印本。

宋馬光祖修、周應合撰景定建康志，宋元方志叢刊，中華書局一九九〇年影印本。
宋羅濬等寶慶四明志，宋元方志叢刊，中華書局一九九〇年影印本。
宋施宿等撰會稽志，景印文淵閣四庫全書，臺灣商務印書館二〇〇八年影印本。
宋張淏會稽續志，景印文渊阁四库全书，臺灣商務印書館二〇〇八年影印本。
宋魏慶之詩人玉屑，景印文渊阁四库全书，臺灣商務印書館二〇〇八年影印本。
宋陳騤南宋館閣錄，景印文淵閣四庫全書，臺灣商務印書館二〇〇八年影印本。
宋蔡戡定齋集，景印文淵閣四庫全書，臺灣商務印書館二〇〇八年影印本。
宋周密武林舊事，景印文淵閣四庫全書，臺灣商務印書館二〇〇八年影印本。
宋周密齊東野語，中華書局一九八三年版。
宋周密癸辛雜識，中華書局一九八八年版。
宋周煇清波雜誌，中華書局一九九四年版。
宋周煇清波別志，叢書集成初編，商務印書館一九二七年版。
宋程俱麟台故事，中華書局二〇〇〇年版。
宋趙鼎建炎筆錄，叢書集成初編，商務印書館一九三九年版。
宋鄭剛中北山集，中華書局一九八五年版。
宋張邦基墨莊漫錄，中華書局二〇〇二年版。
宋周必大周益公文集，宋集珍本叢刊，線裝書局二〇〇四年據明代祁氏澹生堂鈔本影印。

宋周必大文忠集，景印文淵閣四庫全書，臺灣商務印書館二〇〇八年影印本。
宋周必大廬陵周益國文忠公集，宋集珍本叢刊，線裝書局二〇〇四年據傅增湘增校本影印。
宋周綸周益國文忠公年譜，宋集珍本叢刊，線裝書局二〇〇四影印本。
宋王溥唐會要，叢書集成初編，商務印書館一九三六年版。
宋李攸宋朝事實，叢書集成初編，商務印書館一九三六年版。
宋杜綰雲林石譜，叢書集成初編，商務印書館一九三七年版。
宋陳元靚歲時廣記，叢書集成初編，商務印書館一九三九年版。
宋趙與時賓退錄，叢書集成初編，商務印書館一九三九年版。
宋趙清鵠洞天清錄集，叢書集成初編，商務印書館一九三九年版。
宋陸游渭南文集，中華書局一九七六年版。
宋陸遊老學庵筆記，中華書局一九七九年版。
宋魏泰東軒筆錄，中華書局一九八三年版。
宋吳處厚青箱雜記，中華書局一九八五年版。
宋陳櫄負暄野錄，景印文淵閣四庫全書，臺灣商務印書館二〇〇八年影印本。
宋唐積歙州硯譜，景印文淵閣四庫全書，臺灣商務印書館二〇〇八年影印本。
宋徐度卻掃編，景印文淵閣四庫全書，臺灣商務印書館二〇〇八年影印本。
宋釋慧洪禪林僧寶傳，景印文淵閣四庫全書，臺灣商務印書館二〇〇八年影印本。

宋劉一止苕溪集，景印文淵閣四庫全書，臺灣商務印書館二〇〇八年影印本。
宋謝維新古今合璧事類備要後集，景印文淵閣四庫全書，臺灣商務印書館二〇〇八年影印本。
宋陳良佑名臣碑傳琬琰之集，景印文淵閣四庫全書，臺灣商務印書館二〇〇八年影印本。
宋陳元靚事林廣記，景印文淵閣四庫全書，臺灣商務印書館二〇〇八年影印本。
宋王君玉國老談苑，景印文淵閣四庫全書，臺灣商務印書館二〇〇八年影印本。
宋羅大經鶴林玉露，中華書局一九八三年版。
宋张君房辑雲笈七籤，四部叢刊初編本。
宋徐夢莘編三朝北盟會編，大化書局一九七九年版。
宋謝深甫慶元條法事類，一九四八年燕京大學影印本。
宋曾敏行獨醒雜誌，上海古籍出版社一九八六年版。
宋王闢之澠水燕談錄，中華書局一九八一年版。
宋方勺青溪寇軌，續修四庫全書，上海古籍出版社一九九五—二〇〇二年影印本。
宋方勺泊宅編，中華書局一九八三年版。
宋張津等纂修（乾道）四明圖經，續修四庫全書第七〇四冊，上海古籍出版社一九九五—二〇〇二年影印本。
宋王應麟撰、翁元圻注困學紀聞，商務印書館一九三五年版。
宋此山貰冶子撰、元王元亮重編唐律釋文，唐律疏議附录，國學基本叢書，商務印書館一九三三年版。
宋佚名硯說，景印文淵閣四庫全書，臺灣商務印書館二〇〇八年影印本。

宋不著編人紹興十八年同年小錄，景印文淵閣四庫全書，臺灣商務印書館二〇〇八年影印本。
宋不題撰人京口耆舊傳，景印文淵閣四庫全書，臺灣商務印書館二〇〇八年影印本。
宋佚名編宋朝大詔令集，續修四庫全書，上海古籍出版社一九九五—二〇〇二年影印本。
元馬端臨文獻通考，中華書局一九八六年影印本。
元脱脱等金史，中華書局一九七五年版。
元脱脱等宋史，中華書局一九七七年版。
元脱因脩、俞希魯纂至順鎮江志，中國方志叢書，成文出版社一九七五年影印本。
元程棨三柳軒雜識，説郛三种，上海古籍出版社一九八八年影印本。
元費著蜀錦譜，景印文淵閣四庫全書，臺灣商務印書館二〇〇八年影印本。
元陸友墨史，知不足齋叢書本。
明徐師曾文體明辨序説，人民文學出版社一九六二年版。
明彭澤脩、汪舜民纂弘治徽州府志，天一閣藏明代方志選刊，上海古籍書店一九八二年影印本。
明文震亨長物志，景印文淵閣四庫全書，臺灣商務印書館二〇〇八年影印本。
明李濂汴京遺跡志，景印文淵閣四庫全書，臺灣商務印書館二〇〇八年影印本。
明沈德符萬曆野獲篇，中華書局一九五九年版。
明張岱夜航船，浙江古籍出版社二〇一二年版。
明張岱西湖夢尋，浙江古籍出版社二〇一三年版。

明田汝成西湖遊覽志，浙江人民出版社一九八〇年版。
明李清三垣筆記，中華書局一九八二年版。
清顧炎武著、陳垣校注日知錄校注，安徽大學出版社二〇〇七年版。
清顧炎武歷代宅京記，中華書局一九八四年版。
清李漁閒情偶記，上海古籍出版社二〇〇〇年版。
清张玉书、陈廷敬等康熙字典，中華書局一九五八年影印同文書局原版。
清王國泰等脩、林占春等纂康熙永嘉縣志，中國地方志集成，上海書店一九九三年影印本。
清张廷玉等明史，中華書局一九七四年版。
清纪昀等欽定四庫全書總目，中華書局一九九七年版。
清令狐亦岱等脩、沈鹿鳴等纂乾隆縉雲縣志，中國方志叢書，成文出版社一九八三年影印本。
清李琬脩、齊召南等纂乾隆溫州府志，中國地方志集成，上海書店一九九三年影印本。
清呂燕昭脩、姚鼐纂嘉慶新脩江寧府志，中國地方志集成，江蘇古籍出版社一九九一年影印本。
清彭定求等全唐詩，中華書局一九九九年版。
清趙翼陔餘叢考，商務印書館一九五七年版。
清陸心源宋史翼，中華書局一九九一年版。
清仇兆鼇杜詩詳注，中華書局一九七九年版。
清王引之經義述聞，續修四庫全書，上海古籍出版社一九九五—二〇〇二年影印本。

清翟灝通俗編，續修四庫全書，上海古籍出版社一九九五—二〇〇二年影印本。
清厲荃輯、關槐增輯事物異名錄，續修四庫全書，上海古籍出版社一九九五—二〇〇二年影印本。
清趙爾巽等清史稿，中華書局一九七七年版。
清顧雪亭輯風土錄，中國風土志叢刊，廣陵書社二〇〇三年影印本。
清王先慎撰、鐘哲點校韓非子集解，新編諸子集成，中華書局一九九八年版。
清徐松輯宋會要輯稿，中華書局一九五七年影印本。
清郝玉麟等監修、謝道承等編纂福建通志，景印文淵閣四庫全書，臺灣商務印書館二〇〇八年版。
清翟灝通俗編，續修四庫全書，上海古籍出版社一九九五—二〇〇二年影印本。
清邵晉涵爾雅正義，續修四庫全書，上海古籍出版社一九九五—二〇〇二年影印本。
清宋如林修、孫星衍等撰嘉慶松江府志，續修四庫全書，上海古籍出版社一九九五—二〇〇二年影印本。
清梁章鉅稱謂錄，續修四庫全書，上海古籍出版社一九九五—二〇〇二年影印本。
清俞樾茶香室三鈔，續修四庫全書，上海古籍出版社一九九五—二〇〇二年影印本。
清錢大昕著、陳文和主編嘉定錢大昕全集，江蘇古籍出版社一九九七年版。
清阮元校刻十三經注疏，上海古籍出版社一九九七年影印本。
清黃壽祺修、吳華辰等纂同治玉山縣志，中國方志叢書，成文出版社一九七五年影印本。
清郭慶藩撰莊子集釋，新編諸子集成，中華書局一九六一年版。
清朝野史大觀，上海書店出版社一九八一年版。

越南吳士連編纂、黎僖增補、陳荊和編校大越史記全書，哈佛大學漢和圖書館藏日本明治十七年埴山堂反刻本。
丁傳靖輯宋人軼事彙編，中華書局一九八一年版。
竇經魁等修、耿愔等纂河南省陽武縣志，中國方志叢書，成文出版社一九七六年版。
許維遹著呂氏春秋集釋，中國書店一九八五年據一九三五年清華大學版影印。
辭海，中華書局一九六一年版。
楊伯峻撰列子集釋，新編諸子集成，中華書局一九七九年版。
馬非百管子輕重篇新詮，新編諸子集成，中華書局一九七九年版。
汪榮寶撰法言義疏，新編諸子集成，中華書局一九八七年版。
黃暉撰論衡校釋，新編諸子集成，中華書局一九九〇年版。
吳毓江撰墨子校注，新編諸子集成，中華書局一九九三年版。
何寧撰淮南子集釋，新編諸子集成，中華書局一九九八年版。
黎翔鳳撰管子校注，新編諸子集成，中華書局二〇〇四年版。
徐元誥撰國語集解，中華書局二〇〇二年版。
林尹周禮今注今譯，臺灣商務印書館一九七九年版。
楊伯峻春秋左傳注，中華書局一九八一年版。
曾棗莊等編宋文紀事，四川大學出版社一九九五版。
辛更儒箋校楊萬里集箋校，中華書局二〇〇七年版。

楊果中國翰林制度研究，武漢大學出版社一九九六年版。
姜亮夫楚辭通故，姜亮夫全集，雲南人民出版社二〇〇二年版。
龔延明中國歷代職官別名大辭典，上海辭書出版社二〇〇六年版。
中國歷史大辭典，上海辭書出版社一九九六年版。
曹之宋代書局考略，河南圖書館學刊一九九五年第三期。
馬茂軍聖宋文海作者江鈿考略，學術研究二〇〇四年第四期。